酔鯨 山内容堂の軌跡
土佐から見た幕末史

家近良樹

JN030252

講談社現代新書

2639

はじめに　知られざる「いと面白き」人物

幕末史の準主役

第十五代土佐藩主山内豊信《やまうちとよしげ》（一八二七〜七二。本書では、以下退隠後の雅号である容堂《ようどう》を用いる）は、幕末維新政治史上に登場した特異な封建支配者である。むろん、人によって評価は異なるが、孝明天皇・岩倉具視・徳川慶喜・西郷隆盛・大久保利通・高杉晋作といった最重要クラスに準ずる人物の一人であったと位置づけてよかろう。ただし、それは、幕末史上で重要な役割を実際にはたし、大きな足跡を残したということではなく、大きく時代を動かしかねなかった（傍点筆者。以下同じ）人物だったという意味においてである。

つまり、当該期にあって、容堂は、政局を自分の思う方向に導ける立場に何度もたった。だが、容堂を生涯にわたって苦しめつづけた体調不良に加え、ごく普通人の眼から見れば、なんとも理解しがたい、その独特のありようによって、みすみす自分に与えられたチャンスを逃すことが再三におよんだ。もし容堂が健康に恵まれ、かつ粘り強く物事に取り組む真摯《しんし》な姿勢を一貫して保持しえていたら、幕末維新史は、われわれの知るそれとは、大きく異なるものとなった可能性がある。すなわち、強烈な尊王（皇）精神の持ち主ではあったものの、冷静に天皇のありようを眺められた容堂ならば、天皇は国家の最高機関であるとする天皇機関説や象徴天皇制に近い考えを、新しく成立した国家のもとで提唱しえた可能性がかなりあったように思える。また早い段階で対外交易からあがる収益に注目した容堂ならば、強兵よりも富国に重点を置く近代（立憲）国家の建設を模索した可能性も、これまた大いにあったと考える。とにもかくにも、容堂は、日本史上有数の激動期であったぶん、さまざまな、その後のコースを選択しえた可能性があった幕末期にあって、真に興味深い存在である。

しかし、そうした容堂の存在は、これまで幕末維新政治史上で正当に評価され位置づけられてきたかといえば、そうではない。そして、これには長年にわたって幕末維新史研究が幕府対薩長両藩の対立を軸に振り返られてきたことが大きく関わった。薩長両藩のことを研究しておけば、王政復古にいたる政治過程は解明しうるとされたなか、土佐藩の容堂などは顧慮《こりょ》する必要がない存在だと考えられたのである。それに、人気者の範疇《はんちゅう》にとうてい入らないことが重なって、これまで本格的に研究されたことは、一部の例外を除いてはなかった。同じく、人気者ではないが、幕末維新政治史上で重要な役割をはたした（準主役的な立ち位置を占めた）徳川斉昭《なりあき》や鍋島直正《なべしまなおまさ》（閑叟《かんそう》）といった一群の封建領主と比べても、取り上げられることは格段に少ない（注目度は高くない）といえるのではなかろうか。

近年、幕末維新史研究のいっそうの進展にともない、従来、あまり世間の注目を浴びることのなかった人物にも、再評価の動きが出てきた。ごく近年の例でいえば、三条実美《さねとみ》などがそれに該当する。実美に対しては、政治力に乏しい優柔不断な人物で、明治政府内にあってお飾り的な存在にすぎなかったといった、随分低い評価が支配的であった。それが、ここ数年の間にあいついで出版された著作では、誠実で公正な調停者として、明治政府内においてかけがえのない存在だったとの高い評価が下されるようになってきている。あるいは、もう少し対象者を拡げると、薩摩藩の小松帯刀《たてわき》や島津久光などに対する評価も、近年変わりつつある。

山内容堂（国立国会図書館蔵）

こうした新たな動きが生まれつつあるなか、本書の主人公である山内容堂はひとり取り残された感がある。思えば、容堂の生涯を簡潔にたどった秀れた著作である平尾道雄著『山内容堂』が出版されてから、はや六十年の歳月が経過している。しかし、その後、学界の最新の研究成果を反映した山内容堂本がつぎつぎに登場してきたかといえば、残念ながら、そうではなかったといわざるをえない。しかも、容堂の場合は、地元の土佐でもあまり関心を惹かない（人気がない）という特色がある。

不人気の原因

その原因に関してはほぼ正確な解答が用意できよう。それは、容堂が幕末期にあって、土佐勤王党の活動の邪魔をしなければ、土佐藩も薩摩・長州の両藩と肩を並べる存在となりえたのにとの不満に起因するものである。そして、この不満の前提には、「薩長同盟」の成立を絶対視する史観の存在がある。すなわち、土佐勤王党の領袖《りょうしゅう》であった武市《たけち》瑞山《ずいざん》（半平太）が、文久年間（一八六〇年代初頭）に中央政局に登場して以来、互いに反目するようになった薩長両藩の和解に乗り出したことをまず重視する。ついで土佐脱藩の郷士であった中岡慎太郎や坂本龍馬らが薩長両藩のみならず、対立関係にあった公家の三条実美と岩倉具視両者の提携関係の樹立に乗り出し、それを実現させた歴史的意義が高く評価される。そして、土佐藩がこの路線の延長線上を歩めば、薩長両藩と並んで明治維新史の真の主役になれたのにとの思いがさらに重ねられる。したがって、容堂がこうした動きを、徳川びいきの佐（扶）幕派としての立場から抑圧・弾圧したために、結局、土佐藩は藩としてまとまった行動ができなくなり、維新行きの特急バスに乗り遅れたのだとして、その不満を容堂にぶつけた結果、容堂の不人気が確定したとみなせる。

もっとも、容堂が人気のない理由はこれのみに限らないであろう。その他の理由としては、やはりなんといっても、容堂が封建領主の一員であったことが挙げられよう。明治維新史が、日本史のなかでも、戦国史と並んで抜群の人気を誇る理由のひとつは、下から名誉（地位）も財産もともにない人物がはい上がって、英雄の座を射止めた具体例が数多《あまた》あることによる。すなわち、ペリー来航後、尊王（皇）攘夷を首唱することで、やがて徳川将軍家による支配体制を打倒し、維新の目的である王政復古を実現したのは、「有志」「志士」と称された名もなき若者たちだったとされた。

そういう点でいえば、容堂は生まれつき封建領主家の一員（特権階級の出）であり、本来的な魅力に乏しい存在だった。つまり、国内対立の激化によって、内戦が発生すれば、自分たちがトップに位置する封建的支配体制が根底からくつがえされることをなによりも恐れる階級に属した。そのため、圧倒的大多数は、旧来の体制の存続を求めて佐幕的対応に終始した。そして、その代表的存在の一人が容堂だと目された。さらに、君臣（主従）関係の維持論者だった容堂は、自分の感情だけで、弱い立場にあった国事を憂える純粋で優秀な若者を、いとも簡単に死罪や切腹等に追いやったとされた。これでは、人気者になれるわけはなかった。

土佐藩の特異性

容堂は、一見しただけでは、わがまま気ままな人物にしか見えない。幕末維新史を専攻する専門家の眼にも、容堂は「気に入らないことがあると、突如大声を発する」程度の人物にしか映らない（佐々木克『岩倉具視』）。そのうえ、これまた一瞥《いちべつ》しただけでは、容堂は、ひたすら封建（分権）制の維持・擁護に努めた佐幕派だったとしか見えない。そして、これには土佐藩の特異性が大いに関わった。

土佐藩は広く知られているように、もともと藩祖山内一豊《かずとよ》（一五四六〜一六〇五）が豊臣秀吉に仕えた武将であった。それが関ヶ原の合戦では東軍に与《くみ》し、東軍方の勝利に貢献することになる。その結果、徳川家康によって、それまでの遠江《とおとうみ》（静岡）掛川六万八千石城主の座から、土佐二十四万二千石の大領主となる（ただし、容堂の認識では、土佐藩の石高は、長宗我部氏時代に実施された検地の結果である二十四万石余とは違って、江戸幕府から給付された朱印状に記された表高二十万石余であった）。まさに「破格の恩賞」であった（もっとも、ごく近年の研究では、山内家の石高は、当初、土佐一国九万八千石だったが、慶長十年〔一六〇五〕の石高改めの際に、二倍の軍役を引き受けることで幕府に忠誠を誓うべく、二十万石余と申告したという〔長屋隆幸「土佐藩山内家の知行高についての一試論」。中元崇智『板垣退助』〕）。

そのため、土佐藩は外様《とざま》ながらも、その後、江戸幕府に対する忠義を尽くすことになる。そして、山内容堂に対する評価には、このことが大きく関わった。すなわち、幕府への恩義を強く感じる（徳川家に深恩がある）立場にあった容堂は、幕末の騒乱時にあって、朝廷や有志大名を排除する幕府独裁には反対したものの、討幕は断固拒絶し、そのことで藩政の舵《かじ》取りを誤ったと評価されることになる。容堂を揶揄《やゆ》する言葉に、「酔えば勤王、醒めれば佐幕」がある。これは、容堂が大酒飲みであったことに引っかけて、尊王（皇）家でかつ佐幕家でもあったため、中途半端な対応しか採りえなかったと容堂を批判するものであった。そして、容堂のこうしたありようが、結果的に土佐藩をして薩長両藩に遅れをとらせることになったとの先ほどの評価につながった。

注目をあまり惹かない人物

以上、山内容堂に対するマイナス・イメージが生みだされるに至った背景を考察したが、よくよく考えてみれば、容堂の存在自体が広く知られていないかもしれない。日本史好き（なかでも明治維新史好き）だったら、容堂についてはその名前くらいは思い浮かべることができよう。そして、さらなる上級者ともなれば、最後の将軍となった徳川慶喜に対して、それまで徳川家が独占してきた政権を朝廷へ返上するように働きかけ実現させたこと、ついで王政復古クーデター決行直後に開かれた「小御所会議」で、「辞官納地」（後述する）を要求する討幕派の岩倉具視や大久保利通と激論を闘わせたものの敗れたことを、思い浮かべるのではなかろうか。

つまり、幕末最終段階における中央政局で主役の座に一時《いっとき》就いたものの、その後、主役の座を薩摩・長州の両藩に全面的に譲り渡すことになった土佐藩の最高権力者としての姿である。だが、山内容堂に関して、これ以上の知識を有する者はそうはいまい。そして、これは、極論すれば、幕末維新史を専攻する研究者クラスにも当てはまる。たとえば、彼らの執筆になる明治維新に関する概説書の類はおろか、土佐藩に関する個別論文にも、容堂の存在が薄く見え隠れするものの、まともにその動向が分析対象として取り上げられることはまずない。

本書は、このような制約の下、存外、そのスマートな顔貌《かおかたち》とは違って、面白味の感じられるキャラクターの持ち主で、かつ行動も杓子定規な解釈ではとうてい理解しえないところの多々あった山内容堂の生涯をたどろうとするものである。そして、これは、容堂の存在を正当に視野に入れることで、幕末史をほんの少々塗り替えたいとの願いにもつながる。

ただ、本書では、従来のありふれた「評伝」とは若干距離を置く執筆スタイルを採用する。封建領主のなかでは例外に属する優秀な頭脳を持ち、開明的・合理的でありながら、一方ではなげやりで無責任な面も併せ持つ、特異（ユニーク）な人物の類い稀な全容を的確に捉えるためには、端正な執筆スタイルにこだわり過ぎては駄目だと考えるからである。したがって、多少脇道にそれても、容堂の人となりを浮き上がらせるに足るエピソードや関わりをもった人物などの動向も積極的に紹介することにしたい。それは、換言すれば、山内容堂の私人としてのありようにも、時に積極的に踏み込むということである。

成人後の容堂は、自ら好んで「鯨海酔侯《げいかいすいこう》」や「酔翁」と称したことからも明らかなように、生活の根本に飲酒（もちろん当時にあっては日本酒）を置いた。これには、むろんストレスの発散という側面があった（容堂には、政治闘争に関わらざるをえなかったことからくる多大なストレスに加え、私的なストレスがあった。三条家から迎えた正夫人にあき足りないものを感じると同時に、第十二代藩主の座を退いたあとも隠居としての影響力を保持した山内豊資《とよすけ》の存在にも苦しめられた）。が、しかし、容堂の場合は、それに止まらず日本酒そのものを味わいつくし、楽しむ点に大きな特色があった。すなわち、根っからの日本酒好きで、盃を重ねて夜の更けるのを知らない人物でもあった（この点は後述する）。

飲酒と詩作

そして、この日本酒好きは、彼の本質的なあり方である（漢）詩人だったことと深く結びついていた。容堂は、酒を飲みながら、四季の移り変わりを友として、詩作に耽《ふけ》ることを生涯にわたって、無上の幸福としたのである。そして、時に自分の政治的意見を漢詩のなかに詠みこんだ。そのうえ自身が美男だったことも関係したのか、天性の美人好き（武骨な女性は嫌い、あくまでも、たおやかな女性を好んだ）でもあった。そして、こうした自分の好みを隠そうとはせず、そのため生涯にわたって艶聞《えんぶん》にもこと欠かなかった。

私の知る数少ない狂歌のなかに、「楽しみは　うしろに柱　まえに酒　左右に女　ふところに金」というのがある（竹内政明『名文どろぼう』所収）。最後の「金」を「詩（漢詩）」に置き換えれば、これぞ山内容堂が最も好んだ日常生活であった。そして、ごく普通の男性にとっては、これは憧《あこが》れの世界に属したが、容堂には日常の一部に過ぎなかった。つまり、無邪気で遊びの部分をことさら大事にして日常生活を送ったのが、山内容堂という人物であった。ただ、その一方で、封建領主のなかでは、図抜けた政治的見識の高さと、群を抜く行動力を誇った。また、基本的には神経質な面はあるものの、天衣無縫《てんいむほう》で才気煥発な、賑やか好きの遊び人であった。そのため、「日本特有の、最後まで言い切らない表現」（ドナルド・キーン『二つの母国に生きて』）のなかで生きた江戸期の多くの人びととは異なる「独往」の人生を歩んだ人物でもあった。

さらに付け加えると、容堂は歴史的転換点に遭遇した際は、凄まじいまでのエネルギーを発し、局面をたった一人でも変えるのではないかと思わされるほどの活躍をみせた。が、そうした活躍は長続きせず、結局、なげやりな態度にでて、主役の座を他人にみすみす譲ることになった。その結果、政局の真っ只中に立っていた時期はそれほど長くはなかった。そして、これには前述の体調不良問題とともに、やはり特権階級の出身で、かつ文人肌でもあったため、長期におよぶ泥臭い根回しができないなど、政治家としては大きな弱点となる粘り(持続力)に著しく欠けたことが、関わっていよう。

本書では、このような、いささか日本人離れした容堂の動向を、自由な執筆精神の下、精細に分析することで、すでに膨大な研究の蓄積がある幕末維新政治史研究に、ほんの少し新たな知見を加えることをめざしたい。それは、あえて私的なことを記すと、私のこれまでの研究で間違っていた点、もしくは理解が不十分であった点を訂正し、問題の本質を深めることにもなる。このことを前もって断わっておきたい。

目次

※歴史史料の引用にあたっては原則引用通りとしたが、読みやすさを考慮して句読点を加えるなど表記を改めたところがある。

第一章　青年藩主の誕生

1　家督相続

分家に誕生

文政十年（一八二七）十月九日、山内容堂は、土佐藩の分家である南屋敷（南邸）に誕生した。分家には、西・東・南・追手の四つの屋敷（邸）があり、一門または連枝《れんし》とよばれた。それぞれ、土佐藩第九代藩主豊雍《とよちか》の三男、第十代藩主豊策《とよかず》の三男・五男・八男が分家して、成立した屋敷であった（平尾道雄『土佐藩』）。容堂の父である豊著《とよあきら》は、右にみた第十代藩主豊策の五男として高知の郭中に南屋敷と称する居をかまえた。

容堂は、この豊著と潮江村石立の下士平石氏の女《むすめ》との間に長子として生まれた。母の名前は瀬代といい、一八〇四年生まれで、二十三歳で容堂を産み、容堂が十四歳の時に亡くなった（渡部淳「容堂の言葉」）。

一方、父の豊著は品行方正とはどうやら評せない人物であったらしい。というのは、弘化三年（一八四六）の三月に隠居して、息子の容堂に南屋敷山内氏の家督を譲った翌年十二月時点の史料（『山内家史料　幕末維新』第一編所収。以下略して『山内』とする）中に、「南邸雅五郎君」すなわち豊著の「素行に関し、側用役片岡範三郎（謙光）に意を含めて諫告せしむ」とあるからである。

興味深いのは、この父が、幼少年時、手に負えない頑童だったといわれる容堂に対して再三にわたって忠告したらしいことである（吉村淑甫『鯨海酔侯　山内容堂』）。してみると、父自身が自らの性行の悪さを自覚していたが故の訓戒だった可能性もある。いずれにせよ、容堂も後年その放蕩《ほうとう》ぶりがとやかくいわれる事態が生じたが、この点に関しては父親譲りの一面があったのかもしれない。

尊王という精神的支柱

そうしたことはともかく、土佐藩のありようとの関連で、若き日の容堂を理解するうえで重要だと思われるものを、いくつか挙げておきたい。その一は、これは何も土佐藩のみに限ったことではないが、土佐藩主の一族は尊王精神を確固たる精神的支柱としていたことである。土佐藩は第七代と第八代の藩主（山内豊常・山内豊敷《とよのぶ》）が山崎闇斎《あんさい》の学説を受け入れてから、尊王思想が藩内に浸透した。こうしたなか、第八代藩主山内豊敷が享保二十年（一七三五）の元旦に、江戸藩邸において年頭の儀式を挙げるにあたって、まずは衣冠を整えて京都の皇居方面に向かって「遥拝《ようはい》」した。そして、これが山内家の家例となって、以後歴代の藩主は毎年元旦に同様の行動を採った（平尾道雄『土佐藩』）。

なお、これに伴って、土佐藩では、翌二日になって、今度は使者を江戸に派遣し、将軍家に「太刀馬代」を献上するのが慣わしとなる。そして、このような慣行は、安政の大獄時に一時《いっとき》中断を余儀なくされたものの、文久元年（一八六一）には復活する。かように、土佐藩においては、年頭にあたってまず第一に京都の天皇・朝廷が敬われた。そして、江戸育ちではなく、生まれた時から国元にずっと居た容堂は、この伝統のなかで育った。

また容堂は本居学の徒でもあったと思われる。容堂がどうやら本居学の信奉者だったらしいことは、文久二年に記された彼の文章中に「戯れに大和魂を発す。蓋《けだし》鈴屋《すずのや》先生音を倣《なら》う也」云々とあることで微かにではあるが裏付けられる。「鈴屋先生」とは、いうまでもなく、国学の大成者として有名な本居宣長《もとおりのりなが》（一七三〇〜一八〇一）のことであった。したがって、右の文章は、膨大な著作を残した宣長から「音」つまり言葉を学んで「大和魂」を培《つちか》ったという意味になろう。ともかく、こうした土佐藩のありようや本居宣長の著作から学んで、日本は他国には存在しない天皇がいる皇国だからこそ尊いのだ、したがって天皇や朝廷を敬わねばならないという精神が、理屈ではなく自然と肌感覚で身についただろう容堂の目には、自分が生きた当時の幕府関係者がいまだ十分に尊王の実を示してはいないと映ることになる。そのために、幕府首脳および幕臣に対する脅しともとれる強硬な発言が、やがて彼の口から飛び出すことになったのは、ごく自然なことであった。

有力な公家・外様藩との縁戚関係

その二は、三条家や島津家をはじめとする上・中級公家や有力外様藩との縁戚関係が築かれたことである。前者に関しては、正親町《おおぎまち》家からの申し出によって、天保十四年（一八四三）の七月に、山内豊敬《とよゆき》の七女・亀姫と正親町公董《きんただ》との婚約が調ったことが目にとまる。また、天保八年（一八三七）には、三条実万《さねつむ》と豊策の娘の眉寿《みす》姫（紀子）のあいだに三条実美が誕生している。そして、弘化二年（一八四五）の三月には第十二代藩主山内豊資の末娘である駢《せい》（駢）姫が三条実万《さねつむ》の嫡男公睦《きんむつ》と婚約する（ただし結婚は嘉永五年〔一八五二〕十二月）。このように三条家と山内家のつながりは強まっていくことになる。また、安政元年（一八五四）の十一月には、豊資の四女と、豊著の長女（容堂の姉）が、それぞれ徳大寺実《とくだいじさね》則《のり》および六条有容《ろくじょうありおさ》と婚約し、両家とも縁戚関係に入った（『山内』第二編下）。

他方、有力藩との縁戚関係の成立であるが、第十三代藩主の山内豊凞《とよてる》が薩摩藩主島津斉《なり》興《おき》の二女（すなわち島津斉彬《なりあきら》の妹に当たった）と天保二年（一八三一）に結婚したのをきっかけに、山内家と島津家は縁戚関係に入った。また豊資の息子（第六子）である鹿次郎（のちの豊範《とよのり》。本書ではこちらを用いる）が長州藩主毛利慶親（のち敬親《たかちか》）の養女（喜久姫）と嘉永四年

（一八五二）の十二月に婚約（ただし結婚は文久二年十二月）したため、長州藩とも縁戚関係が成立した。ここに、土佐藩は幕末期にあって薩摩・長州の両藩と親戚の間柄になったのである。このことは、その後の土佐藩の動向を理解するうえで軽視しえない要素となる。

とくに容堂の場合にはそのように言えた。土佐藩の石高二十四万石は、広い領地を有する国持大名（大大名）としてはギリギリの下限ラインにあった。それに対し、薩摩藩は俗に七十七万石、長州藩は三十七万石といわれた。すなわち、いずれも土佐藩を大きく上回った。また薩長の両藩は、「三本槍《さんぼんやり》」の特権をえた。これは、大名行列の先頭を飾る三本立ての槍のことで、武家にとって、自分の家が最高の格式（家格）にあることを表わす特権であった（杉谷昭『鍋島直正』）。だが、領知石高の低い土佐藩には認められなかった。

これから、おいおい明らかになるように、強烈な負けず嫌いだった容堂が、同じ外様とはいえ、序列において必ずしも同格ではなかった薩長両藩に対し、生涯にわたって、親近感らしきものを表わさなかったのも、この負けず嫌いの精神に一つは発していよう。そして、これら親戚となった外様の大大名と付き合うために、容堂は、必要以上に無理な背伸びを若き日から強いられた面があったと思われる。このことを見落としてはなるまい。

山内豊凞の若死

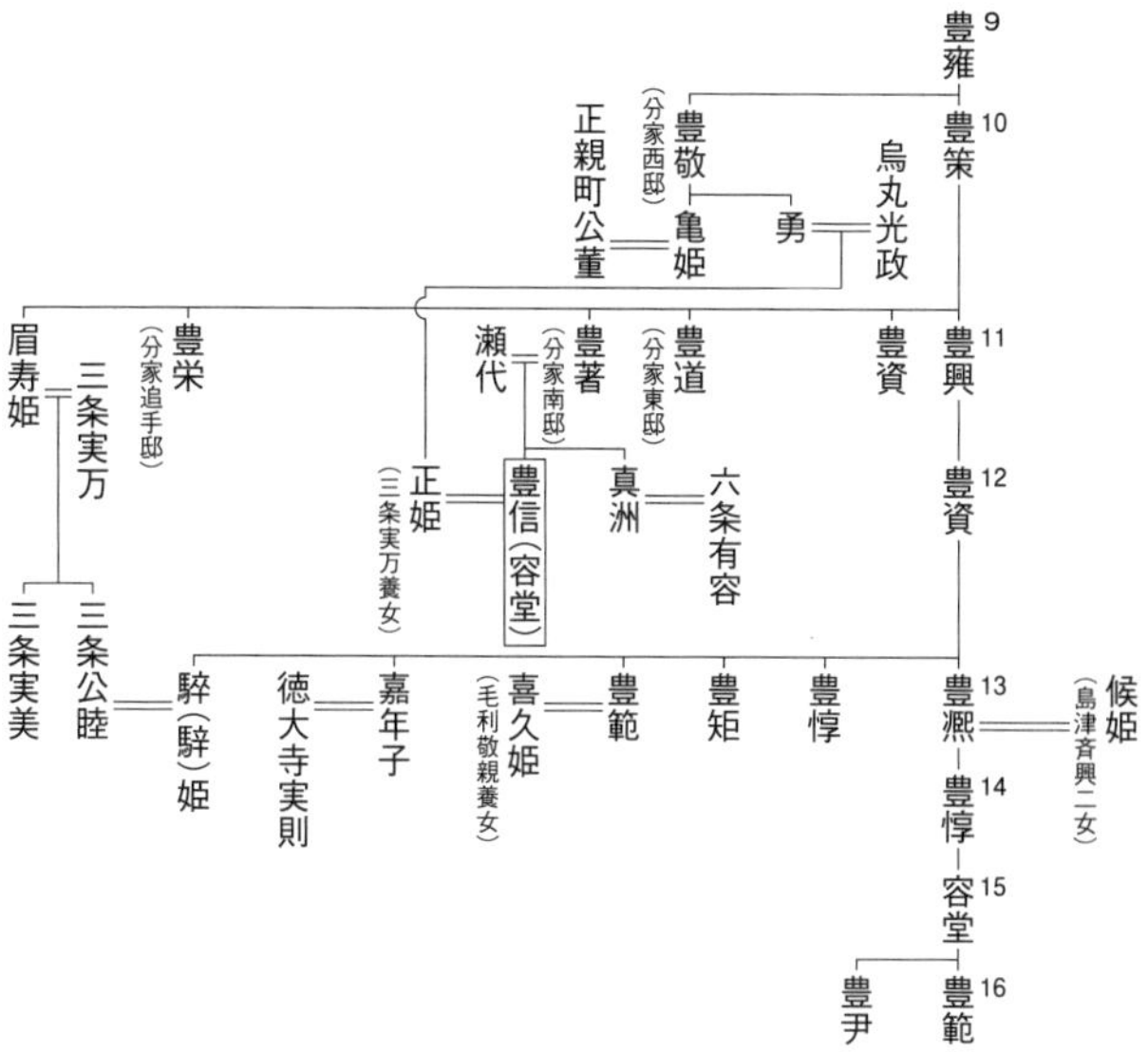

山内家系図（平尾道雄『山内容堂』をもとに作成）

さて、以上の二つが、とりあえず若き日の山内容堂を理解するうえで押さえておきたい点だが、つづいて容堂が山内家本体の家督を相続するに至った経緯についてごく簡単に記すことにしたい。容堂は、本来、藩主の座に就くはずのなかった人物だった。だが、運命のいたずらで支族より養子に入って襲封する。それはどうしてか。このことには第十三代藩主となった山内豊熈の若死がからんだ。天保十四年に藩主となった豊熈は、歴代藩主のなかでも温和で学問好きの評判の殊に良い人物であった。寺石正路著『土佐偉人伝』の豊凞の項によると、藩主に就く前の世子《せいし》時代に、すでにその名は江戸城の茶坊主にまで知られていたという。ついで、藩主となった後は、有能な官僚を用いて、鋭意、当時窮乏下にあった藩財政の立て直しや洋式砲術の研究助成に努めた。

だが、この豊凞は、嘉永元年(一八四八)の七月、江戸で死去する。享年三十四。死因は脚気とされた。そして、いまだ嗣子がなかったため、とり急ぎ実弟の豊惇《とよあつ》が継ぐことになった。しかし彼も、藩主となってまもない同年の九月十八日に、襲封してから、わずか十日余が経過したにすぎない時点で、二十代半ばの若さで病死する。ここに当然のことながら嗣子が決められなかった山内家は、事態をこのまま放置すれば、御家断絶(お取り潰《つぶ》し)となりかねない危機に見舞われることになった。

容堂の家督相続とその背景

この未曾有の危機下、担ぎ出されることになったのが、南屋敷で部屋住の生活を送っていた時分から「英名」を謳《うた》われていた容堂であった。豊惇の急死後、後継者の一番手に想定されたのは豊惇の長男であった寛三郎だった。しかし、この寛三郎は、病気のため擁立が見送られることになる(『保古飛呂比――佐佐木高行日記』一。以下略して『佐佐木』とする)。その結果、新たに候補となったのが、豊資の一番末の息子で、豊惇の実弟に当たる豊範であった。が、いまだ三歳の幼児だったため、「英名」を噂されていた容堂が最終的に後継者に指名されることになる。

容堂の養嗣子が決定をみたのは、嘉永元年十一月で、正式に家督を相続したのは、高知を発って江戸に到着した後の同年十二月末のことであった。そして、翌嘉永二年（一八四九）の一月八日、豊範が容堂の養子となることが発表される（もっとも、幕府に豊範を嗣子にしたい旨の願書が提出されるのは、嘉永四年八月段階のこととなる）。早い段階で、豊範を次期藩主に指名したのは、南邸時代の容堂と最初の側女《そばめ》との間に郁太郎という名の男児が誕生していたため、この子を容堂が次期藩主に立てるかもしれぬという豊資の嫌疑を避けるためだったといわれる（吉村前掲書）。

ところで、容堂への家督相続が幕府によって許可されるうえで、重要な役割をはたしたのは、いずれも山内家の縁戚もしくは両敬の関係にあたる四人の大名であった。四人とは、薩摩藩主島津斉彬・伊勢津藩主藤堂高猷《とうどうたかゆき》・筑前（福岡）藩主黒田長溥《ながひろ》・伊予宇和島藩主伊達宗城《だてむねなり》であった。なかでも、容堂自身が、自分の家督相続時には斉彬の世話になったと、周りの者に語っていた（『佐佐木』四）ように、とくに島津斉彬には大いに助けられたようである。そのため、当該問題にひと区切りがついた嘉永二年の一月二十九日、斉彬以下の四人に対して、謝儀として銃炮や鰹節などの物品が贈られた。

なお、叙上の経緯からも明らかなように、山内容堂にとっても藩主への就任は、想定外の出来事であった。彼が安政五年（一八五八）に有力な幕臣の一人であった小出秀美《こいでひでみ》に宛てた書簡（『容堂公遺稿』。以下略して『遺稿』とする）中に記したところによると、それまでは読書を好まず、野山を闊歩《かっぽ》し、かつ飲酒にあけくれる日々を送っていたという。さらに、このあと父親が死去したとの国元からの報をうけて作られた漢詩（同前）には、子供時分のことをふりかえって、遊びほうけていた自分に対し、父親から「読書をしろ、字を学べ」と「再三」説教されたが、態度を改めることはなかったとある。

ところが、藩主の地位を突然与えられて以降は、こうした生活態度をかなりの程度、改めることになったらしい。これには、政治責任を問われない、気楽な立場にそれまで在ったのが、一転して、政治に関与するなか、決断を迫られるようになった際、即断できずに、あぶら汗を浮かべるといった体験をしたことが、どうやら関係したらしい。また隠居身分となった豊資から嘉永三年五月に書簡が容堂の許に届けられ、「治世の要道」についての訓示がなされた（『山内』第二編上）ことなども関係したものと思われる。

豊資は、分家の出身（つまり山内家の正統ではない血筋）で、子供の頃から奔放《ほんぽう》だった容堂にいまいち信頼を置けなかったためか、容堂に対して、良くいえばサポート役、悪くいえば監視役を自らに課したようなところがある。そして現に、後述する将軍継嗣問題で、容堂が幕府に対し、「不都合」なことを申し上げているとの情報をキャッチすると、書簡や使者をもって、国元から容堂への諫言《かんげん》を試み、容堂の側近によって阻まれるといった経験を重ねることになった（『吉田東洋遺稿』。以下略して『東洋遺稿』とする）。いずれにせよ、藩主に就任したあと、読書の大切さを知ったことや、時になされた豊資の訓示、および外様大藩の藩主という立場が、容堂の自覚を促したといえよう。

文武の修業に励む

とにかく、藩主になったあと、大好きな酒は断てなかったものの、文武の修業には励んだようである。このことを証言する人物がいる。幕末期、容堂と距離を置く立場であったが、容堂のことを客観的によく知る板垣退助《いたがきたいすけ》（幕末時は乾退助。以下本書では板垣とする）の証言である。板垣は、後年の回想（「維新前後経歴談」）で、かつての主君であった容堂について、次のように語った。いささか長くなるが、要点を箇条書きする。

①自分（＝板垣）は「容堂に余り用いられ」ず、「多く」後藤象二郎《しょうじろう》が用いられた。

②容堂は、「一体聡明な人」で、「文武の教育もあ」った。また、「非常な勉強」家で、「机に凭《もた》れて、蒲団を掛けて書見をして、……眠る」、「目が覚めると、また読むというふうな」猛勉強をして、「僅かの間に立派な学者」になった。

③「総てが非凡」で、「武芸の方では抜刀術を好み」、「家来を相手に七日七夜続けて居《い》合《あい》をやられた」こともあった。さらに「馬術」が「非常に達者」でもあった。

④性格は、「小節（＝わずかな節義）に拘はらない英雄豪傑の質《たち》」で、「小姓《こしょう》などを叱るといふことは、滅多に無いくらいの人」でもあった。

このように、板垣は、容堂派に属する人物ではなかったものの、かつての主君に対して、個人的な資質としては最大限の賛辞を贈った。そして、これは客観的な能力・人物評価であったとみなしてよい。同様の評価が他にも見られるからである。たとえば、武藤小藤太などは、万延元年（一八六〇）八月の時点で、居合や馬術に秀れていたのみならず、容堂には傑出した点が多々あったと評した。「わが容堂君は、……威儀有りて勇智を兼ね給ひ、誠に御容貌美にして、……万事強きをしのぎ、堅《かた》きをくだき給ひし御事もまた極めて多く、……なにひとつとして足らぬ御事は少しもこれ無し」（『武市瑞山関係文書』二。以下略して『武市』とする）。家臣にとって、ルックス面も含め、自慢の殿様だったのである。

「おべっか」を激しく憎む

もっとも、これは美質ともいえたが、容堂は「おべっか」の類を嫌うあまり、事実と違うこと、つまり嘘を少しでも口にする家臣を、必要以上に遠ざける傾向があったようである。必要以上にと記したのは、嘘には稀《まれ》に善意でつく（つかねばならない）嘘もあったからである。しかし、潔癖度の殊の外、強かった容堂には、こうしたことはどうやら理解されなかったらしい。このことを熟知していたのが、容堂の寵臣《ちょうしん》となった吉田東洋《とうよう》（この人物については後述する）であった。彼は、文久二年（一八六二）の二月に容堂の御側御用役を命じられた寺村左膳《てらむらさぜん》に対し、同月の下旬に二度にわたって勤務するうえでの注意を教えた。

それは、容堂が「非凡の御生質にて阿諛《あゆ》・虚飾等（を）励《はげ》しく」憎むので、「何事も有りの儘、正直一方に御勤め成さらるべく、然るときは決して御咎《とが》めこれ無く候」というものだった（『寺村左膳道成日記』。以下略して『寺村日記』とする）。「阿諛」（おべっかを使うこと）を「励しく（激しく）」憎む点に、山内容堂なる人物の大きな特色があったのである。すなわち容堂は、清濁《せいだく》あわせのむ、広大な度量の持ち主ではまったくなかったのである。

なお、土佐藩士の評価に止まらず、容堂は外国人の眼にも魅力的に映る人物であったらしい。明治元年（一八六八）に、後述するような事情で、病床の容堂と会話する機会をもった英国公使館書記官のA・B・ミットフォード（日本語を話せた）は、初めて逢った容堂の印象を次のように記している。「彼は……、明らかに人をひきつける魅力を備えており、それは高位の者としては、まれなことであって、彼が諸侯の仲間の中でも特に影響力を持っていたのは、そのためであった」（『英国外交官の見た幕末維新』）。

さて、板垣や武藤の証言によって、容堂が藩主に就任後、猛勉強と心身の鍛錬《たんれん》に努め、どこに出しても恥ずかしくない立派な藩主に急成長したことが嘘ではなかったことが裏付けられる。そしてこれには、容堂が若き日から体調不良に苦しめられがちであったことも関わったらしい。一例を挙げると、容堂は参勤のために出国する日を嘉永五年(一八五二)の六月二日だと藩内に事前に布告していたが、前日になって突如病気のために延期したい旨を幕府に請願した。そして、八月九日になって、ようやく高知を発ったが、この間、城外に出て歩くことで足腰を鍛えるトレーニングに励んだという(『山内』第二編上)。容堂にとって、武(術)方面の修業は、こうした面からも必要不可欠だったのである。

英雄志向型の人物

それはおき、板垣の証言で、いま一つ重要なのは、聡明なうえ英雄豪傑型の人物だったとの指摘である。容堂は、どういうわけか、封建領主のなかから、ごく稀に登場してくる、才能豊かな凡衆に抜きんでた人物の一人であった。そして、当時にあっては、体格にも恵まれ(身長は五尺六寸、いまでいえば一六八センチほど)、しかもそのうえ先述したように眉目秀麗な美男子であった。こうした人物が猛勉強と心身の鍛錬をして文武両道型の人物に成長を遂げたのだから、ひと一倍、自信過剰気味の己《おのれ》を恃《たの》む心情の持ち主(すなわち英雄志向型の人物）となったのも真に無理のないことであった。容堂は、しばしば自分のことを、ごく親しい相手に対して発した書簡中に、「狼先生」「狼」「病狼」と記したが、自身のなかに飼い馴らされることを拒む「狼《オオカミ》」的なものを見出すとともに、そのようにあろうと努めたのであろう。そうしたこともあって、容堂は、ことさら非凡な人物との接触を求めることになる。

容堂はペリー来航をへた後の安政期に入ると、自己の知見を広め、かつ最新の各種情報を入手する必要があってか、積極的に高名な学者や有能な幕臣・諸藩士を招いて、知遇を得るとともに、彼らの意見を聴き、時に意見を闘わせる機会を持った。その際、容堂が選んだ人物のなかに羽倉簡堂《はぐらかんどう》（外記《げき》）や塩谷宕陰《しおのやとういん》あるいは水戸藩の藤田東湖《とうこ》がいた。容堂がこの三人と会い、時事を談じた最初は、安政元年（一八五四）五月九日のことであった。そして、このあと、東湖とは、八月六日、九月十二日、九月十八日と、この年の十一月上旬に、国元で大地震が発生し、急遽土佐に帰国せざるをえなくなったために会えなくなる直前まで、頻繁《ひんぱん》に交流を重ねた（東湖は、翌年の十月に発生した安政の大地震で圧死したため、ごく短い間の交流となった）。

なお、これは、安政四年十一月九日付で村田氏寿《うじひさ》に宛てた橋本左内《はしもとさない》の書簡（『橋本景岳全集』上巻）中に載っている話だが、容堂は斉彬とともに東湖からもの凄く大きな影響をうけたことを常に周りの者に語っていたらしい。なかでも東湖から「すべて思ふ事・考ふ事、これを実事に行ひてこそ男子」だとの言葉を贈られ、この言葉を自己の信条の第一におくようになったようである。容堂は、本書で、これからおいおい触れることになるが、自分の思ったことを、相手かまわず主張するタイプの人間に成長したが、これは東湖の訓《おしえ》を金科玉条として守り抜いた結果でもあったといえる。

2 ペリー来航と山内容堂

深刻な対外危機の到来

いささか話が先に進み過ぎた。藩主就任時に戻ることにしよう。容堂が嘉永元年（一八四八）末から同二年初頭にかけての時点で、土佐藩の権力を掌握しうる立場にたったことは、彼のその後の運命を決定づけたといえる。明治維新の出発点として、この人物の来日がなかったなら、明治維新は起きなかったとされるアメリカ合衆国の使節ペリー一行の来航に先立つこと数年前のことだったからである。

ここで一見突拍子もないことを記すと、幕末史好きの間でも、意外に気づかれないことの一つに、幕末政治史上最大の「英雄」であった西郷隆盛と山内容堂の両名が同年生だというのがある。しかもその誕生日は二ヵ月も違わない。容堂が文政十年（一八二七）の十月九日、西郷が同年の十二月七日生である。そして、彼ら両人は、日本国が前例のない対外危機に直面するなか、ともに日本国の救済という大問題の解決をめざす者同士として、歴史の表舞台に登場してくることになる。むろん、その立場は、封建領主と下級藩士という身分上の隔たりによって大きく分けられたが、対外危機はこの国に住む全住民（なかでも支配者層である武家や公家）にとって共通の脅威であったために、こうなったのである。

さらに、わが国における対外危機の問題を考えるうえで重要なのは、弘化三年（一八四六）である。この年は、江戸の町名主で文人でもあった斎藤月岑《げっしん》が、その日記の閏五月の条に、「此節《このせつ》イギリス船琉球を責め候由。右に付、薩州様（＝島津斉彬）（国元へ）御立ちあり。相州浦賀へイギリスその外漂流大船着。川越の大和様・下総様、おいおい御立」云々と記した年であった。これは、具体的には、イギリスの海軍提督であったスターリングが四月五日に琉球の那覇《なは》に来航したこと等を受けて書かれたものであった。ついで、月岑も記しているように、川越藩主の松平斉典《なりつね》や忍《おし》藩主の松平忠国《ただくに》が江戸湾の防備に駆りだされることになる。そして、この年の八月に、孝明天皇が異国船渡来の噂を聴き心配していること、幕府が然るべき措置を講ずるように求める異例の勅書が幕府に下ることになる。以後、こうした要請をうけたことで、幕府から適宜、異国船渡来関連の情報が朝廷側に提示されつづけることになる。

正姫と結婚

容堂が土佐藩の第十五代藩主の座に就くことになったのは、このわずか二年後のことであった。もっとも、藩主になってからの数年間は、隠居の豊資との微妙な関係もあって、いわば隠忍自重《いんにんじちょう》の日々を強いられることになる。そして、奔放《ほんぽう》な生き方を抑圧された分、それは、やや酒色におぼれ気味の、詩文の作成に励む日々となった。ただ、この間の容堂に関して注目すべきは、文武両面での修業に努めたことと並んで、大納言三条実万《さねつむ》の養女正姫《なおひめ》（実は右少弁烏丸光政《からすまるみつまさ》の娘。のち正子）との結婚話が持ち上がり、それが実現をみたことである。容堂には、先ほどもふれたように、南邸時代、男児を産んだ一人の側女がいたが、藩主ともなれば、やはり早い段階での正夫人が求められたためであった。

両人の婚約が成ったのは、嘉永二年に入ってからのことであった。そして、同年の十一月十二日には、正姫が江戸の土佐藩上屋敷（鍛冶橋《かじばし》邸）に入り、翌年の九月十一日に両人は結婚することになる。もっとも、両人の関係は当初から良好なものとは言い難かった。元来、二人は土佐でいうフタ従弟の関係にあった。すなわち、西邸山内氏の当主であった豊敬の四女勇が烏丸光政の夫人となり、この二人の間に誕生したのが正姫であった。

　現代ではおよそ考えられない組み合わせだが、公家の家格と武家の経済力をともに考慮したうえで成立した結婚だったのである。いわば、ある種の政略結婚であったが、二十代前半の容堂は、十代後半の五歳半年下の妻に対して、自分に相応《ふさわ》しい理想の妻となることを求めたのが不幸の始まりだったといわれる。容堂が求めた理想の妻とは、彼女の実家の烏丸家が世々歌道をもって奉仕する家だったため、良質の和歌などを要望に応じて詠むことのできる教養のある女性であった。だが、彼女は、自分の頭が悪いことを理由に容堂の希望に応えようとはせず、その結果、容堂は妻を「教諭」するのを諦めることになる（吉村前掲書）。したがって、容堂に好意的な見方をすれば、彼が酒色によりいっそう耽《ふけ》るようになった一因には、こうした妻のありようが関わったといえるかもしれない。

　ちなみに、正子は明治元年（一八六八）の八月十三日に三十八歳の若さで病死するが、国元から妻死去の報を知らされた容堂は、八月二十日付で松平春嶽《しゅんがく》（この人物については後述する）に宛てた書簡（『山内』第十編）中に、「昨夜半、国許《くにもと》より、使者（が）到著（着）」して「心痛の筋」が「出来《しゅったい》」したので、今日は参朝しないと伝えた。妻の死去だとすら記していないところに、両人のそれまでの関係のありようが窺われよう。淋しい限りだが、これが容堂と正夫人との関係の実態だったのである。

そうしたことはともかく、三条家から正夫人を迎え入れたことは、公人としての容堂にとって大きな意味をもった。三条家は摂家（摂関家）につぐ清華に属する上級貴族だったので、公然と京都入りをする口実ができただけでなく、天皇や朝廷に関する良質の情報も入手しやすくなったからである。

すなわち容堂は、嘉永三年（一八五〇）の六月十一日、参勤のために高知を出発したが、六月二十日に京都の屋敷に入った。むろん、これは京都所司代に事前に届け出たうえでの行動であったが、諸大名一般が入洛を禁じられていた当時にあっては、例外に属した。そして容堂は、翌二十一日に実万の許に出向き対面をはたすことになる（そして翌日、京都を発ち、七月七日に江戸に到着した）。ついで翌年、江戸から国元への帰国時にも三条邸への訪問がなされ、以後、同様の行動が、安政の大獄時や体調不良時など、ごく一部の例外期を除いてくりかえされることになる。そして、こうしたことによって、容堂のなかに、もともと潜在的に育《はぐく》まれていた尊王意識がさらに高められるようになったであろうことは容易に想像がつく。

ペリー一行の「無礼」な振る舞い

そうこうしている内に、運命の年がやってくる。アメリカ合衆国東インド中国艦隊司令長官ペリーの一行が日本の開国を求めて、嘉永六年（一八五三）の六月に浦賀沖に姿を現わす。ペリーがやって来たのは、アメリカの西海岸と東アジアを蒸気船で結ぶ航路を開くためであった。アメリカは、中国（清国）との貿易をよりいっそう進展させるべく、蒸気船が必要とする大量の石炭や水・食料を確保するための中継地をかねてより求めていた。また石炭・水・食料を必要としたのは、長期にわたる航海が避けがたかった多くの捕鯨船にとっても同様であった。そして、よく知られているように、翌年、日本側との間に下田と箱館の両港を開くことを決めた和親条約が結ばれることになる（宮地正人『幕末維新変革史』上。三谷博『日本史からの問い』）。

本書では、紙幅の関係で、日本全土を文字どおり、大混乱状態に追いやることになった、この間の経緯は取り上げない。ただ、あえて一つだけ触れておきたいのは、それまでたびたび外国船（とくに軍艦）の浦賀への来航があったにもかかわらず、なぜペリー一行は、ことさら大きな衝撃を江戸幕府の首脳以下、全国の封建支配者に与えたのかという問題である。

これには、ペリー一行の振る舞いがとにかく「無礼」であると受けとめられたことが大きく関わった。前水戸藩主の徳川斉昭が、ペリー来航直後といってもよい嘉永六年の七、八月段階で幕府に建議した意見書（『大日本古文書　幕末外国関係文書』一・二。以下略して『幕末外国』とする）中に、「驕傲《きょうごう》の振舞《ふるまい》」「第一強訴《ごうそ》同様の願」と記したように、ペリー一行のやり方は、それまでの幕府法を徹底して無視もしくは軽視するものであった。すなわち、まずは長崎に寄港して、同地で自分たちの要求を長崎奉行に伝え、幕府の回答を待つというそれまでの手続きを無視して、いきなり江戸湾口に位置する浦賀沖に巨大な軍艦二隻と帆船二隻の計四隻でもって乗りつけた。ついで近寄ってくる和船に対し威嚇的行動を示し、江戸内海の測量を強行し、かつ自分たちの要求をのみ一方的に声高《こわだか》に主張する姿勢に徹した。

ペリーは、こうした「従来同じ使命を帯びて日本を訪問した他の人達とは、全く異つた方針を採らう」と初めから「決心」していた。すなわち、「日本政府に対して断乎たる態度を執る」ことが提督の方策であった（『ペルリ提督　日本遠征記』第二巻）。しかし、このような背景を知りえなかった日本側には、ペリー一行の採った言動は、たんに「無礼」そのものだと受けとられ、激しい反発を招くことになる。他ならぬ山内容堂もその一人であった。ペリーが来航する前月に高知に帰っていた容堂は、七月二十日に江戸から家臣が使命を帯びて帰高すると、さっそく対応した。家臣は、ペリーが提出したアメリカ合衆国大統領フィルモアが将軍に宛てた親書の「和解《わげ》」つまり翻訳書を藩庁に提出するとともに、併せてこの問題に対する意見書の提出を諸大名に命じる幕命が下ったことを伝えた。

幕府の諸大名への諮問は、それまで国政に関する発言をいっさい封じていた長年のあり方を一気に改変したものであった。そして、これがきっかけとなって、まもなく諸大名のみならず、武家身分に属する者が国政に関して広く発言するようになり、結果的に彼らの政治過程（国政）に参画したいとの野望を喚起することになる。ついで、こうした野望が日本全国におよぶ政治動乱をも招くことになる。しかし、そのことはさておき、江戸からの家臣の到着を受けて、容堂は中老職を城内に召集し、親書の「和解」を示して、各人の意見を聴取し、すぐに吉田東洋に建白書を起草させて幕府に提出した（八月二十一日、使者に建白書を持たせて江戸に急行させた）。

土佐藩の交易拒絶論

それはごく簡潔に記せばアメリカ側の要求する交易は断固拒絶すべきだとするものであった。交易をアメリカに許せば、イギリスやロシアをはじめとする諸国からも同様の願いが出され、その結果、広く諸外国と交易をおこなうようになれば日本の国力には耐えがたく、万民に困窮を強いることになるというのが最たる反対理由であった（『東洋遺稿』）。この建白書は、別段目新しい主張を含むものではなく、幕府から意見を求められた多くの諸大名と同様の立場から、とりあえず発せられたものとみてよかろう。

その点で、わざわざ取り上げるほどの内実を有するものではなかったが、一点、注目すべきは、容堂がどうやら開国そのものを否定するのではなく、アメリカに対して決然たる態度を示さなければ、二百数十年の泰平に馴れて廃れ気味であった「士気」がより低下して、救いがたい状況に陥ると考え、それが交易拒絶論につながったらしいことである。

これは、あらためて指摘するまでもなく、ペリー来航後、老中首座の阿部正弘（一八一九〜五七）から幕政（海防）参与を命じられ、以前にも増して大きな影響力を誇示するようになった徳川斉昭の考えに通じるものであった。斉昭も前記意見書のなかで、「天下の士気」を「引き立てる」ことの重要さを強調していたからである（島津斉彬にも同様の考えがあった）。また斉昭は、ペリー来航当初から激しい攘夷意思を表明したことで知られたが、それは単純な精神論次元で発せられたものではなかった。やはり意見書中に、「前後の勘弁もなく、ただ打払《うちはらい》々々と申すは無謀にて」云々とあったように、欧米文明（なかでもその中核をなす軍事科学技術）のレベルの高さと優位性を不十分ながらも認めたうえで、戦いを辞さないことが、士気を鼓舞し人心の離反を招かないためには不可欠だとしたのである。

中浜（ジョン）万次郎の情報

興味深いのは、容堂にも欧米文明への客観的な評価がすでにかなりの程度形成されつつあったのではと想像しうることである。そして、これには土佐出身の中浜（ジョン）万次郎の存在が大きく関わった可能性がある。中浜万次郎は、広く知られているように、出漁中に漂流し、アメリカの捕鯨船に救われ、一等航海士の資格をアメリカの地で得た人物だった。その万次郎が土佐への帰国をはたしたのは、ペリー来航のほぼ一年前にあたる嘉永五年（一八五二）七月のことであった。そして万次郎は、先進国であるアメリカの文物制度や社会の実態あるいは艦船について自分の知っていることを伝えるとともに、日本に持ち帰った精緻な世界地図（当時は「万国地図」といった）を人びとに見せ、日本がいかに小国かを後藤象二郎や佐佐木高行《たかゆき》らに知らしめた（『山内』第二編上）。

当然、こうした情報は容堂の許にも届いたであろう。したがって、ペリー来航時の容堂が大国である欧米諸国の軍事力や経済力を無視もしくは軽視して、前述のような交易拒絶論を吐いたとは思われない。やはり徳川斉昭ゆずりの「士気」鼓舞論によったと想像される。だが、これまた広く知られているように、阿部正弘以下、当時の幕府首脳は「防禦《ぼうぎょ》筋」がいまだ「全備」していないことを理由に、「一時の権宜《けんぎ》（＝便宜の処置）」によって、ペリー一行との対立を避け、「なるべくだけ、此方（＝日本側）よりは、平穏に取り計らう」との方針を採択するに至る（『続徳川実紀』三）。そして、先述したように、下田・箱館の両港を開港し、薪炭・食料を提供することでアメリカ側との紛争をとりあえず回避する措置を講じ、ペリーの同意を得た（すなわち、この段階では、アメリカ側が望んだ国交樹立と貿易開始は取り決めずに済んだ。ついで、この措置は、ロシアやイギリスなどにも適用されることになる）。

しかし、若き日の容堂は、幕府側の意向に合わせようとする多くの諸大名とは異なって、苦渋《くじゅう》の選択を迫られた阿部政権の対応を屈辱的だとして、猛反発することになる。客観的に見て、攘夷はできない（すなわち、勝ち目のない対外戦はできない）ものの、軍事力や経済力に勝っているのをいいことに、日本側を明らかに馬鹿にし、威嚇をくりかえす高圧的なアメリカ側の行動に対しては反発を押さえがたかったというのが、この段階の容堂の偽らざる気持ちであったと思われる。そして、こうした居ても立ってもいられぬ容堂の気持ちは、彼が自分の思いを率直に吐き出した、覇気《はき》に満ちた文章や詩によって如実に窺われる。

おそらく、安政二年（一八五五）に、津藩主の藤堂高猷に対して出されたと思われる返書（『遺稿』）中に、「墨夷（＝アメリカ）」が来て以来、「天下騒然。訛言《かげん》（＝誤った風評）沸騰」と記した容堂は、以後安政三年から四年にかけて、初代駐日総領事として日本に赴任したタウンセンド・ハリスによる、アメリカ流の恫喝《どうかつ》外交が展開されると、武力で開国を強制するものだとして、とくにアメリカへの憎しみの情と警戒感をともに強めていくことになる。「墨奴（＝アメリカ人）」が「我《われ》（＝日本）」を「軽侮するの事。輒《すなわち》慷慨切歯《こうがいせっし》」（同前）。

3　吉田東洋と藩政改革

吉田東洋の抜擢

このように、他の封建支配者一般と同様、ペリー来航を特別視した容堂であったが、これを機に彼は俄然《がぜん》、七月下旬より藩政改革に着手することになる。まず、その手初めとして着手したのが人事の刷新であった。すなわち、ペリー来航後まもない嘉永六年(一八五三)七月二十七日に吉田東洋(元吉)を大目付兼軍備御用に起用した。後藤象二郎の後年の証言(「故伯爵後藤象次郎君談話」)によると、容堂は「吉田に勝る者なしと信じ」、藩主に就任後、起用を図ったが、従来からの格例を重視する隠居の豊資の同意を得られなかったため、登用を断念していた。ついで吉田は、十一月二十八日、仕置役《しおきやく》(参政)に昇進を遂げる。仕置役は執政を補佐する重要なポストで、当時「破格の昇進と称せられた」(『東洋遺稿』解題)。

入れかわりに、藩政の中枢から遠ざけられたのが、家老職の福岡宮内《くない》(孝茂《たかしげ》)らであった。すなわち、八月四日に家老職にあった福岡に閉門が、その他、深尾弘人《ひろめ》・五藤繁次郎・桐間将監《きりましょうげん》に遠慮が命じられた（ただし、すぐに解かれた）。そのため、佐佐木高行の日記中に、「御家老中御咎《とが》めは近来稀《まれ》にて、当代家老の権力を御押への御手初めなるべし」との感想が記されることになる。現に、このあと、これまで藩内に領地を有し、住民の賞罰はもちろん、場合によっては生殺の権限まで与えられていた一部の家老から、そうした特権が剝奪《はくだつ》されることになる。

つづいて、十月に入ると、やつぎばやに新人事が発令される。渋谷権左衛門に仕置役、由比猪内《ゆいいない》に大目付、寺田左右馬《そうま》と小南五郎右衛門《こみなみごろうえもん》の両名に側用役が、それぞれ命じられた。おそらく、大抜擢《ばってき》によって憎まれるようになった吉田を支えさせる目的も有した人事だったと想像される（特に由比の場合はそのようにいえるかと思う）。

このなかで最も重要な人物は小南であった。彼は、「土佐藩政録」（『山内』第二編下）中に、「人となり果毅《かき》深沈にして書を読み、大義を明らかにす。（容堂）側用人と為し、之《これ》に任ずること尤（最）厚し」と評された人物であった。そして、元来が自負心の高い奔放な殿様であった容堂に時に苦言を呈する役目を負った。

なお、吉田と小南両名の起用には、容堂の若さとやる気とともに、彼の絶妙なバランス感覚が反映されたといえる。吉田は開国主義者、小南は徹底した攘夷論者だったからである。それはおき、藩政改革をもっぱら担ったのは、吉田東洋であった。多くの関係者が、後年、まるでこれまでの有様を打ち壊《こわ》したと評した土佐藩の改革は、東洋の大目付任命直後から始まる。すなわち、佐佐木高行が、「此年（嘉永六年）七月下旬より、藩政大改革を始めたり」（『佐佐木』一）とごく簡潔に記したように、吉田東洋の大目付任命直後に藩政改革が開始された。

藩政改革の眼目

藩政改革の眼目は、ペリー来航直後だったことを受けて、海防強化策が主たる柱となった。九月に郡奉行が増設され、彼らに郷士《ごうし》や地下《じげ》浪人の指揮がまかされ、また家老たちにも海岸要地の警備が命じられ、土佐一国の海防体制の強化が図られた。また、併せて洋式造船技術を持つ人員や航海員の養成等が急がれた。そして、このために中浜万次郎が招かれ、藩士や船大工に中浜の有する造船技術が伝授され、安政二年（一八五五）五月には藩建造の蒸気船が江戸海より土佐に廻着するまでになる（『佐佐木』一。平尾道雄『山内容堂』）。さらに、藩政改革では、格式制度の簡素化や文武館の設立、国産品の統制強化などの積極的な推進がめざされた。もっとも、こうした改革を、この時点の容堂が自分の考え（決意）だけで挙行できたわけではない。隠居の山内豊資の諒解（同意）を得たうえでの改革となった。このことは、嘉永六年（一八五三）九月八日に発せられた改革令中に、「此度御先代様御趣意にあい随《したが》い、政事改革をもって、屹度《きっと》積弊を洗除いたし候よう役人共へ申し聞かせ候」とあったことで明らかである（「柏葉日録」〔『山内』第二編上〕）。だが、守旧家肌の豊資の諒解をえて実行されたということは、それだけ改革が実の伴わないものに止まらざるをえなかったことを意味した。すなわち、これに準備不足だったこと等も加わって、容堂自身の生活改善宣言ならびに冗費の節減・旧格の打破・言路疎通・風俗一洗といった曖昧《あいまい》なスローガンが唱えられるに止まったと、総体としては結論づけざるをえない。

さて、このような経緯をへて、嘉永七年（安政元年〔一八五四〕。十一月二十七日改元）の三月四日、容堂は参勤のために高知を発ち、四月三日に江戸に到着する。この間、無関心でおれないのは、容堂が脚気からくる足痛に次第に苦しめられ出したことである。彼は参勤途上の伏見において、京都所司代の了承をえていたにもかかわらず、「病障」のために京都入りすることができなかった。そして、このあと閏七月十六日には、書をもって足痛のため明日に予定されていた将軍徳川家定の紅葉山参詣に同行することを辞した。

青年藩主として江戸の街に登場

こうした若き日から容堂にしのびよる病魔のことを念頭にとどめたうえで、次の段階に移ることにしよう。やる気満々の青年藩主として江戸の街に本格的に登場（再登場）することになった容堂がまず取りかかったのが、この年の一月に再び浦賀に来航し、翌三月に幕府との間に日米和親条約を締結したばかりのペリー一行の様子を探ることであった。そのため、彼は、侍臣の大庭毅平と谷村才八の両名を、四月中旬段階で下田に派遣した。

ついで江戸到着後の容堂に関して目につくのは、藤田東湖以外にも、有名無名を問わず、多くの人士との交流がもたれたことである。先述したように、容堂は己《おの》れを啓発し、自己形成をはかるために、藤田東湖や羽倉簡堂・塩谷宕陰らとの交流をもった。この仲立ち役を勤めたのが、容堂の上府前に江戸入りしていた吉田東洋であった。すなわち、五月九日、東湖ら三人は吉田の家へ呼び出され、それから容堂の前に出て、「議論」を闘わすことになる（「岡崎菊右衛門筆記」〔『山内』第二編下〕）。そして、このあとも、容堂は、三人全員を揃って呼んだり、個別に招いたりして、対外情報を入手する一方で、勉学に努めた。

また著名人との交流という点では、この年の閏七月六日に宇都宮藩士の大橋訥庵《とつあん》（一八一六〜六二）と会談したことが目につく。大橋は当時、過激な攘夷論を主張したことで知られ、のち文久二年（一八六二）の一月十五日に発生した老中安藤信正《のぶまさ》襲撃事件（坂下門外の変といわれる）の計画に関わったとされる。さらに、この他、江戸の剣客として知られた千葉《ちば》周作《しゅうさく》、斎藤弥九郎《やくろう》、桃井春蔵《もものいしゅんぞう》のみならず、文人・画家・歌舞伎役者・力士・火消・侠客にまで、付き合いの範囲が拡げられた。そして、こうした幅広い人士との交流によって、容堂は下情や人情を少しは理解しうるようになるとともに、彼の心中に、土佐藩のみでなく、皇国（日本）を自分は背負うのだという意識（気概《きがい》）が育成されることになったと想像しうる。

吉田東洋の罷免

が、東湖らと会ってからまもなく、不祥事が出来《しゅったい》する。あろうことか、容堂の逆鱗《げきりん》に触れ、吉田が逼塞《ひっそく》を余儀なくされる事態が生じたのである。きっかけは、六月十日夜、幕臣（旗下）の松下嘉兵衛を招いての饗応の席でのトラブルによった。この日、容堂が招いた、松下（豊資の姻戚筋に当たった）が酒に酔った勢いで吉田を辱《はずかし》めたため、吉田がこの男をなぐる事態が発生した。これに対し、容堂が「殊の外、御腹立なされ」、その結果、吉田は八月十二日に仕置役を罷免され、国元へ帰されることになる（『佐佐木』一）。

短気者であったらしい吉田には、若かりし頃、投網のことで若党と口論になり、手打ちにしたとの噂がある（山本大『高知県の歴史』）。頭は頗《すこぶ》る切れ、行動力にも富むものの、時に自分の立場をわきまえずに、感情的な行動にはしるところがあったのであろう。後藤象二郎の後年の前掲証言によれば、「才幹・識見」のある吉田は、「尋常の人物にあらざれば、容易に已《おの》れの意見を曲げ」なかったという。したがって、それが、幕臣への不遜《ふそん》な行動につながったのであろう（なお当時の幕臣は、外様大名にひどく大事にされた）。

列外の男

もっとも、吉田がこういう枠内に収まりきらない、烈《はげ》しい精神を有する、いわば「列外の男」だったから、同じような気質の持ち主であった容堂の引立てにあい、篤い信任が寄せられたことは間違いない。吉田は、後述するように、やがて暗殺の憂き目に遭うが、侍読として彼の愛顧《あいこ》をうけた松岡時敏《ときとし》が記した「墓誌銘」（『山内』第三編上）には、「君人《きみひと》となり、英毅自信、……言弁爽慨、……気鋒凛々然《りんりりんぜん》、……一（たび？）その怒りに触れるや、事物立ち砕く」とあった。豪放磊落《らいらく》で気性の頗《すこぶ》る烈しかった吉田は、容堂とかなりの程度、気質を同じくしていた（ただし、彼は容堂ほど神経質ではなかった）のである。

とにもかくにも、吉田は、容堂より十歳以上年長でありながら、時に酒に飲まれることのある人間臭い男だった。そして、こうしたある種酒癖の悪さが同様の癖《へき》がみられた容堂の好意を獲得するうえで助けとなった可能性もある。

しかし、背景はなんであれ、吉田東洋は国に戻され、ついで世禄（世襲の家禄）の没収、城下外への追放処分を被ることになる（なお、城下からの追放処分を受けた東洋は、高知城下の南郊吾川郡長浜村に閑居し、そこで彼を慕う後藤象二郎・福岡孝弟《たかちか》・神山郡廉《こうやまくにきよ》〔左多衛《さだえ》〕・間崎滄浪《まさきそうろう》・岩崎弥《や》太郎《たろう》らの教育にあたることになる。すなわち、のちの吉田東洋一派につながる、容堂を支える政治集団〔「新おこぜ組」と呼ばれた〕を図らずも育成することになった)。

東洋失脚の影響

ところで、吉田東洋の失脚は、容堂ならびに土佐藩にどのような影響を及ぼしたか。その一は、いうまでもなく、藩政改革の進行を大きく遅らせたことである。佐佐木高行は「そもそも去る嘉永六丑年(一八五三)、(アメリカ船)渡来より、太平の夢醒《さ》め、藩政大いに御改革あり、人材御登用、就中《なかんずく》吉田元吉を御信用にて、著々《ちゃくちゃく》(着々)御改革の運びにあい成り候処……、(吉田東洋が)罰を受けたるより、吉田派の勢力乏《とぼし》く敷あい成り」云々と、藩政改革の動きに急ブレーキがかかったことを強調する記述を残している(『佐佐木』一)。

その二は、吉田の失脚によって側用役小南五郎右衛門(吉田に遅れること、わずか一日後の三月二十三日に江戸に到着した)の藩内における存在感がいっそう高まり、その結果、武市瑞山《たけちずいざん》を領袖とする過激な尊王攘夷主義者の跋扈《ばっこ》を招いたと考えられることである。すなわち、攘夷主義者であった小南は、やがて容堂の腹心として、徳川斉昭に召されて密旨を伝えられたりする存在となる。また、彼を訪ねてくる諸藩士等の間で名声を獲得するようにもなる。むろん、その多くは尊王攘夷主義者であった。そして、ついで小南は、武市とともに、藩内のみならず、藩外の同志と手を組み、中央政局にも多大な影響を及ぼす存在となっていく。それは容堂の制御がきかない政治集団と化したということでもあった。

大地震の発生と帰国

他方、それまで諸勢力を圧倒していた吉田派が失墜したことで、守旧派が復活することになる。このようななか、安政元年(一八五四)の十一月初旬に広範囲におよぶ大地震が発生し、土佐藩でも甚大な被害がでた。「御国年代記」によると、「出火津浪御国中二千五十六軒焼失……三千百六十四軒流失、……二千三百五十一軒潰家《つぶれや》……二百七拾七人死人」といった内実の大災害となった。そのため、この方面からも積極的な藩政改革を推進しづらくなる。ついで、こうしたことを受けて、容堂の決意が「親書」というかたちで十一月二十七日、藩士に対して表明される(『山内』第二編下)。それは、当然のことながら、「冗費」の節減に努めることを求めるとともに、「士気」の培養に努め、天下国家の問題にも対処しうる人材となることを訴える内容のものとなった。

すなわち容堂は、「安政の大地震」の発生後、国元の立て直しを急ぐとともに、その一方で国家的危機への対処をいかになすべきかの課題をも見据えて、このような要請を藩士に対しておこなったのである。そして、こうした気概がやがてまもなく、将軍継嗣問題に、彼が外様大名の身でありながら、政界の人として深く関わっていくことにもつながった。

が、しかし、その問題に入る前に、地震の発生によって在国することになった容堂についていて、いま少し触れておかねばなるまい。容堂が幕府首脳に大地震の発生を理由に自身の帰国を請い、許可を得たうえで江戸を発したのは安政二年一月十七日のことであった。そして二月十四日に高知に到着する。ついで、家中の総見を終えて諭書を下したのは、それから九日後の二月二十三日のことであった（『佐佐木』一）。諭書では今後七年間にわたって省略令を布くことが達せられたが、いかにも容堂らしいのは、徹底した改革をおこなうので、有能な人材を選ぶと宣告したあと、次のような注意が喚起されたことである。それは、少々の欠陥には目をつぶるとするものであった。「積年の旧弊を釐革《りかく》（＝改革）致したく候時節に候へば、仮令《たとえ》小疵《きず》これ有り候とも、有志（の）輩は、その短を捨て、その長を取りて挙用致し候」。

ひょっとしたら、これは吉田東洋のことを念頭においての宣告であったかもしれない。吉田東洋こそ、この条件にまさに合致したからである。それといま一つ、改めて注目すべきは、この諭書においても「士（志）気」を養うことが猛烈に求められたことである。「志気を養い候は、当今の急務にてこれあるべく、考えこれ有り候者は速に承りたく候、……海防に付ても志気これ無くば、千万の木偶人《もくぐう》（＝あやつり人形）を備ふるが如く、たとへ砲台を築き、大艦・巨礮《ほう》（＝巨砲）を設け候とも、皆無用にあい成り申すべく、然ば士気を養い候は当今の急務にてこれ有るべく候」。

実際、この時点の容堂は、「士（志）気」に富む人材の発掘に熱心であった。たとえば諭書が出されてからまもない三月五日には後藤や福岡らを自らの休息部屋に招いて、武学等の事を試問し、そのあと酒肴を賜った（『山内』第二編下）。そして、この日呼ばれた後藤や福岡らは、容堂のブレーンとしてやがて活躍しはじめるようになる。つづいて、翌安政三年（一八五六）の六月二十八日に、藩士に対し、容堂が「倹約を守り、屹度《きっと》武備あい立つべき」ことを訴え、「以後、孰《いずれ》も志あい立ち、我等《われら》用にあい立ち候はば、大慶の至りに候」との自分の気持ちを再度書面でもって伝えることになったのも、こうした人材発掘に向けての努力の延長線上の行為であったと理解できる（『佐佐木』一）。

4　中央政局へ

「士気」をひときわ重視

なお、容堂は、諭書で突如「士気」を持ちだしたわけではない。ペリー来航後ほどなくして、容堂がどうやら「士気」鼓舞論者となったらしいことについては先述した。ついで、ペリーらの挙動によって、アメリカ側が日本側を馬鹿にしているとの強い憤りを抱いた容堂は、その根元が彼我《ひが》の軍事力の巨大な格差によるとみて、藩軍事力の強化をめざす改革に取り組むことになる。そして、このこと自体は決して特異なことではなく、他藩にも同様のケースが少なからずみられた。ただ、そうしたなかにあって、しいて容堂の特色らしきものを挙げるとすれば、彼が器械類の導入よりも「士気」の向上をより重視したことであろう。このことは前掲の藤堂高猷宛と思われる返書中に、「士気は本也。器械は末也」と記されていることなどからも明らかである。

そして、こうした発想がなされた前提には、すでに指摘したように、おそらく徳川斉昭の強い影響があったものと思われる。斉昭は、平和な体制が長期間続くなか、武士階級の「士気」が極度に低下している現状を深く憂い、「士気」の振興に躍起《やっき》となった。斉昭に関しては、第九代水戸藩主の座にあった時、東湖とともに藩政改革の推進に携わった会沢正志斎《あいざわせいしさい》(一七八二〜一八六三)から受けた影響が、夙《つと》に指摘されている(三谷前掲書他)。それは、当時、攘夷論者の頭目(首領)とされた斉昭が、じつは攘夷論者ではなかったとする評価と関わるものである。東湖の記した「常陸帯」によると、斉昭は阿部政権がやむなく講じた措置を臆病者の事なかれ主義だと切って捨てる一方、海外に日本人(場合によっては斉昭本人）が出かけ、そこで交易活動に従事することには、むしろ理解を示したという。

これは、いうまでもなく、攘夷論の範疇《はんちゅう》に止まるものでなかった。だが、この考えが現状では不可能だと認めざるをえなかった斉昭は、会沢がその代表作である『新論』で論じた方策を採用する。それは、日本に開国を迫る西洋諸国と負戦《まけいくさ》となることを前提に、意図的に戦争を引き起こし、それでもって、ゆるみきっていた全国各地の武士に緊張感をもたせようとするものであった。すなわち、彼らを存亡の瀬戸際に追いやることで強烈な危機意識を抱かせ（それは、まさに「士気の振興」を求めるものであった）、それによって国内改革（軍事と政治の双方にまたがる）を促し、結果、欧米諸国と対峙《たいじ》できる国家体制を確立しようと図った。そういう趣旨の攘夷論だったのである。

いずれにせよ、「士気」は、その字が示すように、前近代の日本にあっては、支配者集団である武士階級にしか継承されてこなかった「活潑屈強の気力」であった（苅部直「福澤諭吉」）。したがって、当時、一世を風靡《ふうび》することになった徳川斉昭の過激とも思える攘夷論は、攘夷の即行を単純に求めた排外主義の立場から発せられたものではなく、「士気」の専有者である武士階級に、自分たち武士こそが天下国家を支えるのだとの自覚と緊張感を持たせ、そのことで国防意識が高まることを期待してのものであった。

幕府の弱腰外交を痛烈に批判

ところで、「士気」や「志」をひときわ重視する容堂のありようは、ペリー一行やタウンセンド・ハリス（日米和親条約の第十一条に規定された官吏駐在権を根拠に、安政三年〔一八五六〕の七月に来日し、強引に初代駐日総領事として下田への駐在を強行した。ついで、将軍や老中に直接伝えるべきことがあるとして自身の江戸行きを迫った）の高圧的な態度と要求の前に、ひたすら穏和（無抵抗）な姿勢を持した幕府首脳の弱腰外交への痛烈な批判となった。このことも、やはり藤堂高猷宛と思われる前掲返書によって明らかになる。容堂は、この返書中に、自分が理解できないことを計六つ挙げたが、その内の一つに、対外危機が深刻となるなか、幕府が人材の登用に努めず、旧態依然とした紛争回避策を採っていることが含まれた。

そして、さらに、この返書には注目すべき論点が二つ打ち出されていた。第一点は、幕府がこれまでの体制（秩序）を維持しようとするあまり、「天下の心」を知らなすぎるとの批判である。ここには、幕末期に登場する「公議」「輿論《よろん》」を尊重せよとの主張がハッキリと読みとれる。第二点は、なによりも京都の「王室」を「擁護」しなければならないのに、幕府は江戸の防備を優先している（阿部政権は、鎖国を維持するためには、海防体制の強化が必要だと考え、江戸湾口の防備に努めていた）が、それは「顛倒《てんとう》の甚」しきものだとの批判である。容堂の尊王意識と佐幕主義との関係については、のちに章を改めて記すことにするが、ここには理念的に幕府よりも朝廷を上位に位置づける彼および土佐藩の尊王精神が明らかに読みとれる。

斉彬・直正を高く評価

さて、幕府首脳への批判を強め、「公議」「輿論」尊重の主張を周辺に洩らすようになった容堂だったが、これはまもなく有志大名との交流および同志的関係構築の動きとなって表面化する。その最たる対象となった松平春嶽や伊達宗城を除けば、容堂の関心をとりあえず惹《ひ》いたのは、薩摩藩主の島津斉彬と肥前（佐賀）藩主の鍋島直正であった。安政三年に記されたと思われる「送大崎健蔵游鎮西序」（『遺稿』）には、容堂がこの両人を格別の存在だと強く意識していたことが窺われる。すなわち、「方今辺境安からず、而《しこう》して九国（＝九州）の諸侯。有志と称する者曰く島津氏、曰く鍋島氏」。こう記したあと、容堂は、斉彬については、「余の島津氏に於ける所謂己《おのれ》を知るが如き者。天資沈毅」と評した。

くりかえしになるが、容堂は島津斉彬と親戚の間柄であっただけでなく、若き日から薫《くん》陶《とう》をうける関係にあった。そして、これには、十二代藩主で隠居身分の山内豊資の思惑が絡んだ。容堂が後藤象二郎に直接語った「親話」によると、容堂が藩主に就いた当初に、「養父より斉彬公へ、万事の御教訓を願いあげ」、斉彬がそれに応じた経緯があった。斉彬

島津斉彬（『京都維新史蹟』）

は松平春嶽が「（自分の）治世以来、始（初）めて見たるの英主」と激賞した人物であった。そして、彼と接触したさまざまな人物からは、「神のごとき識見」の持ち主。「海のごとき大量の人」といった、これ以上ないほどの称賛を集めた（池田俊彦『島津斉彬公伝』）。現に、こうしたことを受けて、死後、照国大明神の神号を贈られ、神社まで建てられた。そして容堂は、この「斉彬公の撫育《ぶいく》に依り、人とな」ったとされる（「故伯爵後藤象次郎君談話」）。すなわち容堂は、いってみれば、西郷隆盛と同様、斉彬学校の生徒であった。

いまひとり、島津斉彬とともに、容堂が鍋島直正を高く評価したのには、容堂がごく親しく接した人物が、直正と親戚関係にあったことが大いに関係したと思われる。斉彬・春嶽・伊達宗城は、いずれも直正の親戚筋にあたった（斉彬は直正と母同士が姉妹、春嶽は妹が直正の夫人、宗城は直正の姉が夫人であった）。したがって、彼らから入ってくる情報によって、容堂は直正に対する崇敬の念を深めたといってよかろう。たとえば、春嶽は、後年、斉彬と直正の両名を次のように高く評価した。「島津斉彬・閑叟（＝鍋島直正）のごときは、家来よりも主人の方が頗る賢才道徳あるをもって、能き家来も出来たり。決して家来に使役せらるる殿様にはあらざる也」（『逸事史補』）。

こうした評価をおそらく容堂は春嶽本人から聞かされたことであろう。そして、このような斉彬・直正両人のありようは、容堂が理想とする藩主のそれでもあった。また当時、この両人が藩主を務める薩摩・肥前の両藩は、軍艦や大砲の製造において他藩を凌駕《りょうが》していた。容堂は勢い斉彬・直正の両人を特別視せざるをえなかったのである。

また、若き日の容堂が、いまだ面識のない直正を特別視したのには、懇意となった学者や家臣からもたらされたであろう情報も関係したかもしれない。たとえば、安政三年、容堂とも親交のあった羽倉簡堂は、「崎陽（＝長崎）にて、英夷（＝イギリス人）跋扈《ばっこ》の勢いあり、佐賀侯憤怒《ふんぬ》に堪えず、発砲を計《はか》れども、鎮台承引これ無く」云々といった情報を、どうやら土佐藩の平井善之丞《ぜんのじょう》（この人物については後述する）あたりに語っていた（『佐佐木』一）。これが正確な情報だったか否かは、ここで問題にする必要はない。大事なのは、羽倉が伝えた情報中に垣間見られる颯爽《さっそう》とした硬骨漢としての鍋島直正の姿に、容堂が憧れの念を抱いただろうということである。

斉彬・直正への高い評価と裏表の関係にあったのが、阿部正弘のあとを継いで老中首座の地位に就き、タウンセンド・ハリスとの間で日米修好通商条約を締結しようと決意するに至った堀田正睦《まさよし》（一八一〇～六四）への低評価であった（開国交易はもはや不可避だと考えるようになった阿部は、安政二年の十月に開国論者の堀田に老中首座のポストを譲った。ついで堀田は、翌年十月に外国事務取り扱いを命じられる)。容堂は、ペリー来航時の老中首座であった阿部正弘に対しては、政策面はともかく、その能力を高く評価するとともに、人間的に好感を抱いたようである。そして、これには、師でもあった斉彬が阿部と個人的に親しく、そのうえ相談相手だったことも関係した。さらに、容堂らしいのは、好感を抱いた相手に対しては、いかにその地位が格上であっても、飾ることなく本音に近い発言をなしえたことである。

怖いもの知らず

このことをよく物語るちょっと笑える話が平尾道雄著『山内容堂』に収められている。それは、阿部正弘と初めて対面した時のことだが、容堂が「たくさんの馬鹿大名を相手の事とてお気楽なことかと存ずる。ただ土佐(＝山内容堂)だけは今後少々御厄介になりたい」と言い放ち、これに阿部が「静かに微笑したきりだった」というものである。いくら若く、周りに不学無術の無能な殿様が多かったとはいえ、良く言えば覇気《はき》に満ちた、悪く言えば怖いもの知らずの率直だが節度のない発言であった。実際、容堂が封建領主一般を愚物視していたことは、文久二年(一八六二)の七月二十七日付で春嶽に送った書簡(「容堂公遺文」)中に、「いづれも阿房《あほう》の大名」云々と記していることでも確かなことであった。

しかし、これぐらいの天真爛漫《てんしんらんまん》な元気さがなければ、幕府外（それも外様大名という最も権力の中枢から離れた所に位置した）にあって、やがて猛然と政治的発言をくりかえす、発言力の大きな外様大名にはならなかったであろう。

そして、阿部にしても、容堂の度が過ぎた歯に衣きせぬ直言と毒舌に苦笑いを浮かべながらも、容堂の才と気力が封建領主のなかで突出していることはすぐに見抜いたようである。阿部は、周囲に斉昭と容堂両者の特性を次のように対比させて語ったという。「（斉昭に）大事を相談すると熟考の上返辞をすると申されて、後日提示される答案には驚くべき卓説がある。恐らくすぐれた家臣が側近にいるためだと察するが、土佐守（容堂は）即座の応答で若年ながら侮《あなど》りがたい名論がある」。このような阿部の評価に対し、容堂の方もペリー来航後まもなくして大船建造の禁を解くなど眼識が高く、有為の人材の育成と登用に努める（阿部によって登用された有為の人材の一人が、このあとすぐに触れることになる岩瀬忠震《ただなり》であった）一方、周りの声を聴いて慎重に政治判断を下した阿部を「幕府第一の人物」だと周囲に語り、大いに敬服した様子だったという。

堀田正睦と面談

堀田正睦に対する低評価の問題に戻る。容堂が敬愛した阿部正弘が亡くなった（事実上の過労死・ストレス死といわれる）のは、安政四年（一八五七）六月十七日であった。この後、政権を担当するようになった堀田と容堂が初めて会うのが、三ヵ月が経過した同年の九月十七日となる。この日、容堂は、堀田に対し、後述するように、「時事を痛論」することとなる（『佐佐木』二）。以後、同年の十一月十二日、翌安政五年の一月四日、一月十日、一月十二日、一月十八日と両者は面談を重ねた（ただし、単独での面談のみではなかった）。

この間、堀田は、漸進的に開国体制へ移行する方針を打ち出し、まずオランダやロシアとの条約を改定して通商の開始を取り決めた（三谷前掲書）。そして、ハリスから、国交樹立を含む、より開放的な要求を突きつけられると、それに応じる姿勢を示すようになる。すなわち堀田は、「大胆な態度をとり、威嚇《いかく》的な口調を示せば」、ただちに自分に従うと考えたハリスから三つの要求を突きつけられた。三つの要求とは、①江戸にアメリカ公使を居住させる。②幕府役人の干渉なしに自由に日本人と貿易させる。③開港場の数を増やすというものであった（ハリス『日本滞在記』下）。

ついでハリスは、中国（清朝）を相手に第二次アヘン戦争に勝利を収めた英仏が、その余勢をかって日本に押し寄せる前に、アメリカとの間に穏やかな内容の条約を結べば、日本の中国化が防げると熱心に働きかけた。そうすれば、屈辱的な条約を結ばせられることがないというのが、ハリスの主張であった。このあと、幕府は、ハリスの主張を示して諸大名の意見を聴取し、「通商やむなし」との意見が少なくなかったことを受けて、条約の締結を決意し、堀田が孝明天皇の承認をうけるべく、京都へと向かうことになる。

この過程で、堀田にとっても山内容堂は軽視しえない存在として急浮上してくる。なぜか。孝明天皇にとって最も信頼できる側近の一人で、かつ直近の嘉永年間に何度も武家伝奏として江戸に登り、幕府要路とも昵懇《じっこん》の間柄だった三条実万が容堂の義理の父親に当ったからである。堀田は、この点に目をつけたのである。容堂に条約締結の必要性を理解してもらい、そのうえで三条実万を介して孝明天皇の承認を得ようと考えた。しかし、そうした堀田にとって難題が生じた。容堂が自分なりの考えを持つ若き封建領主だったため、たやすく同意してくれず一筋縄でいかなかったことである。

堀田を痛罵

そして、このような事態に至った前提には、堀田のありようが、容堂が理想とする幕府首脳の条件と違っていたことが大きく関わった。容堂は初めて堀田と会った安政四年時点で次のように堀田を痛罵《つうば》する辞を記した。「佐倉宰相（＝堀田正睦）。……賦性頗る怯懦《きょうだ》（＝おくびょうで気が弱い）。夷匪を畏《おそ》ること、なお宋人の金人における（がごとし）。因循苟且《こうしょ》（＝その時限りである）。毫も国家を憂えず」（『遺稿』）。もっとも、堀田は、容堂がこのように箇単に切って捨てるほど、単純でおくびょうな人物ではなかった。安政四年の十一月に彼が評定所一座に下した意見書（『幕末外国』十八）では、「当今万国の形勢」が「一変」し、清国など尊大な一部の国を除き、「余の強国」は、「互いに同盟和親を結び、貿易を開き、有無を通じ」、「患難あい救い候条約」を成していて、このいわば輪の中に入らねばやっていけないとの、至極《しごく》まっ当な考え方が表明されていた。

つまり堀田は、互いに盟約（連合）関係にある欧米諸国と闘っても勝てないことが明白である以上、開国・通商関係に入る以外に選択肢はないと冷静に判断したのである。そして、この堀田の考え（方針）に対しては、溜《たまり》間《のま》詰《づめ》大名などからの支持が寄せられた。その結果、この年の十二月二日、堀田は私邸に招いたハリスに対し、交易を開始し、公使を江戸に置くことを許可する旨を告げることになる。だが、血気さかんな若者だった容堂の眼には、堀田は日本国の将来のありかたを見据えた末に、長期的な展望にたつ政策を打ち出そうと努める人物とは映らなかった。ハリスの強引な要求に屈する「怯懦」な人物だったのである。それが堀田へのストレートな痛罵の辞となった。そして容堂は、こうした自分の感情を押し殺せる人物ではいまだなかった。

両者が事実上、激闘したのは安政五年（一八五八）一月四日であった。これには、前年の十二月二十九日と晦日の両日、在府諸侯に対して江戸城への総登城が命じられ、堀田以下の老中や若年寄が列席するなか、幕府の海防掛からハリスが要求した内容の詳細な説明がなされ、彼らの意見が問われたことが大きく関わった（『改訂　肥後藩国事史料』巻二。以下略して『国事史料』とする）。それはともかく、この日、容堂の訪問を受け、幕政改革の必要性や対外関係のあるべき姿を滔々《とうとう》とまくしたてられた堀田は、「大いに辟易《へきえき》」したらしい。いやそれどころか、容堂が万延元年（一八六〇）に記した「四愚亭記」（『遺稿』）中には、この日、同席した幕臣二名をふくむ三名を相手に、激論を闘わせたことが追想されている。

岩瀬忠震と激突

同席した幕臣二名とは、ともに条約談判委員に任命されて、ハリスとの通商条約締結交渉にのぞみ、ほぼ交渉をまとめる段階にいたっていた目付の岩瀬忠震と下田奉行の井上清《きよ》直《なお》の両名であった。そして、この席で、激した容堂が、堀田は「因循不断で、信じるに足らず」と口にし、ついで容堂と岩瀬が「互いに声高《こわだか》」に渡り合い、すっかりもてあました堀田が、自身の登営時刻がきたのを、これ幸いとばかりに両人を残して立ち去ることになったらしい。そこで、どうやら、このあとも両人の論争が堀田邸で継続され、「（容堂が）遂に言ひ勝たれ、（岩瀬）屈服に及びし」ことになったとされる（『昨夢紀事』二。以下略して『昨夢』とする）。

なお、岩瀬との論争時、容堂は激情のあまり、腰の脇差《わきざし》に手をかけんばかりに、岩瀬に詰めよって、「土佐は要害よろしき場所なれば不慮の異変もあらば禁裡（＝皇居・御所）を遷幸あらせたく、然らば土佐守身を以て御警衛申すであらう」とまで言い切り、これを伝聞した幕府の用部屋では、「土佐守は謀叛《むほん》の所存なるべきか」との噂が立ったとの記録すら残されているらしい（平尾道雄『容堂公記伝』）。

もっとも、この時点の容堂は、もはや心底では攘夷主義の立場にはたっておらず、堀田や岩瀬らの主張の正当性を十分に首肯できる状況下にあったが、ハリスに対して、あまりにも「無抵抗」に見えた姿勢への反発が、こうした「討論」となったのだろう。また、岩瀬と論争したのには、岩瀬が老中の堀田とは違って、通商条約の調印にあたって、天皇の承認をそれほど必要だと考えていなかったことが大いに関係したものと思われる。つまり岩瀬は、「天皇の勅許がなくとも最終的には徳川政権の責任で調印を断行する意思を持っていた」（奈良勝司『明治維新をとらえ直す』）。

この点が将来的に開港するにしても、あくまで勅許が必要だと考える容堂との決定的な違いであった。そして、プライドのきわめて高かった容堂には、議論の勝敗にこだわるような変な（相手を言いまかさないと気が済まない厄介な）ところがあった。それが、能吏の枠に収まらない硬骨の士で、世界の大勢より和親交易は避けがたいと考えて、開国路線を積極的に推し進めようとした岩瀬との激論につながったのである。

それはおき、この一件はよほど堀田に強い印象を与えたらしく、堀田は、直後、江戸城に登った際、春嶽に向かって「今日は土州（＝容堂）と肥州（＝岩瀬）と大論にて、暫しは刃傷《にんじょう》にも及ぶべきかと心遣ひせられぬ」と語ったという（『昨夢』二）。そして、こうしたことをうけて、安政五年六月十九日付で春嶽に宛てて発せられた島津斉彬の書簡（同前）中に、「土州此節暴の義これ無く、桜閣（＝堀田正睦）もほめ候由」と記されることになる。「暴（論）」と評されたように、容堂は、若き日から、たとえ老中首座の面前であろうとも、自分の意見を堂々と（時に荒々しく）表明できる男であった。こうしたことが明瞭となったのが、いま挙げた一月四日の堀田邸での容堂と岩瀬両人の「討論」だったのである。

ところで、先ほどの堀田発言のあとには、無視しえない記述がみられる。「（容堂が）近習の者を手討にせられたる事抔《など》も聞き及ばれ、兼て（堀田が）恐怖せらるる事を（春嶽）も聞き知り給へば」、容堂がこの時、一橋慶喜を家定将軍の継嗣にすべきだと「厳然として建言し給はば、（堀田の）聞き請《う》けも宜《よろ》しかるべし」というのがそれであった。将軍継嗣問題に関しては、このあと、詳細に触れることになるが、松平春嶽は、周りの者に、このような感想を洩らしたのである。容堂がはたして「近習の者を手討」にしたことがあったかどうかは判らない。先述したように、吉田東洋に同様の噂があるので、あるいは混同されたのかもしれない。

しかし、ここで大事なことは、相手を容赦なく責め立てないと気が済まない容堂なら、そうしたこともしかねないとの、いわば強面《こわもて》の印象を相手に与える存在にすでになっていたことである。どんな相手に対してでも、自分の意見をきちんと申し立てられたこととともに、記憶にとどめておきたい若き日の容堂のありようであった。

愛妾問題

若き日の容堂のありようの話がでたついでに、ここで容堂の誰をも恐れぬかのような不《ふ》遜《そん》な行動が見られたケースを、いま一つ紹介しておきたい。

当時少なからざる波紋を投げかけたことで知られる彼の愛妾問題である。容堂の美女好きは有名で、他ならぬ彼自身が認めていたことだった。だが、これが問題を引き起こすことになる。阿部正弘の没後、容堂が阿部の愛妾であったお鯉《り》尾《お》を自分の側妾にと懇望したのである。幸い、阿部正弘と彼女との間に子供がなかった（そのため阿部家に残る立場にはなかった）らしいことが、容堂の懇望につながった一面がある。しかし、老中首座を長年にわたって務めた阿部の立場からいって、外様大名の容堂がこうした懇願をなすこと自体がどう考えても尋常ではなかった。

ひと昔もふた昔も前の日本語に「人妻に懸想《けそう》する」という言葉があったが、周りの人間に与える衝撃度は、むろんそんなレベルでは止まらなかった。文字どおり、ありえない「懸想」だったのである。そのため、先々代山内豊熈の夫人で、かつ島津斉彬の実妹でもあった智鏡院から、異議が出されることになる。常識人である彼女は、この件に関わる噂を聞きつけ、心配のあまり兄の斉彬に相談することになる。ついで斉彬から、容堂と親しかった松平春嶽に、容堂を教諭して欲しいとの依頼がなされ、結果、春嶽から容堂への忠告となった。だが容堂は、一笑に付し、結局、安政四年末から翌五年初め頃の時点で、お鯉尾を側室に迎え入れることになる。そして、容堂がたいへん可愛がることになる長女光姫が、やがて二人の間に誕生する（吉村前掲書）。若き日の容堂の聞く耳を持たない唯我独尊ぶりは、しばしば傍若無人《ぼうじゃくぶじん》と評されたが、このように私生活面においても発揮されることになったのである。

第二章　将軍継嗣問題

1　有志諸侯の慶喜擁立運動

幕府政治の崩壊を招いた究極の要因

幕末政治史には、江戸幕府による支配を終わらせるうえで画期となったいくつかの重要な転換点がある。

その最たる要因とでもいってよいものは、幕府首脳が早い段階で総力をあげて開国体制への移行がもはや不可避だということを天皇以下の朝廷上層部に伝え、その承諾を得る努力をしなかったことである。つまり、将軍以下の幕府首脳陣は、ペリー来航時もしくは再航時以降のできるだけ早い段階で、こうしたかたちで天皇以下の朝廷上層部を説得すべきであった。ところが、その都度々々の政権担当者に、個別の対応を任せた（丸投げした）。むろん、徳川家による全国統治がやがて崩壊する歴史的必然性は、一部の譜代大名や幕臣にのみ国政を担当させた、その統治方式に根本的に起因したが、慶応の末年に幕府政治が終息した究極の要因はこの点に胚胎したといっても過言ではない。

もと水戸藩士で、明治時代を代表する歴史家の一人となった内藤耻叟《ちそう》などは、その著書

『安政紀事』中に、徳川斉昭をして、京都に「上奏」させれば、後難を招かなかったのにと愚痴った。また、『新修彦根市史』第八巻に収められている史料などを見ると、安政五年(一八五八)の五月頃、御三家以下の諸大名を説得して開国路線を確定したあと大老職に就いたばかりの井伊直弼を京都に派遣して、「ぜひとも御許容を蒙りたい」と朝廷に願い出る計画も持ち上がったようである。しかし、いかんせん実行には移されなかった。

もっとも、これは究極の要因なので、以下そこまでには至らないものの、明らかな転換点となったとみなしうるものを、まずは挙げておきたい。

ハリスの来日と執拗な要求

その一つがペリー再航時(嘉永七年)に調印された日米和親条約にもとづいて来日した、アメリカ合衆国初代駐日総領事タウンセンド・ハリス(一八〇四~七八)の頑強な申し立てによって引き起こされることになる、開国か鎖国かをめぐる問題および将軍継嗣問題である。ハリスの来日は、安政三年(一八五六)七月のことであった。ハリスは、アメリカ合衆国大統領の親書を直接将軍に手渡すことを主張して、執拗に江戸への陸路での参府を幕府首脳に要求しつづけた。そして、このハリスの行為が、日本の国法をあえて無視する不遜のふるまいだと受けとられ、国内各層の間に大いなる反発を招くことになった。

こうしたなか、ハリスの要求に象徴される深刻な対外危機の進行に対処するためには、幕府の中心に優秀な将軍を据えねばならないとする要求が高まってくる。そして、これには時の将軍であった徳川家定《いえさだ》が優秀な将軍の範疇《はんちゅう》に入らない（条件を満たさない）という現実があった。家定に対するいまだ好意的な評価でも、「家定（の）人となり温柔にして万機の権を掌握し、衆庶（＝庶民）を指揮するの才力あらず」（「安政記事稿本」）とのレベルに止まったからである。また家定は体が弱く、ほぼ確実に子供ができないであろうことは広く知れ渡っていた。そこで、優秀な人物を将軍の世子《せいし》（後継《あとつ》ぎ）に定め、その人物に将軍を補佐させ、将軍が亡くなった後は次の将軍にしようとの動きが出てくる。いわゆる将軍継嗣問題の発生であった。そして、次期将軍の候補に一橋家当主の慶喜と紀州（和歌山）藩主の徳川慶福《よしとみ》両名の名が挙がり、松平春嶽や島津斉彬といった有志諸侯や幕臣の多くが慶喜を推すことになる。

慶喜擁立に向けての動き

春嶽や斉彬が第十一代将軍徳川家斉の孫で、家定の従弟に当たった慶福ではなく、慶喜の擁立をめざしたのには、他に大きな理由があった。徳川家の親族や外様大名が国政に関与できないルール下にあって、自分たちの意見をひとまず幕政に反映させるためには、あまりにも幼い慶福とは違って、それなりの年齢に達し、かつ優秀だと目された慶喜を担がねばならなかったのである。つまり幕府内に代弁者を必要とした。

有志諸侯の動きが一気に表面化するのは、安政四年（一八五七）も下四半期になってからのことであった。たとえば、春嶽は、安政三年十月の時点で、尾張徳川家の当主であった徳川慶勝《よしかつ》に書簡を送り、慶喜継嗣への賛同を求めたが、これは、いってみれば内々での動きであった。それが、翌年に入ると公然たるものとなる。彼は、安政四年十月十六日付で、同志の一人であった阿波徳島藩主の蜂須賀斉裕《はちすかなりひろ》（一八二一〜六八）との連名の意見書を幕府に提出した（『松平春嶽全集』二）。そこには、一番の急務として将軍の片腕となり、諸大名も「服し奉るべき」ほどの「御賢徳」の人物を将軍の世子とする必要が記され、その候補者として一橋慶喜の名前が挙げられていた。そして、同人を推す理由として挙げられたのが、賢明であること、年長であること、人望があることの三点であった。

ついで直後の十月二十一日にハリスが江戸城に登って家定に謁見し、将軍の実態がアメリカ側に知られることになる。そして、このあと二ヵ月余が経過した同年十二月末の時点で、春嶽らと同様の理由の下、慶喜を世子に推薦したのが斉彬であった（十二月二十五日付上書〔『幕末外国』十八〕）。さらに、斉彬の場合は、併せて大きな視点に立つ全面的開国論ともいうべき主張が記されていた。すなわち、「異人都下（＝江戸）に差し置かれ、商道十分に御開（き）に相成り候うえは、諸外国えも通船等仰せ付けられ」たいとも記された。なお、老練な政治家であった斉彬は、いまだ若かった春嶽とは違って、さすがに周到な工作活動を展開した。彼は上書と同じ日付でもって、老中の堀田正睦に提出した意見書（同前）において、「（慶喜は）老卿（＝父の徳川斉昭）とは御人物抜群御相違にて、此儀は憚《はばか》りながら御請《う》け合い申し上げ候」と付言した。

当時、江戸の幕府首脳の間には、徳川斉昭に対する警戒感が極度に強かった（それは、斉昭が家臣を京都に派遣し、ハリスの動向を朝廷上層部に報じたことをもって、息子の慶喜を家定に代えて将軍職に就かせ、幕府の実権を掌握する目論見を有しているとみなすものであった）が、斉彬は、こうしたことを考慮して、あえて、このように申し添えたのである。そして斉彬は、ひきつづき、このあと朝廷サイドにも働きかけたが、この段階でも彼の用意周到ぶり（ある種、老猾《ろうかい》さ？）は際立つことになる。すなわち、翌安政五年（一八五八）一月六日付で、親戚でもあった左大臣の近衛《このえ》忠熙《ただひろ》に送った書簡（『照国公文書』二）には、攘夷論者の多かった朝廷関係者の存在を念頭に浮かべて、持論である開国論は微塵《みじん》も表明しなかった。ただ慶喜を将軍徳川家定の後継者にしたいとの希望のみを申し出たのである。

なお、斉彬は、右の近衛忠熙宛の書簡において、徳川慶勝以外、御家門（徳川将軍家の一族で、御三家以外の大名）および国持大名の「過半」が慶喜の擁立に同意しているとも伝えた。そのうえで慶喜の擁立を命じる「内勅」（天皇の内々での勅命）を出して欲しいとも要請した。さらに朝廷関係者を安心させるために閣老の堀田正睦・松平忠固《ただかた》・久世《くぜ》広周《ひろちか》も慶喜擁立の件については春嶽の働きかけを受けて「能々《よくよく》承知」しているとの内部情報も伝えた。

2　山内容堂と松平春嶽

松平春嶽との出会い

さて、本書の主人公である容堂が将軍継嗣問題に関与するようになるのは、越前福井藩主の松平春嶽（一八二八～九〇）と出会い、その熱心な働きかけを受けた結果であった。容堂が斉彬の紹介で春嶽と初めて会ったのは、安政四年十月七日のことだとされるが、この日、春嶽邸で開催された「大学」（四書の一つ）をともに会読（講師は橋本左内）する場（講究会）で同席した。同席したのは、他に柳河藩主の立花鑑寛《あきとも》、因幡鳥取藩主の池田慶徳《よしのり》、川越藩主の松平直侯《なおよし》の三名であった（慶徳と直侯は、それぞれ徳川斉昭の五男と八男だった）。

この時、初めて面識の機会をもった容堂は、春嶽に自分にはない魅力を強く感じたらし

松平春嶽（国立国会図書館蔵）

い。この月の二十六日には春嶽を再び訪ねているからである。そして以後、春嶽の影響を大きく受けることになる。このことは、前掲小出秀美宛書簡で、容堂が江戸に来たことで、その「志」が「大」で、かつ「才」にゆとりのある「二、三子」と「交通」し、その結果、「士気」を自ら「振」るうように努めねばならないと悟ったと、ごく直近の体験談を伝えていることでも明らかである。この「二、三子」のなかに春嶽が含まれたのはいうまでもない。なかでも年齢が近かった春嶽（容堂の一歳年下）から受けた影響が大きく、容堂は小出に対し、「其器・識・議論」が凄いこと、春嶽にあいまみえて得る「裨益《ひえき》（＝おぎない益すること）が少な」くないことを率直に告げている。

容堂に大きな影響を与えた春嶽の「識」の一つは、おそらく春嶽が徳川将軍家の一族（家門筆頭の大名）でありながら、徳川政権だけが国政を担当（国家意思の決定を独占）しているあり方を「私政」だと執拗に批判したことにあろう。すなわち春嶽は、徳川家のみならず、全国の諸藩が一致団結して対外危機に対処するためには、これまで国政の場（中央政局）から排除されていた外様大名（なかでも、強大な軍事力と経済力をともに有する雄藩）の意見も十分に聴き、それを国政（幕政）に反映しないと駄目だと考えた。これは、当時にあっては画期的な考え方だった。

現に、この年の十一月十九日、春嶽は池田慶徳に対し、豊臣秀吉の故事に倣《なら》って、斉彬・直正・宗城・慶徳それに自分が五大老となり、老中に指示を与えることで幕政改革を推進すべきだとの壮大な構想を語った（『贈従一位池田慶徳公御伝記』一。以下略して『慶徳』とする）。当然このような構想はたちまち肝胆《かんたん》相照らす仲となった容堂にも伝えられたことであろう。とにかく、こうした卓見もふくめ、容堂は、春嶽の人間としての器量や識見は自分よりもはるかに秀れていると認めたのである（春嶽は、わずか十一歳で生家の田安家を離れ、福井藩主となって以来、家臣たちによって立派な藩主となるべく、きわめて厳格に守り育てられた。そして安政期に入ると、鋭意藩政改革に努め、「列藩第一」の藩主とすら噂されるにいたる）。むろん、これには容堂の謙遜もあろうが、尊敬できる人物として、春嶽が容堂に及ぼした影響力にはやはり大きなものがあったと見ざるをえない。

微笑ましい逸話

もっとも、これだけだと、両人の関係は優等生間の交友の域をでない感じがする。だが、実態は違った。このことを物語る微笑《ほほえ》ましい逸話が残されている。宮内大臣などを務めた土佐藩出身の土方久元《ひじかたひさもと》が東久世通禧《ひがしくぜみちとみ》の側近に語った回顧談（『竹亭回顧録　維新前後』。以下略して『維新前後』とする）によると、幕末期に容堂や春嶽、それに元宇和島藩主の伊達宗城などが集まって酒を飲んだ際に、次のようなやりとりがなされたらしい。それは、「容堂が酔って」、「顔が長いから馬面公《うまづらこう》だの馬面老賊公」だなどと宗城に対して口にしながら、「老賊（＝宗城は、一時、攘夷派の志士からこのように批判された）に一盃やろう、馬面公に一つなぞと云」って、絡んだ時のことである。

容堂より十歳近く年長であった宗城は、さすがに年の功もあってか、「いっこう平気で少しも意に介」さず、相手にしなかったが、傍《かたわら》にいた春嶽は「容堂があまり（にも宗城を）罵《ののし》」ったので「立腹」したという。そこで、「（両人の間で）組打ち（が）初って（始まって）、上になり下になり転《ころ》げ廻る」といった光景がつづいて見られることになる。しかし、それを「（越前、土佐）両家の家老など見て居ても取り押へようともしない。ただ笑って居」たという。

かように、濃密なレベルでの付き合いがあった春嶽と容堂の両人だが、さすがに春嶽は冷静に容堂の本質を見つめていた。後年、春嶽は、容堂について、『逸事史補』中に次のように記した。「容堂公は至《いた》って正直の人なり。故に我意に叶ふ者は十分引き立て、少しも気に入らざるものは大いに疎斥せり。元来は佐幕家にして、幕府の衰弊するを大いに患《うれ》う。……後に公武不和に至るをもって、頻りに朝幕の和平を専務とせられたり。後に幕府の見るに足らず、助くるにたらざるをしりて、もっぱら勤王の志厚く相なりたり。此人《このひと》もなかなか一己《いっこ》の見識ありて、決して家来に使役せらるる人にあらず。……余が考ふる所は、驕慢《きょうまん》の意はなしとは申しがたく、また奢《おご》りも随《したがって》つよく、毎日平均して一日百両は消費せりといふ。しかしながら、他人の驕慢とは違へり。もっぱら御一新の功労あり。……島津斉彬・水戸斉昭・鍋島閑叟・山内容堂等は、実に近来の英雄といふべきなり」。春嶽は、自己の能力に頼るあまり、独断専行気味で不遜でもあった欠点も含めて、ほぼ正確に盟友の本質の一端を指摘したといえよう。

春嶽の計算

容堂と知り合ってからまもなく、将軍継嗣問題は、「親藩にて事遂ぐべきの思し召し」を有していた春嶽が、「外藩の御方よりも申し出」たら、「閣老衆の思惑《おもわく》も改りて善《よ》き事もあらんか」と考えて、容堂に協力を依頼することになる（『昨夢紀事』二の安政五年一月九日条）。春嶽にとって、容堂のその特異な存在が、自分たちの活動に大いに活かせることに気づかされたことが大きかった。そこで春嶽は、容堂の封建領主にはきわめて珍しい荒々しい突破力を、慶喜を将軍の世子とする運動に利用しようと図った。きっかけとなったのは、先述した安政五年一月四日の堀田邸での容堂と岩瀬両者の激突であった。

幕府の親戚代表ともいうべき親藩（家門の大名）の当主であった春嶽にすれば、将軍継嗣問題は、本来ならば幕府関係者のみで担うのが理想であった。将軍を生み出すのは、徳川家に限られていたからである。だが、そうしたやり方が功を奏さないうえ、これ以上、この問題で自分が動きまわれば、「親族結党」だとの批判を浴びかねなかった。こうした現状にぶつかった際に出会ったのが山内容堂であった。

とにもかくにも春嶽は、外様大名ではあるが、他の外様大名一般とは大きく異なって、徳川家に恩義を感じ、徳川家の天下が続くことを願っている土佐藩主の容堂の力を借りる決断をした。その際、春嶽には、おそらく次のような計算が働いたものと思われる。それは、容堂を起用することで慶喜を将軍の世子に求める声が、外様大名も含む全国諸藩のそれであるというメッセージを幕府首脳にぶつけられるというものであった。これに対して、容堂の方も気持ちよく応じることになる。そして、これにはむろん容堂個人の心中に、徳川家のために、この際ひと肌ぬごうという思いが大きく関係したことは間違いない。

ハリスに対する苦々しい思い

また彼が、一外様大名の身でありながら、国家的危機が生じた時には、「英雄」的な活躍をしたいとかねがね願っていたらしいことも関係していよう。さらに、当時の彼がハリスに対して苦々しい思いを抱いていたことも、春嶽から協力を求められた際に、快く応じた一因になったことは争えない。たとえば、容堂が安政四年の十月十四日に、「是日墨使（＝ハリス）江都（＝江戸）へ来る」との副題の下に作った詩には、「鋭鼻黄瞳、状貌豪。……わが腰間の日本刀を看る」とあった。「鋭鼻」とは鋭く尖った鼻という意味だから、むろんハリスのことを指す。そして、全体の主旨は己れの日本刀で同人を切害したいというものである。

このように、当時の容堂には、ハリスの斬殺を実行に移しかねないほどの元気（無暴）さがあった。そして、この元気さが春嶽の依頼を受けた際、慶喜を将軍の世子に担ごうとする運動に積極的に加わろうとする気持ちを生じさせたのである。実際、当時、容堂が非常な決意を固めたらしいことは紛れもない事実であった。後年、板垣退助が、容堂の指示をうけて、京都で将軍継嗣運動に携わった納戸役の大脇興之進《おおわきこうのしん》から聞いた話を紹介している（「維新前後経歴談」）。それによると、「容堂が非常の決心」でもって、「天下の大事国難」に直面している今、「幼少の将軍を立つるやうなことでは国の維持如何に関はることであって、甚だ痛心に堪へぬ」と大脇に語ったという。

三条実万への働きかけを開始

もちろん、いうまでもなく、この時点の容堂の「非常の決心」は、もはやハリスの切害といったレベルに止まるものではなかった。勅命の力を借りて慶喜の将軍継嗣を実現しようとするものであった。大脇が聞かされたらしい容堂の言葉は、「恐れながら勅命をもって断然と命ぜられた方が宜《よろ》しい」というものであった。こうした思いに至った容堂は、春嶽からの働きかけをうけたこともあって、安政五年の一月十二日、堀田邸に赴き、堀田に対し、「(自分は) 外様ながらも (土佐藩) は親藩同然の御由緒もこれ有る事故、恐れを顧《かえり》みず申し立る」として、一橋慶喜を将軍の世子とすべきだとの考えを伝えた (『昨夢』二)。

ついで、三条実万との縁戚関係を活かして、この件を実現すべく、活動を本格的に開始することになる。実万は、孝明天皇のそれぞれ祖父と父に当たる光格・仁孝の両天皇にも仕え、人格円満と高い才識でもって知られた人物だった。そして、さらに孝明天皇には武家伝奏・内大臣として仕え、天皇に自分たちの希望を届けるためにはまさに打ってつけの人物と考えられた。容堂や春嶽は、勢い安政四年の五月に内大臣に任ぜられた三条実万に働きかけざるをえなかったのである。もっとも、土佐藩内に、三条実万と交渉しうるだけの適任者が見つからなかったため、若者ではあったが、非常なる才識・能力の持ち主だった福井藩士の橋本左内が起用されることになる (左内はすでにこの時点で、徳川政権の中枢に、西洋諸国に関する比較的正しい知識を有していると思われる大大名とその家臣を送りこむことを画策していた。それによって適切な対外政策が講じられるのを願ってのことであった)。

吉田東洋の再起用

したがって、容堂は、当初、橋本左内を介して三条実万に働きかけ、勅命の降下でもって慶喜の世子実現を図ることになる。なお、この問題が持ち上がった際、容堂はいたく人材不足を思い知らされたのであろう。急遽《きゅうきょ》側用人の小南五郎右衛門を高知に帰らせ、異論の多かった吉田の再起用に向けての周旋工作をさせた。ついで、小南の尽力もあって、東洋は安政四年の十二月に罪を赦され、ついで仕置役に擢用される。さらに加筆すると、容堂は安政五年一月二十五日に左内を呼んで自分の考えを伝え、かつ三条実万と三条家諸大夫森寺常安《もりでらつねやす》への直書を手渡した。そして左内は、このあと、さっそく京都へ向かうことになる。

容堂らが京都への働きかけを急いだのには訳《わけ》があった。安政四年の十二月に林大学頭が上洛し、外国の事情を丁寧に説明したうえで開国のやむをえないことを奏聞したものの、攘夷説に凝り固まっていた朝廷サイドの同意を得られなかった。そこで堀田が、この年(安政五年)の一月二十一日に江戸を出足し、やはり説得に努めることになる。しかし案の定、二月五日に京都入りしたあと、堀田は改めて世界の形勢を巨細に説明したうえで、ハリスとの間に結ぼうとしている仮条約の草案までも示す誠意を見せたものの、十分な成果を得られないで苦しむことになる。もっとも、容堂らは、事態がこうなるだろうことを前もって予測していた。すなわち、京都でトラブルが生じ堀田の帰府が延びれば、それだけ慶喜の件が実現をみるのが遅くなると判断していた。こうしたことが使者の早急な派遣につながったのである。

それはともかく、以後、橋本左内が京都にあって、容堂から紹介された三条実万および森寺常安らを通じて、条約の勅許を得たあと勅命で慶喜の将軍継嗣ならびに将軍の上洛とその後の朝幕一体の実現を図る運動に従事する（そして左内は人柄の面で三条実万の深い信頼を勝ち取る）ことになるが、左内は容易に目的をとげられず、四月十一日に帰府することになる。

孝明天皇は、夷狄《いてき》（野蛮な異民族）に下田と箱館の両港において、彼らが求める薪水《しんすい》や食料を与えるとした和親条約はなんとか承認した。下等な者（夷狄）に恩恵をほどこす上級者の行為だったからである。こうした考え方は、自分たちの国を、「中華」つまり世界の中央に位置する文化国家とするもので、華夷秩序的世界観といわれた。そして、三条実万も左大臣の近衛忠熙も、ともに同じ考え方の持ち主であった。

だが、修好通商条約は、華夷秩序論的な発想とは違って、対等なレベルでの国交の樹立と交易の開始を求めるものだったので承認しなかった。また三条実万も、かつて和親条約の締結にすら反対したほどの強烈な開港拒否論者だったので、容易に首を縦に振らなかった(拙著『幕末の朝廷』)。それ故、左内の説得工作は、勅命をもって慶喜の将軍継嗣を実現する件に関しては、三条・近衛両者の同意が得られたものの、条約承認の件に関しては、思うように進展しなかったのである(もっとも、実万は、左内から海外の情勢や関東方面の実状を詳細に伝えられ、強硬論を唱えつづければ「大難」を引き起こすと動揺をきたしてもいた)。

そこで、大脇興之進が京都に派遣され、左内を助けることになる。そして、この過程で、容堂の現実的でしかも頭の良さをも感じさせる対応が垣間見られることになる。以下、簡単にこの点について語ることにしたい。

容堂の周旋活動

容堂はむろん慶喜の将軍継嗣を実現させるにあたって橋本左内や大脇の京都での活動のみに頼ったわけではない。容堂自身も積極的に動いた。彼は、三条実万が京都の状況を事細かに内々で容堂に伝えるために江戸に派遣した側近の富田織部《おりべ》とは直接口頭でもってやりとりするとともに、京都の三条実万とは書面の交換でもって、左内らの活動を援護した。すなわち、富田とは、五月十四日に鍛冶橋内の土佐藩上屋敷で人払いのうえ二人きりで会い、天皇の真意がいかなるあたりにあるか、中川宮や関白九条尚忠《くじょうひさただ》の「御性質」はどのようなものかといったことを聞き出している（「土州応答」〔『大日本維新史料　稿本』。以下略して『稿本』とする〕）。ついで五月十七日に春嶽と宗城を招き、富田から京都の情報を直接聞く会合を持った。

その席で、容堂は、叡慮が外国と戦えということであれば防戦に努めるが、もはや現段階では鎖国はとうてい不可能だとの考えを富田に伝えた。もちろん、これは三条実万を介して天皇に奏上してもらうためであった。そして、容堂が開国は避けがたいとした理由は、いったん和親条約を各国と結んだ以上、日本側の一方的な都合で破棄すると、非は「我にあるの道理」だとするものであった。そして、こうした認識をまずは示したうえで、容堂は「一橋（慶喜）さへ立てられ候はば、仮令《たとえ》しばらく条約御許容にあい成り候ても、御国恥受け候事は決してこれ無し」と断言した（「富田織部東行雑記」〔『三条実万手録』二。以下略して『手録』とする〕）。後世のわれわれからすれば、慶喜を将軍の継嗣に担いだとて、それほど事態が好転したとは思えないが、容堂らの慶喜に対する評価のあまりの高さに驚かされる。

三条実万とのやりとり

三条実万と容堂との間にやりとりされた往復書簡のなかでまず注目すべきは、安政五年の二月十三日、容堂が春嶽に見せた、自分に宛てて送られた三条実万の「御建策」（『昨夢』二）である。これは、機会があれば天皇に見せるために三条が記した「私案」であった。このなかで三条は、①天皇には外国船を打ち払うと安易に言明しないなど、慎重な対応をなすことを求める、②将軍継嗣には「賢明年輩の人」を定める、③将軍に対し「手軽」な上洛を求める、④これまで天皇は思う所があって「御斟酌《しんしゃく》」されていたようだが、これからは天皇（朝廷）と将軍（幕府）は互いに遠慮なく自分たちの考えを伝え合う方が良いといった自分の考えを容堂に対し伝えた。

これに対し、容堂は三月三日、三条に宛てた返簡（『昨夢』三）でもって、今度は自分の考えを率直に申し入れることになる。それは、三条の「私案」中にあった③④の両項に関わる疑義の提示であった。すなわち容堂は、将軍の「手軽」な上洛は、諸大名の幕府への「軽侮」の心を招きかねないので良くない、それよりも、江戸城に「賢才」の将軍世子を据える方が、かえって「皇国」全体のためにはなると異を唱えた。ここには将軍上洛に伴う莫大な出費および京都が政局の中心となることで生じる体制危機（朝廷と幕府〔当時の言葉でいえば禁裏《きんり》と公儀《こうぎ》〕がそれぞれ国政を主導しようとする二元政治の出現）を避けようとする容堂の現実的な判断が示されている。こうして自分の考え（異論をふくむ）を吐露したあと、容堂は改めて三条に対し、朝廷が幕府への大政委任の原則に立ち返ることを求めた。「旧に依り万端関東江御任せの方、皇国の御為、却《かえっ》て然るべき哉と存じ奉り候」。

実万に奮起を促す

三条宛の返簡でいま一つ注目すべきは、容堂から三条に対し、天皇の輔佐役を積極的にはたすように奮起が促されたことである。すなわち、輔弼《ほひつ》の任に当たる朝廷上層者として、天皇への助言や忠告、場合によっては諫言も辞すべきではないとした。

これには、容堂の孝明天皇に対する認識（評価）がどのようなものであったかが大きく関わった。この国（とくに京都市中および周辺）に住む民衆が天皇に政治的な期待をかけはじめるのは、宝暦期から天明期（一七五一〜八九）にかけて以降のことだとされる。そして、この民衆の期待は、「外圧」という名の民族的危機が尖鋭《せんえい》化する幕末期になるとより高まり、孝明天皇（一八三一〜六七）のときにピークを迎える。こうしたなか、尊王（皇）家であった容堂も、むろん孝明天皇には大いなる望みを託した。そして、朝廷を支えることに吝《やぶさ》かではなかった。このことは、安政二年（一八五五）に、極度の金欠状態にあると噂された朝廷に金《かね》を献上することで「皇室の費用を助けんと欲」したものの、これまで前例がないとして、幕吏によって阻止されたこと一つとっても明らかなことであった。

天皇の言動をやんわりと批判

だが、その一方で、もともと開明的で合理的に物事を判断しうる能力を有した容堂は、安政五年段階の孝明天皇が「過激」すぎる発言をするようになっているとも受けとめていた。そうした想いが、次のような文言となった。「今上御英断にて、一時御憤激の余り、右様の叡慮（条約の勅許に難色を示す）在らせられ候共、縉紳《しんしん》（＝官位身分が高い人。つまり公家）輔佐の方、御遠慮なさせられ候処と存じ奉り候」（三条への返簡中の言葉）。つまり、幕府首脳の採ろうとする政策に怒気を帯びた発言をするようになった孝明天皇のそれを「御憤激の余り」の発言でいささか冷静さを欠くものだと、やんわり批判したということである。

確かに、容堂が危惧《きぐ》するように、対外危機が深刻なものとなるなか、孝明天皇は、自分はこの国の天皇《すめらみこと》であるとの強い責任感から、時に過激な指令を幕府に対して出すようになっていた。

その最たるものの一つが、安政元年の末に出された、諸国寺院の梵鐘《ぼんしょう》を銃砲製造の原料として供出すべきとの太政官符《だいじょうかんぷ》の発出であった。しかし、この太政官符には、「鐘銘の内、勅願台命宝祚《ほうそ》長久御武運悠遠、其外《そのほか》天下泰平国家鎮護等の文字これ有り候とも斟酌《しんしゃく》に及ばざる事」「御由緒ならびに諸家由緒等これ有る由の銘文これ有る趣にて用捨の儀申し立て候とも、容易に取り用うべき筋にはこれ無く」との「心得方書取」が付されていた（「山内家文書」〔『山内』第三編下〕）。天皇は大炮や小銃の製造原料（鋼材）を確保しようと焦るあまり、度を超す「叡慮」を発するようになっていたのである（この「格別の叡慮」は幕府に受け入れられ、幕府から列藩に対し実行が求められるに至ったものの、寺院関係者を中心とする激しい反発を招き、国内不和の一因となった）。

また、安政五年三月二十四日付の書簡（『昨夢』三）で、容堂に伝えられた三条実万の「密書」中には、天皇が諸大名の「衆議」を聞いたあと、「伊勢の神慮を御伺と申す御沙汰に御座候」とあった。直前の三月二十日、参内した堀田に対し、御三家以下の諸大名の衆議を再び聴取し、それを奏上せよとの朝命が下ったが、これはその際のものであった。つまり孝明天皇は、自分がこの段階で開国体制への移行を承認すれば、それが最終的な決着となることに、大いなる逡巡をおぼえたのである。だが、この時点では、断固欧米列強を打ち攘《はら》うとまでの決心がつかなかった天皇は、とりあえず修好通商条約の勅許を求める堀田に対し、頭ごなしに拒絶するのではなく、いま一度、御三家以下の諸大名の意見を問うことを求めた。いわば時間稼ぎのためのもの（選択）であった。しかも、用心深い天皇は、諸大名の意見が再度提出されても、自分はやはり決定しえないだろうと見越して、さらに伊勢神宮のおみくじにすがるという究極の判断を下すことになる（だろう）と三条実万らに語ったのが事の次第であった。そして、このことが容堂にも伝えられた。

これでは、尊王意識の強い容堂といえども、天皇の「過激」すぎる言動を、三条実万を通して阻止しようと考えた（願った）としても無理はなかった。さらに歴史に通じていた容堂には、天皇があくまでも自分の希望を押し通そうとすれば、「元弘の朝に髣髴《ほうふつ》たる」ことが発生しかねないと恐れた。「元弘の朝」とは、天皇親政の復活を願った後醍醐天皇の決起が失敗に終わったことを指した。すなわち容堂は、孝明天皇を後醍醐天皇になぞらえ、その失敗の前例を戒めとしなければならないと諭したのである。

いずれにせよ、容堂は、三条実万らに、天皇の補佐役として、天皇の行き過ぎた言動を押さえる役割を強く求めた。むろん、これは縁者ならではの要請でもあった。そして容堂が、こうした要請をあえておこなったのには、天皇よりも社稷《しゃしょく》（国家）をより上位に位置づける考え方の持ち主であったことに加え、内乱を極度に恐れる封建支配者としての立場が大きく関わった。

このことは、やはり三条実万宛の先ほどの返簡において、釈明かたがた容堂が次のように記していることで判明する。「（自分の言は）因循苟且《こうしょ》の迂論に御座有るべく候得ども、四夷覬覦《きゆ》の折柄、禍乱、内に生じ候時は、天下の御一大事に至り申すべく（下略）」。ここには、天皇の過激な言動によって内乱が発生し、日本（皇）国が欧米諸国の介入によって植民地となりかねないことをなによりも恐れる、封建支配者としての容堂の健全な本音が表明されている。と同時に、天皇の存在を絶対視するのではなく相対化する、つまり天皇の不自然なかたちでの神格化を拒否する健全な精神も感じとれる。

3　一橋派の敗北

消え去った楽観論

さて、かように、春嶽や容堂らは、一橋慶喜を将軍継嗣にしようとする運動を展開した。ついで彼らは、同意を得られそうな老中クラスへの接近とともに、「憂国の志」があると見た幕臣への働きかけもおこなうことを決め、それぞれ手分けして、慶喜の一件を実現すべく、協力を求めることになる。容堂の場合は岩瀬忠震を担当することになった（「安政記事稿本」）。岩瀬は、先述したように、堀田邸で容堂と意見を激しく闘わせた対手であった。が、その後、どうやら両者は気を許し合う間柄となったらしい。

そうしたことはさておき、容堂は、岩瀬らとの濃厚な付き合いを持てたこともあって、どうやらアメリカとの修好通商条約調印を許容（ただし、あくまでも孝明天皇の承認を得ることを求める）しうるに至ったらしい。そして併せて、岩瀬らとも協力して、一橋慶喜の将軍継嗣を実現しようと図った。この間の経緯を、簡略に記すと以下のようになる。

まず四月九日、容堂は春嶽に対して、京坂地域の警備を厳重にして朝廷が口を出しにくくする、アメリカとの条約は、「関東かぎりの権宜《けんぎ》にて所置におよぶ（すなわち、この点に関しては朝廷を押さえこむ）」との自分の考えを直接口頭で伝えた（そして、容堂が「皇国」全体のことを考えて示したこの提案は、四月十八日に春嶽と宗城に受け入れられ、殿中の座間を同じくする大広間詰の外様の大大名に対し、ともに外様の容堂と宗城の両者から働きかけることになる〔『昨夢』三〕）。

ついで翌十日の夕方、岩瀬からの面会希望に応じて容堂と岩瀬の両者が対面する。これは、堀田老中に先立って四月四日に京都から江戸に戻ってきていた岩瀬（彼は堀田に随行して上洛した）が、勅許獲得が失敗するにいたった背景を将軍以下、老中らに詳しく報じた際の彼らの反応を容堂に知らせたものであった（岩瀬は欧米諸国に対する正確な知識を持ち合わせていない京都の公家が堀田の要請を拒絶するために立ち上がったこと等を将軍以下に伝えた）。そして容堂は、翌十一日付で伊達宗城に宛てた書簡（『山内』第二編下）中に、「西城建儲《けんちょ》一条、是は大いに御都合宜敷趣《よろしき》、このうえ恐悦に御座候」と記したように、岩瀬の報告を事態を大きく進展させるものと受け止めた。すなわち容堂は、「大君にも是迄《これまで》かくのごとき天下の勢い、ご存じ在らせられず、此度岩瀬帰東後三日続け御目通しの上、一々《いちいち》言上に及び候処、愕然《がくぜん》たる御様子」と、岩瀬のもたらした情報が、勅許が得られないことを想定していなかった将軍以下に多大なショックを与えたことをもって、一橋慶喜の将軍継嗣実現にとってむしろ好材料となると判断したのである（これは、どうも、条約勅許の一件で苦境に立たされた幕府首脳に協力する代わりに、交換条件として、慶喜の将軍継嗣を承諾させられると考えたことによったらしい）。

将軍以下、幕府首脳が岩瀬がもたらした京都情報に大きなショックをうけたのには、彼らが前もって、幕府関係者が上洛し、ぜひとも勅許してもらうとの予定を事前に樹《た》てていたことが関わったと思われる。こうしたシナリオが一気に崩されたのだから、ショックも大きかったのである（なお、関白の九条尚忠が幕府との関係が悪化するのを恐れ、堀田と相談のうえ、対外政策は幕府に一任するという旨の勅書を用意したものの、岩倉具視の暗躍などによって、それが阻止されるに至った京都の形勢を伝えるため、三条実万は富田織部を江戸に派遣した〔『手録』二〕。したがって、容堂らは、情勢を熟知し、冷静に対応しうる立場にあった）。

だが、まもなく容堂らの楽観論は吹っ飛ぶことになる。彼らが仲間に加わると大いに期待した老中の松平忠固が、慶喜の就職にとって援護者となるどころか、最大の阻止者だということが判明したからである。情報の提供者は井伊家の親族でもある伊達宗城だった。

彼は、四月二十三日に将軍の家定からじかに命じられ大老職に就任した井伊直弼から直接聞き出した話を、同志の松平春嶽に同月下旬段階で洩らしたのである。その結果、春嶽と容堂それに宗城の三者は、紀州（和歌山）藩主の徳川慶福を将軍継嗣に担ぎ出そうと企んでいるのが井伊直弼と松平忠固の両者であること、「素より（直弼は）不学無術の人なれば、さしたる伎倆」はない（つまり、有効な手立てを講じることのできる人物ではない）こと、松平忠固こそ陰のプランナーなので、むしろこの男を排斥しなければならないことで四月二十八日、意見の一致をみる。

なお、井伊直弼と松平忠固の両者が慶福の将軍継嗣を望んだのは、当然だった。従来、老中以下、大坂城代におよぶ幕府内の主要な役職を独占してきた彼ら譜代大名にすれば、慶喜がもし将軍継嗣になれば、これらのポストが一橋派の大名の手中に掌握されかねなかったからである。つまり、自分たちが長年保有してきた権限が大幅に縮小される事態の到来が予想された。したがって、慶喜の将軍継嗣はなにがなんでも阻止しなければならなかったのである。

それはおき、四月二十八日、春嶽が上洛し、朝廷の力を借りて慶喜の継嗣を確定すべきだと宗城が主張し、容堂がそれに「手を拍《うち》て妙策と称し」賛同した（『昨夢』三）。容堂の演劇人的な姿が垣間見られることになったのである（ただし、このプランは、春嶽の「固辞」によって実現をみなかった）。

離間策

容堂は、このあと井伊直弼と松平忠固の間を引き離す工作に熱を入れだす。五月二十三日、春嶽に書簡（『昨夢』四）を送り、井伊家と親戚関係にある伊達宗城を介して、両者を「離間するの策」を実行に移そうと図った。これは、どうやら忠固に関わる悪い情報を宗城に「密告」させ、そのことで直弼の忠固に対する疑いの念を生じさせるという策謀だったようである。容堂にしては珍しく、かなり陰険な策だったが、それだけ追い込まれていたということであろう。これ以外にも容堂は三条実万に対し、実万から直弼に対し、「諭告」させようともしたらしい（六月十五日付実万宛容堂書簡〔同前〕）。実万と直弼の両者は、三条家と井伊家が縁家の間柄だったこともあって、かねてより昵懇であった（内藤一成『三条実美』）。

いずれにせよ、慶喜の将軍継嗣を実現しようとの容堂の熱意には尋常でないものがあった。なお、これほどまでの思いに駆り立てられた容堂は、その一方で、井伊直弼と五月二十九日か三十日頃に逢って慶喜の件を直接申し入れることも考えたようだが、腹の虫が承知せず「万一……暴論などに及び候ては不都合」だと考えて、断念したようである（五月二十八日付春嶽宛容堂書簡による）。ついで、このあと、五月二十九日に春嶽が容堂の許を訪れ、慶喜に将軍継嗣が命じられるように「公然降勅あらせられんよう御周旋あるべしと三条殿へ御申し越しあられんことを御相談」に及ぶことになる。そして、これを受けて、六月一日、容堂・春嶽・宗城の三者は、互いに相談をなして、詔勅の力を借りて慶喜の件を実現することを最終的に決定する。これは、いうまでもなく、三条実万より天皇に「密奏」し、天皇の「聖断」を仰ぐというものであった。この結果、翌日、急飛脚でもって三条実万宛の書面が京都に送られることになる。だが、井伊政権によって、六月下旬段階で、こうした彼らの計画は完全に息の根を止められることになった。

これには、春嶽・容堂らの水面下での動きが、幕府サイドに筒抜けであったことが関係した。幕府側にあって情報収集活動に最も熱心だったのは、彦根藩であった。彦根藩は、安政元年(一八五四)四月、江戸湾岸の相模警備を解かれ、晴れてかねてから井伊直弼の宿願であった京都を守護するようにとの大役を命じられた。ところが、譜代筆頭の彦根藩による京都守護に対しては、京都の朝廷を幕府サイドが押さえつけようとするためだとの「悪説」が飛び交うことになり、同藩としても神経を尖らさざるをえなくなった。それが同藩の熱心な情報収集活動へとつながった。

安政五年(一八五八)二月二十六日付で、腹心の長野《ながの》主膳《しゅぜん》に宛てて送られた井伊直弼の書簡(『大日本維新史料　井伊家史料』)によると、直弼は、「兼々《かねがね》(京都の)守護を望み候諸侯」として「薩州・藤堂・土州など」の名を挙げている。ここで名前の挙がった三藩は、いずれも外様の大藩で、井伊らにすれば、京都の朝廷を自己の影響下におくために、京都守護体制に割り込もうとしていると警戒されたのである。そして現に、斉彬や容堂は、先ほどらい見てきたように、一橋慶喜の擁立に熱心で朝廷関係者への接触を図っていた。こうしたことが、容堂らの活動を察知することにつながったのである（なお、この書簡でもって、直弼は京都にいた長野に慶福を将軍継嗣とする件での朝廷工作を依頼した）。

一橋派の完全なる敗北

そうこうする内、六月二十一日、堀田正睦と松平忠固の登城が停止され、翌二十二日、登城を命じた在府諸侯に対し、幕府が条約に調印したことが告げられる。六月十九日に条約に調印した岩瀬と井上の両名が、二十一日に帰府し、「近々《ちかぢか》英仏の軍艦数十艘」が「渡来」し、清国との戦争（第二次アヘン戦争）に勝利を収めた勢いに乗じて、自分たちの要求を突きつけるとの極秘情報をハリスから伝えられたと報じた（『史料　公用方秘録』）。これより前、あくまでも孝明天皇の了解を得たうえでアメリカ側との間に修好通商条約を締結することを望む井伊大老とは違って、松平忠固は、幕府の専断で即時に調印することを強く主張し、他の老中の賛同も得ていた。その責任をとらされたのであろう。

また、堀田の退役に関しては、肥後熊本藩の江戸留守居が入手した情報中に、京都入りするまでは慶福を将軍継嗣に望んでいた堀田が、帰府後、慶喜を推すようになったことが理由の一つとして挙げられた（『国事史料』巻二。こうしたことが堀田の免職につながったのかもしれない）。そして、この時、ほぼ同時に、井伊派に属した三人の人物（太田《おおた》備後守〔資始《すけもと》〕・間部《まなべ》下総守〔詮勝《あきかつ》〕・松平和泉守〔乗全《のりやす》〕）が老中に新たに任命される（ただし、全員二度目の老中）。ついで二十五日には、慶福を将軍世子とすることが諸大名に公表される。ここに、一橋派の運動は完全なる敗北で終わった。

さて、この間、広く知られているように、井伊政権の採った勅許なしでの条約調印に対して抗議すべく、六月二十四日に将軍に会うために、不時登城した（大名が江戸城に登る日は、それぞれ決まっていた）一橋派の諸侯に対して、厳しい処分が下される。七月五日から六日にかけて、徳川斉昭・松平春嶽・徳川慶勝の三名が隠居急度《きっと》慎み等の処分を受けることになった（なお、七月六日に将軍の家定が死去し、慶福が第十四代将軍となり、名を家茂《いえもち》と改めた）。ついで、八月二十七日になって、一橋慶喜と水戸藩の前・現藩主である徳川斉昭・慶篤《よしあつ》父子に対し、それぞれ隠居慎みと蟄居差扣《さしひかえ》が命じられた。

一方、無断登城といった行動に出なかった容堂は、伊達宗城と藤堂高猷の両者と六月二十四日に面会し、条約調印はやむをえないものの、今回の措置は違勅にあたると考えるので承伏できないとの結論に達した。そして、このあと何人かの有力外様大名の同意を獲得したうえで、六月二十七日に、連名で、これから「叡慮を安んぜさせらるる御所置」を施行して欲しいとの要望書を幕府に提出する（宮地前掲書）。そして、七月に入ると、今度は単独で容堂は大胆な行動に出る。

これより前の六月二十一日に、幕府は、土佐・備前（岡山）・因幡（鳥取）の三藩に対して大坂の海岸筋の警衛を命じた。これは、そもそもは京都に近い大坂が諸外国からきちんと守られることを重視していた朝廷サイドからの要請を受けて出されたものであった。この幕命に対して、容堂が嚙みついたのである。七月付で出された建議（建白）書で、容堂は、土佐藩に命じられた大坂湾の警衛に関わる自分たちの考えを、幕府首脳にぶつけた。

幕府関係者の神経を逆撫でする建議書

それは、「天下輻湊《ふくそう》」の地である大坂の警衛を担当することは、「皇居（の）御警衛（と）同断」で、たいへん名誉なことだとしたうえで、幕府にいくつもの条件（じつは難題）を突きつけたものであった。曰く、手当の支給、銃砲や艦船の供与、七年間にわたる江戸への参勤その他いっさいがっさいの「公務」の免除、幕府が保有する大坂市中にある「便利の地」の「領分同様」の拝借など。さらに、欧米諸国との戦争となれば、大坂市街に住む人民を「取り除き」、同地を空地とすべきだとも提言した。ここには焼き払うとまでは記されていないが、事実上それを主張したに等しかった。そのため、これを読んだ宗城が、「難題」を「申し立て」、「条中には、はなはだ不遜かつ忌諱《きい》に触れる儀も少なからず、此《この》書面出で候はば、……不忠にあい成るべく」と受けとめ、春嶽にすぐに七月三日付の書簡(『昨夢』四)でもって相談に及ぶことになる。すなわち、あまりに過激な箇所は削除するように春嶽から容堂に「命じて」欲しいとの要望であった。

かように、容堂の建議書は、同志の眼からみても、難題を吹っかけた、幕府関係者の神経を逆撫《さかな》でする要求であり主張であった。案の定、いくばくもなくして、容堂側近(側用役)の小南五郎右衛門らが老中の内藤紀伊守(信思《のぶこと》)の公用人より呼び出され、建議書の却下と幕府側の口頭での厳重注意がなされる。むろん、土佐側の建議書は、こうした戒告を呼び起こすだろうことを十分に予想したうえで提出されたものであった。そして容堂が、こうした行動に出たのには、春嶽らに対して下された井伊政権の措置を「愕然《がくぜん》泣血……嗚《あ》呼《あ》天下いかがあい成るべく哉、……涙数行字を下す能わず」と受けとめた(七月五日付で春嶽に宛てた書簡中に見られる言葉)容堂の怒りと反発が大きく関わった。

さらに加筆すると、徳川政権の下した措置全般に対する大いなる不満が、容堂をして、このような建議書を提出させたといえよう。そして、いかにも容堂らしいのは、幕府サイドからの厳重注意を軽く受け流したことである。このことは、側近の小南らが呼び出され、いま挙げたような注意を受けた七月二十五日付で発せられた、伊達宗城宛の書簡(『山内』第二編下)によって裏付けられる。「今朝老中へ僕の重役呼び立てられ、先日差し出し置き候書付《かきつけ》の事につき、少々しかられ申し候。しかしながら、こわくもなんともなし」。

このように、容堂は幕府関係者の戒告を軽く受けとめようとした。が、藩政の執行(責任)者にとっては、そうはいかなかった。この年の六月に酒井忠義が京都所司代に再任され、つづいて九月に、老中の間部詮勝が大老に代わって、幕府が通商条約に調印し、一橋派諸侯を処罰するに至った、やむをえない事情を釈明するために京都に向かうことになったからである。これは、土佐藩サイドにとっても決して軽視しえない事態が到来したと受けとめられた。それに第一、国元においても、土佐側の建議は過激すぎる内容のものだと驚かれ、かつ間部が京都に到着した後、「戊午の密勅」(後述する)に関係した人物の逮捕があいつぐと、江戸に吉田東洋や近習家老五藤内蔵助・大目付麻田楠馬《くすま》が急遽派遣されることになった(『東洋遺稿』)。

藩の存続のため、幕府との良好な関係の維持を求められた藩上層部は、幕府の戒告を重く受けとめ、そのうえで密勅問題が土佐藩に甚大な被害を及ぼさないために、東洋らを至急江戸に派遣し、対応策を講じねばならなかったのである。そして彼らは、十月十五日に江戸に到着すると、ただちに各方面に周旋し、その結果、容堂の隠居ならびに一部家臣への厳重な処罰が実行に移されることになる。すなわち、幕府（井伊政権）とのこれ以上の対立激化を望まなかった家臣団は、容堂に暗に隠居を勧め、かつ小南などは、「容堂を助けて居て甚だ君公の輔《たすけ》が行届かぬと云ふ罪」（『谷干城遺稿（上）』）で責任を問われた（小南は、江戸を出発し、高知に到着したあと、十一月七日に側用役の職を解かれた）。

「密勅」降下問題

もっとも、実際に容堂が隠居に追いこまれるのは、翌安政六年（一八五九）に入ってからのことだったが、容堂の隠居に話が及ぶ前に、触れておかねばならないことがある。「安政の大獄」が発生する直接の要因となる「密勅」の降下問題にまつわるエピソードである。

井伊政権によって強行された条約調印と徳川慶福の将軍継嗣決定（なかでも前者）に対し、孝明天皇は激しく怒った。そして幕府による無勅許での条約の調印と一橋派諸侯の処罰を譴責《けんせき》し、御三家や列藩などにも連絡して、国内外にまたがる問題への対策を協議することを命ずる異例の勅諚が八月八日、武家伝奏から水戸藩の京都留守居に、ついで十日禁裏附に降ることになる。勅諚は「天皇の考えや命令を側近の者が伝達するという、間接伝達のかたちをとる朝廷文書」であった（久住真也『王政復古』）。

　この勅諚が異例だったのは、通常、勅諚は、朝廷内の最高権力者である関白が主として関与し、そのあと皇族もしくは公家のなかから、然るべき者が勅使に選ばれ伝達される形式が採られるのに、そうではなかったからである。関白の意向が無視されるかたちで勅諚が作成され、それが水戸藩士に手渡されることになった。すなわち、関白の九条尚忠は、幕府への勅諚降下はともかく、水戸藩主にも天皇の考えを伝える「別段御趣意書」（内勅）を下すのは前例がないので見合わせる方が「御無難」だと三公（左大臣・右大臣・内大臣）に申し入れた。だが、天皇の強い意思（希望）であるとして押し切られた（『九条尚忠文書』一）。そして、このあと、孝明天皇の意にそわなかった九条関白が九月三日に辞職に追いこまれることになる。ここに、その威信を大きく傷つけられた幕府によって、のちに「安政の大獄」といわれた弾圧が、慶喜擁立派ならびに条約反対派の双方に対して加えられ、これに猛反発する政治勢力との間に暗闘が展開され、結果的に江戸期の政治体制（秩序）自体が崩壊することになった。いわゆる「安政五年の政変」の発生であった。

　政変が発生するに至る間の具体的な経緯や政変の歴史的意義に関しては、諸書に触れられているので割愛して、本書では次の二点を指摘するにとどめたい。

　第一点は、幕府サイドが水戸藩とりわけ斉昭が直接「戊午の密勅」に関与したという証拠を摑むことを第一の目的としたものの、確証が見つからなかったために、どんどん捕縛者が増えていったことである（母利美和「安政の大獄──間部詮勝と井伊直弼」）。第二点は、この政変がきっかけとなって、支配体制の頂点に位置した徳川将軍家・朝廷・大大名の三者間に、以後それまで見られなかったレベルでの不信や憎悪の念が複雑に渦巻くようになり、江戸期の政治体制が崩壊しはじめた点で、明治維新のそもそものきっかけを作ったペリー来航時よりも大きな歴史的転換点となったと評する見解があるということである。本書では、以下、容堂と「密勅」との関わり方にのみ対象を絞り、できるだけ簡潔に注目すべき点を指摘しておきたい。

天皇の不信感

「密勅」の降下にあたっては、水戸藩から勅諚を諸藩に伝達することが命じられ、その後、これを阻止すべく、密勅の朝廷への返納を命じた幕府首脳と水戸藩関係者との間で大きなトラブルが生じることになる。ついで、この幕命が水戸藩内を伝達派と非伝達派の双方に引き裂き、同藩をして悲劇的な運命に追いやることになる。

他方、天皇の意の在る所を遍《あまね》く列藩に知らせるために、公家をして勅諚の写しに添書させ、縁故のある有力大名十三家に対して密かにそれを下すという方式が採られた。土佐藩の場合は、三条家ではなく近衛家を通じて、薩摩藩士の有馬新七《ありましんしち》の手によって伝達された。さらに、そのうえ越前・宇和島の二藩へは容堂より伝達することが求められた（「都日記」）。これにはおそらく三条実万と土佐藩との関係があまりに濃密であったために、カムフラージュ策として、こうした迂回《うかい》策が導入された面もあろう。

その他、近衛家よりは尾張・薩摩・津の三藩に、鷹司《たかつかさ》家よりは加賀・阿波・長州の三藩に、一条家よりは肥後・備前・土浦の三藩に、二条家よりは因幡藩に、それぞれ伝達が命じられたが、これはどうやら天皇が水戸藩と幕府に対してのみ勅諚を下したのでは、自分の意思（希望）が揉《も》み消されるのではないか（すなわち有力藩へ伝達されないのではないか）と不安を抱いたことが関係したらしい。それだけ、この段階の天皇は、強い不信感を幕府関係者のみならず武家一般に対しても抱いていたということだろう。

それはおき、江戸に下ってきた有馬新七が勅諚の写し（謄本）と三条実万の書簡を宇和島藩の若年寄吉見長左衛門に託して、容堂の許に提出したのは、九月十八日のことであった（『有馬新七先生伝記及遺稿』）。が、三条からは、これより前、諸大夫の丹羽正庸《まさつね》が江戸に派遣され、九月四日に容堂と会って勅諚伝達について密議をこらしていた。さらに、これより前に当たる八月二十日には、やはり三条から勅諚の写しを授けられた水戸藩士の鵜飼《うがい》幸吉《こうきち》（父は水戸藩の京都留守居役であった鵜飼吉左衛門《きちざえもん》）を護衛して江戸に下ってきた薩摩藩（もと水戸藩）の日下部伊三次《くさかべいそうじ》と、容堂は小南五郎右衛門ともども会い、協力を依頼されていた（幸吉は、十七日に水戸藩主である徳川慶篤に勅諚を提出した。ついで勅諚は十九日に水戸にもたらされ、同藩を大混乱に陥れることになる）。

伝達に反対

したがって、有馬が勅諚の写しをもたらした時点で、ようやく容堂はなんらかの行動を起こせる条件が整ったといえる。だが、どういうわけか、容堂は密勅の伝達については慎重な姿勢に終始したようである。井伊政権が最終的な決定を下す前ならば大いに歓迎したが、状況が様変わりしたあとでは公武（朝廷と幕府、もしくは朝廷・有力藩と幕府）の間に深刻な確執《かくしつ》が生じ、それはまずいと判断したためかもしれない。そうしたこともあってか、九月四日に、丹羽と容堂が会見する前に、藩邸で小南から丹羽に対し、容堂の考えが勅諚（密勅）の伝達に反対だと伝えられた（『山内』第二編下）。

時あたかも、有馬が勅諚の写し等を容堂に呈した前日にあたる九月十七日、大老の井伊直弼が親族の伊達宗紀《むねただ》（前宇和島藩主。宗城に藩主の座を譲った）をひそかに招いて、九月二日に江戸を発った老中の間部詮勝が京都に到着した後、徳川斉昭や松平春嶽・伊達宗城らによる京都工作の実態の解明に取り組むとの内部情報を伝えた。さらに、密勅の「草稿」は宗城が書いたものだとの「風聞」があることも教えた。ついで、大事《おおごと》にならないうちに、宗城と山内容堂の両者が病気を理由に隠居すれば、藩に迷惑がおよぶことはないだろうとの自分の考え（見通し）も伝えた。そして、容堂への隠居勧告を宇和島側に依頼することを井伊は暗に伊達宗紀に求めた。そして、こんなまどろっこしい手法が採られたのは、井伊大老をはじめ「閣老など」のなかに土佐藩と「親類」関係がある者がいなかったことにもよると告げられた（『井伊直弼・伊達宗紀密談始末』）。

第三章　桜田門外の変と容堂

1　若き隠居の日常生活

稀にみる抵抗精神

さて、安政五年（一八五八）十月六日夕方、急に招かれて、容堂は伊達宗城の許を訪れる。養父の宗紀から井伊の勧告について説明をうけた宗城が、隠居を決意したことを伝えるためであった。これに対し、容堂も同意し、自身も後に続きたいとの考えを表明する。そして、十月八日付で宗城に宛てた書簡（『山内』第二編下）において了承の意を正式に告げることになる。養子の自分が意地を張って藩に迷惑をかければ、山内家歴代に対して「大不孝」になると考えてのことであった。しかし容堂は、本書簡において、「極内々」にではなく、「閣老より」表立って公然と、罰則の結果としての隠居処分であると告げられることを願い、この自分の希望を井伊大老に伝えて欲しいと宗城に頼んだ。容堂は、最後の最後まで、井伊政権に悪態をつこうとしたのである。そして、これが容堂の本来の姿であった。すなわち容堂は、稀にみる抵抗精神の持ち主だったのである。

ついで、十一月十一日、容堂の望みどおり、井伊大老以下、老中一同が列座するなか、

「堂上方」へ「容易ならざる事ども」を「申し通じ」たことを理由に、謹慎が命ぜられる。それはともかく、容堂が隠居に同意したのは井伊政権の勧告だけによったのではない。宗城あての書簡中にも記されたように、この年の七月十六日に師でもあった島津斉彬が死去し、また親友の春嶽が処罰を受け宗城も隠居を決意したことで、もはや自分が出る幕はなくなったというのが理由としては大きかった。そして、この容堂の決断を後押しすることになったのが、先述したような理由の下、高知からやってきた吉田東洋であった。

隠居生活が始まる

東洋は、十月十五日に出府すると、容堂に対し、外様大名の身でありながら、将軍継嗣問題に関わったことを非難すると同時に、島津斉彬の侍医で同人の死後幕医に転じていた西洋医戸《と》塚静海《つかせいかい》の診断書を副《そ》えて、容堂の隠居願を十一月十九日に幕府に提出した。ついで、これが認められ、高知藩第十六代藩主の座に山内豊範が就き、豊信が容堂と号するようになるのは、安政六年（一八五九）二月下旬のことであった。すなわち、養嗣子の山内豊範が十四歳の若さで家督を継いだ。以後、容堂の隠居生活が正式に始まるが、これが世間一般の人間がイメージする隠居生活とは、とうていならなかった。容堂にとって、隠居は心外ではあったものの、自分は間違ってはいないとの強烈な自負の念があったため、意気軒昂《けんこう》たる若き隠居となったのである。もっとも、そうはいっても、容堂の隠居生活はいわゆる「安政の大獄」時に始まったので、それなりの抑圧をうけたものとなった。

その一は、安政六年三月二日に容堂の手足となって働いた家臣の免職と彼らに父祖以来与えられてきた家禄の削減を命ぜざるをえなくなったことである。近習家老・奉行職・側用人らを務めていた福岡宮内・桐間将監・生駒伊之助・小南五郎右衛門・寺田左右馬らが該当者となった。代わって、深尾鼎《ふかおかなえ》や五藤内蔵助が家老職に、由比猪内が仕置役に、それぞれ起用されることになる。

その二は、容堂は吉田東洋を介して国元での隠居生活の実現を願ったが、国元にはすでに新藩主の実父（山内豊資）が隠居生活を送っているとの理由で、幕府によって拒絶されたことである。もっとも、これは表向きの理由で、実際はきわめて仲の良い（「別段御懇意」）宗城と容堂の両人が、「一時に御帰国」となれば、なにしろ四国内にあって「近国」だし、容堂の気質が気質なだけに、心配だと「閣老」あたりが「懸念」した結果だったようである（『東洋遺稿』）。幕府首脳は真につまらない理由で容堂の帰国を押し止めたのである。そのため、容堂は安政六年（一八五九）の九月に、千代田の鍛冶橋内土佐藩上屋敷から品川の鮫洲《さめず》（現在の東京都品川区）に新しく築かれた別邸に移り住むことになる。

鮫洲での生活

その三は、品川の別邸に移った翌月（十月十一日）に幕府より謹慎を命じられ、新藩主と会うことも差し控えねばならなくなったことである。処分理由は、次のようなものであった。「其方《そのほう》（＝山内容堂）儀、家督中堂上方江容易ならざる事ども申し通じ候趣あい聞こえ候。京家江通路の儀、猥《みだ》りに致すまじき筈の処、右体《みぎてい》の次第、公義（＝幕府）を憚らざる致し方に付、急度《きっと》も仰せ付けらるべき処、当時隠居の身分に付、御宥恕《ゆうじょ》をもって、慎み罷りあるべき旨、これ仰せ付けらる」（「柏葉日録」〔『山内』第三編上〕）。

ここに、容堂は、春嶽らの処罰に遅れること一年余の時日を経て、幕府の罪人となった。しかし容堂は、こうした幕府サイドの処分に怯《おび》えながら生活するような人物ではなかった。鮫洲の新邸は、はなはだ狭かったものの、海に臨む景勝地にあった。そのため、詩作に耽《ふけ》り、酒を飲むといった南画的環境下で遊ぶには、逆に好ましい地であった。このことをよく伝える文章が残されている。隠居生活に突入してから、いまだそれほど歳月が経過してはいなかった安政六年と翌万延元年（一八六〇）に、容堂が作った詩（『遺稿』）には、次のようにあった。「謫居《たっきょ》何んぞ必ずしも愁苦《しゅうく》を言はん。詩酒あり陶然《とうぜん》として独り戸を閉ざす」「余戊午歳（＝安政五年）、罪を幕府に獲《え》て、これより自ら武陵罪人と號す。その明《あ》くる年、居をこの地に移す。身はすでに罪人となると雖《いえど》も、遊癖猶已《や》まず。……余乃《すなわち》置酒楽甚」(「蒼然臺記」)。確かに表向き罪人となったので、酒の肴などもレベルが格段に下がった。これまでの松魚(鰹)や鮎などに代わり、焼芋《やきいも》が晩酌の友となることもあった。しかし、そうしたことは物の数ではなく、容堂にとって自らを罪人とは認めていなかったことが「置酒楽甚」の四文字となったのである。

ところで、いかにも容堂らしかったといえるのは、右の漢詩中にもあったように、謹慎中でも酒を断たなかったどころかむしろ大酒を飲む生活を送ったことである。同時期に詠まれた漢詩中に「巨杯を挙げ劇飲す、大酔頽然《たいぜん》(＝酔いつぶれる)。口を開きて、時事を譏《あなど》り罵《ののし》る」とあるような光景が、しばしば謫居先となった鮫洲の別邸でみられた。反面、その容堂にしても、軟禁生活からくるストレスからはやはり逃れがたかった。なにしろ自由に外出もできず、狭いエリア内に留まらざるをえなかったからである。当然、気の晴れない日々も多かったことと思われる。そのため、本来は陽性なキャラクターの持ち主だったのに、時に孤独な翳《かげ》りが色濃くみられることになる。そして、この地で容堂は以前よりも読書に励み、かつこれまでの自分のあり方を深く見つめるようになる。その結果、容堂の詩調は一変することになったといわれる。従前よりも、脱俗性が強まり、隠遁者的な生活を詠《うた》って詩味の溢《あふ》れる洒脱な内容のもの、もしくは寂莫《せきばく》感の漂うものが多くなったのは事実であろう。

そうしたなか、容堂の日常生活において重要な意味をもったのは、鮫洲でお鯉尾との間に儲《もう》けたばかりの長女光姫とともに生活するようになったことである。光姫は、この年の五月六日に誕生したので、四ヵ月にならないぐらいで容堂との生活を始めることになった。そして容堂は、この長女をとにかく可愛がり、そのことによって元気づけられることになる。

肉親のあいつぐ死と体調の悪化

なお、謫居中の容堂があいかわらず酒浸りに近い生活を送ったのには、彼にとって不幸な出来事が続いた（肉親や親族のあいつぐ死）ことも大いに関係したようである。まず安政六年の九月には実父の豊著が亡くなった（享年五十八）。ついで十月には義父で落飾《らくしょく》という処分をうけた三条実万もこの世を去る。そして、この二人よりもはるかに容堂に深いダメージを与えたのが、翌万延元年の七月に愛児の長男郁太郎（豊融）が十四歳で病没したことである。こうしたことを受けて作られた漢詩には、「（父を昨年、子を今年喪い）悲痛殊に甚し」、そのため「終《つい》に眠るを得ず」とあった。先ほども少し触れたように、元来湿り気とは縁遠い明るい性分の持ち主であった容堂だけに、相当こたえたことが重々理解できる。

さらに、鮫洲時代の容堂にとって辛かったものに、体調の一段の悪化が挙げられる。安政六年一月段階の容堂の体調に触れた記録（「景翁公御記録」〔『山内』第三編上〕）には、「疝癪《せんしゃく》ますます差し起こり、そのうえ去冬寒気にあい当り、風湿の気味あい加わり、いやまし難渋候体に罷り成り、病症とは申しながら長長引き入り」云々とあった。「疝癪」は、当時多くの人びとが苦しめられた病気で、胸や腹部にさしこむような痛みがはしる病気であった。むろん、容堂の病因はこれだけでなく、他にもっと深刻な病因があって、それからくる胸部や腹部の痛みだった可能性もある。そして、隠居生活が終わりに近づいた文久元年（一八六一）時点になると、「予まさに老い、かつ衰う。而して善く忘る」（『遺稿』）といった状況に陥る。ついで、こうした体調となったことをうけて、鮫洲時代の容堂は瘦《や》せこける。このことは鮫洲での生活を謳った詩のなかに、自らを「病鶴」と称した言葉などが垣間見られることで明らかである。

本節の最後に、謹慎生活中の容堂に関して目につくことをいま一つ指摘しておきたい。それは隠居生活に追いやられたため、対外危機に身をもって処すことのできない苛立ちを、容堂があらわにしつづけたことである。たとえば、謹慎生活中に作られた漢詩には、次のような言葉が躍った。「廟堂（＝徳川政権）何をもって生蕃《せいばん》を待たん」「蛮夷貪《むさぼ》ること狼のごとし。……奸臣の腹憎むべし。……痛い哉《かな》、吾が民、……毒せらる」「野人（＝容堂のこと）廟堂の議に管せず、……蕃船の南より来るを見る」「今也通（商脱か）互市。……既往は尤《とが》むべからず。将来何の策有らん。杞人の憂（＝とりこし苦労）と笑うことなかれ」。

隠居（謹慎）生活時に、容堂が不安に感じたのは、神奈川・長崎・箱館の三港で始まった欧米諸国との交易（横浜の開港は安政六年六月）によって、日本人が本来必要とする物資が国外に持ち出され、民《たみ》の生活が困窮するのではないかといったことであった。また彼が見すえていたのは、日本と欧米諸国との関係だけではなかった。容堂がなによりも大きな関心を払いつづけていたのは、隣国である中国（清朝）と欧米諸国のそれであった。たとえば、アロー戦争（一八五六～六〇）が天津の強制開港といったかたちでイギリス側の一方的な勝利で終わった万延元年（一八六〇）に作られた「読新聞紙」（『遺稿』）では、たくさんの「新聞紙」を得ていないので、「いまだ英兵（が）北京を陥れたのを信ぜられず」とあった。すなわち容堂は、対外危機に起因する鬱屈とした耐えがたい気持ちを、詩作と読書と飲酒で晴らそうとしたのである。

2 「処士横議」の時代へ

井伊直弼の暗殺

容堂の謹慎生活は存外早く終了することになった。直接のきっかけとなったのは、いわずとした桜田門外の変の発生であった。周知のように、井伊政権による弾圧に対しては、水戸脱藩士やそれに同調する薩摩藩士らによって直弼へのテロが計画され、やがて万延元年（一八六〇）の三月三日に決行されることになる。

井伊直弼殺害の情報を知らされた際の容堂の思いを生々しく伝える漢詩が残されている。「汝《なんじ》、地獄に到りて成仏するや否や、万頃《ばんけい》の淡海犬豚《けんとん》に付せん」（『遺稿』）というのがそれである。吉村前掲書の解釈によると、「汝（お前）は地獄に落ちて成仏はできまいぞ。彦根藩三十五万石など、犬か豚にでもくれてしまえ、と大名にもあるまじき暴慢の言葉を投げつけた」興趣などさらさら感じられない詩であった。むろん、それだけに容堂が井伊直弼に対して抱いていた憎しみの情も、こちら側にストレートに伝わってくるものであった。

もっとも、井伊直弼が白昼公然と殺害され、幕府（徳川将軍家）の権威が大きく失墜した（反対に、天皇・朝廷が勢力を盛り返した）からといって、ただちに容堂の謹慎が解除されることはなかった。まずは、井伊の暗殺から百日余りが経過した万延元年六月十八日になって、容堂が月額《さかやき》を剃り、邸内を散歩することが許され、ついで九月四日にようやく謹慎が解かれる。しかし、いまだ国元への帰国は許されず、親族その他との面会や文書の往復は「遠慮」するようにとされた（なお、この時、慶喜・春嶽・慶勝の謹慎処分も免ぜられた）。そして、謹慎が完全に解かれ、旧一橋派の有志大名の完全復権がなるのは、文久二年（一八六二）四月下旬になってのことであった。

反容堂派の更迭

しかし、そうはいっても、この間、容堂にまつわる状況は大きく変わることになる。一つは藩内において、いま一つは藩外においてであった。前者を象徴したのが、反容堂派の更迭と吉田東洋の再度の重用（親睦関係の再構築）であった。万延元年の七月五日、家老職にあった深尾鼎（重先）に蟄居が命じられる。深尾が吉田と反《そ》りがあわなかったため、吉田を再び起用するにあたって、こうした措置が講じられたのであろう（現に『官武通紀』所収の「大坂書簡抄」によると、藩外には深尾の蟄居は吉田の「所為」によるものと伝わった）。ついで、この年の末に吉田東洋が高知を出発し、翌万延二年（一八六一）の一月十九日に江戸に到着する。そして東洋は、容堂のために鮫洲の別邸を住みやすくすべく検分をなし、改築に取りかからせた。また彼は、在府中、自分が考えた藩政改革のプラン（それは、藩制を整備するために、藩法の制定、文武館の造営、人材の積極的な登用、教育制度の改革、殖産興業策の実施といった多岐にわたるものであった）を容堂にじっくりと説明し、それに対する容堂の指示を受けたようである。

このことは、高知に帰った後、容堂に提出した文久元年（二月十九日に改元）四月九日付上書（『東洋遺稿』）中に、「（自分）儀、出府中、……度々《たびたび》御懇命（を）蒙《こうむ》り奉り候而已《のみ》ならず、恩賜実に裕渥《ゆうあく》有り難き仕合に存じ奉り候」とあることでも判る。そして、上書中に、帰国後、「（家老の五藤）内蔵助始、御近習年年進退仰せ付けられ、多忙寸隙無く」とあったことからも明らかなように、容堂は東洋に国元の官員の黜陟《ちゅっちょく》（功なき者を退け、功ある者を登用すること）をも命じていた。

五藤は、吉田が高知に二月十七日に帰着した後、一ヵ月余りが経過した三月二十三日に奉行職の兼任を解かれた。ついで、このあと八月に入ると福岡宮内と桐間将監の蟄居が解かれ、小南およびともに近習目付であった橋本伊曾江と真辺栄三郎《まなべえいざぶろう》の帰住が允《ゆる》された（『山内』第三編上）。これは、明らかに容堂―吉田ラインによる、自分たちに好都合な人材で政権を固め、藩政改革を推進しようとの意図の下になされたものであった。「栄枯盛衰は常に人事の上にくりかえされる」といわれるが、まさにそのような展開となったのである。ところが、皮肉なことにこの容堂の指令を東洋が国元で忠実に守った結果、やがて後述するように、暗殺の憂き目にあうことになる。

密接不離の君臣関係

さらに、容堂と東洋の結びつきが単なる君臣関係に止まるものではなかったことも、右の上書は教えてくれる。上書中には、大坂に「淹留中《えんりゅう》」に「一詩」を得たので、「御一笑に供」したいとして、次のような漢詩が添えられていた。「紀を粛し、一藩を匡《ただ》す。弊を除き万民を救う。意気泰山（より）重し。才略古人を払う。……微塵《みじん》（のごとく）地球を視る（下略）」。この詩に限っては、決して旨いとは思えないが、気宇壮大といってよいこの詩は、彼らのめざす世界がいかなるあたりにあったかを示していよう。また、この詩は、両人の関係が「憂国心」を共有する「戦友」「詩友」であったことも語っていた。容堂にとって、時に主君の姿勢を正そうとする立場からの諫言《かんげん》を浴びるものの、東洋とは江戸と土佐という遠隔の地にあって心情をたっぷりと心おきなく語りあえる、密接不離の君臣関係にあったのである。

なお、右の詩中に、「地球」という言葉が躍っていることからも判明するように、容堂と東洋の両者は壮大なる規模の対外交易と殖民を構想し、その実現に向けて、決意を共有しあったようである。現にその目的を達するため、容堂は、江戸にあって、世界の近況に関する情報を満載した書き物（「中外新報」十一冊）を東洋の許に送り届け、東洋はそうしたものから得た情報などを参考にして、雄大なスケールの海外進出策を構想するに至った（『東洋遺稿』）。たとえば、文久元年の九月八日付で容堂に宛てた書簡（同前）において、東洋は来年秋頃には、中浜万次郎や幕府海防掛（その代表が岩瀬忠震であったことはいうまでもない）の協力を得て蒸気船を購入し、文武館で養成する水夫等をそれに乗りこませることで、アジアの東部や南部にある無人島の六、七も手に入れ云々といった構想を伝えた。

有力藩による国政介入の動き

他方、藩外に目を転じると、容堂（土佐藩）への幕府の対応が大きく変わったとみなされるのが、突如、土佐藩に対して大坂近郊の土地が交付されたことである。これより前、安政五年（一八五八）七月の時点で、土佐側から、幕府に対して、大坂近郊への土地の給付を求める、抵抗精神に溢れた建議書が出され、却下されたことについては既述した。

それが急転、万延元年（一八六〇）の九月になって、摂津国住吉郡中在家村・今在家村に、大坂防禦陣営用として陣屋《じんや》地（一万坪余）が交付されることになった。井伊直弼暗殺を挟んでの今回の発令は、幕府の土佐（容堂）側への対応が大きく変わったことをハッキリと目に見えるかたちで表わすことになった事例といえた（なお、この直前に当たる万延元年の八月十五日に徳川斉昭が死去するが、これも幕府側の対応を大きく変える一因となったことは間違いなかろう。幕府にとって、将来、再び危害をもたらしかねない厄介者がこの世から消滅したからである。それはおき、土佐側は、幕府から給付された、この入会地に、国元から大工や人夫それに材木や石材などを送り、文久元年〔一八六一〕の五月に兵舎等を完成させた）。

さて、井伊の暗殺と斉昭の死去によって容堂（土佐藩）を取りまく状況はこのように大きく変わったが、むろん、これは容堂（土佐藩）に限ったことではなかった。井伊大老が殺害されて以降、幕府に対する畏怖の念は全国的に急速にしかも著しく薄れた。その結果、長州と薩摩の両藩に代表される有力藩による国政への介入の動きが公然たるものとなる。

有力藩は、険悪となった朝廷と幕府の関係を自分たちが修復するとの名目の下、幕政と朝政に露骨に介入しはじめる。と同時に、江戸幕府に代わって国政の中心に躍り出た朝廷との直接的な接触を求めて、藩士を積極的に京都に派遣するに至る。ついで、こうした動きは傍観者たることをやめた、他の少なからざる数の藩にも及ぶことになった。

そして、つづいて、全国各地にいた、なんらかのかたちで中央政局に関わりをもちたいと願う諸藩士や庶民の公然たる政治活動を広範に呼び起こすこととなった。その際、彼らの多くが唱えたスローガンが、尊王であり攘夷の即実行であった。こうしたスローガンは、きわめて解りやすかったぶん、多くの同調者を集め、やがて名もなき者の声が中央政局の動向を左右する「処士《しょし》横議《おうぎ》」の時代を招来することになる。

土佐勤王党の成立

では、土佐藩は、このようななか、いかに新しい状況に対応しようとしたか。同藩の場合、大きな特色として挙げられるのは、藩として適切に対応するのが遅れたことである。一因となったのが、皮肉なことに土佐勤王党の成立であった。土佐勤王党は、長岡郡の郷士身分の家に生まれ、藩の剣術師範として衆望を一身ににになう存在となっていた武市瑞山(半平太。一八二九〜六五)を盟主として、江戸と土佐で募られた同志一九二名が加盟して文久元年(一八六一)の八月に成立した。皮肉だと記したのは、同志と作成した誓約書には、「わが老公の御志を継ぎ」云々と、ひたすら容堂の方針(考え)に従うとしながら、実際は容堂のそれに反する行動を採り、土佐藩を攪乱《かくらん》させる(厳格な身分階層秩序を破壊しかねない)存在となったからである。だが、反面、尊王(皇)攘夷をスローガンとしたことで、新しい政治状況に即応できた。

尊王攘夷は、当時にあって、天皇(朝廷)サイドに最も受け入れられる主張であった。そのため世論となった。そして、世論には誰しも反論しえなかった。この点を最大限に利用したのが勤王党員である。彼らは、政治に携われる侍とは違って、旧来の藩体制の下では疎外された、発言権がまったくといってよいほど認められていなかった非支配者層もしくは支配体制の最末端につながる層に属した。とくに、土佐藩においては、前領主であった長宗我部家の遺臣の系統に多くが属した彼らは、郷士身分とされ、藩政に関われなかった。そこで、長年にわたって、土佐藩の特色の一つとなった、山内氏の家中武士団との対立を展開することになる（平尾道雄『土佐藩』）。ところが、その郷士身分を主たる構成メンバーとした（他は庄屋、もしくは徒士・足軽などの軽輩）彼らは、天皇（朝廷）権威を背景に、藩を飛び越えて、中央政局において集団として巨大な発言力を有する存在に、短時日の間に成長を遂げる。そして、やはり藩という垣根を越えて、天皇（朝廷）のために尽すという大義名分の下、他藩の人士とも交流（連携）関係を築いていくことになる。

天皇の前では皆同格

その最たる相手が長州藩の久坂玄瑞《くさかげんずい》であった。武市と久坂の両名は、土佐勤王党の結成にも参画した高岡郡の大庄屋吉村寅《とら》（虎）太郎《たろう》や坂本龍馬らを介して互いに書簡を交換しあう関係を、文久元年末から翌文久二年二月頃にかけて築く。そして、文久二年一月二十一日付で武市に向けて発せられた久坂書簡（『武市』二）中の有名な宣言がなされるに至る。「諸侯恃《たの》（頼）むに足らず。公卿恃むに足らず。草莽《そうもう》志士糾合《きゅうごう》義挙の外には、とても策これ無き事と、私ども同志中、申し合わせ居り候事に御座候」というのが、それであった。そして久坂は、このあと「失敬ながら、尊藩も弊藩も滅亡しても、大義なれば苦しからず」と、攘夷の叡慮（＝天皇の考え）を貫き通すために土佐藩も長州藩もともに滅亡しても構わないとの大胆きわまりない宣言を武市らに対して告げた。

この久坂の宣言がなによりも大きな歴史的意義を有したのは、しばしば「一君万民思想」といわれるように、極言すれば、「一君」つまり天皇の前では皇国に住むすべての人間は平等だと表明したに等しかったことである。ということは、徳川家も外様の山内家も毛利家も、天皇の前ではすべて同格だと宣告したということでもあった。さらに申し添えると、久坂や武市がどこまで自覚していたかはともかく、彼らの主張は天皇以下関白などの朝廷上層部のまったく望んではいない方向（幕藩体制つまり封建制の否定）に日本国を導こうとするものであった。そして、このような主張は、正規の侍であった士分格の者には、とうていなしえないことだった（久坂は藩医の次男で非士分格であった）。

朝廷上層部は、孝明天皇もふくめ、一部の下級公家などとは違って、徳川家から統治権（政治権力）を奪って、それをわがものにしようなどといった、だいそれた「野望」は有してはいなかった。なぜか。そうしたことは、下々《しもじも》の仕事であって、第一「面倒くさい」ことだったからである。また、天皇・朝廷サイドは、十五世紀に発生した応仁の乱（一四六七～七七）時以降、戦国期にかけて衰微の極みにあった自分たちを徳川家が救ってくれたとの深い感謝の念を有していた（宮地前掲書）。

そうした彼らは、徳川家への大政委任を心底から望んだ（天皇も王政回復などは余計なことだと考えていた）。それに第一、朝廷関係者は、きわめて長い間、全国に関わる政務に携わることがなかったため、担当する能力も意欲もともに失っていた。だが、ごく一部の下級公家や外様藩士、それに徳川の支配機構から排除されていた民間人のなかの一部の者は、幕府に代わって自分たちが国政を担当することを、ひそかに望むようになる。そして、その彼ら（「有志」「志士」と称された）が「天勅（＝朝命）」が自分たちに下ることを重視したのは、自分たちの行動が天皇の命令にもとづくものだと正当化するのにそれが不可欠だったからである。また、それによって、彼らは「草賊（＝乱民）」扱いを免れることができた。そのうえ、「天勅」を手に入れられれば、自分たちの主張や行動に反対する者を「朝敵」として斬って捨てることもできた。政敵を倒す一番効果的な手は、相手を「朝敵」だと断じることであった。

山内容堂にとって、土佐勤王党の存在が根元的なレベルで否定されねばならなかった理由は、まさにこの点に存した。英明な容堂には、おそらく初期段階で、自分たちが非支配者階級であることを弁《わきま》えずに、天下国家のことを公然と語り出した武市らの存在が、土佐藩にとってきわめて不都合なもの（手に負えない存在）になるだろうとの見通しがもてたと思われる。容堂は、幕末最終段階まで、幕藩体制国家ならびに家臣団の身分制秩序の崩壊に直結する、「王政復古」の実現をめざす動きに同調することはなかった。武家への大政委任を当然だとしていたからである。

厄介な怪物の出現

そうした容堂にとって、土佐勤王党の成立は、真に厄介な怪物の出現に他ならなかった。また、土佐勤王党員の活動は、幕府を助けることを藩是としてきた土佐藩のこれまでのあり方と著しく矛盾し、対立することになった。その結果、土佐勤王党員が中心となって、幕府（徳川将軍家）からの自立を促す声が猛烈にあがりだす。たとえば、文久二年の閏八月には、土佐藩内西部地区の勤王派の首領であった樋口真吉《ひぐちしんきち》が時勢に関する論策（「皆山集」〔『山内』第三編上〕）を藩に提出したが、そのなかには、「世説にも御家の義は、薩長御両藩とは事相違仕り、関東江御君臣の御交り遊ばされ候抔《など》とあい唱え候ようの族《やから》もこれ有る哉にあい聞き候」とあった。まわりくどい言い廻しだが、要は徳川家と君臣関係を結んでいるように思われないために幕府から距離を置き、純粋の外様藩である薩長両藩のように、スッキリとしたかたちで藩を挙げて中央政局に乗り出し、朝廷のために尽力することを求めたのである。土佐勤王党については、のちに改めて取り上げるが、とにかく、土佐勤王党の成立によって、土佐藩内に不協和音が響き渡ることとなった。

吉田東洋の暗殺

つづいて謹慎処分が完全に解かれた後の容堂の動向を、これから簡単にたどることにしたい。そして、これには文久二年の四月八日夜に土佐で発生した吉田東洋の暗殺事件が大きく関わった。

ところで、ここで改めて確認しておかねばならないのは、容堂が全面的な自由を手に入れたのが、吉田東洋の暗殺があってからまもない、文久二年の四月下旬だったことである。すなわち、山内容堂の謹慎解除後の活動は、この暗殺事件の影響をもろにうけるなかで再開されたということである。容堂が腹心中の腹心ともいうべき東洋を喪ったことで大打撃をうけたことは、いうまでもない。このことは、四月二十七日付で親友の松平春嶽に宛てた書簡中に、「近来別してはなはだしく、一升二升は暫時に御座候」と記したあと、過酒による衰えを自覚していると報じたことでも裏付けられる。

容堂は不思議なところのままある人物で、吉田東洋の暗殺があってからほぼ三週間後に発せられたこの書簡において、暗殺事件と過酒との関連性についてはなんら言及していない。彼が話題にしているのは、春嶽が「横文字」を学んでいるのは、将来のことを考えれば素晴らしいことで、これからは翻訳物ではなく直接原文を読んで、海外の情報を収集しなければならないといったことであった。普通なら、春嶽に対して、吉田の件で愚痴ってもおかしくはないのに、そうした行為にはでなかった。しかし、そのことが逆に容堂のシ

吉田東洋（高知県立高知城歴史博物館蔵）

ヨックの大きさを物語っていよう（なお、容堂にしても斉彬にしても、外国語を自ら学んで、海外の情報をキャッチすることや西洋の秀れた科学技術をわが国に導入する必要を唱えたが、これは隣国の清朝の統治者たちにはまったく見られない特色であった。こうしたことは、身分の低い人間に全面的にやらそうとしたのである〔三谷前掲書〕）。

そういう点では、当時、容堂付の御側御用役として、彼の周辺にいた寺村左膳が残した日記中の記述の方が、断然容堂のほんとうの気持ちを伝えていよう。日記には、「此度《このたび》の御国許《くにもと》」つまり土佐で発生した吉田東洋の暗殺事件に対し、「御憤激の御模様これ有り、恐縮致し候」「とかく御憤りはなはだしく、恐縮致し候」と書かれてあった（ともに四月二十五日条）。やはり暗殺事件は、憤怒《ふんぬ》といってもよいような容堂の非常なる怒りを呼び起こしたのである。ついで、実行犯は不明だとされながらも、東洋を殺害したのが「勤王家の激徒の仕《し》業《わざ》ならん」（『佐佐木』一）と噂されたため、容堂のなかに、どうやら土佐勤王党に対する復讐の念らしきものが抱かれたことは、ほぼ間違いない。

門閥家と勤王派の連合政権ができた理由

ここで、謹慎解除後、江戸で本格的に開始されることになる容堂の活動内容を検討する前に、吉田東洋殺害後の土佐国内の政治状況の変化についてもごく簡単に触れておくことにしたい。

その最たるものは、吉田東洋の一派（改革派）が藩政の中枢から追放され、それまで東洋によって押さえこまれていた門閥家（守旧派）および勤王派の連合政権が成立したことである。当時、土佐勤王党員であった土方久元（のちの宮内大臣）が、明治になって、東洋の暗殺は、土佐藩における桜田門外の変であり、「土佐の勤王論は、……吉田元吉の暗殺から大いに勃興した」と回想したように（『青山余影』）、勤王派にとって、一晩で途《みち》を切り拓くことになった。そして、これには、再登用後の吉田東洋の政策が関係した。

吉田東洋は先述したような事情で安政五年（一八五八）の一月に赦され、参政に復職したあと、藩主の山内容堂を再び補佐する立場となった。そして、翌安政六年の二月に容堂が隠居した後は、容堂に代わり、国元に在って藩政を事実上指導していくことになる。吉田東洋の政策は多岐にわたったが、こと幕府との関係においては慎重な姿勢に終始し、ひたすら藩の存続と経済・軍事両面での真の実力を養成する改革をめざすものとなった。ということは、薩摩藩や長州藩のように、中央政局に藩を挙げて進出し、あわよくば国政の主導権を握ろうとめざすものではなかったことを意味する。すなわち、当時、盛り上がっていた尊王攘夷論に組しようとはせず、士風刷新・武備充実・富国強兵に尽力した。

また、改革を実のあるものにするために、あえて旧例・格式を無視もしくは軽視して身分階級制を簡約にし、かつ有能な者を起用しようとした。

こうしたことが尊王攘夷派および門地門閥家（守旧派）双方の強い不満を招くことになる。前者の代表が小南五郎右衛門と平井善之丞であり、後者の代表が山内下総《やまうちしもうさ》・桐間蔵人（ともに家老経験者）および小八木五兵衛《こやぎごへえ》らであった。そして、士分格であった小南・平井の両名と意を通じて、土佐藩内に多くいた非士分格の尊王攘夷派を実質的に統括する立場にあったのが、武市瑞山であった。すなわち武市は、当時、二百名近い同志を糾合する立場にあった。そして、藩政を指導する吉田東洋に、藩を挙げて勤王路線を採ること、薩長両藩と連携すること、軽輩クラスの積極的な登用を推進することを進言したが容れられず、大いなる不満を抱くことになる。

このことは、武市が容堂に提出したと思われる文久二年（一八六二）六月の「建言書手扣」（『武市』一）中に、「去々年（＝文久元年）時勢の儀につき、政府へ申し出で候義御座候処、ひとつも御信用にあい成らず」と強い不満を表明したことで明らかである。武市にすれば、自分たちの意見は、吉田東洋が指導する藩政府によって「ひとつも」採用されなかったのである（吉田東洋も容堂も、「言路洞開・人材登用」の必要は認めていたが、草莽クラスまでは対象としていなかった）。こうした不満が同じく吉田東洋の推し進める急進的な藩政改革に強い不満を抱く門地門閥家と結託して吉田東洋を暗殺することにつながった（吉田の暗殺を武市らに示唆したのは、いずれも容堂の親族であった山内下総と山内豊誉《とよたか》〔兵庫・民部〕だった）。

停滞する改革の動き

ついで、武市は、土佐勤王党とも気脈を通じていた山内や桐間らを介して藩主の山内豊範に働きかけ、藩主の直命をもって藩要路の人事を刷新することに成功する。山内容堂が藩主として在国しておれば、とうてい実現できなかったと思われる藩要路の交代であった。四月十一日から翌十二日にかけて、それまで藩政の主導権を掌握していた深尾弘人・福岡宮内・福岡孝弟・真辺栄三郎・由比猪内・市原八郎左衛門・神山郡廉・麻田楠馬・後藤象二郎といった人物がいっせいに斥けられる。いずれも吉田派に属した人士であった。代わって、アンチ吉田の門地門閥家（守旧派。その代表が山内下総だった）から多くの人士が起用されることになる（現に山内下総は家老に復職した）。

もっとも、勤王派からの起用は、大監察と参政兼大監察にそれぞれ就任した小南と平井の両名に止まった。本来ならば、両派は、互いに協力しあう間柄にはなかったが、反吉田という、たった一つの共通点のみで結びついた結果であった。ただ、勤王派からの藩庁入りはごく少人数にとどまったものの、吉田東洋をこの世から抹殺《まっさつ》した実行犯が土佐勤王党員だったのは間違いなかったので、守旧派からなる藩権力の新たな掌握者も、勤王党員の意見を無視するわけにはいかず、少なからざる要求を受け入れねばならなくなったのも事実であった。

それはともかく、四月十二日には、藩庁から吉田を批判する声明文が出されるに至る。しかし、出身階層も政策目標もともに大きく異なる混合内閣では、統一した政策を打ち出せるはずはなく、土佐藩の改革は、ここに事実上ストップすることになる。

なお、ここで吉田暗殺の影響のいわば番外篇とでもいったものを一つ、追加として挙げておきたい。容堂の長州嫌いの一因になったと思われることである。事件後まもなくして、吉田の刺客（土佐勤王党員の那須信吾《なすしんご》・安岡嘉助《かすけ》・大石団蔵《だんぞう》の三名）が長州藩の久坂玄瑞に京都で私的に匿《かくま》われているとの情報（確報）が高知に届く。そして、この情報を得て、容堂は小目付の下許武兵衛を探索のため京都に派遣したものの、長州藩邸の者に体よく追い払われ、結局、捕えられなかった。容堂にとって苦い思いが残ったことと想像される。

3　大原勅使派遣と幕政改革

島津久光の率兵上洛

以上、吉田東洋の暗殺に至る背景および暗殺後の藩要路の交代（吉田派の一掃）等について述べた。つづいて、幕府に対し厳しい改革を迫ることになった大原勅使が派遣されるに至る経緯などに筆を及ぼすことにしたい。

山内容堂は、対客面と文通面の双方に関わる自由を再び得た四月下旬段階から、いきなり大揺れ状況下にあった中央政局のなかに放り出されることになった。そして、これには、土佐藩と親戚関係にあった薩摩藩の動向が大いに関係した。容堂の謹慎が完全に解除される直前、薩摩藩の国父（藩主島津忠義《ただよし》の実父）という立場にあった島津久光が、異母兄の故島津斉彬の遺志を継ぐという名目で、公武間の融和を図る（朝廷と幕府両者の間を以前のような良好な関係に戻し、そのことによって欧米諸国に対峙しうる強大な国家を創る）べく、文久二年（一八六二）の四月に京都にやって来る。

そして、上洛したあと、久光は、中川宮以下の朝廷関係者にまず朝政改革を求めた。それは、摂関制度の廃止に直結しかねないほどの大改革を朝廷サイドに迫るものであった。そして、この意見に、中川宮が同意し、自身が摂関家に代わって政務を執り、幕府の存在を認めながらも、幕府を圧倒しうる天皇（朝廷）権威の伸張をめざすことを決意したとされる（町田明広『幕末文久期の国家政略と薩摩藩』）。併せて久光は、朝廷上層部に、国政の根幹に位置する幕府にも改革を求めたい（そのためにまずは人事の改造を促したい）との希望を伝え、協力を懇願した。この久光（薩摩藩）の要求を朝廷サイドは妥当なものとみなし、勅使として大原重徳《しげとみ》（六十歳を超えた高齢者だったが、自ら志願して勅使となった）を江戸に下すことになる。ついで多くの薩摩藩兵を従えた（ただし同行はせず）大原勅使が江戸に到着するのは六月のことであった（なお、この六月におそらく久光の建白と連動した結果だと思われるが、幕府寄りの姿勢がとかくめだっていた九条尚忠が関白の座から追い落とされ、近衛忠熙が関白・内覧に任じられた）。

若干、時間軸を元にもどす。これより前、久光上洛の情報が各地に伝わると、この機会に京都所司代を殺害し、攘夷（挙兵）決行に向けての血祭りにしようといった動きが高まる。動きの中心にいたのは、浪士層であった。彼らは、武器を使用しないでは天下を一新することはできないとし、その役割を諸侯に期待しえないため、自らにそうした役割を課した。そして他ならぬ土佐藩関係者もそのなかに含まれた。たとえば、四月十六日に高知にもたらされた情報によると、越後浪人の本間精一郎《せいいちろう》と土佐脱藩浪士の吉村寅太郎の両名は、四月八日に大坂の住吉に築造された土佐藩の陣屋へやって来て、久光を大将にして攘夷を命じる勅命を請いうけ、そのあと幕府が勅命を受け入れなければ挙兵するとの自分たちの考えを伝えた。そして、その際、「(容堂には)多分御同意なさらるべくと、あい察し候」との自分たちの一方的な見込み(希望)も併せて語ることになる(『寺村日記』)。

山内豊範の上洛——薩長両藩に並ぶ機会

ところで、容堂は、この文久二年(一八六二)の初頭段階において、「安政の大獄」による余波が鎮まり、一見平和な状況が訪れたかにみえるが、いつ危機的な事態が発生するか測りがたいとの状況認識を有していた。そして、このあと、事態は容堂の予想を上まわるかたちで急速に悪化する。

まず土佐藩に関係することを記せば、この年(文久二年)の三月七日に、明日に予定されていた藩主山内豊範の参勤のための高知出発が病気を理由に突如延期される。これは、いまはその時期ではないとする武市らの申し立てをうけての延期であった。ついで、土佐勤王党員の画策によって、土佐藩主の上洛を求める依頼(薩長二藩と同様に、土佐藩にも国事周旋を依頼したいというもの)が、三条実美を通じて土佐側に伝えられる。ここに、ようやく六月二十八日に高知城下を発った豊範が、八月二十五日に京都入りした(豊範は、この間、当時大流行していた麻疹《はしか》を患ったため大坂に滞留せざるをえず、そのことで上洛が遅れた）あと、騒動が発生しているので、しばらく滞京して皇居の警衛および国事周旋に当たれとの勅命が彼に下り、承諾することになる。

こうなるに至ったのには前提があった。参勤に向けて出国した豊範を京都に止めるプランを武市が案出し、その後、このプランが藩主に随行した小南に伝えられ、小南が同意する。ついで、いまだ十代半ばの少年であった豊範がプランに同意する。このことは、豊範が武市—小南ライン（土佐藩内における尊王攘夷派）にほぼ完全に操られだしたことを意味した。もっとも、こうした傾向は、豊範が在国中にすでに兆していた。たとえば、五月二十五日に、亡命者の行動に理解を示したうえで自制を促す藩主自筆の親書（『山内』第三編上）が下されたことなどが、それに該当した。そして、このようなことが可能になったのには、容堂が土佐に帰ることができず江戸に留まったことがやはり大きく関係した。

なぜなら、この年の二月二十一日に、吉田東洋が寺村左膳に、「此般太守様御若年につき、いっさいの御国政、御隠居様御後見遊ばさる」（『寺村日記』）と告げていたことからも明らかなように、容堂が豊範の「若年」を理由に、「後見」人として藩の実権を再び掌握するに至っていたからである。したがって、容堂が国元におれば、武市らは自由に動きまわることができなかったと想像される（朝命が下った事情を説明し、かつ藩主滞京について容堂の承諾を得るため、小南が江戸に向かうのは、豊範が武市のプランを受け入れて以降のことであった)。

そうしたことはさておき、豊範が京都に滞留したことで、土佐藩は、かたちの上では、すでに特別の存在となっていた薩長両藩と並ぶ勤王三藩の一つに数えられる条件が整った。このことは、土佐藩が幕末の中央政局において真の主役になれるチャンス(可能性)を手にしたということでもあった。こうしたことを受けて、因幡鳥取藩主であった池田慶徳から、薩長土などの「外藩」が京都(叡慮)を独占している状況を憂慮するとの声が挙がる(『慶徳』二)。皮肉なことに、容堂がまったく介在しえなかったことで、土佐藩の存在がこれほどまでに大きなものとなったのである。

だが、反面、薩長土三藩が京都を牛耳《ぎゅうじ》るようになったことで、容堂が恐れたような事態も出現した。自分たちの活動成果にすっかり自信をもった尊王攘夷派によって、朝廷と幕府の融和を著しく乱すテロリズムの嵐が吹き荒れることになったのである。その結果、この年十一月二十五日の時点で、会津藩の外島機兵衛《としまきへえ》が「最早《もはや》天下の四分五裂に至るも遠きにあらざるべし」と、嘆かざるをえない状況となる(『続再夢紀事』一。以下略して『続再夢』とする)。容堂の予想は不幸なことに適中したのである。また、これはなにも土佐藩にのみ限ったことではなかったが、京都地域での活動を夢見て土佐藩内の軽輩のなかから多くの脱藩者を生み出すことにもつながった。

勅使の待遇改善問題——公武間の融和をめざす

ここで再び江戸に居た容堂の様子（動向）について語ることにしたい。六月七日に江戸入りした大原重徳は、江戸に着くやいなや、勅使の待遇を改めることを強硬に求めた。これ以前に京都から派遣された勅使は、江戸城で上座にすわった将軍に対して、下座で勅書等を献じたが、その幕府上位のあり方を逆転させることを求めたのである。大原は、自らが上座にすわり、将軍に勅書等を渡すという形式への変更にあくまでもこだわった。容堂の行動がひときわめだつことになるのが、この問題が発生した際であった。

勅使の待遇改善問題が発生すると、俄然、積極的に動き出す。彼は、常日頃《つねひごろ》、幕府と天皇・朝廷間の良好な関係を維持するためには、前者が後者を尊崇する態度を示さねばならないと考えていたので、勅使の大原が強く主張した「君臣の礼を正す」ことに至極同意した。容堂が大原勅使の言動を擁護する行動に出たのには、三条実万がいまだ存命中に、孝明天皇から、三条実万と青蓮院宮《しょうれんいん》（のちの中川宮。朝彦親王。本書では中川宮とする）を介して、容堂が朝廷のために尽力することが求められていたことが大きく関わった。容堂は、この段階で、自身の役割を朝幕間の周旋（天皇の希望・考えを幕府に伝え、貫徹させる）にあるとした。それが、大原勅使の要望をかなえさせようとする容堂の言動と結びついたのである。

その一方で、容堂は、大原勅使も島津久光もともに望んだ幕府の政権中枢に親（心）友の松平春嶽および一橋慶喜を送りこむことにも手をかした。その結果、七月六日、慶喜が一橋家を再び相続したうえで将軍後見職に、七月九日、春嶽が政事総裁職にそれぞれ就任する（なお、この間、有力な幕府の親族と老中の話し合いがなされ、七月一日に幕府は、大原勅使から伝達された勅命の趣旨を受け入れることを大原に対し返答した）。

容堂の目論見《もくろみ》では、この二人が老中と合議して幕政（延いては国政）を運営し、従来の朝廷を押さえこむことを目的とした幕府の政策が改められることになれば、朝廷と幕府の関係も良好なものとなるはずであった。

が、しかし、長野主膳が、薩摩藩が慶喜・春嶽両人の起用を望んだのは、将軍を江戸城の奥深くに「押し込」め、そのことで国政への影響力を強めようとする同藩の「かねての陰謀」だと受けとめたように、この人事は幕府首脳以下、多くの幕臣の反発を招くことになった（文久二年「宇津木景福願書」〔『新修彦根市史』第八巻〕）。そこで、新たなポストに就いた春嶽は、幕政改革を実現するうえで、容堂に協力を求めた。そして、容堂の方も、当初から協力的であった。まず容堂は、春嶽に対して書簡（七月二十一日付）を送り、彼が一橋慶喜と幕閣との間に立って周旋する役割を積極的にはたすことを求めた。これは、とかく一橋慶喜と幕閣との間が不和であったため、いきおい幕府内の反発が慶喜に較べていまだ少なかった春嶽に期待せざるをえなかったためであった。

将軍家茂の「長いお言葉」

さて、このような背景の下、幕政改革および朝幕関係の修復に向けて協力を求められた容堂だったが、まもなく松平春嶽や老中が列座するなか、将軍の徳川家茂と会うことになる。幕府から七月二十八日に容堂への登城が命じられたのを受けて、容堂が初めて家茂将軍と会えたのは、八月十五日に江戸城に登った際であった。そして、これに備えるために、容堂は八月十一日に鮫洲の幽居先から鍛冶橋内の土佐藩上屋敷に還ることになる。江戸城に登って政務に参画するようになれば、品川に在った鮫洲の地は遠く、鍛冶橋に居る方が万事都合がよかったからである。

そして、八月十五日に江戸城に登り、家茂将軍と会った際、家茂は拝謁を許した容堂に対し、御座の間で「当時勢に付、存意用捨なく充分に申し上げ候様……かつ此後《このあと》時として登城（を）命じられ候儀もこれ有るべく、存じ付き候事柄は、上書或いは春嶽閣老江まで申し出で候様にとの上意」を伝える。こうしたことは、これより前の五月下旬から六月上旬の時点で、政事改革に関連して御三家の当主や諸大名に対して発せられた家茂の言葉のなかにも見られた（『徳川家茂とその時代』）。

したがって、容堂への要請も、この延長線上に位置づけられよう。ただ、何事においても家格・仕来《しきたり》等が重んじられた当時にあっては、このような「長いお言葉」を外様の容堂が将軍からかけてもらったことは、きわめて例外的な事例に属した。それだけ、容堂の存在が幕府内において、もはや抜きん出たものとなっていたと同時に、この時十七歳の家茂が自分なりに将軍の責務として確固たる方針を樹立しようともがいていたことが、容堂へのこのような姿勢となったのであろう。なお、この日、春嶽や老中からは、しばらく江戸に滞在するようにと要請された（『飯沼筆記』『山内』第三編上）。

ついで、閏八月五日・閏八月十五日にも謁見の栄誉を与えられた容堂は、若き将軍（家茂は身長が一五六・六センチメートルで、肥満型ではあったものの鼻筋の通った美男だったという。また、どうやら無類の乗馬好きでもあったらしい）に好印象を抱き、敬愛の情すら感じたようである。もっとも、後日、容堂から将軍の印象談を告げられた側用役の寺村左膳によると、家茂は「国事の義」について随分、容堂に細かなことまで質問したが、「殊に御早口」なので、質問の内容がわかりかね、

徳川家茂肖像画（福井市立郷土歴史博物館蔵）

返答に困る場面があったという（『寺村日記』）。

それはともかく、容堂は「是月（＝閏八月）以後」朝廷から幕府に対し容堂の周旋尽力を求める叡慮が伝えられたこともあって、幕府サイドの要請で、「度々登営して幕議に参与」するようになる（「土佐藩政録」〔『山内』第三編上〕）。すなわち、板倉勝静《かつきよ》以下の老中や若年寄、それに政事総裁職の松平春嶽および将軍後見職の一橋慶喜とともに、幕議の決定に参加することになった。そして、この席では、容堂のことだから、幕府のためによかれと思って積極的な発言をくりかえしたと思われる。

参勤交代制度の改革

いずれにせよ、家茂将軍に対する好感が容堂の扶（助）幕姿勢をより確かなものとしたと考えられる。そして、閏八月下旬に、松平春嶽を首班とする新政権のもとで、諸大名の財政負担を軽くし、対外武備の充実を図らせることを目的に、従来の参勤と衣服に関わる制度を大幅に改革する（大名の家柄によって内実は異なるものの、溜詰の場合は、二年から三年に一度の出府に改められた。また簡略質素な衣服の着用と足袋《たび》の使用が許可された）旨発令されたのには、春嶽の知恵袋となっていた横井小楠《よこいしょうなん》の献策の他、枝葉末節の改革ではなく、根本からの幕政改革を求めた、幕議の席での容堂の発言も影響を及ぼしたと想像される。

なお、容堂の秀れたところは、このあと閏八月二十七日付の春嶽宛の書簡中に、参勤交代制度の改革によって江戸に住む「諸侯（が）減少」することになるが、この対策を急げとの勧告をなしえた点である。すなわち、江戸に住む大名・家族・家臣の数が大きく減少することによって、彼らと連結するかたちで生きていた多数の江戸市民の生活が困窮することが予想された。そこで、容堂は春嶽に対し、「都下人民の撫育《ぶいく》一時権宜《けんぎ》（＝臨機に取りはからう）の術、最も忽《ゆるがせ》にすべからざる事と存じ奉り候」と注意を促したのである。同様の懸念《けねん》は、これよりかなり前の時点で、すでに徳川斉昭や徳川慶勝などにもみられた（藤田英昭「幕藩関係の変容と徳川慶勝の『公武合体』運動」）が、容堂の目配りは細かく、それが、こうした間髪《かんはつ》を入れない注言となったのである。

それといまひとつ、この春嶽宛の書簡においては、将軍が上洛し、「屹然《きつぜん》、国是を定め候義大眼目」だと主張された。これは、かねてからの彼の持論だったが、朝幕間の懸隔《けんかく》状況を憂慮していた容堂は、将軍が上洛し、叡慮をいま一度うかがったうえ、在京中の有志諸侯とも相談して、国の方針を決定すべきだと強く主張したのである。凡庸《ぼんよう》ではあるが、朝幕間の融和をめざすには、これ以外の選択肢はなかったといってよかろう。至急将軍が上洛して、京都で孝明天皇と家茂将軍が直談判すれば、朝幕間の「御隔意」は消滅もしくは減少するはずだった。そして、こうした容堂の主張も多少は関係したか、九月七日に幕府は将軍が来年の二月に上洛すると発表した。

なぜ大政委任を当然としたのか

さらに、この問題がでたついでに、容堂がなぜ幕末最終段階まで、天皇を中心とした体制の樹立をめざす王政復古ではなく、その反意語である幕府への大政委任（政治は朝廷が幕府に委任する）を当然としたのか、理由の一斑《いっぱん》をここで記すことにしたい。

この点に関しては、やはりなんといっても彼がわが国の主権者は天皇であるとしながらも、平安末期以降、江戸期に至るまで、実際にこの国を統治しているのは武家だと認識していたこと、および朝廷による武家への大政委任は、武家政権（鎌倉幕府）の成立以来のものだとする考え方の持ち主だったことが挙げられる。

近年の研究では寛政期の老中であった松平定信《さだのぶ》時に、従来曖昧《あいまい》だった当時禁裏と呼ばれた朝廷と公儀と称された徳川将軍家の関係が、徳川将軍家への大政委任を正当化する新たな概念の構築と提示によって明確にされたことで、幕府政治がより安定化に向かったことの歴史的意義がとかく強調されるが、容堂の認識では、それよりもはるかに旧《ふる》く、鎌倉幕府の創建期にまで溯《さかのぼ》るものであった。

すなわち、文久二年の三月に記された「粟田法親王賜蹟記」（『遺稿』）には、「天下の事。中世以還、之を幕府に委ねる、朝廷の妄議する所にあらず」とあった。「妄議」とは、「道理の通らない議論」という意味である。容堂にすれば、武家が天下を司《つかさど》るようになった「中世」以後、朝廷が天下のことに口をさしはさむのは、道理の通らないことだったのである（そして、これは多くの武士が共有する認識でもあった）。こうした容堂を根本から律していた歴史認識を考慮すれば、江戸幕府の責務ではなく、武家全体の責務として、容堂は朝廷（公家）に代わって国の内外にまたがる政治問題を自分たち武家が責任をもって担当するのを当然だとしたようである。

もっとも、武家が朝廷から大政を委任された（全国を政治的・軍事的に統治する権限を付与された）とする考え方は、厳密にとらえれば、なにも江戸幕府のみが対象とされたのではないとの考え方にも通じた。つまり、朝廷から大政を委任されたのは、歴代の武家政権であって、徳川家に限ったことではなかった。したがって、これから全国をその政治力や軍事力でもって実質的に支配できる武家（大名家。英雄）が新たに誕生（登場）すれば、その人物が徳川家に代わって征夷大将軍に任じられるのが論理的には当然だということになる。

そして、このことは、容堂の側近役を務めた寺村左膳なども自覚するところであった。彼の日記の文久三年三月二十五日条には、次のようにあった。「当時の勢い、……それ幕府は武家の順番のごとき者なれば、誰れが替りて武家の棟梁《とうりょう》となるも、天朝に於いては御別条もこれ無き御事ゆえ（下略）」。つまり、極論すれば、前土佐藩主の山内容堂が再び藩主の座に返り咲いたあと、武士階級のなかで卓越した軍事力の持ち主である武家の棟梁になれば、山内家に朝廷から大政が委任されても、いっこうにおかしくはないとの認識であった。もちろん、寺村の心中には、こうした邪念はなかったが、容堂にもそうした邪念がまったくなかったかといえば、ないと断じえないところがある。そして、ここに容堂という人物の特異性を理解する鍵も隠されている。

4　国家の安定をめざす——三条勅使と攘夷運動

長井雅楽の「航海遠略策」

ひきつづき、これから容堂が幕末史の準主役的な役割を一時的にせよ勤めた時期について記すことにしたい。島津久光（薩摩藩）と運命をともにして、絶大な成果を獲得した勅使の大原重徳が京都に帰ったあと、新たな動きが顕在化する。同年（文久二年〔一八六二〕）の十月に、再び勅使が江戸に向かって旅立つことになったのである。翌年の七月に小目付となった手島八助が「攘夷御決定の勅使御東下」と簡潔に記したように（「手島八助日〔筆〕

記」（『山内』第三編中）、なかなか、攘夷を決行しようとはしない幕府に対し、攘夷の実行を促すための勅使の派遣であった（勅使と副使には、それぞれ三条実美と姉小路公知《あねがこうじきんとも》が選ばれた）。そして、これには長州藩の動向（思惑）が大きく関わった。

井伊の暗殺後、江戸に代わって一段と政局の中心地になった京都に、藩を挙げていち早く乗り込んできたのは長州藩であった。同藩は、文久元年に藩士の長井雅楽《うた》が「航海遠略策」を提唱したのを受けて、同人に朝廷と幕府の間を周旋させた。

「航海遠略策」は、二百年以上戦争をした経験のない徳川期の武士に、対外戦を担当させるのは、どだい無理だとの冷徹な認識の下、朝廷関係者に彼らが望む政治的発言を認めるかわりに開国策を受け入れさせ、それにより朝幕間の対立を解消し、以後挙国一致しての対外危機の克服とそれにひきつづく対外進出を目論む構想であった（三谷博『維新史再考』）。つまり、これは鎖国体制の維持論などでは到底なく、事実上全面的な開国論であった。そのため、井伊直弼のあとを継いで、政権を担当することになった安藤信正・久世広周は、開国の既成事実を正当化しうるに足る意見だとして歓迎し、長井に朝廷への周旋を半ば任せることになった。

ところが、このあと、騒動が持ち上がることになる。安政五年（一八五八）に「戊午の密勅」を水戸藩と幕府に降したことで、即攘夷を願った（攘夷即行論者）と目されるようになった孝明天皇は、この長井の主張に反対するどころか、長井に周旋の継続を依頼する意思を表明したからである。天皇がなぜこのような意思を表明したのか、よく解らないが、長井の主張が表面上は、当時、攘夷派に忌み嫌われていた「因循開国」論ではなかったことにもよろう。「因循開国」論とは、欧米諸国の軍事的圧力に屈して、やむなく開国する立場にたつものであった。それをキッパリと言葉のうえでは否定し、我より進んで国外に進出し、国威を海外へ輝かすという逆転の発想を唱えたため、心をつかまれた面があろう。

それと、天皇自身のなかに、鎖国体制の維持は強く望むものの、無謀な攘夷は日本国に大きな危害をもたらすとの認識がすでに確立されていたらしいことも、この点と関わったかもしれない。いずれにせよ、天皇が長井の論を受け入れたことが周辺に伝わる。そのため、混乱が生じた。すなわち、長井（長州藩）の主張を、経緯はどうであれ、天皇が受け入れたらしいということで、孝明天皇が鎖国論者か開国論者かという議論が浮上することになった（孝明天皇は、「国の風ふきおこしてもあまつ日をもとの光にかえすをぞ待つ」という御製とともに、天皇が使用した食器や扇子を長州藩主に下賜した。そのため長井は「天皇の真意は開国論にあると確信」することになる〔一坂太郎『久坂玄瑞』〕）。

長州藩「奉勅攘夷」体制の確立

このようななか、久坂玄瑞をはじめとする長州藩内の過激な攘夷論者は、長井は憎むべき開国論者であるうえ、江戸幕府を擁護する許すべからざる朝敵だと反発を強め、その結果、朝廷サイドは天皇の意思が攘夷にあることを表明せざるをえなくなる。ついで、文久二年（一八六二）の四月末と五月上旬の時点で、江戸から京都に戻って来た長州藩世子の毛利定広《さだひろ》と、当時京都にいた長州藩の当職（家老）だった浦靱負《うらゆきえ》に、議奏の中山忠能《ただやす》から内勅が伝えられる。そして、この後者の内勅には、長井のこれまでの周旋を評価しながらも、長井が朝廷に提出した建白書中に朝廷の「御所置」を誹謗《ひぼう》するかのような文辞があるので、藩主の毛利敬親が上洛して来たら弁解せよと記されていた。この文言は前者の内勅にはなく、久坂らが中山らに圧力をかけて書き加えさせた可能性のあるものであった（高橋秀直『幕末維新の政治と天皇』）。

かように、この内勅（とくに後者のそれ）は、はたして孝明天皇の真意を伝えるものであるかどうか甚だ疑わしいものだったが、これによってぐらついていた長州藩の方針が定まる。長井路線の排除と、天皇の攘夷意思を奉じて一藩を挙げて攘夷の決行に取り組む方針が打ち出されることになる。世に名高い長州藩における「奉勅攘夷」体制の確立であった（そして、これに伴って、長井にこのあと、文久三年二月に、自刃が命じられることになる）。

ところで、長井のプランが問題視されたのは、たんに開国論だったからではない。長井によって「航海遠略策」が朝幕の双方に提案された翌年に当たる文久二年の五月二十三日に、薩摩藩の使番兼軍賦役であった黒田嘉右衛門（清綱《きよつな》）が武市に語った言葉（『武市』一）のなかに、「長（州）藩の建白はなにぶん開港の方へ落著（着）候ようにて、太平人気《じんき》（＝人心）振起の処乏《ところ》しきようなり、僕ら不同意」とあった。国内人心の振起につながらないことがなによりも問題視されたのである。つまり、「黒田の話に、只今の勢い、ひとまず鎖国と主意を立てざれば、ついに姑息《こそく》に流るべし。そのうえにて長崎・箱館辺にて両三藩、制しやすき不法を働かざる者の互市を許すべし」とあった。

なんのことはない。武市はともかく、黒田らは欧米諸国との戦争を辞さないぐらいの気持ちを持たなければ、わが国の独立は維持できないとの考えから、長井のプランを拒絶したのである。そして、この気持ち（考え）は、少なからざる数の長州藩士らのそれでもあった。さらにいえば、山内容堂のそれでもあった。彼らは、いずれも内心（本意）は開国やむなしの段階に達していたが、「士気」の振興面で攘夷論の存在を認めたといえる。もちろん、攘夷論者のすべてが、このような考え方（心）の持ち主であったわけではない。いや、むしろ、こうした識見（攘夷論を必要悪として認める）の持ち主は少数派に止まったといえよう。大多数は、単純かつ感情的な攘夷論の立場に終始したものと思われる。

新たな勅使の派遣へ

元に戻る。なにはともあれ、叙上の経緯によって、長州藩が攘夷運動を率先して引っ張るかたちとなった。だが、容堂が文久二年の八月十一日付で松平春嶽に送った書簡中に、「長州大不出来《ふでき》、気の毒気の毒、主上（＝孝明天皇）にしかられ狼狽《ろうばい》甚だしく」とあったように、この大失敗によって、思わず多くの時間をとられ、結果として、長州藩は薩摩藩に先を越されたかたちとなった。そこで長州藩関係者が躍起《やっき》になって勢力挽回を図ることになる。それが三条勅使の派遣となったわけだが、こうした長州サイドの画策に、同じく出遅れるかたちとなった土佐藩の一部勢力が協力することになる。

中心となって動いたのは武市瑞山率いるところの土佐勤王党および小南であった。彼らは、先述したように、藩主山内豊範の江戸への参勤をあえて遅らせ、さらにそのうえ京都に留まらせた。そして、藩主の上洛には、武市をはじめとする少なからざる数の土佐勤王党員が随行した。ついで、この彼らが血腥《ちなまぐさ》い活動を展開することになる。いってみれば、土佐藩内におけるテロ行為の嚆矢《こうし》（始まり）となった吉田東洋の暗殺をおこなった彼らは、テロをさかんに決行することで自分たちの要求を通すという手法を都でも活用していくことになる。こうした手法を他藩士に積極的に伝授したのも武市らであった。

天誅の横行

そういう意味で画期となったのは、閏八月七日に、武市が京都で久坂玄瑞を訪ね、そのあと薩摩藩の田中新兵衛《しんべえ》（商家の出であった）と出会ったことだと思われる（「武市瑞山在京日記」〔『武市』二〕）。この日出会った武市と田中の両名はたちまち意気投合し、田中が武市を自藩の西郷隆盛に匹敵する人物とまで高く評価したこともあって、「兄弟の約」を結ぶまでに至ったといわれる。田中はこれより少し前の七月二十日に、井伊直弼の腹心長野主膳と通謀したとして、九条家家士の島田左近《さこん》を、仲間とともに「天誅《てんちゅう》」と称して殺害した人物であった。これが「天誅」と称するテロ行為の京都での始まりだとされる。

以後、閏八月二十日の越後浪人本間精一郎の殺害から始まり、翌文久三年九月二十五日の忍海（石清水社内雙樹院僧）のそれに至る間、多くの人物が「天誅」の名の下に葬られることになる。そして、この一連のテロ行為に最も多く関わったのが、土佐藩関係者（とくに土佐勤王党員）であった。岡田以蔵《いぞう》を筆頭に平井収二郎《しゅうじろう》や中岡慎太郎その他がそれに該当した。なかでも岡田は、田中新兵衛とともに、本間の殺害を実行した直後の閏八月二十九日に、目明し文吉の殺害にも主犯格として関わるなど、殺人鬼の様相を呈した。

なお、「天誅」の対象となった人物のなかには、姉小路公知も含まれることになったが、こうした「天皇の重臣」を草莽の士といわれた賤《いや》しい身分の者が斬り殺すうえで、

「天誅」は真に便利な言葉であった。「天皇のさらに上にいる天照大神を持ち出し、神国を『穢《けが》す』国賊として討つ」というのが「天誅の論理」だったので、天皇に気兼ねしないで済んだからである（磯田道史『歴史の愉しみ方』）。しかし、天皇の御意志を尊重するとの大義名分のもと、あらゆる合理的言論を封殺した狂暴としか言いようのない夜郎自大《やろうじだい》の集団は、その後、急速に肥大を続け、日本国（皇国）の運命を途方もない方向へと導いていく。

そうしたことはともかく、武市らが、京都にあって藩主を自派の陣営に取り込むことに成功したのを受けて、閏八月一日と同十四日に、武市と平井の両名が、他藩応接用（他藩応接役）に任命される。ここに土佐勤王党は大手を振って、薩長両藩をはじめとする諸藩の尊攘派をふくむ応接役と互いに連絡しあう関係を築くことになった。さらに武市や小南らは、通常ならば接触することが不可能であった宮や堂上の邸にも出入りするようになる。結果、寺村左膳が日記の文久三年三月二十五日の条に、「当時の勢い、廟堂（＝朝廷）の有司一人も政権を採るの人なく、ただ名のみにして、何事《なにごと》も浪士輩の（言うが）儘也と云ふも可也」と書いたような状況が到来する。「浪士輩」の荒々しいが、エネルギーに充ちた突破力の前に、権力の掌握者もひれ伏すことになったのである。ついで、こうしたことの延長線上に、閏八月二十七日に長州藩が攘夷の勅許を獲得し、翌日、今度は勅旨を拝した山内豊範と徳川慶勝の両名が尊王攘夷の大事に任ぜんことを誓う事態が生まれる。

獅子奮迅の活躍

そして、このあと九月九日に、武市が三条、姉小路両名と勅使派遣問題について話しあった結果、十八日に、長州・薩摩・土佐三藩の藩主が連署して、幕府へ攘夷の決定を促すための勅使派遣の必要性を朝廷に要請することになる。さらに、十月に入って、いよいよ三条勅使の一行が江戸に向かう段になると、土佐藩主の山内豊範が勅使を護衛する役割を与えられ、同月の十一日、豊範は勅使の発向に先立ち、藩兵五百名を従えて京都の地をあとにする。つづいて翌十二日、姉小路の雑掌という資格で姉小路から下された柳川左門という名前に改称した武市が、三条・姉小路とともに京都を出発する。

こうした流れを受け継いで、山内容堂が江戸にあって、獅子奮迅《ししふんじん》の活躍をみせることになる。もっとも、容堂の活動は勅使一行の江戸到着前から開始された。十月十一日、松平春嶽が老中の板倉勝静らが朝廷を尊崇する意欲がないことにすっかり絶望して政事総裁職を辞すことを決意すると、十四日、将軍後見職の一橋慶喜に会って勅使を厚遇する必要を論じる一方、春嶽を訪ねて辞職を思い止まるように説得を重ねた。そして、十月十八日朝に、大目付の岡部長常《ながつね》に会った際には、幕府がひとまず勅命を受け入れるべきだと強く主張し、これが老中らに伝えられた。

容堂が、このように主張したのは、もし周旋がうまくいかなかった場合は、速やかに勅使一行が帰洛するとの方針が朝議で決定しているとの情報（『慶徳』二）を入手していたからであった。すなわち容堂は、三条勅使一行がただちに京都に戻れば、「関西は必定大乱にあい成」り、結果、「攘夷よりは、攘将軍も出来申《しゅったい》すべき時勢」だと憂慮したがゆえの進言であった（「枢密備忘」〔『稿本』〕）。

つづいて十月二十一日に彼自身が幕命によって登営すると、今度は、慶喜や老中に対し、尊王の手初めとして将軍の使者が品川で勅使を出迎えるべきだと力説することになる。翌日付で春嶽に宛てて発せられた容堂書簡によると、容堂がこのような従前にはなかった特別の対応を幕府のトップに求めたのは、彼がなによりも「君臣の大義」を重視していたためであった。つまり、天皇と将軍の関係が君臣の関係にあるとしたうえで、幕府が朝廷を敬っていることを、この際、こうしたハッキリと目に見えるかたちで天下に示せば、世情が大いに落ち着くとしたのである。

春嶽と慶喜の間に溝

なお、この間、京都に在った小南が、十月十日の早朝、三条実美に拝謁し、容堂が江戸にあって周旋に努めるようにとの内命を得て、同日京都を出足した（これより前の八日にも、中川宮から小南に対し、同様の希望が伝えられた)。そして小南は、十月二十三日に江戸に着くと、この旨を容堂に伝えることになる。以後、勅使の待遇改善および勅命の受け入れに向けての容堂の活動にもいっそう熱が入りだす。

だが、容堂の熱い思いとは裏腹に、江戸においては、攘夷の勅旨をとりあえず受け入れざるをえない(その後、改めて開国策をたてよう)とする春嶽と、開国不可避論の立場から、それに異を唱え、将軍後見職の辞表を出して登営しなくなった慶喜との間に溝《みぞ》ができ、両者ともに登営しないという異常事態となる。

そうしたなか、ほんの一瞬にとどまったが、慶喜と直談した容堂が、慶喜留職(再出仕)への同意にいったん成功し、慶喜が登営するのは、十月二十六日のことであった(『国事史料』巻三)。二十七日付で春嶽に宛てた書簡で、容堂は、「(慶喜)の御出勤、僕なんの功あらん、決して決して足下(=春嶽)の尽力也(春嶽は、二十六日、横井小楠の言を受け入れて辞意を翻したあと、慶喜の説得に当たった)」と記したが、これはむろん容堂の謙遜であった。そして、ここに注目しておくべきは、剛情公といわれ、その説得がきわめて難しい人物の一人だった慶喜(剛情公の名付け親は容堂とされる)が、容堂の説得だけは、たとえ一時といえども受け入れたという事実である。このことは、のちに大政奉還を実現するに至る間の容堂と慶喜両人の関係を考えるうえで、軽視しえないことである。もちろん、そうはいっても、すでに開国の意思を固めていた慶喜には、再び出仕することへの大きな抵抗があった。そのため、慶喜は、結局、このあと登営しなかった。そこで老中が慶喜の許を訪れ、説得を試みることになるが、これまたうまくいかなかった。

5　三条勅使の江戸到着と山内容堂

幕（閣）議に参与

このように、幕府内には大きなトラブルが生じたが、容堂は将軍直々の内命によって、日々登営し、かつ登営した際には、御用部屋に入るよう命ぜられる。すなわち、勅使一行が江戸に到着する前日にあたる十月二十七日に、容堂は「御用の節は、出格の訳をもって、御用談所江罷り出る」ようにと命ぜられた（『続徳川実紀』四）。これは文字どおり、「出格」つまり通例からはずれた措置であった。そのため、「（外様）大名」が「御用部屋（御用談所）」に出るのは「御規定外《はず》れ」だとする目付からの異議が出され、そこで「にわかに御用部屋脇へ、議事所と申す」場所をこしらえ、そこに容堂を通すことになった。ところが、容堂が「御不承知を仰せ立てられ」たため、結局、元のプランに戻ることになったという（『井伊家史料　幕末風聞探索書』下）。物申す男としての容堂の面目躍如たるエピソードといえる。それはおき、この直前、品川に到着した勅使一行を老中の松平信義《のぶよし》と政事総裁職の松平春嶽が出迎えた。また後日、江戸城に登った勅使に対して、将軍はわざわざ自ら玄関まで出迎えた。容堂の主張は大筋において受け入れられたのである。

以後、容堂は、積極的に登営する一方で、勅使ならびに副使とも面接を重ねることになる。なお、この間、将軍の徳川家茂は、当時、江戸で大流行していた麻疹《はしか》に罹ったことを理由に勅使と会うことを断わりつづけたが、容堂はたとえ乱髪でも勅使と会見して勅書を受けとるべきだと強く主張した。そして、こうした容堂の要請に加え、容堂と同様、江戸での周旋を朝廷によって命じられた鳥取藩主の池田慶徳が十一月五日に着府すると、この慶徳および会津藩主の松平容保《まつだいらかたもり》とも協力して、勅使の要求が、幕閣によって聞き届けられるために尽力した（『慶徳』二）。

その結果、勅使の江戸到着から一ヵ月余が経過した十一月二十七日に勅使が江戸城に入り、勅使が上段の間に、将軍が中段の間に座って攘夷の決定と親兵の設置を命ずる勅書を渡した。また、事前に将軍から相談したいことがあると告げられた一橋慶喜も、この日、ばんやむをえず登城し、将軍らとともに勅使と対面し、開国論を放棄せざるをえなくなる（そして、後見職を元のごとく勤めることになる）。

勅使要求の受け入れを迫る

さて、かように、ようやくのことで、幕府首脳と勅使・副使との間で話し合いがなされる条件が整った。ついで、勅使が攘夷の実行を将軍以下に強く迫ると、容堂は前回の大原勅使の時と同様、勅使を援護する行動をとることになる。三条実美の一族で実美ともごく親しい関係にあった東久世通禧が後年語った話（『維新前後』）によると、容堂は「攘夷の期限を迫る」勅使を援護すべく、勅使の江戸到着前から、次のような内実の行動を採り、かつ発言をおこなったという。

「容堂は日々登城して頻りに議論しつつ迫る。今度御受せねば天下の乱を開く事になる、皇国の安危存亡に関するから是非御受をせねばならぬと云ふ。……或人の説には容堂が（老中の）水野（忠精《ただきよ》）・板倉（勝静）に向って、もし此《この》勅命を御受にならぬ時は此の容堂も大いに覚悟が御座るから左様《さよう》御承知を願いたいと言い切った。其権幕《そのけんまく》が謀反《むほん》を起し朝廷の御味方をすると言ふ様に取れた。老中大いに愕《おどろい》て、是《これ》が為に幕議は一変して一橋も登城したと云ふ。容堂の事だからそれ位の事を言ったかも知れぬ」。

六月時点とまったく変わらないといってもよいような、勅使要求の受け入れを迫る容堂の姿勢（幕閣への脅し）であった。そして、容堂のこの間の奮闘ぶりは、幕府外にも伝わることになる。薩摩藩の吉井幸輔《こうすけ》が同藩の本田弥右衛門に宛てた書簡（同前）中に、「容堂公一人にて必死を以て御論破、一旦は愈々《いよいよ》御受仕まつらざる事に相決り居り候処、此上《このうえ》は徳川家二百年来厚恩を蒙りたれど、君臣の大義には替えがたきに付、去り申すべしと大目附岡部駿河守（長常）と申者へ散々《さんざん》御論破、岡部苦々しき目に逢い退出、其儘御引入、一橋公も三日許《ばか》り引入り」と記されることになる（なお、この時、どうやら容堂は、一橋慶喜および岡部長常に対し、「もし攘夷の事徹せざる時は、〔天皇との〕君臣の義には換えがたし、今日より敵味方と成るの外、道なし」とまで口にしたらしい〔「土州藩馬廻小原与市翁筆記抜書」、『武市』二〕）。これは、天皇（朝廷）を徳川家の上位に置くのが当然だとする容堂の歴史観が言わせた言であった。

そして、こうした容堂の頑張りもあって、十二月五日に、将軍の家茂は両勅使を江戸城の大広間に迎え、攘夷の勅書を受け入れることを表明した奉答書を提出するが、そこには攘夷実行に向けての具体的な戦略は、来年早々に将軍が上洛した後に奏聞したいと記された。すなわち、攘夷策の具体的な内容の決定は、将軍職の専決事項だと暗に宣告したうえで、最終的な決定は先送りしたのである。そして、これは、江戸ではなく京都で開鎖問題に決着をつけるという容堂の描いた先述のプランと合致するものであった（なお、容堂は、この他、関白職以下、朝廷要路の任免は必ず江戸の幕府首脳の認可を得たうえで発せられるとした旧来のあり方の廃絶を求める朝廷サイドの要請を受け入れ、これをも実現させた。ここに目的を達した勅使一行は、このあと十二月七日に江戸を発し、京都へ戻ることになる)。

ところで、この時点の容堂は、表面上は熱烈な攘夷主義者だと受けとめられたが、内実はそうではなかった。しかし、それにもかかわらず、攘夷の実行を求める勅命の受け入れを幕府首脳に迫ったのは何故か。以下、ごく簡潔にこの点を説明したい。まず攘夷論者ではなかった点だが、これは閏八月十二日付で春嶽に送った書簡中に、「京都は何分薩長の説に惑わされ、いまだ眼の醒《さめ》ぬように存じ候。何とか仕り候て、その眼の醒めるように仕りたくといろいろ考え候」と書かれてあることで判る。

国家を最上位に置く

容堂は、朝廷関係者が攘夷の実行などとうてい不可能な現実に目ざめることを心底では願っていたのである。そのため、三条実美から書簡でもって尋問を受けた際、「ただいまの時勢、充分わが国是を定め、開国のうえ、武威を海外へ示し候外、これ無く候」と返答した(『中山忠能履歴資料』四)。親族の実美には、ごく手短に本心を伝えたのである。そのような容堂が勅命の受け入れを幕府首脳に迫ったのは、彼がすべての政治勢力の上位に国家を位置づけていた(国家の下に、朝廷と幕府、それに諸藩が所属すると考えた)ことによった。そして、このことは、勅使が江戸に到着する直前にあたる十月二十五日付で春嶽に宛てた書箇中に、自分の意見にこだわって登営しない一橋慶喜に対し、「国家を憂えざるように存じ奉り候」と批判したこと一つとってもいえた。つまり、慶喜が自分一己《いっこ》の思いだけで開国論に固執している姿勢を、国家全体のことを考慮しない僻論《へきろん》だと批判したのである。

ただ、この段階の容堂は、開国か鎖国かをめぐる大問題に対しては、ごく一部の信頼できる仲間や親族以外には、自分のほんとうの考えを表明することは避けた。これは、なによりも攘夷に凝り固まっている京都の朝廷関係者およびその周辺に屯《たむろ》する尊攘派の諸藩士や浪士の存在を念頭においての対応であった。

九月二十四日、容堂は春嶽を招いたが、この時、彼は「京師今日の形勢にては、ともかくも幕府に於いて攘夷の朝旨は異議なく奉ぜざるを得ざるべし」と訴えた。国家そのものの安泰（安定）を優先して、国内の分裂を生じさせないため、多くの者が支持する攘夷の朝旨をとりあえず受け入れるべきだとしたのである。勅使の要求を拒否すれば、浪士らのめざす武力倒幕に大義名分を与えることを恐れたがゆえの結論でもあった。そして、こうした容堂の思いが先ほどの慶喜批判につながったことは改めて指摘するまでもない。

それと、いま一つ、徳川家は征夷大将軍つまり攘夷を当然の職掌とする以上、この段階では、攘夷の朝旨は拒否できないとした（『維新史』第三巻）。そして、こういう観点に立つ容堂は、何度もくりかえし記すことになるが、将軍の徳川家茂が上洛し、有志諸侯を召集したうえで朝廷関係者とも話し合い、国是を確立することを強く求めた。容堂の本音をいえば、京都の地で開国体制への移行をなんとしてでも決定したかったことと思われる。

開国体制への転換は避けがたい

さらに、この点に関連したことを付け加えると、当時の容堂が開国体制への転換を心奥ではもはや避けがたいと考えるに至ったであろう背景には、次のような出来事が関わったと想像される。文久二年の閏八月二十三日、容堂は日米修好通商条約批准《ひじゅん》のためアメリカに派遣された幕府の使節一行に随行した藩士（山田馬次郎）を引見した（『山内』第三編上）。寺村左膳の日記によると、山田は容堂らに対し、アメリカの鉄道は「蒸気船同様にて……蒸気船よりも早し」といったことを語ったらしい。多分、こうした相手の興味を惹くことを問われるままに山田は喋ったものと思われる。これを受けて、容堂は、アメリカが高度な文明国であること（それ故、攘夷の実行が困難であること）は十分に知りえたはずである。

そして、このあと、容堂は、年末に開国論者の横井小楠から時務策を聴く一方で、松代藩主の真田幸教《ゆきのり》宛の書簡を中岡慎太郎らに持たせて松代に派遣し、その家臣である佐久間《さくま》象山《しょうざん》の土佐藩への招聘《しょうへい》を許されんことを請うことになる。象山の土佐への招聘は、かねてから容堂が望んでいたことであった。そして、いったんは藩命で同人の土佐行きが決定をみるが、松代藩の藩政改革を優先したいとの象山の強い希望によって実現をみることなく終わった（宮本仲『佐久間象山』）。それはともかく、この一件は、容堂が自身の上洛に先立って開国論の立場を固めたらしいことを裏づける傍証となろう。

もっとも、こうした立場にたつに至った容堂は、これ以前から、単純な攘夷行動には批判的であった。その一例として挙げられるのは、生麦事件を引き起こした薩摩藩および島津久光に対しては好意的ではなかったことである。容堂は、閏八月七日付で春嶽に宛てた書簡において、島津久光一行の江戸からの帰途に発生したイギリス人殺傷事件である生麦事件について触れたあと、「芋を大将にして琉球にて英仏と戦わせ、僕は……傍観、大（いに）面白（か）るべし、戦い終り候ては焼芋が仰山《ぎょうさん》出来申すべく、足下（＝春嶽）御好物なれば、僕が近親故、取寄せ献ずべく候、（ただし、酒飲みの自分）など（焼芋は）大嫌ひ也」。

本書簡は、存外、面白い憶測の材料をわれわれに提供してくれる。この書簡において、容堂は薩摩藩のことを「近親」云々と書いた。普通人の感覚では、これはプラス材料となる。だが、容堂の場合、「近親」が即プラス要因とはならなかった。現に、本書簡では明らかに、薩摩側が英仏連合軍に大敗し、多くの死傷者が出ることを予想し、容堂はむしろそうした事態になることを面白がっているかのようである。

いささか回り道をしたが、遅くとも文久二年の時点でハッキリと攘夷の実行に距離を置くようになった容堂が、三条勅使の要求自体はおそらく望ましいものではないとしながらも、その手助けをしたのは、先述したような背景（理由）の他に、その要求が「世論」だと見たことにもよろう。そして、世論を無視することで国内が内乱状況に陥り、欧米諸国の介入という事態を招くことを、封建領主の一員であった容堂が、なによりも恐れたがゆえに、一橋慶喜や幕閣の開国路線の前に立ちはだかったと考えられる。そこには、国家の安泰をなによりも優先する（皇国ファーストの）立場から、本音を隠し、よりよい状況を常に招来しようとする冷静な現実主義者としての容堂の姿が見られる。

内乱を阻止すべく朝命順守を方針に

そして、このような自分のありようを正直に示せたのが春嶽だったと解せる。すなわち、閏八月二十五日、容堂は招いた春嶽に対し、小南五郎右衛門が「一己の計ひ」で側物頭の本山只一郎《ただいちろう》（藩主豊範の側用役でもあった）を江戸に下し（前日着）、容堂に上洛するようにとの「御内沙汰」を伝えたことでトラブルが生じたと語った。「御内沙汰」とは、閏八月に出された、藩主の豊範は江戸に出て周旋し、年輩者の容堂は上洛して京都の警衛にあたれという朝命であった。つまり、江戸と京都にいた容堂と豊範に対し、勤務地の交代を一方的に告げる（命じる）内容の朝命が出されたのである。そのため、容堂の言葉をそのまま借りれば、「(江戸藩邸詰)の者は、いづれも、土佐藩は東照公(＝徳川家康)の特旨により て興起せる家柄なれば、休戚《きゅうせき》(＝喜びと悲しみ)を徳川家に同じくせざるを得ず。然るに小南等かく上京の御内沙汰などを周旋せるは、はなはだ不都合なりとて大いに怒り居り、小拙(＝自分。容堂)頗る当惑せり」とあった。容堂が小南の行動について正否を問わず(事の当否を論断せず)、ただ困惑しているとのみ伝えたことに注目したい。

この段階の容堂は、このように、扶(助)幕派にも勤王派にも表面上は一方的に組することなく、また開国か鎖国かについて意見を公《おおやけ》に表明することもなく、内乱状況が発生するのを阻止すべく朝命の順守をとりあえず当座の方針としたのである。そして、こうしたことが、春嶽と語り合った翌日(閏八月二十六日)に、決死の覚悟で登城し、将軍に対し、①将軍が「是迄の御失体」を詫《わ》びるためにも上洛すること、②皇居内に閉じこもってばかりいる天皇に「春秋両度」の行幸(すなわち皇居外への外出)を将軍が勧めること、③従来の皇居は「一天の主上の皇居」とはいいがたいので、早期に内裏の造営に取りかかるべきだと要請することにつながった(『寺村日記』)。容堂は、公武間の分裂に即直結する開鎖問題にふれることは慎重に避けながら、公武合体の推進にとって実りを確実にもたらすであろう現実的な提言を将軍に対してあえておこなったと評せる。

容堂への周布らの反発

三条勅使が江戸に到着する前の話が長くなり過ぎた。勅使到着後の容堂の動向に目を転じたい。三条勅使が江戸に到着後、容堂の慎重な対応にもかかわらず、彼の真意がもはや開国やむなしであることが周辺に洩れだす。過激な攘夷主義者からは、容堂は自分たちの忌み嫌う公武合体論者であり、かつ攘夷の実行に熱心ではないと目されることになる。

こうしたことからくる反発が強まったことを白日の下にさらけ出すことになったのが、文久二年の十一月に発生した容堂と長州藩サイドとのトラブルであった。この一件は、十一月五日に長州藩世子《せいし》（後継ぎ）の毛利定広が容堂を長州藩の江戸上屋敷に招き饗応した後に発生した（ただ長州側の史料〔『防長回天史』第三編上　第二六章〕によると、この饗応の席で発生したことになっている。なお、定広は、これより約二ヵ月前にあたる九月上旬に初めて容堂を訪問したが、どうもパッとした印象を容堂に与えなかったらしい。九月十四日付で春嶽に宛てた書簡には「言語不分明、聞き取りかね申し候」とあった）。

毛利定広は、この時、丁度、勅使に供奉《ぐぶ》して江戸に在った。また、山内豊範が、翌十二月一日に、藩主毛利敬親の養女俊姫（前月に喜久姫から改名）と結婚することになっていた。そこで、定広は容堂を招いたのである。そして、このあと十一月十一日には容堂父子が今度は定広を招いて飲食をともにする。ところが、十三日の朝、薩摩藩の高崎猪太郎《たかさきいたろう》が土佐藩邸にやって来て極秘情報を伝えたことで、長州と土佐の両藩をとりまく様相が大きく変わってくる。高崎は、前月（十月）の四日に初めて容堂と逢い、ひどく容堂に気に入られた人物だった。そのため、容堂が高崎に逢って情報を聞き取った。長州藩の久坂玄瑞や高杉晋作らが攘夷をなかなか実行しない幕府に業を煮やして十一日の夜に藩邸を脱し、十三日を期して横浜近郊の金沢において外国人（公使ら）を襲うとの情報であった。すなわち、外国人を襲撃することで、強引に幕府を攘夷戦争に引きずり込もうとしたのである。

ついで、容堂は事態をこのまま放っておけば、「皇国の大害を醸し候」（「手島八助日〔筆〕記」〔『山内』第三編中〕）ことを恐れ、小南をもって定広に知らせた（もっとも、「久坂玄瑞先生年譜」〔『久坂玄瑞全集』所収〕によると、襲撃計画を容堂に報じたのは、前日、坂本龍馬とともに、久坂と酒を酌み交わした武市瑞山となっている。これが史実だとすれば、久坂らのこの段階での決起を「無謀」だとした武市が容堂の力を借りて阻止しようとしたのであろう）。そこで定広が自ら出馬して説得のために大森に向かい、なんとか事件を未然に防いだ。

だが、容易に想像がつくことだが、この密告が長州藩の攘夷主義者の容堂に対する反発を招くことになる。その筆頭が周布《すふ》政之《まさの》助《すけ》であった。長州藩の家老であった浦靱負の日記によると、周布は、この年の九月二十八日、容堂に拝謁し、「京師の事情、彼是《かれこれ》を申し上」げた。これを受けて、十月十日、容堂は周布を引見し、ひきつづき、酒を飲みながら、時事を談じた（「世子奉勅東下記」）。

そして、この日、容堂は、酒の勢いも手伝ってか、大言壮語の飛沫《ひまつ》を周布の顔に吹きかけることになる。それは、「攘夷の叡旨、幕府に於いて遵奉なければ、たちまち内乱紛興すべし。（三条）勅使東下の前、すでに幕議決定なかるべからず。もし将軍允裁《いんさい》なくば、袴《はかま》を曳き裂くるまでに諫争すべし」という豪胆な発言であった。さらにまた、容堂は、勢いに乗じ、「方今天下の三傑」は一橋慶喜・松平春嶽・山内容堂の三人だと「放言」した。

周布は、これ以前、直目付の職に在った時、容堂の「隠居を解き奉らん事」に「常に尽力」し、容堂の隠居が解かれるうえで、「尽力の功能なしとせず」とまでいわれた男だった。その周布を相手に、容堂はこのような勇壮な言葉を吐いたのである。この時点の周布は、もはや単純な攘夷論者ではなく、将来の海外進出をも見据えていたが、天真爛漫な容堂が不用意に発したこれらの言葉に刺戟されて、容堂に大いなる期待（それは、現状の打破に向けて強力なリーダー・シップを執るものだった）を寄せたとしても、おかしくはない。

そして、まもなく十一月十三日朝の密告事件が出来《しゅったい》する。ついで、この直後、状況がどうなったのか、探索のために容堂が派遣した（ただし、表向きは御見舞い）土佐藩士四名を前に、酒に酔った周布が来あわせて、幕議に加わりながら、攘夷の実行に向けて積極的な動きを見せない容堂の悪口（容堂の「佐幕」的な姿勢では「朝命」は実現しえないだろう）を放ったのである。伊藤博文の後年の回想（「直話」）によれば、周布は「何れへも確執を生じない」「至極篤実温厚」な人物だったという。そうした人物が、たとえ酒に飲まれたにせよ、容堂の悪口を口にしたのだから、周布には、前月のあの勢いはどうしたのだとの思い（不満）が強くあったのかもしれない。それはともかく、主君の名誉を著しく傷つけられたとして土佐藩士四名が激昂し、周布をその場で切り倒そうとする騒動が持ち上がり、この場はなんとか収まった（なお、熊本藩関係者が、後日探索し入手した情報『国事史料』巻三〕では、容堂の介入を「入らざる御世話」と言い放った周布に土佐藩士が反発した結果、大騒ぎになったとする）。しかし、この問題は、その後も尾を引くことになる。翌日、毛利定広が慌《あわ》てて土佐藩邸にやって来て謝罪し、周布を手討《てう》ちにすると申し出るが、容堂は、「酔中の失言」で「手討ち」にするのはよくないと応え、周布の謹慎で折り合った（『続再夢』二）。

もっとも、これだと容堂はえらく鷹揚《おうよう》な大人としての対応を採ったように受けとれるが、元桑名藩士で東京曙《あけぼの》新聞を刊行したことで知られる岡本武雄《たけお》が、後年関係者からの聞き取りなどをまとめた「戊辰始末」を読むと、印象が相当程度、異なる。すなわち、この「戊辰始末」によると、四名の藩士の報告を聴いた容堂は、烈火のごとく怒り、「急ぎ、其者《そのもの》を打果し参るべしとて、四人の者」に小南と板垣の両名を添えて長州屋敷へ差し向わせたという。容堂の性分を考えれば、おそらくこれが史実に近かったと思われる。ところが、このあと一晩じっくり考える時間的余裕が持てたので、翌日毛利定広が来邸した際にはいま先ほど記したような冷静な対応が採りえたのであろう。

それはそれとして、翌文久三年の五月に長州藩は使者を高知に派遣し、周布を再勤させたい（長州藩は五月十日に下関で攘夷を決行したため、事に処しうる人材を必要としていた）と、告げて土佐側の了承を求めることになる。そして翌六月、周布は麻田公輔と改名したうえで、重職に就く（「防長回天史」第三編下　第三四章）。

かように、この一件は、存外、大きな影響を長州と土佐両藩の間に及ぼしたが、いわば恥をかかされたかたちとなった容堂は、この件で過激な攘夷主義者が自分に向ける冷たい視線を感じとったに違いない。そして、こうしたことが、容堂をして、しばらくの間、隠忍自重《いんにんじちょう》を余儀なくさせたと考えられる。と同時に、この一件は、われわれが想像する以上に、感受性が豊かな自由人（野生児）でかつプライドの高かった容堂に相当な我慢《がまん》を強いた（恥辱の日々を過ごさせた）と思われる。反面、理屈ではなく、感情的なレベルで容堂の長州嫌いに火を点けることにもなったと思われる。現に、岡本武雄も「容堂殿は為に長州に対して不快の念を抱かれしなるべし」と当然の推測をしている（蛇足を承知でさらに付け加えると、容堂の努力も空しく、翌十二月、高杉や久坂ら十三名は、品川の御殿山に建築中のイギリス公使館の焼き討ちを敢行し、成功させた。容堂のプライドはズタズタにされたのである）。

青蓮院宮令旨事件

　ところで、これは言ってみれば藩外とのトラブルだったが、土佐藩内においても深刻な問題が発生した。「青蓮院宮令旨事件」として知られることになる出来事であった。そもそもは孝明天皇の親任の篤い中川宮（当時青蓮院宮尊融法親王《そんゆうほう》といわれた）が、文久二年の四月晦日に蟄居謹慎を解かれ、ついで同年の九月四日に朝廷から国事扶助を命じられたことに発した。青蓮院に住む僧侶であった宮は、安政の大獄時、幕府によって朝廷内最大の敵対者とみなされ、謹慎ついで隠居・永蟄居に処せられた。だが、大獄処罰者の名誉回復がなるとともに参内を許され、いまだ還俗《げんぞく》前ではあったものの、公然と朝政に参画できるようになったのである。つまり、しばしば参内し、天皇の相談相手になっていた。したがって孝明天皇に自分たちの意見を伝える介在（伝達）者として、宮の存在は大いに注目された。

　ここに付け込んだのが、武市ら土佐勤王党員であった。武市は閏八月段階で、藩主の名をもって自分の考えを記した朝廷への建白書を立案・執筆した（『武市』二）。それは、五畿内一円を天領（朝廷の直轄地）とする、参勤交代の条件を緩和する、政令はいっさい天皇から諸大名へ直接発するといった、幕藩体制を事実上否定するものであった。さらに、そのうえで攘夷の令を天皇に出させようとも願った（「小原与一郎雑記」〔『山内』第三編上〕）。

いずれにせよ、直轄地がないために慢性的な財政窮乏状態にあえいでいたと思われた朝廷を救わんがための具体策などを提示し、併せて攘夷の実行につなげようとしたのである。そして、この構想を閏八月九日に初めて会い、懇意となった攘夷派の地下官人である村井政礼《まさのり》の勧めで中川宮に提出し、天皇にも見せられることになる。

効果はたちどころに顕われた。武市は、九月十八日に、小南ともども宮に初めて会い、幕府に攘夷の実行を促すための勅使を再び江戸に下すべきだとの自分たちの考えを直接伝えることに成功する。そして、九月二十五日にも宮と会って、将軍後見職徳川慶喜の上洛を停止して欲しいこと、および藩主山内豊範が三条勅使に随行する件が実現することを請願した。そして、両件はまもなく実現をみる。こうして武市が宮との通路を強引に切り拓いたあと、同年の十二月一日、今度は土佐勤王党員で、やはり他藩応接用に任命された平井収二郎がはじめて宮に拝謁を許され、土佐勤王党と宮との縁が拡がることになる。ついで同月の十七日には、江戸から帰国の途次、京都に立ち寄った土佐勤王党員の間崎哲馬《まさきてつま》（江戸の安積艮斎《あさかごんさい》の塾に学んだ優秀な儒学者で、容堂を補佐する役割も担っていた）と弘瀬《ひろせ》健太《けんた》の両名が、平井とともに宮に拝謁した際、宮から山内豊資に賜わった令旨（手書）を渡されることになる（『山内』第三編中）。平井ら三名が私的に宮に依頼して出されたものであった。

令旨の骨子は、藩主の父である豊資に土佐勤王党員が考える土佐藩内の守旧派（すなわち、佐幕の立場を持す門閥家）の排除と藩政改革の実施および人材の登用を勧告するものであった。そして、間崎と弘瀬の両名は翌日、宮から授けられた令旨を携えて意気揚々と帰国の途につく。いうまでもなく藩政改革（人材の登用）を自分たちの思う方向で進めようとしての行動であった。つづいて、翌文久三年（一八六三）の一月四日、武市が京都を発して土佐へ向かう。間崎らを助けて藩庁に改革を促すためであった。そして、高知に到着した武市は、山内豊資が令旨を藩士一同に告示した（すなわち藩政改革の実施が告げられた）のを見届けて、再び京都に戻ることになる（一月二十四日に再上洛）。

だが、この一件が、いまだ十分に藩権力を掌握しえていなかった状況下、自分の承諾を得ないまま、平井らが勝手におこなった腹立たしい行動だったため、容堂の怒りを買い、やがて土佐勤王党への弾圧につながることになる。容堂は、二月二十四日、自分に対し、将軍の上洛前に「攘夷の期日を確定」し、「朝廷より公布せんこと」を求めた間崎哲馬を酒の勢いもあって厳しく叱責した。さらに「（中川宮の）令旨を矯《た》めて、これを景翁に致すのことを厳責」した（「武市瑞山年譜」〔『武市』二〕）。やはり容堂にとって癇《かん》にさわる許されざる行為だったのである。

第四章　将軍上洛と参預会議

1　江戸から京都へ

急進攘夷派の手荒い歓迎

山内容堂が、幕府と朝廷双方の要請をうけて、将軍の上洛に先立って江戸を出発し、海路大坂を経由して上洛したのは、文久三年（一八六三）一月二十五日のことであった。

これより前、江戸に居た段階で、容堂と春嶽の両人は話し合って、それぞれ十二月一日付で久光に書簡を送り、久光の上洛を要請した。高崎猪太郎が国元に運んだ容堂の書簡（『鹿児島県史料　玉里島津家史料』一。以下略して『玉里』とする）には、将軍も来春上洛することになっているので、京都の地でお互い尽力して「日本の国是」を盤石《ばんじゃく》にしたいとあった。当時、容堂はいまだ久光とは面識はなかったものの、その抜群の行動力には、一目も二目も置いていたので、上洛を促すことになったのである。そして、このあと、ほぼ独自の判断で、春嶽と容堂の両人がいま上洛するのは望ましくないとした大久保利通が、江戸にやって来て、文久三年の正月四日に春嶽邸で両人と会い同意は得たものの、諸般の事情でこれは成功をみなかった（佐々木克『幕末政治と薩摩藩』）。

江戸に代わり、すっかり政局の中心地となっていた京都にやって来た容堂を待っていたのは、急進攘夷派による手荒い歓迎であった。以下、のちに容堂による土佐勤王党への弾圧を引き起こす、いま一つの導火線となったと思われる急進攘夷派による「やり過ぎ」の例を紹介しておきたい。

文久三年の一月二十二日、上洛途上の容堂の招きにより大坂の宿舎にやって来た儒者の池内大学《いけうちだいがく》（若き日の三条実美に漢学を教授したことで、容堂ともほんの少し縁があった）が、自宅に帰ったところを殺害された件にまつわるものである。かつて将軍継嗣運動に関わって名をはせた池内大学は、「安政の大獄」時、自首して中追放という軽い処分となったため、当時裏切り者の烙印を押されていた。また、どうやら幕府サイドからの要請をうけて、攘夷期限に関する御沙汰が下らないように朝廷関係者に働きかけていたらしい。それ故、池内の暗殺は明らかに攘夷の決行に消極的であった容堂に対する間接的な脅迫もしくは嫌がらせ行為に他ならなかった。しかも、容堂の耳にどのような情報が届いたかは不明だが、殺害犯は土佐勤王党員で武市の門下生でもあった岡田以蔵だったとする説がある（斬殺された池内大学の体の大部分は難波橋《なにわばし》上に梟《きょう》され、両方の耳は、その後、当時、急進攘夷派から恨まれていた正親《おおぎ》町《まち》三条実愛《さねなる》と中山忠能の邸に投げ込まれた。これが「やり過ぎ」以外の何物《なにもの》でもなかったことは言うまでもない）。

平井収二郎らを叱責

容堂が本格的に京都で活動するきっかけとなったのは、文久二年の九月四日に、彼に対して上洛とその後の京都守衛を命じる朝旨が降ったことである。もっとも、この段階では体調不良に苦しめられていた容堂はすぐに上洛しえなかった。容堂が文久二年時に作った漢詩には、「病床」を掃除のために追い出された際に、鏡を見て、自分の「顔色」が「衰」えていることに「驚」いたといったものがある。また「病中戯作」と題された漢詩中に、「病を養い、自ら蘭薬を詰め、……。此の老い、なんぞ悲し、貧と病。眼前いまだ酒尊蔵を尽さず」云々と綴られているのも目につく。西洋渡来の薬を自ら調合して服用しながらも、なおかつ飲酒へのあくなき執念を示す容堂の姿がそこに見出せる。

このように、病状が依然として思わしくなかったこともあって、彼はひとまず藩主の山内豊範に京都での対応を任せ、豊範が京都に行き、文久二年の十月五日参内をはたす。そして、既述したように、このあと三条勅使に付き従って江戸へと下ることになる。だが、その後の情勢のいっそうの緊迫は、容堂の在府を許さず、彼は京都にやって来ざるをえなくなる（大仏《だいぶつ》の智積院《ちしゃくいん》が宿舎に充てられた）。そして、容堂がまず京都の地で最初に見せたのが、軽格者たちが、身分のほどや職分《しょくぶん》をわきまえずに、公家邸などに出入りして、自分たちの考えを吹き込んでいる現状への激しい怒りの爆発であった（「隈山春秋」）。一月二十八と二十九の両日、容堂は平井や小畑孫二郎《おばたまごじろう》らを呼びつけ、その越権行為を叱りつけた（『寺村日記』）。そして、これがただちに二月一日の平井の他藩応接役御免とつながった。

攘夷主義者の突き上げ

ついで、このあと、まもなく容堂は、国政上でさっそく主役級の一員としての座を占めることになる。容堂らに先立って、正月五日に京都入りしていた将軍後見職の一橋慶喜から、相談を持ちかけられる立場になったからである。すなわち、二月十一日夜に、三条実美以下の八名が東本願寺に宿泊していた慶喜の許を訪れ、攘夷決行の期日を速やかに決定することを求める。これは、轟武兵衛《とどろきぶへえ》（肥後藩士）や久坂玄瑞・武市瑞山といった急進的な尊王攘夷主義者の突き上げを受けてのことであった。轟や久坂らは、この日、鷹司関白《たかつかさ》（輔熙《すけひろ》。前月、近衛忠熙の後を受けて関白となった）や中川宮等の許に押しかけ、攘夷期限を早々に定めることを決定するまでは、「不食にて詰め切り、餓死致すべしと申し立」てた。そのため「朝廷（内が）大騒動にあい成り、暴発四百人これ有りと申し立て（られ）、恐怖に」陥ったのである（『京都守護職日誌』二）。

とにかく、このような「やり過ぎ」としかいいようのない過激な攘夷主義者の強迫を受けて、三条実美らは慶喜に如上のような要求を突きつけた。そこで困り果てた慶喜がこのあと唯一信頼のおける容堂に相談を持ちかけたところ、容堂としても適切な返答をなしえるはずもなく、「ここは先づ穏便におさめて置くがよい」との中途半端なアドバイスを授けるに止まった（『維新前後』）。この時、容堂は「三条と姻戚の関係」なので、実美を説得して欲しいとの依頼をうけ、引き受けたものの、三条実美から「浪士等が強迫の内情」を告げられ、そのうえで「予（＝三条実美）が身の上をも推察せられたし」と懇願され、なす術《すべ》もなくなる。三条も「今直《ただ》ちに攘夷期限を定むることの不可なるゆえん」を理解しえたが、長土両藩の出身者を中核とする過激な攘夷主義者の強迫がすべてに勝《まさ》ったのである。そして、こうしたことの前提には、テロの横行による公家の極度の怯《おび》えがあった。

お手上げ状態

さて、この段階の容堂の対応であったが、自分の感情を押し殺し、慎重な姿勢に終始したと評せる。容堂は、文久三年一月四日付で春嶽に宛てた書簡（『山内』第三編中）中に、「此節、主上（＝孝明天皇）にも粟田宮（＝中川宮）にも長（州）などの暴論に御当惑の気味」と記したように、無謀な攘夷を天皇以下が望んでいないことは知悉《ちしつ》していた。しかし、過激な攘夷主義者が跋扈《ばっこ》している京都の現状を憂慮するものの、これらの政治勢力をいたずらに刺戟して政局に混乱をもたらすような発言は控えた（公にはしなかった）。そして、同じ時期に京都入りした春嶽・慶喜・松平容保らとの間で、生麦事件の処置をふくむ攘夷期限の問題ならびに浪士対策を話しあい、とり急ぎ、二月十四日に、彼ら四名の名前で、おそらく攘夷期限は四月中旬になろうと記した書付を内々で差し出すことになる（『国事史料』巻三）。

こうしたなか、容堂個人のありように関して注目すべきは、彼の人生においても珍しいことだったが、かなり精神的に不安定な状態に追いこまれたことである。最たる原因は二つあったと思われる。

一つは藩内状況の悪化である。二月十二日、武市が「死を決して」容堂に謁見を請う。これは、上洛直後、容堂が平井をはじめとする土佐勤王党員を叱責したことから、軽格者の反発が強まり、彼らを鎮めるのに必死にならざるをえなかった武市の立場が採らせた謁見請求であった。そして、自身初めて参内し天皇に拝謁した翌日に当たる二月十七日に武市を再度謁見した際には、容堂自ら酌《しゃく》をし、菓子折を与えるなど、濃《こま》やかな心配りをした（「武市瑞山年譜」『武市』二）。以後も、容堂は、武市をふくむ土佐勤王党員らを接見したが、彼らの攘夷決行に向けての突出行動をなかなか抑えきれなかった。第一、容堂がきつくしかった平井にしても、長州藩士たちと毛利定広の旅館で会合して、比叡山への行幸を画策する始末であった。そのため、さすがの容堂も、二月二十五日、ひそかに伊達宗城に手紙を送り、「言うべからざるの苦心これ有り、進退困窮、相談致したく、参りくれ候」と頼む事態になる（なお、この日、容堂は坂本龍馬の帰参を許した。また同じくこの日、武市のアドヴァイスを容れて、間崎と平井の両名が藩邸の要路に連名で書簡を提出し、中川宮の令旨が出されるに至った顚末《てんまつ》を自訴して罪を待つ状況が出来した）。

容堂は、二十七日になって、「藩中の人心」が「少しく折り合へる」ようになったとして二条城にやって来た。このことから考えると、自らの威令が行き届かない藩内状況に容堂が大いに苦しめられて気持ちが落ち込み、半ばノイローゼ状態になったことが判明する。そして、これは無理もなかった。国元の手島八助らが京都の同僚に宛てた返簡（『土佐藩京都藩邸史料目録』。以下略して『目録』とする）中に、「（武市）半平太の驕揚《きょうよう》」つまり武市が驕《おご》りたかぶっているとの情報を知らされ「驚愕《きょうがく》」したとあるほど、京都での土佐勤王党の勢いには凄まじいものがあったからである。さすがの容堂も、半ばお手上げ状態にあった。

他方、容堂をおかしくさせた原因の第二は、朝廷上層部への絶望感であった。『寺村日記』の二月二十八日の条には、こうある。「此度の朝議、英船打ち払いと御決定にあい成り候は、まったく彼我《ひが》の実情、見通せざる（に）因る。……（とにかく公家は）一度打ち払い候得ば、恐れて再度来り致さず。……たとえ彼大挙して来りたりとも、弘安の神風といふ先例有れば、決して恐るるに及ばず（と申しているような状況だ）」。いやはやなんとも形容しがたいほどの状況下に朝廷はあったのである。こうした有様が高い知性を備え、なにごとにおいても合理的な判断を下し、妥当な対応策を採ることを好んだ容堂をして、深刻な絶望感を抱かせただろうことは想像に難くない。そして、攘夷ができないことを百も承知していながら、公家急進攘夷派を相手にのらりくらりとした対応をなさねばならなかったことからくる巨大な矛盾が、容堂をことさら苦しめることになったと考えられる。

二百数十年ぶりの将軍上洛

閑話休題。このような状況下、三月四日に将軍の徳川家茂が三代将軍の徳川家光以来、じつに二百数十年ぶりの上洛をはたす。そのため、将軍に攘夷の実行を求める声は一段と囂《かまびす》しくなった。翌三月五日に、旧のごとく将軍に征夷職を委任する（つまり徳川将軍家に大政を委任する）との勅諚が下り、つづいて同月十一日に、将軍を従えての賀茂下上両社への行幸が決行される。攘夷の祈願をなすためであった（なお、この時、京都に滞在していた諸侯が先陣を、将軍が後陣をつとめた。これによって、あたかも天皇が、この国の先頭に立つ政治君主であるかのような印象を、行幸を見物した夥《おびただ》しい数の人びとに与えることになった。もっとも、容堂はこの行幸には病気と称して参列しなかった）。つづいて、三月十三日に、幕府が勅命を奉じ、四月中旬をもって攘夷実行の期となすと公約した翌日に当たる十四日に島津久光が上洛してくる。

そして、この日、前関白の近衛忠煕邸で中川宮や関白の鷹司輔煕、近衛忠煕・忠房《ただふさ》父子、慶喜、容保、容堂に対して久光から建言（『玉里』二）がなされる。それは、①「攘夷御決議、軽率の儀然るべからざる事」、②「天下の大政（＝政治の全て）、征夷（＝江戸幕府）江御委任の事」、③「無用の諸大名・藩士等、すべて帰国の事」、④「主命の外、藩士江御面会無用の事。浮浪は尤（最）然るべからざる事」その他諸々であった。

このような意見を吐いた久光の核にあったのは、攘夷（破約攘夷）をいくら望んでも、当時の欧米諸国との軍事科学技術のあまりの差を考えると、それは不可能だとする冷徹な現状認識であった。ただし、それは攘夷そのものを全面的に否定するものでもなかった。封建諸侯が一致団結して富国強兵に努め、破約攘夷を可能にしうるだけの武備の充実が達成されたら、その暁《あかつき》に、いま一度、攘夷の実行を検討したらよいというのが、久光の考えであった（佐々木『幕末政治と薩摩藩』）。

こうした久光の考えは、かなりの程度、容堂の考えと一致するものだった。とくに④の主張がそうであった。というのは、容堂は、自身の上洛直前、大坂で三ヵ条からなる自筆の書付を配下に「拝見」させたが、その二ヵ条目には、「諸藩の者へ応接の節、出位（＝出過ぎた）の議論致す間敷《まじき》事。但、無益の往来亦禁ずべき事」（『寺村日記』）とあったからである。久光にしても容堂にしても、藩の内外を問わず、身分秩序を護持することをなによりも重視していた。それが社会に安定をもたらし、「内乱」状況の発生を未然に防ぐことになるとかたく信じていたからである。

容堂の場合は、吉田東洋の勧めもあって韓非子流の法治至上主義を学び、その影響をうけたらしいことが、このことにつながった。すなわち、君としての権力を大切なものとした容堂は、臣下は主君の命令に服従するのを当然だとした。それゆえ、そうしたありようを崩壊させかねない、自藩の藩士や郷士を含む過激な尊王攘夷主義者の行動には、ほとほと手を焼いていたのが現状であった。

だが、この日、その容堂もふくめ、近衛邸に集った人物（春嶽はこれより前の三月九日、政事総裁職の辞表を老中に提出していたため、列席していなかった）は、誰も久光の意見に反応しなかった。他の人物はともかく、容堂がなんら反応しなかったのには、まず天皇以下、朝廷上層部が修好通商条約を破棄することを望み、幕府サイドも表向きその希望を受け入れていた以上、おいそれと久光の発言に正論だと同意を表明するわけにはいかなかったことが大きく関わった。それに加えて、やはりなんといっても、当時、京都を席巻《せっけん》していた攘夷即行論者の集団としての圧力が巨大だったためだと見ざるをえない。容堂といえども、時勢におされ、黙さざるをえなかったのである。

したがって、この後、すっかり絶望した久光が三月十八日に帰国の途についたのは、しごく当然のことであった。そして、他の有力諸侯も京都の政治状況に失望し、なすすべがなかった点では同様であった。そのため、三月下旬に、春嶽・容堂・宗城の三者はそれぞれ京都を発つことになる（春嶽の場合は、勅許を待たないで帰国したため、免職のうえ、逼塞《ひっそく》を命ぜられた）。ついで、このあと、京都に置き去りにされるかたちとなった幕府トップが攘夷即行派に押し切られ、四月二十日に、将軍の徳川家茂から朝廷に対し、五月十日をもって攘夷の期限とすること、および慶喜に帰府を命じて横浜鎖港（開港交易の拒絶）交渉に当たらせる旨の奉答書が提出されるに至る（『孝明天皇紀』四）。すなわち、将軍の徳川家茂が京都に十日滞在し、ついで江戸に帰ったあと、これまた十日が経過した時点で攘夷を決行することを約束させられ、これが諸大名に布告される。

したがって、容堂は、将軍の奉答書が朝廷に提出される方向に事態が向かいつつあったまさにその前に、現状に対する極度の不満に、自身の体調不良などが重なって京都の地をあとにすることになったのである。容堂は、三月二十六日に帰国の途につく（四月十二日、高知着）。じつに安政三年（一八五六）以来、七年ぶりの帰国であった。そして、有力藩の実力者が京都を去った結果、「長（州）藩は益々《ますます》在京の志士を鼓舞して、攘夷の期日を朝廷幕府に迫」り、それを実現するに至った（『維新土佐勤王史』。以下略して『勤王史』とする）。

なお、ここでぜひ触れておかねばならないのは、この文久三年が幕府財政に巨大なダメージを与える年となったことである。たとえば、将軍の上洛費用だけに限っても、京都への往復で八十四万三千両を幕府は支出しなければならなかった（大口勇次郎『徳川幕府財政史の研究』）。これに開国に伴う軍事力強化費や外交上の出費、あるいは京都の治安を保持するための費用や禁裏に対する支出の増大等が重なって、幕府の支出は天井知らずの額となった。その結果、幕府財政は貨幣の改鋳（改悪）による益金に大きく依存せざるをえなくなる（同前）。そして以後、このような状態は幕府の倒壊時まで続くことになる。

2　藩内の分裂

三つの政治勢力

ひさしぶりに帰藩した容堂を待ちうけていたのは、藩内の分裂状況であった。くりかえすが、主たる政治勢力は三つあった。その一は吉田東洋の遺託を受け継ぐ改革派で、後藤象二郎や福岡孝弟ら佐幕開港の立場にたつ開明的中士層が中心を占めた。その二は尊幕攘夷（現状維持を図る守旧）派で、小八木五兵衛や寺田左右馬《そうま》ら門閥上士層がリーダー格であった。その三は尊王攘夷派で、士分格では小南五郎右衛門・板垣退助・小笠原唯八《ただはち》・佐佐木高行らが強い発言力を有し、郷士層以下では土佐勤王党員が一貫して尊攘激派的存在として改革派に抵抗した（平尾道雄『山内容堂』。池田敬正「土佐藩における討幕運動の展開」）。

このなかで容堂が最も信を置いたのは、もちろん改革派であった。反対に、最も嫌い厄介視したのが、これまでの経緯から明らかなように尊王攘夷派（なかでも土佐勤王党）であった。時あたかも、容堂の帰国にあい前後するかたちで武市瑞山が土佐に帰ることになる。

これより前、武市は、長州藩の桂小五郎（のちの木戸《きど》孝允《たかよし》）から、当時、反目の度を強めていた薩摩・長州両藩の調停役を土佐藩にはたして欲しいとの依頼を受け、この件で容堂の指示をうけるべく四月四日に京都を発った（帰国は、四月十日）。なお、桂が武市にこのような依頼をおこなったのは、土佐藩が薩長両藩と親戚の間柄にあったためであった。そして容堂は、この申し出を受け入れて、文久三年（一八六三）七月の時点で、長州藩の京都留守居役に薩摩藩との和解を勧める文書を送らせることになる（『武市』一）。

かように、容堂は、土佐への帰国後、武市らに対して、内心激しい怒りを抱きながらも当座は穏やかに向き合った。文久三年六月段階で、時勢に応じた人材の要職への挙用、薩長両藩と手を組むことの必要性、幕府から命じられた大坂警備を拒否せよといった種々の主張を盛り込んだ建白書を提出した武市を七月末に呼んで慰撫《いぶ》した（同前）。そして、そうしたことが、武市の要請を受け入れたかたちでの長州藩への対応となった。

その一方で、容堂は、帰国後、いまだ二週間しか経っていない時点で、早くも士分格の尊王攘夷派を藩庁から追放する動きを見せた。すなわち、四月二十六日に、しきりに他藩人と面会し、攘夷論を唱えていた小南や板垣らを、ついで翌二十七日には家老の深尾鼎をそれぞれ罷免した。そして、これにはやはり、容堂が京都の地で尊攘派にさんざん苦しめられた嫌な体験が直前にあったことが大きく関係したと思われる。さらに、いま一つ帰国後まもない四月下旬段階で、吉田東洋刺客《しかく》犯の捕縛に向けての動きがいっこうに進展していないことを知らされ、怒りをあらわにしたことも関係したと想像される。

四月下旬に入って、容堂は、大目付の平井善之丞や山川左一右衛門らを呼び出し、犯人の探索を厳命した。だが、この厳命に対し、彼らは藩全体のことを考えれば、急ぐ必要はない旨の答弁をすることになる（『佐佐木』一。『武市』一）。確かに、東洋の暗殺に藩上層部や山内家の一族も深く関わったらしいことを考えると、平井や山川の返答にも理があった。そして、この答弁に容堂は頗る気分を害し、奥へ引っ込んだだけで、この日は終わる。だが、容堂の怒りに触れた平井は、以後出仕せず、五月二日に大目付の職を解かれることになった。

ついで、六月に入ると、二十四日に尊攘派の小笠原唯八を罷免する一方で、守旧派の寺田左右馬に仕置役を命じるなど、容堂は着々と攘夷派を排除する動きをみせることになる。しかし、藩内では、いまだ大隠居の山内豊資が健在で、かつ藩主の山内豊範が攘夷派に対し好意的だったため、容堂もこの時点では、これ以上の表立った行動は起こせなかった。そのため、容堂の帰国後も、中央政局がそうであったように、土佐藩内も大波が押し寄せてきたなかを乗組員間の対立を抱えながら航行している船中のような状況となる。

長州藩の攘夷決行の波紋

そして、藩内の対立状況をさらに拡大させることになったのが長州藩による外国船への砲撃である。五月十日、長州藩が、朝幕の双方が前月（四月）にこの日を攘夷期限と布告していたことをもって、関門海峡を通過しようとしたものの風と潮流の逆行のため田野浦沖に錨を下ろしたアメリカ商船に対し軍船から砲撃を加えた。この砲撃は、長州藩が藩として仕掛けたというよりも、過激な攘夷主義者であった久坂玄瑞の一党がおこなったといった方が適切であった。また、幕府が攘夷期限とした五月十日は、この日をもって外国側と横浜鎖港交渉に入るということであって、外国艦に対して積極的に攻撃せよと命じたわけでは決してなかった（青山忠正「『攘夷』とは何か」）。つづいて、日を置いて、フランスやオランダの軍艦に対しても砲撃がなされ、こうした情報が京都や江戸に伝わると、外国船が渡来すれば、二念なく打ち払えとする朝命と、横浜において、いまだ外国側と談判中なので、みだりに発砲するなという幕命が、あいついで下ることになる。ここに板ばさみとなった土佐藩関係者は、分裂状況を呈する。すなわち、大坂の出先機関は朝命を、土佐の国元は幕命を、それぞれ選択する羽目に陥った。

国元が幕命を選択したのには、むろん容堂の認識が大きく関わった。容堂は、これまでのありようからも容易に想像しうるように、長州藩の攘夷決行に対しては批判的な態度を採った。批判の核をなしたのは、幕府サイドと同様、横浜鎖港などを欧米諸国に打診している最中《さなか》、相手国側の「諾否を問わない」前に、いきなり、「往来の通船を砲撃」するやり方は、「所謂曲直反覆」だというものであった（七月十九日付で幕府に提出された土佐藩の意見書〔朝廷へは再議のうえ、八月十五日に提出〕中に記された言葉）。つまり、非は長州側にあるとしたのである。もっとも、容堂は、長州藩の突出行動を厳しく批判しながらも、同藩を無下《むげ》に切り捨てたりはしなかった。六月二十二日付で伊達宗城に宛てた書簡中に、「長（州）の暴は暴にて致し方これ無く候得ども、亦均しく皇国に御座候、患《うれ》うべきの甚だしきにあらずや」とあったように、長州藩も皇国の一員だとする思いが強烈にあったからである。

それはそれとして、容堂（意見書は藩主名で出されたが、もちろん容堂の考えが反映されたものであった）が世間一般が攘夷論に沸き立つなかにあって、こうした冷静な判断が下せたのには、「いったん開港和親（を）御許容にあい成り候うえは」、条約を拒絶すれば、「地球中を敵に取り候義」だとする認識が彼のなかにあったことが大いに関わった。つまり全世界を敵にすれば、長州一藩レベルでは無論のこと、皇国が一体となって当たっても、とうてい勝ち目はないとの認識である（なお、容堂は、右の意見書において、「皇国より諸夷諸蛮と称し候得ども、彼また人類に候得ば」云々と攘夷主義者が一方的に発する独りよがりの決めつけを批判した）。

平井収二郎ら三名の自刃

そして、こうした姿勢が、土佐藩内が攘夷論に染まらないように軽格の士に注意を促す異例の行動となった。すなわち容堂は、長州藩による攘夷の実行がおこなわれてからちょうど二週間後の五月二十四日に、藩校（致道館《ちどう》）の大広間に軽格の士を集め、自重を促した。しかし、これぐらいでは興奮した攘夷論者の突出意欲を鎮めることはできなかった。そこで実行に移されたのが、平井収二郎らの実質的な処刑であった。

この年の三月末、京都で自首して出た間崎哲馬と平井収二郎が、それぞれ下獄と禁錮処分になったあと、四月に入ると、容堂の命令で高知に移送された。そして、六月八日、中川宮の一件に関与したことなどを理由に平井・間崎、それに弘瀬健太の三名が自刃（切腹）というかたちで死を賜わる。これは明らかに、土佐藩内において尊王攘夷運動を引っ張る存在であった彼らを抹殺することで、事態の鎮静化を図ろうとした苦渋の選択であったといえる。そして、むろん土佐勤王党員に対して警告を発したに等しい措置であった（なお、現在に至る容堂不人気の一因は、間違いなく、この平井らの実質処刑にある。坂本龍馬が姉宛の書簡中に、平井収二郎の処刑を「誠にむごいむごい」と書き、かつ妹加尾《かお》の「嘆きいかばかりか」と記したことで、容堂の非情さが後世に伝えられることになったからである）。

もっとも、容堂は、この時は、これ以上の行動には出なかった。やはり、天皇以下の朝廷関係者の目を強く意識したからであろう。武市らは、先述したように、この直前、京都にあって、孝明天皇の周りにいた朝廷上層部に接近し、かなりの程度、濃密な人間関係を形成することに成功していた。その結果、三月に、土佐藩に対して、他の十万石以上の諸藩と同様、禁裏御所の警衛のために、親兵を朝廷に差し出すことが命じられた際、いの一番に武市が指名された。武市が「頗《すこぶ》る正議《ママ》忠直」の士として評判だというのが理由であった（『寺村日記』）。

武市の「破格の登用」

また武市は、短時日の内に、諸藩の有力者や浪士（大半は攘夷主義者）とも密接な関係を築いていた。さらに、土佐藩内にあって、軽格の士の間では格別の存在であった。武市は、文久三年（一八六三）六月と元治元年（一八六四）五月の時点で、「私儀、一身を潔《いさぎよ》く致し候へば、即日御国乱にもあい成り申す訳に候へば、実に苦心に堪へず」「私など斃《たお》れてあとが立ち直ると云うこと決してこれ無し」と豪語するぐらいの男であった（『武市』二）。

確かに、武市は、風貌（ルックス）の好さといい、豪傑肌でありながら、その一方で、山水画や美人画を随時描けるだけの風雅の嗜《たしな》みがある、真に魅力的な人物であった。それ故、藩を挙げての勤王にこだわる立場から、配下の突出行動を押さえている、この自分が立ち上がれば、配下が付き従い、その結果、土佐一国は動乱状況となる、もしくは自分が死ねば土佐藩の運命は絶望的になると心底思っていたことであろう。実際、寺村左膳がその日記（文久三年九月二十一日条）に、「わが藩暴論家脱出輩、皆武市の指揮に従ふの勢いなり」と記したような存在であった。

そして、こうした諸々《もろもろ》のことが考慮されて、容堂が帰国する直前の三月十五日に、武市に対して、「破格の登用」である京都留守居加役が命じられることになる（これより前の文久二年十二月二十五日、武市は郷士から留守居組に編入されていた）。ついで、さっそく三月二十日には、家老の深尾鼎と深尾丹波、それに容堂側用役の寺村左膳と会して藩事を議す場に臨むことになる。それまでの土佐藩のありようからすれば、考えられない光景の出現であった。そして、この破格の登用に対しては、土佐勤王党員の間から、これは武市を土佐藩邸内に「居らしめて、他藩士との往来を自由ならしめざるためならんなど」との声が挙がったという（『勤王史』）。容堂の狙いのなかに、あるいはそういった目的も隠されていたかもしれないが、客観的にみて、このポストへの就任が武市の人生においてピークをなした。

武市との長時間の対面

いずれにせよ、容堂は、さまざまなことを考慮して、過激な攘夷主義者（土佐勤王党員）への大規模な弾圧を控えたといえよう。それといま一つ、容堂には、カリスマ性と力量のともにある自分には、これら過激な攘夷主義者を自己の才覚と言論でもって押さえられるとの自信があったのかもしれない。そうしたこともあってか、容堂は、七月二十九日と八月六日の両日、武市とじっくり話し合う時間をもった。それは、それぞれ「八つ時（午後二時）より日の暮れまで」、「四ツ時（午前十時）」から「八ツ（午後二時）」に及ぶ長時間の対面となった。体調不良下にあった容堂にすれば、これ以上ないほどの特別待遇であった。

では二日にわたった両者の対談は、どのような内実のものとなったか。まずは、七月二十九日の分から見ることにしたい。この日、容堂は武市に対し自分の考えを伝え、了解を得ようとしたようである。具体的には、武市らが強く求めた「人才（材）挙用の事は急務の内の大急務だ」とは考えているが、なにしろ「ただいま隠居の身分にて」藩主の豊範や大隠居の豊資を差し置いて自分の一存で事を進めるわけにはいかないと釈明した（これは事実であった。いくら容堂といえども、藩主身分の豊範と御意見番の豊資両名を差し置いて、独断で物事を決定できるわけではなかった）。ついで、これもやはり武市らが強く求めた容堂の再上洛と国事周旋活動については、「此の病気にて所詮《しょせん》上京あい調わず」とこれまたやんわり拒絶した。そこで武市が、容堂の実弟でかつ自分たちの活動に理解があるとみた山内兵之助への権限の委任と上洛許可を求めると、これにも同意を与えることはなかった。そのため、武市との間で「頗る」争論となったらしい。

もっとも、容堂は、このままで終わるとまずいと思ったのか、彼なりのリップ・サービスもおこなった。それは、「将軍いよいよ違勅とつづまり候時は、将軍の首を此の隠居必らず討つべし」という大見得《おおみえ》であった。客観的にみて、はったりをきかせたとしか思われない発言だが、容堂流の表現の仕方（パフォーマンス）だったといえよう（以上、八月七日付島村寿太郎宛武市書簡〔『武市』二〕による）。それはさておき、七月二十九日の対面で武市を丸め込むことができなかったためか、再度もたれた八月六日の面談では、容堂は対応を大きく変えたようである。すなわち、相手の話をじっくり聞くという作戦にでた。

そういえば、容堂は帰国する直前の文久三年三月二十三日、謁見を許した武市から土佐勤王党員一同の名前を記した一覧表を見せられると、「もっての外、御歓《よろこ》（びの）御様子」をみせつけ、そのため決して「容堂様には御まどひは御座無き様子にて、一同大歓（び）」となる一幕《ひとまく》が見られた（「中平菊馬書翰」〔『山内』第三編中〕）。この時のことを思い出したのかもしれない。とにかく容堂は、この日、相手側から情報を引き出すために聞き役に徹したようである。その結果、「種々様々の御はなし」があったにもかかわらず、「争論」がましきことは、いっさいなかったという。これはひとえに、容堂が、七月二十九日の面談で成果をあげられなかったことを熟慮して、大人（藩の最高指導者）としての対応を心がけるとともに、それなりの計算を有して対応したためであったと考えられる。

巧みな演者

武市らの気を鎮めるとともに、その目論見を改めて詳細に探るという計算であった。そして、この時の容堂は真に巧みな演者であったと評せる。容堂は、のちに伊達宗城に宛てた書簡中に、改革に異議を唱える家臣団を「例の大論」によって押さえつけたと報じたことがある。この言葉からも明らかなように、容堂は、その持ち前の「大論」でもって対手を高圧的に押さえつけることがしばしばあった。だが、この日の謁見では、そうした自らのありようを控えて、武市にとことん語らせる手法を採用した。そのため、武市は「天下の勢いより、御国の勢い、諸侯方の善悪、かつ其他にて昨年以来斬姦の次第（を）申し上げ」ることになる。つまり、この日、武市は自分たちに関する情報をすべて容堂に包み隠さず提供することになった。武市をして、自分たちの良き理解者だと思わせた、容堂の技《ぎ》倆《りょう》には侮りがたいものがあった。

なお、八月六日の謁見が武市と容堂の最後の対面となった。もはや、武市から聞き取るべき情報はなくなったとの判断も大きく関わったのであろう。容堂は武市らに比べて役者が一枚上だったと判断せざるをえない。

3　文久政変の発生

勤王党員排斥の口実

武市らの置かれた状況（運命）を大きく変えることになったのが、文久三年（一八六三）八月十八日に発生した政変であった。この政変は、広く知られているように、薩摩藩の京都藩邸が策源地となり、宮中にあって中川宮が孝明天皇の了解の下、会津藩とも提携して、過激な攘夷主義者を京都から追放したものであった。そして、政変後、長州藩士とともに山口へ走った三条実美ら七名の公家に対し、許可なく山城国外に出たとして、議奏職を取り上げるなどの処罰が下された。ついで、その直後の八月二十八日に、容堂に対して至急上洛することを命じる朝命が降る。これを受けて、容堂は、九月九日、病が癒えるのを待って、勅命に応じて上洛することを藩内に告示する。

文久政変に話が及んだ以上、避けて通れないのが、この政変と土佐勤王党弾圧事件との関わりである。土佐の新聞記者であった坂崎紫瀾《しらん》が編纂した土佐勤王党に関する大部の書物である『維新土佐勤王史』は、文久政変の発生と弾圧事件とを直結させて理解した。これは、端的に記せば、文久政変の発生によって、それまで良好な関係にあった武市らと容堂の関係が悪化し、再び容堂が公武合体論の立場に戻ったとの理解の仕方であった。

これでは、容堂は時勢(時流)に流されただけの、単純で軽薄な人物ということになる。そして、容堂のいまに続く不人気はおそらく、このような長年にわたる評価の延長線上にあろう。こうした評価に対し、容堂の側近であった寺村左膳の見解は大きく異なる。寺村は容堂の「御持論」は、武市らと「全く反対」だったが、武市が薩長両藩士や浪士の間で人望があり、また土佐藩内の「暴論家」や「脱出輩」がその「指揮に従ふ」勢いがあったため、「権宜《けんぎ》」つまり臨機応変の「御所置に出」て弾圧を手控えていたのだとする(『寺村日記』)。

このことを幾分か裏付けるのが、後藤象二郎の後年の談話（「故伯爵後藤象次郎君談話」）である。同談話によると、帰藩後の容堂は、武市らの勢いが強く、その行動が暴力的であることに、「憤懣《ふんまん》」のあまり、それまで耐えに耐えていたのが、耐えきれなくなり、ある日、後藤を呼んで「（武市等）壮士輩の処分を為すことを命じ」たという。そして、後藤がいったん断わったあと、文久政変後に再び容堂の激励を受けた際、今度は承諾し、武市らの処罰に踏み切ったとする。これも、容堂と武市らの関係が本来良好ではなかったとする有力な証言の一つとなろう（容堂が後藤に特に声をかけたのには、彼が吉田東洋の義理の甥にあたったことも関係したと思われる。すなわち、後藤の復讐心に期待をかけたのではなかろうか）。

かように、文久政変が発生する以前の山内容堂と武市瑞山ら土佐勤王党との関係については、相対立する見解がある。が、これは寺村左膳の見解の方に理があろう。なぜなら、『維新土佐勤王史』の見解では、文久政変前に生じた平井収二郎らの処罰が説明できないからである。やはり、容堂は京都の朝廷関係者（なかでも孝明天皇）の眼を強く意識して、反攘夷路線だと受けとられることを避けるために、先述したような諸々の理由の下、平井らの処罰以上の行為には出なかったと解釈すべきであろう。そして、こうした状況下にあった容堂に、勤王党員を排斥する公然たる口実を与えてくれたのが文久政変だったと受けとれる。

すなわち、政変の発生から約一ヵ月が経過した九月二十一日、城下に戒厳令が布かれ、翌々日にかけて、武市以下、島村衛吉《えきち》（武市の甥）や河野万寿弥《ますや》（のちの敏鎌《とがま》）・島本審次《しんじ》郎《ろう》・田内衛吉《たのうちえきち》（武市の実弟）・檜垣清治《ひがきせいじ》らの勤王党員が投獄の憂き目にあったのは、九月二十三日に藩主名で出された「諭告書」（『武市』一）中に「京師の御沙汰に依り、天朝に対し奉り、そのままに差し置きがたく、不審の者ども取り締まり申し付け候」とあったように、文久政変の発生によって弾圧を公然とおこなえる条件が整った結果であろう。そして、これに連動して、彼らの活動を援護していた小南五郎右衛門が大目付の職を解任された。

ごく少人数の処分にとどめる

もっとも、少々意外な気がするが、この段階に至っても、容堂は慎重であった。これ以上の弾圧には出なかったからである。「土佐藩庁達」（『武市』一）中に、今回の措置は、「御侍以下六・七輩勤事控・揚屋入御預り仰せ付けらる」とあったように、ごく少人数の処分にとどまった。ただ、むろんのことだが、リーダー格の武市らが南会所（政庁）と山田町の両獄に繫留《けいりゅう》されたことで土佐勤王党は潰滅的な打撃をうけることになる（その結果、土佐勤王党員が跋扈《ばっこ》する時代は終わりを告げ、党員のなかには脱藩を選ぶ者があいつぐことになった）。しかし、処刑される者はいまだ出なかった。武市らが処刑されるのは、禁門の変を経過したあとの慶応元年（一八六五）閏五月時点のことであった。案外、容堂は激情にかられることなく、異分子の排除には慎重に取り組んだのである。

容堂の密話

なお、この「勤王党の獄」との関連で、なんとも気になるのは、『伊達宗城在京日記』（以下、略して『宗城在京』とする）の元治元年（一八六四）一月十日の条である。同日記によると、この日の夕方、容堂を訪問した宗城は、容堂から「密話」を聴かされる。それは「去秋容堂住居、暴徒（武市）半平太の輩乱入致すべき企《くわだ》てこれ有る故、厳密に処置これ有り……危うき事也」というものであった。

これだけでは、何のことか少々判りかねるが、ここで参考になるのが、『佐佐木高行日記』の明治二年（一八六九）七月十三日の条である。ここには、「ある時、容堂公の御雑談」として、勤王党員の小畑孫二郎や河野敏鎌などが、「先年、……場合により、われわれをも殺しかねざるほどの暴論の者」だったとして、いま朝廷から彼らの仕官話がきているが、自分はそれに同意しかねる旨の容堂の発言が記されている。してみると、武市らの拘禁開始時に、土佐勤王党員による容堂邸の襲撃計画があり、容堂が危うく難を逃れた可能性がかなりの確率で想定しえる。したがって、計画が実行に移され、もし容堂に危害が及んでいれば、前代未聞の不祥事となったことだろう。

4　参預会議の開催

容堂への上洛要請

話が又々ほんの少しだが先に行きすぎた。若干、戻ることにしよう。文久政変直後の八月二十八日、容堂は鍋島直正・島津久光とともに、朝廷から上洛を命じられた。ついで、容堂のそう遠くはない段階での上洛が藩内に告げられたのは十月三日のことであった。この日、容堂の足痛他の「病症」が「少々快(復)」しているものの、いまだ「保護」を必要としていること、しかし「遠からず、御上京も遊ばさるべき」考えなので、準備に取りかかるようにとの命令が発せられる。そして、このあと、中川宮やすでに上洛していた島津久光・松平春嶽(久光は十月三日、春嶽は勅免を蒙《こうむ》り同十八日に上洛した。そして、このあと宗城が十一月三日に京都にやって来る)から、一日も早い上洛を求められると、いよいよ容堂の上洛が急がれることになる。

なかでも、最も大きな促進要因となったのは、十月上旬に中川宮および島津久光が容堂の上洛を促すために派遣した使者（高崎猪太郎）が京都から高知にやって来たことであった。

容堂が十月十三日付で伊達宗城に宛てて発した書簡（『山内』第三編下）によると、高崎は容堂に対し、中川宮と久光の考えを詳しく申し伝え、容堂の至急上洛を求めたという。この時の容堂の反応は、十月二十二日に高崎が春嶽に発した言葉（『続再夢』二）がすべてを語っている。当時、容堂は「最早《もはや》世を遁《のが》れ天下の事には関係せざる決心にて惣髪」となったこと、だが「其方（＝高崎）が天下のため尽力苦心するを見聞すれば実に感慨に堪へず、やはり御案思《あんじ》申し上るなり、此節《このせつ》足痛にて直ちに出京はなしがたけれど、おいおい平癒に至らば必ず出京すべし、いまその決心を示すべしとて、忽《たちま》ち月代《さかやき》を剃らせ」たという。体調不良下、サービス精神もあってか、容堂流のパフォーマンスが、お気に入りの高崎の前で突如展開されたのである。

しかし、この段階の容堂の体調は相当酷かったらしく、右の宗城宛の書簡中にも、「病床に臥《が》し、終日無聊《ぶりよう》（＝たいくつ）」「腰脚意のごとくならず」「病夫ただ涙有り」とあった。また、この頃に作られた容堂の漢詩には、「残軀なおいまだ南山に葬らず。……気力衰え……才また尽きんとす」といった、心身ともに衰弱の極みにあることを嘆くものが多い（『遺稿』）。したがって、深刻な体調不良自体は、まぎれもない事実であった。そのため、容堂は、翌十一月段階で「不快」を理由に自身の上洛を延引せざるをえないことを家臣の山田駿馬をもって久光に伝えさせることになる。だが、久光は、それにもかかわらず、土佐に帰国する山田に対し、容堂の上洛を求める考えを改めて「再三丁寧に申し述べ」、かつ容堂宛の書簡を持たせた（「島津久光日記」の十一月二十一日条）。ついで、ようやくにして容堂が土佐を出国し京都入りするのは、文久三年（一八六三）十二月末のことになる。

久光が容堂の上洛を促した理由

で、ここでなぜ久光がこれほどまでに容堂の上洛実現にこだわったのか、この問題に対する解答をひとまず書いておくことにしたい。久光が容堂の上洛を促した理由は、彼が文久三年の十月十九日夕方に、松平春嶽を訪ね、攘夷問題や対幕府関係などについて談じた際の発言（『続再夢』二）につきている。それは、①春嶽・容堂・宗城といった有志諸侯を京都に召集し、彼らに対し朝廷がこれからの国家（皇国）の方針はどうあるべきかを問い質し、ついで②有志諸侯の意見がまとまれば、それを孝明天皇の前で奏上し、天皇の考え（「叡慮」）をも伺ったうえで、最終的に国の方針を決定すべき以外に方途はないというものであった。

ここには、久光（薩摩側）の並々ならぬ覚悟が語られていよう。これよりほんの少し前に当たる「島津久光日記」の十月十五日の条に、将軍の上洛を促すために、大久保をこの日の朝、江戸に派遣したとあるので、この時点の久光に幕府を排除する考えがなかったことは明らかである。ただ、当時の久光は、いまだ将軍家への大政委任は至当だとしながらも、薩摩藩を筆頭とする有力藩が国政に参画するかたちでの公武合体を一段と志向するようになっていたことは事実だったので、京都で朝幕のトップおよび有力藩の実力者がうち揃って、虚心坦懐《たんかい》に話し合って「国是」すなわち国家の最高方針を確定しようと決断したことが、容堂の上洛を強く促すことにつながったと解せよう。そして、おそらく、この時点の久光（薩摩側）には過激な攘夷論を吐く者を押さえつけて、実質的にはこの国を開国体制に移行させようとの目論見が隠されていたことと想像される。

これは、当時の世界情勢を考えれば、きわめて「正論」だったと評せる。急進的攘夷主義者の主張するような路線を採択すれば、全面的な対外戦争を招きかねず、それにつれて、皇国（日本国）の崩壊そのものが十分に予想されたからである。また久光には、直近の七月段階で発生したイギリスとの地元鹿児島での戦争（薩英戦争）で、相手が難敵で攘夷などとうていできないことを肌身で感じさせられた生々しい体験があった（そのため、このあと藩士を横浜に派遣し、講和を結ぶことになる）。いずれにせよ、皇国の崩壊を防ぐためには有志諸侯が結束して孝明天皇に鎖国攘夷が不可能な世界の現状を伝え、皇国のありようを根本から変えねばならないとする久光（薩摩側）の主張はまさしく「正論」そのものであった。そして、そのためにも、彼が仲間になりうると考えた有志諸侯の上洛実現が急がれ、その筆頭が容堂と宗城だったのである（久光は、容堂が宗城に対して上洛するように働きかけることを強く望み、このことを高崎に申し含めた）。

さらに加筆すると、どうやら久光（薩摩藩）は、チャンスがあれば、有志諸侯を議奏の内に加えたいと望んだらしい。これは、朝廷上層部が何事も決められず、そのため事態を打開できない現状（「公卿方の優柔不断、実に云ふべからず、すでに決したる事も容易に実施せられず」）を打破しようと考えての提案であった。すなわち、議奏は天皇に近侍するポストだったので、これが実現すれば、天皇へ直接自分たちの考えを伝えることも可能であった（文久三年の十一月五日に、薩摩側から越前・宇和島側に提出された書面中に盛られた構想〔『山内』第三編下〕）。

慶喜と三侯の話し合い

さて、こうしたなか、容堂を除く三侯が十一月三日までに京都に揃い、ついで一橋慶喜が十一月二十六日に上洛してくる。あとは十一月五日になって、ようやく発表された将軍の上洛を待つばかりとなった。この段階で、慶喜と三侯らを交えた会議が慶喜の旅宿である東本願寺で開催された。十二月一日のことであった。

議題として取り上げられたのは、長州藩問題と横浜鎖港問題であった。前者は、文久政変で京都を追放された長州藩が、京都での復権を願って京坂地域に派遣した家老の井原《いばら》主計《かずえ》の上洛を認めるかどうか、それといま一つ井原が持参した釈明のための書類（「奉勅始末」）を受け取るべきか否かの問題であった。そして、この問題に関しては、久光以下の諸侯と慶喜はともに拒否することで一致した。論争が生じたのは、後者の問題であったが、この点に関しては、のちほど改めて取り上げることにしたい。

ついで、十二月五日にもやはり慶喜の宿舎に、春嶽・宗城・それに京都守護職の松平容保が集合（欠席した久光に代わって家老の小松帯刀が出席）し、会談がおこなわれた。そして、この日、事実上、主役としての役割をはたしたのは小松であった。彼は、久光（薩摩側）の考えとして、公家がとにかく優柔不断で朝議で決まったこともなかなか実行に移されないので、この際、慶喜の他に有志諸侯をも議奏の内に加えるように朝廷関係者に薩摩藩が働きかけたいと提案した。すなわち、「諸侯が正式に朝議に出席するという構想」（佐々木『幕末政治と薩摩藩』）の表明であった。いうまでもなく、これが参預会議発足の契機となった。そして、この薩摩側の提案には、「朝議に有力諸侯が参加しない限り、朝議の改革、ひいては朝廷改革が進まないという考え」（同前）が隠されていたとされる。

慶喜と久光（薩摩側）の深刻な対立

ついで、薩摩側の周旋がなされた結果、十二月晦日になって、ようやく慶喜・容保・春嶽・宗城・容堂（前日に京都入りした）の五人が朝議の「相談」にあずかることが朝廷によって命じられる。そして、無位無官だったため、朝議の席に列なることのできなかった久光にも官位が与えられ、翌文久四年（元治元年〔一八六四〕）の一月十三日になって同様の命が下る。ここに、彼ら六人の武家は、新しく関白に就任した二条斉敬《なりゆき》（左大臣兼任）・右大臣の徳大寺《とくだいじ》公純《きんいと》・内大臣の近衛忠房や中川宮らと、小御所で開催される会議に参加することになる（また、二条城で開催される幕議にも参加した）。

これが俗にいう参預会議の発足であったが、この会議は、やがて崩壊に追いこまれる。最大の要因となったのは一橋慶喜と久光（薩摩側）の対立であった。両者の関係は当初は良好であった。久光日記の文久三年十二月一日の条には、この日、東本願寺で開催された会合では、「一橋卿至極《しごく》打ち解け談判これ有り、よき都合とあい見え候」とあった。そして慶喜は、翌文久四年の一月七日には、久光を参預に加えようとの「献言」をもなした。が、まもなく、両者は深刻な対立状況に陥る。そういう状況をもたらしたのは、横浜鎖港

島津久光（国立国会図書館蔵）

問題と宸翰問題であった。すなわち両者は、幕府が欧米諸国とすでに結んだ通商条約は破《は》毀《き》できない以上容認せざるをえない（したがって横浜鎖港はもはや不可能だ）とする久光（薩摩側）と、せめて横浜一港だけでも閉ざすことで天皇の攘夷意思に応えようとした慶喜との間で激論を闘わす関係になった。そして、これに宸翰（勅諭。天皇の手紙）問題が絡んだことで、両者の対立は救いようのないものとなる。

慶喜が抱いた宸翰への違和感

事の発端は、一月七日に久光が中川宮と近衛忠熙（二代前の関白であった）に対し、将軍が上洛（前年の十二月二十四日に、将軍が二十七日に江戸を出発することが大目付へ通達された）したら、玉座の下に将軍と諸大名を召し、天皇が丁寧に将軍に「諭告」し、さらに文久政変のような事態を招いたことをおのれの罪だと反省する内実の宸翰を下す必要性を訴え、薩摩側からその手に成る宸翰の草稿が提出されたことによった（『玉里』三）。そして、このあと、一月十五日に上洛した将軍の家茂が、一月二十一日と二十七日に参内すると、薩摩側が作成した文案をほぼそのまま採用した宸翰が将軍に下ることになる。

一月二十一日と二十七日の宸翰では大きな違いが見られた。まずその一は前者では天皇と将軍（プラス松平容保・松平春嶽・山内容堂・伊達宗城・島津久光の五名）の関係が親子のそれにたとえられ、両者の親睦いかんが天下挽回の成否に関わるとされていたのに対し、後者では諸大名一般（「大小名」）も「皆朕《ちん》が赤子也」とされた。つまり諸大名全員が等しく天皇の子供とされ、かつその宸翰を参内した諸大名が拝見することを許した。すなわち、天皇の御前に公家と武家（将軍・大名）が等しく一堂に会して、誓いを新たにする形式が初めて採られたのである。そして、これは、「慶応四年（一八六八）三月一四日の五箇条誓文の誓約儀式につながる」（久住前掲書）ものであった。

その二は、一月二十七日の宸翰では、それまでの天皇の強気な姿勢とは打って変わって、えらく弱気な天皇の気持ちが表明されたことである。天皇は、この宸翰において、平和な時代が長く続いてきたため、妄《みだ》りに対外戦を起こせば、「かえって国家不測の禍《わざわい》に陥らんことを恐る」と、自分の不安を率直に告げた。さらに、そのうえ、「われの……砲艦は、（欧米諸国の）砲艦に比すれば（格段にレベルが落ちるので）国威を海外に顕わすに足らず」とも告げた。二度にわたって将軍に下された宸翰の内容、および将軍のみならず諸大名にも宸翰の拝見を許すといった行為は、久光（薩摩側）のプランに明らかにそったものであった。したがって、ここまでは、久光（薩摩側）の思惑通りにことが運んだと見てよい。しかし、察知力も頭脳もともに鋭利だった慶喜がやがて真相を探り出すことになる。きっかけは、どうやら二十七日に下された宸翰に違和感を覚えたことによったらしい。

すなわち、二十七日の宸翰で表明された孝明天皇の攘夷実行への不安は、「無謀」の攘夷は好まないとしながらも、ひたすら攘夷の実行を求めるようになっていた天皇のそれまでのありようと著しく矛盾したため、慶喜はおかしいと感じたようである。そして探索に努めた結果、宸翰が薩摩藩関係者の手に成ることが知れたという事の次第であった。

瓦解

慶喜が真相をさぐりだしたのは二月半ばまでの時点だったとされる（青山忠正『明治維新』）。真相とは、より具体的に記せば、薩摩藩から宸翰の草稿が高崎猪太郎によって中川宮に届けられ、その後、ほぼそのままのかたちで、宸翰が二十一日と二十七日に出されたということであった。ここに、慶喜は、事態をこのまま放っておけば、天皇（朝廷）が中川宮を介して久光（薩摩側）に取りこまれ、政局の動向が彼らの意のままになりかねないと、参預諸侯のなかでも、とくに久光への警戒を強めていくことになる（原口清「参預考」）。そして、慶喜は、横浜鎖港によって攘夷の即行を求める孝明天皇となんとかギリギリ折り合おうとしていただけに、この問題には、ことさら神経を尖らさざるをえなかった。

とにもかくにも、薩摩の政治工作の結果、宸翰が作成された事実を知った慶喜は、久光および中川宮に対する不信感を募《つの》らせることになる。ついで、このことが、後述する二月十六日の中川宮邸での暴言に直結するとともに、三月に入ると、率先して参預を辞することを表明し、事実上、久光らが後に続くことを促すことにつながった（拙著『徳川慶喜〔人物叢書〕』）。この慶喜の作戦が功を奏し、このあと事態は一気に瓦解の方向に向かって走り出す。そして最終的に久光は朝議参預を辞退し、大久保らを伴って鹿児島に帰ることになる（四月十八日に京都を出発）。ついで、二日後の四月二十日、参内した将軍の家茂に対し、大政（政務）が再び委任された（『孝明天皇紀』五）。

さらに、若干書き足すと、このあと将軍に下された宸翰が偽勅であるとの風評が流れ、薩摩藩と中川宮に対する反発をいっそう招くとともに、長州復権に向けての動きを加速させる。

その一方で、それまでの江戸に代わって、京都がすっかり政治的首都の様相を呈するようになった中央政局は、中川宮と関白の二条斉敬、それに彼らと強く結びついた一会桑勢《いっかいそう》力（将軍後見職を辞し新たに禁裏御守衛総督摂海防禦指揮職に就任した一橋慶喜、藩主の松平容保が京都守護職を務めた会津藩、同じく藩主の松平定敬《さだあき》が京都所司代となった桑名藩の三者によって構成される。この三者は、孝明天皇の深い信頼を得て、京都政界を牛耳る存在となったが、中核をなしたのは、慶喜の政治力と会津藩の軍事・警察力であった）の手に委ねられることになる。

参預職を固辞する容堂

さて、参預会議の解体後まで一気に筆を進めたが、この間、容堂はどうしていたか。つづいて、この点を明らかにしたい。体調不良にもかかわらず、上洛せざるをえなかった容堂だったが、彼は上洛直後の十二月晦日に命じられた朝議への参預を徹頭徹尾辞退しつづけた。理由は「不才と病気」であった。前者の「不才」は明らかに謙遜だったが、後者の「病気」の柱をなす足痛・腰痛・胸痛（容堂の持病の一つはリウマチであった）は、京都入りして以来、参内もできないほどだったので、仮病に属するものではなかったとみなせる。

ただ容堂の至らなかったのは、たとえ耐えがたいほどの体調不良だったにせよ、宿舎を一歩も出ないで養生に努めるといった対応が採れなかったことである。彼は宿舎から時に出て鴨川べりや東山あたりをブラブラすることもあったらしい。そのため、中山忠能がその日記の一月十六日の条に、「（容堂は旧年末に上洛したにもかかわらず）足痛（を）申し立て、いまだ参内せず候。他所へはたびたび行き向き候。見込み如何か分かり難く候」と記すことになる。また一月二十六日の条にも、容堂が「他行候へども参内はいまだ仕らず候」とあった。

この間、一月十八日に、容堂は春嶽や宗城らとともに二条城に登り、将軍に謁しているので、確かに、中山忠能ならずとも、容堂のこのような行動には首をかしげざるをえない。しかし、こうしたところが、容堂なる人物の特質であった。識見は高邁《こうまい》で思慮も遠大なのに、いわゆる世間的な常識が欠落した始末に困るところが少なからず彼にはあった。それはおき、容堂が自身の朝議への参預を固辞しつづけたのには、いま一つ、将軍が上洛してきた以上、将軍が責任をもって政務を担当した方が大政委任の原則から言って妥当だと考えたことも関係したようである（この点を考えるうえで参考になるのが、『甲子雑録』一に収載されている記事である。ここに、容堂が「痔疾甚敷《はなはだしき》」ことを理由に参預職の辞退を申し上げた時に、「関東江御委任の上は、私式参与などに及ばざる事」と容堂が発言したとある）。

しぶしぶ同意

が、しかし、容堂を欠く参預会議では先が甚だ案じられたので、容堂の就職が強く望まれた。とくに熱心だったのは、島津久光以外では僚友の松平春嶽であった。彼は容堂の説得に努めたものの色よい返辞がもらえなかったため、次善策として、自分たちが「(容堂)宅に行き申し談じなば、御用向きの御指し支えにはならざるべし」との理屈をあみ出し、なんとか容堂の承認を得ようとした（『山内』第三編下）。さらに、二条関白からは、時々の参内でも構わないなどといった、これ以上ないほどの緩《ゆる》い条件が示されたため、ようやく、元治元年の一月十二日に容堂の同意が得られる。もっとも、それは、翌十三日付で春嶽に宛てて送られた容堂の書簡中に、「やむをえず、まず御請け仕り候。閉口のみ」とあったように、しぶしぶ同意したものであった（同前）。したがって、このような有様だったので、当初から参預としての容堂には多くが期待しえなかった。現に、容堂は、一月二十日に訪ねて来た宗城と久光に対して、はやくも「近日中、御暇の願書」を出すつもりであると告げた（『宗城在京』）。

ところで、ようやくにして実現をみた容堂の朝議への参預であったが、これが不思議なことに朝議の正式メンバーに選ばれたにもかかわらず、容堂はどうやら参内を一度もしなかったようである（佐々木『幕末政治と薩摩藩』）。参預諸侯が参内した会議日には、天皇が御簾《みす》の内から聴取することもあったが、それにもかかわらずである。堅苦しさを嫌ったことも一因かと思われる。が、参内してきた参預諸侯に対して、事前に下問する議題が提示されていたため、参預諸侯は、前もって話し合いの場を持たねばならなかった。また武家側の意見を調整し合意をみておく必要もあって、二条城での会合がもたれた（同前）。これは、参預諸侯が二条城に登城して、一橋慶喜や老中らと話し合うものであったが、こちらの方には、熱心とはいえないまでも、気楽さも手伝ってか、いまだ参加したようである。

こうして、京都の地で、参預会議が始まったが、結局、先述したような事情で会議は短時日の内に崩壊に追いやられた。

むろん、崩壊するにいたった要因は、慶喜と久光（薩摩側）両者の深刻な対立に胚胎《はいたい》したが、容堂の言動も会議が崩壊するうえで情けないことに一因となった。それは容堂と久光（薩摩側）との対立状況の発生というかたちにおいてであった。すなわち、会議の主要課題となった長州藩問題や横浜鎖港問題に加え、宸翰問題も関係したためか、容堂は、上洛後、久光（薩摩側）への嫌悪感を次第に強く感じだしたようである。このことが史料面で、うっすらとだが窺われるのが、土佐藩士樋口真吉の日記（「遣倦録」）の文久四年一月二十六日の条である。

ここには、この日の夜に京都から到着した飛脚がもたらした情報の一つとして「三郎殿」久光と「老公」容堂の「御説合わざると云」との記事が含まれた。もっとも、これだけでは、はたしてほんとうに両人の見解が違うのかどうか、またその「説」の違いが、いかなる点にあったのかといったことは解らない。ただこの箇所のすぐ後に「公卿衆の説に土佐公は大勇也と云」とあるのが参考になる。当時の公家はたいがい攘夷主義者だったので、容堂の「大勇」とは攘夷論に理解のある発言（横浜鎖港の支持など）を指そう。事実、一月二十一日付伊達宗城宛容堂書簡では、宗城は「開国長面公」、自身は「鎖港生」と記されているので、これはほぼ間違いない。

政事総裁職と激論

それ故、攘夷（横浜鎖港）問題をめぐって、参預会議中に、容堂と久光が激論を闘わせた可能性は十分にある。いうまでもなく、せめて横浜一港だけでも鎖港することで天皇の顔を立て、公武合体体制の維持を図る（併せて人心を和《やわ》らげる）べきだとする容堂と、それは現今の世界情勢に鑑《かんが》みて不可だとする久光の激突であった。

それはともかく、久光の容堂に対する好感情を大きく損なう出来事がまもなく発生する。このことを直接的に伝えるのが島津久光の「日記」である。「日記」を見ると、一月の八・十四・十五・二十日に、久光は主として容堂の旅館で春嶽や宗城らと会合しているが、この段階では容堂は「容堂殿」と敬称を付されている。ところが、一月二十四日段階になると俄然《がぜん》、様相が一変する。この日、容堂は春嶽を同伴して二条城に登城し、春嶽に代わって前年の十月に政事総裁職のポストに就いた川越（前橋）藩主の松平直克らと長州藩の処置をめぐる問題などを談じたが、この席で酒気を帯びた容堂が直克と「激論」におよび、席を蹴って一人だけ退座するという異常事態が発生する（これをうけて島津久光の、この日の日記に、「土は暴言はきちらし先に退出、以《もっ》ての外《ほか》の義に御座候事」と記されることになる）。

勝手気ままな振る舞い

そして容堂は、よほど胸《むな》くそが悪くなったのか、翌一月二十五日付で春嶽・久光・宗城の三者に宛てて書簡を送り、今日は「養生」のために東山に行き、「名妓を集め」て酌《しゃく》をさせ酔いたいこと、これは「昨日の閣老（の）顔を忘れ」るためのものであること、したがって、今日は登城しない（参預としての職務をはたさない）ことを伝えた。洵《まこと》に悪い意味で「余人の追随を許さない」勝手気ままな振る舞いであった。もっとも、この日、容堂の吐いた暴論が、では具体的にはどのような内実のものであったかは判然としない。当時、いまだ二十代半ばの青年であった直克は、横浜鎖港論者だったので、常識的に判断すれば、この問題をめぐる「激論」だったとは考えにくい。したがって、おそらく長州問題をめぐる激突だったと思われる。あるいは、慶喜が政事総裁職らに謀らずに独断で事を決することが多かったため、慶喜と直克両人の間柄が良くなかった（『続再夢』二）らしいので、ひょっとすると、容堂は慶喜寄りの立場から政事総裁職と激論を闘わせた可能性もある。

それはそれとして、この日の容堂の言動は、誰の眼から見ても常軌を逸していたので批判されても仕方がないものだった。が、彼の主張が無茶苦茶なものであったかといえば、そうでもなかったらしい。当日、やはり同席していた伊達宗城の日記中に、「容堂酒気を帯び、総裁始めと応対に及び、言尤（最）激烈、所論至当也」とあるからである。すなわち宗城は、容堂が酒気を帯びて激烈な発言をしたことを記したあと、その論が「至当」つまり道理に適っていると認めた。これによると容堂は酷く酔ってはいたものの、宗城からすれば、それなりの「正論」を吐いたということになる。

しかし、久光はそうは受け止めなかった。彼は、翌日、慶喜と春嶽の両名から二条城に来るように求められたが、それを断わった。「日記」によると、「昨日の一条、予において不平の義これ有る故、断」わったのである。つまり、一月二十四日の容堂の言動の何かが、久光をえらく怒らせ、登城辞退という結果を招来したと考えられる。そして、このあと、しばらく容堂に「殿」といった敬称が付けられることはなかった。

島津久光と激論

つづいて、一月二十八日に今度は容堂と久光両者の間で激論が展開されることになる。『続再夢紀事』二一の同日の条には、二条城で長州藩処分問題を討議したあと、慶喜の宿舎に春嶽・容堂・宗城・久光の四名が連れ立って移り、ひきつづき、この問題について話し合った際、容堂と久光の意見が対立して激論が交わされたとの記述がある。すなわち、容堂が将軍の家茂が江戸に帰り、長州藩主父子（毛利敬親と定広）を同地に呼び出して処置することを主張したのに対し、久光がそれに反対の意見を唱えたという。家茂は江戸に帰らず、滞京したまま、すぐに「征討軍」を出発させるか、長州藩主父子を大坂に呼び出すか、どちらか一方に決定せよというのが久光の主張であった。

そして両人は、このあと「互いに激論に及ばれしが、閣老は甚だ当惑の体なりし」といった光景が見られ、結局、「此の激論の為め、いづれの方にも一決するに至ら」ず、あとは「酒宴のみ」にて一日が終わったとある。

ところで、四日前の言動では、酒乱気味のなか、いまだ宗城からは、その論が「至当」だとの評価を得た容堂だったが、この日は総スカンを食うことになる。たとえば、宗城なども、この日に発せられた容堂の対長州処分案が「独異」すなわち誰の支持も寄せられなかったことを指摘している（『宗城在京』）。また、容堂の畏友であった春嶽にしても、一月二十九日付で一橋慶喜に向けて発した書簡（『続再夢』二）において、「容堂大喝一声而已《みの》、其余、酒計《ばかり》にて更に何の裨益《ひえき》（有益であること）もこれ無し、実に恐悚《きょうしょう》（恐れすくむ）少なからず（と）存じ奉り候」と容堂を痛烈に批判した。さすがの春嶽も愛想《あいそ》をつかしたのである。

さらに、この書簡において、春嶽から慶喜に対して、容堂を除外して会議をおこなうべきだとの提言がなされるに至る。そうでなければ「大事去り申すべし」というのが、理由であった。容堂は、盟友の春嶽にすら、とうとう見限《みかぎ》られたのである。ここに参預会議における容堂の存在は事実上消滅したといってよい。

宸翰の公布に反対

ついで、このあと容堂と久光両者の論争を、いわば引き継ぐかたちで、慶喜と久光（もしくは慶喜と久光・春嶽・宗城三者）との対立抗争が発生することになるが、容堂とは直接かかわらないので、できるだけ簡潔に記すことにしたい。だが、その前に、容堂の名誉回復を図るべく、彼が非常識な反面、いかに頭脳明晰で物事の本質がよく見える炯眼《けいがん》（鋭い眼力）の持ち主であったかを証明するに足るエピソードを紹介しておきたい。

一月二十一日と二十七日に将軍に対して宸翰がだされたのを受けて、宸翰を広く諸侯に公表するか否かの問題が浮上してくる。とくに一月二十七日の宸翰では、将軍のみならず小大名までもが天皇の子供だとされ、将軍に随従して参内した諸大名も同日拝見した。そのため、この際、天皇の考えがよく示されている宸翰と将軍の請書《うけしょ》を各藩に公布する方が、政局の運営にも好都合だと幕府関係者が判断した結果の浮上だったと思われる。

この問題が話し合われたのは、二月二日、二条城においてであったが、参預諸侯や政事総裁職・老中が同意するなか、ひとり一橋慶喜が反対した。そして、当日欠席した容堂は、翌日に、親（心）友の春嶽から、宸翰の写しとともに、会議の様相を知らされると、一日熟慮して、翌四日春嶽に使者を送り、宸翰の公布を不可とする自分の意見を伝えた。

そして、この提言にただちに同意した春嶽は、二条城に登って幕閣にこの旨を進言し、閣老をはじめ大小監察の大いなる賛同を得て、いったん布告が延期されることになる。

春嶽を介して幕閣に伝えられた延期理由は、「此勅諭中、藤原（三条）実美云々幷《ならび》に暴臣必罰等の文字あり。されば此勅書広く伝播《でんぱ》する事となりなば、長（州）の君臣は如何なる感情を惹起《じゃっき》すべきか、必らず必死の境域に陥るなるべし。さては容易ならざる次第なれば、軽々しく布告せらるべきにあらず」（『続再夢』一）というものであった。すなわち、宸翰には、三条や長州藩の「暴臣」が軽率に攘夷令を布告したり、妄《みだ》りに討幕行動に踏み切ろうとしたことを批判する文言が記されていたが、容堂はこれを読んだ長州藩士らが猛反発するだろうと恐れたのである。真に冷静な意見で、不必要な対立を招かないように気を配った常識的な意見であったと評してよかろう（なお、容堂の進言にもかかわらず、宸翰に対して将軍が請書を提出せざるをえなかったこと等との関係もあってか、一月二十七日の宸翰と、それに対する将軍の請書〔二月十四日に将軍が参内して提出〕が二月中・下旬段階で布告されることになった）。

一橋慶喜の失態

さて、このような経緯をへたあとの二月十六日に、慶喜があたかも前月になされた容堂の酔劇の再演かと思わせる失態を演じることになる。この日、中川宮邸に集合したのは、慶喜の他は、春嶽・宗城・久光の三者であった。そして、三者ならびに中川宮に対し、「大いに酩酊《めいてい》」した慶喜は、「頗《すこぶ》る過激の議論に及」ぶことになる（『続再夢』二）。この時、慶喜の口から発せられた「酔余のあまりの暴言」と評された「暴言」とは直接的には横浜鎖港問題をめぐって、中川宮と島津久光および薩摩藩プラス伊達宗城・松平春嶽の両者を猛烈に批判したものであった。そして、これには、天皇が出御して開かれた前日の朝議の席での対立が深く関わった。すなわち、天皇から、せめて横浜一港だけでも急速に閉すことを督促された慶喜は、横浜鎖港を激烈に主張し、久光以下の三侯と対立した。そして、このことに宸翰問題が絡んだ。慶喜は、中川宮と久光（薩摩藩）が結託して、自分たちの思う方向に政局を引っ張っていこうとしている（そして、これに宗城と春嶽の両者が歩調を合わせている）との反感を隠せなくなっていた。それがこの日、爆発したのである。

この日、初めから戦闘モードにあった慶喜の攻撃の矛先《ほこさき》は、まず中川宮へ向けられた。慶喜は、「天下重大の事件」を「輙《たやす》く陪臣風情《ふぜい》の者（＝薩摩藩士）へ御語り遊ばされ候」ような関係を築いているから「異同」が生じるのだと宮を批判した。つづいて慶喜の批判は、薩摩藩の批判へ波及する。「畢竟薩人の奸計、天下の知る所、宮御一人御信用、御欺《あざむか》れ成さられ候ゆへ、此くのごとき大異同を引き出し申し候事に付、屹度《きっと》御心得これ有るべし」というのが慶喜の口上であった。そして、酒が入り、より冗舌となった慶喜は、前日の議論をこの場でも蒸し返し、横浜鎖港だけはぜひやりとげるとの書付《かきつけ》を明日朝廷に提出すると、宮らに宣告して退出することになる（ついで後日、横浜鎖港を成功させよとの勅書が下り、受諾する旨の将軍の奉答書が提出される）。

なお、この日の慶喜は、福井藩士の力を借りなければ、宿舎に帰れないほどの泥酔ぶりだった。ついで大興奮状態で帰邸した慶喜は、「今日は大愉快、千載（＝一千年）の痛快とも申すべし。積日の痛憤、一時に快発、尹宮（＝中川宮）の大壅蔽《ようへい》（ふさぎおおうこと）、三奸の大狡計（を）一言に打ち壊わし、痛快このうえ無し」と御満悦《ごまんえつ》だった。そして、さらに側近の原市之進《いちのしん》らに対し、「痛飲せよと、御手酌にて」酒を勧め、ともに「劇飲」したという（二月十八日付で水戸の同志に宛てて送られた原市之進の書簡中に見られる言葉〔『徳川慶喜公伝（史料篇）』二〕）。

慶喜の脅し文句

慶喜が「痛快」だとしたものの一つに、この日、彼が宮に対し、「偽り」を「仰せ」られれば、「恐れ入り候得共、御一命頂戴、私も屠腹《とふく》の決心にて、疎刀用意仕り候」と宣告した発言が含まれる。若く元気のいい青年だった慶喜は、時にこのような脅しを貴人に対してもなす男であった（のち慶応元年〔一八六五〕の十月に、宮中で条約勅許を求めた際も、同様の脅し文句を貴人一同に向かって吐いた)。ちなみに、こうした激しやすかった点が、これまた不思議なことに、容堂との共通点であった。容堂に関しては癇性《かんしょう》(神経過敏で激しやすく、かつ病的にきれい好きな性質)だったことが指摘されるが、とにかく両者とも怒りが頂点に達すると、相手を激しく追いつめるに足る言葉がすんなりと飛び出るタイプであった。

そして、このようなことも関係してか、両人は年齢はかなり離れていた(容堂が十歳年上)にもかかわらず、互いに他人には解らない親近感を抱かせることになる。とくに慶喜にはそのように言えた。しかし、事態がここまでに至った以上、もはや会議の存続は不可能となった。酔いから醒めた慶喜は、後日、中川宮に家臣をもって詫《わ》びを入れ、同人の了解を得るが、三侯との距離はすっかり離れた。そのため、事態を憂慮した春嶽が高崎猪太郎を招き、慶喜と久光(薩摩側)両者の関係修復にむけての斡旋を彼に依頼することになる。春嶽は、慶喜が薩摩側のなすことを悉《ことごと》く疑いの眼でみ、その結果、久光がいったん帰国して、「今後の形勢」を観望しようとする動きをみせたことに大いなる危惧《きぐ》の念を覚え、高崎への依頼をなしたのである(『続再夢』二)。

いうまでもなく、事態をこのまま放置すれば、旧一橋党に属した有志諸侯の国政への参画という彼らの長年の希望がついえ去るのは確実であった(なお、薩摩藩内随一の策謀家であった大久保利通が、慶喜に自分と同じ策謀家の臭いをかぎとり、慶喜との対立を深めたのは、この時点のことであった)。すなわち大久保は、三月十八日、宗城を訪問し、慶喜が将軍後見職の座から降り、新たなポストである禁裏御守衛総督に就こうとしている(慶喜は、この月、自ら希望して、江戸幕府の役職には含まれない新設のポストに就いた)のは、参預諸侯を京都から追い払ったうえで、「主上(=天皇)」を「擁」して「天下に号令」をなそうと考えているのだと、その「密策・不臣の謀計」を厳しく批判した(『宗城在京』)。

さらに、慶喜の「暴言」で注目しなければならないのは、彼が中川宮に向かって、「暴論序《ついで》に今一つ暴論申し上ぐべし」と断ったうえで、「此三人(=春嶽・宗城・久光)は天下の大愚物、天下の大奸物に御座候」と痛罵《つうば》したことである。しかも、これだけに止まらず、失言を重ねた。「過日の宸翰にも、三人の愚物を子の如く思し召し候旨、御認《したた》め遊ばされ候処、恐れながら右様御目がね違ひも宮より御申し上げ方宜しからざるゆへの儀にこれ有るべし、以来屹度《きっと》御心得これあるべし」。

慶喜の批判の枠外に置かれた容堂

これはむろん、直接的には中川宮への批判であったが、「宸翰」の二文字が慶喜の口から発せられた以上、間接的には天皇批判の言葉ともなった。慶喜は臣下として許されざる批判をしたのである。そして、容堂との関係で、ここでさらに補足しなければならないのは、容堂が四侯のなかでただ一人批判の対象に含まれてはいないことである。もちろん、このことには容堂が当日列席していなかったからだとの理由づけ（解釈）も可能となろう。だが、宸翰にまつわる慶喜の批判でも、容堂の名前だけが省かれていたことに、この際、注目する必要があろう。一月二十一日に出された宸翰では、将軍の家茂に対し、既述したように、松平容保以下、久光・春嶽・宗城・容堂の五人が、特別の存在なので、これら五人と協力しあうようにとの指示が天皇から将軍に対してなされた。

したがって、当然、慶喜の発した「天下の大愚物」「天下の大奸物」のなかに、容堂が含まれても、いっこうにおかしくはなかった。このことは何を物語るか。容堂がかねてから慶喜寄りの考え方の持ち主であった（現に、両者は横浜鎖港論で一致していた）ことに加え、当時、久光（薩摩側）に対して、ともに不信感を抱き出していたらしいという史実を念頭におけば、やはり慶喜は容堂が同席していたとしても、その名を口にすることはなかったと思われる。そして、これは容堂が佐幕家であったからだといった従来からよく提示される画一的（支配的）な見解（ステレオタイプ的な理解の仕方）と結びつける必要はなかろう。

従来の幕末史においては、一般的な歴史叙述として、久光・春嶽・宗城・容堂の四人は、いわゆる四侯（四賢侯）として一括《ひとくく》りにされることが多い（この点は、のちに改めて取り上げる）が、容堂は、少なくとも、この時点では慶喜の批判の枠外に置かれたのである。いや、それどころか、孤立感をより一層深めた慶喜は、容堂ただ一人を信頼するようにすらなりつつあったともいえる。このことは、慶応三年（一八六七）十月段階で、容堂の建白を慶喜が受け入れて、政権返上をおこなったこととの関連で、大いに着目しておきたい。

久光（薩摩側）に対する嫌悪感

そうしたことはさておき、当時の容堂も、一橋慶喜ほどではないにせよ、久光（薩摩側）のありように生理的ともいえるレベルでの嫌悪感を抱くようになってきていたらしい。このことを知りうる材料がわずかだが残されている。例えば、三月十九日付で、国元に送られた在京熊本藩士の探索書（『国事史料』巻四）には、「容堂公、近日島津（＝久光）と御中（仲か）合、御宜《よろ》しからず」とある。つまり、容堂と久光の関係が良くないとの記述である。さらに、いかにも容堂らしい率直な発言が記されているものもある。容堂は二月十日に武家伝奏に病気を理由とした帰国願いを提出する。ついで二月二十日、帰藩を再度朝廷に願い出る。この頃に収集された情報中には、「私は最早《もはや》在京いやに御座候。三郎（＝島津久光）式厄介人の下江付き候謂《いわれ》これ無く、私は致仕《ちし》（＝官職を辞すること）はすれ共、土州の某也と、云度事《いいたきこと》云散し帰られ候由」（『甲子雑録』一）とあるのがそれである。

帰国の途につく

例によって、容堂がこの通りの発言を実際になしたかどうかを問えない発言である。しかし、前掲の容堂と久光の「説」が合わないといった情報などとも重ね合わせると、現に、このような発言が実際にあったとしても、なんら不思議ではない。それに、話は横にすこしそれるが、容堂はちょうど十歳年上にあたった久光とは、考え方も気質も本来的に合わなかった。そして、これには久光があまり酒が飲めず（飲んだとしても、ごく親しい相手としか酔談をなすことはなかった）、真面目一方の寡黙《かもく》な堅物《かたぶつ》で、容堂にとって親しみのもてる人物ではまったくなかったことが大いに関係したようである。彼らの場合は、「両人対酌すれば花開く」ことには、まったくもってならなかったのである。いってみれば、漢字の書体で対比させると、久光が楷書オンリーであったのに対し、容堂は楷書はむろんのこと、行書・草書なんでもござれ、という融通無碍《ゆうづうむげ》な人物であった。つまり、世間的にいう面白味に欠ける保守主義者の久光と、正反対ともいえる容堂の両者であった。これでは、両人が気持ちよく、穏やかに付き合えるはずは、当初からなかったといわざるをえない。

それはおき、容堂は、このあと朝廷の許可を得て二月二十八日に帰国の途につくことになる（三月四日、高知着）。彼の京都滞在は、結果として二ヵ月に満たない短いものとなったのである。そして、この容堂の帰国に対して、中山忠能などは、その日記の二月十四日の条に、「先日より（容堂が）頻《しき》りに帰国願い候由、なんのため上京致し候か、惣《すべ》て不審の至りに候」と記した。また容堂が今日帰国したと知らされた武市は、三月四日付で姉と妻に宛てた書簡（『武市』二）中に、「御隠居様の御帰りはいかなるわけにて御帰りぞ、合点《がてん》ゆかず」と記した。確かに、客観的に見て、今回の容堂の上洛は、彼がいったい何をしたかったのかまったく読み取れない不思議な京都での滞在となった。いかに病気によって気力がそがれていたとはいえ（熊本藩関係者が幕臣から聞き取った情報〔『国事史料』巻四〕では、「容堂公帰国は、……実病にてはこれ有るまじ、まったく不平よりの事か」とみなされたが、病気だったことは間違いない）、尋常ではないやる気のなさであった。なげやりな態度であった。

容堂が京都に上る途上で詠んだ漢詩（『遺稿』）には、風の寒さから身を守るために、舟中で飲酒したものの酔えないので、伏見に至るまでに「五斗（一升の五十倍）」の酒を飲んだとある（信じがたい酒量だが、「斗酒《としゅ》なお辞せず」といった言葉が存在し、かつ彼がみずから称した号の一つに「五斗先生」があるので、まんざら嘘ではなかったかもしれない）。さらに、『甲子雑録』一に収録された「正月廿一日出京便撮要」には、「腰に大瓢（大きな瓢箪で作った酒器）」をぶらさげた容堂が、参預諸侯が集会した日、着座するやいなや、「出席の諸太夫」に「大瓢を渡し」て酌《しゃく》をさせ、そのあと冷《ひ》やのままで「茶碗」にそそいだ酒を「四、五」杯、飲みほしたので、列席した参預諸侯が、「ただあきれて見おられ候由」とあった。いずれも、上洛前から上洛時にかけての容堂が、極度の酒浸り状態にあったらしいことを伝えるものである。これでは、中山忠能や武市瑞山が大いに不審がったのも真に無理がなかった。そして、これは明らかに容堂にとって、その生涯における最大の負の経歴となった。

とともに、彼が幕末史における主役になれるチャンスをみすみす手離した最初のケースとなったといってよい。もし、彼が対立を深めた慶喜サイドと久光サイドの間に立って、どうしたら両者を合意させられるのか、解決の道をさぐり、その結果、参預会議の分裂を回避し、併せて有志諸侯の国政参加要求を朝幕の双方に受け入れさせ、話し合いの場を制度として確立しえていたら、幕末史に燦然《さんぜん》と輝く功績と認められたことであろう。現に、当初、久光や春嶽が容堂に期待したのは、こうした役割（舞台廻し役）をはたすことだったろう。だが、容堂は、そうした公議に基づく国政運営の開始を手助けするという彼に求められた周旋役をはたしえなかった。それどころか、正反対の役割をはたして京都を去ることになったのである。

第五章　土佐勤王党の弾圧

1　「禁門の変」前夜

中央政局との関係を断つ

参預会議の失敗は、かように、朝廷・幕府・雄藩の三者とも、上層部の政治的力量が乏しいことを改めて白日の下にさらけ出すことで終わった。久光以下が朝議と幕議の双方に関わるようになったこの機会に、朝廷と幕府双方のトップと有志諸侯が国政全般に関わる問題を真剣に討議し、国家の最高方針を決定したうえで実行に移す体制が、この時点で確立される可能性もあったが、あえなく消滅した。そして参預会議の開催に最も期待をかけたのが久光（薩摩側）であった分、失望感も大きかった。彼らは、以後、中央政局から遠ざかり、薩南の地にあって、一藩規模での富国強兵策に取り組むことになった。

また、彼らをそのような状況に追いやる一因となったのが、天皇の久光（薩摩側）に寄せる信頼が低下したことであった。すなわち、慶喜や容堂との論争で、久光があたかも開国論者であるかのように強く孝明天皇に印象づけられ、その結果、天皇の信頼が久光から慶喜（および容堂）に転換する契機ともなった。そして、これに付随して、中川宮の慶喜への接近が一段と促されることにもなる（町田明広『島津久光＝幕末政治の焦点』）。このようななか、容堂は、いわばガタガタの状況で土佐に帰ってきた。

以後、容堂は、さすがに自分でも中途半端（いいかげん）なかたちで帰藩したことは認めざるをえなかったので、今後は中央の政治社会との関係を断つと心に決めたようである。そして、このことが、帰藩直後から、時に養生を名目とした子女を伴っての郊外への散策（ただし、あい変わらず、「瓢酒」を携えてのそれ）となった。併せて、魚釣りや詩作に精を出す風流な日々が始まった。そして、こうしたありようは、体調不良に相変わらず苦しめられつづけたこととともあいまって、慶応三年（一八六七）に再上洛をはたすまで、国に留まることにもつながった。

この間の中央政局の動向ならびに土佐藩全体および山内容堂個人の動向に関して言えるのは、次のようなことである。その第一は、容堂がいなくなった京都では、一会両者の存在感がいっそう増すとともに、両者への反発がこれまた一段と高まることである。前者の一橋慶喜に関していえば、自らの希望によって、元治元年（一八六四）三月二十五日に将軍後見職を免じられ、新設ポストである禁裏御守衛総督摂海防禦指揮職に就いた慶喜は、以後、朝臣としての彩《いろど》りを濃くし、横浜鎖港の実現に熱心に取り組む姿勢を示すことで、天皇以下、関白―中川宮―議奏―武家伝奏からなる朝廷上層部の信頼をより深めることになる（もっとも、こうした慶喜のありようは、「京都方」と目され、江戸の幕府首脳の反感を招くことにつながった）。

一方、会津藩は、慶喜とはちがって、鋭意、幕府権益を守ることに努め、藩主の松平容保が元治元年の三月段階で死亡したとの噂をたてられるほど病弱だったこともあって、公用方に集う藩士を中心とする集団指導体制を否応なしに築くことになる。ついで会津藩は、四月十一日に容保の実弟である桑名藩主の松平定敬が京都所司代に任じられると、ともに協力しあう関係となる。そして、五月十六日に、将軍の徳川家茂が大坂を海路出発し、江戸に帰ったあとは、一橋家当主の慶喜には固有の軍事力がほとんどなかったこともあって、有力諸侯があいついで去ったあとの京都の治安を実質的にはほぼ一手で担当することになる。その結果、軍事面でも金銭面でも甚だ手薄であったこともあり、会津藩は、かなり粗雑（暴力的）な対応策を採用せざるをえなくなる。そしてこのことが同藩への格別の反発を招くことになった。

会津藩と土佐藩の対立

こうしたなか、元治元年の六月五日夜に発生したのが池田屋事件であった。京都守護職預りであった新選組による攘夷派志士の虐殺事件として、幕末史上でも名高いこの事件では、長州藩士をはじめとして、多くの犠牲者がでた。そして、土佐藩関係者もそのなかに含まれた。ついで、この直後、会津藩士と他藩士とのトラブルが京都市中であいつぐことになる。

その最たる一例が、六月十日に発生した土佐藩士と会津藩士とのトラブルであった。これは、前年の八月に京都を追い出された長州藩士および長州藩に同調する諸藩士や浪士らの京都入りの情報が頻繁に伝えられるなかで発生した。不審者の会合が東山の明保野亭《あけぼのてい》で開かれるとの情報に接した会津藩士の柴司《しばつかさ》が、新選組の隊士と同所に出動したところ、ある人物と乱闘になった。その時、柴が後ろから槍で突いた相手が、土佐藩の麻田時太郎《あさだときたろう》であった。麻田がかねてから会津藩や新選組に対して面白くない感情を有していたこと、池田屋で土佐人の石川潤次郎《じゅんじろう》らが殺害され、その後やはり土佐人の望月亀弥太《かめやた》と北添佶磨《きたぞえきつま》の両名が、それぞれ討死《うちじに》・殺害されたことが、事件の発生につながったのであろう。

そして、麻田の一件を知った在京土佐藩士の一部が明保野亭に駆けつけ、あわや大乱闘が発生しかねない事態となったが、ここは土佐藩家老の説得によって、ひとまずは収まる。しかし、土佐藩関係者の怒りは、その後も鎮まらず、容保一行が宿陣していた黒谷《くろだに》の金戒光明寺《こんかいこうみょうじ》や新選組の屯所が置かれていた壬生《みぶ》寺への乱入が計画されるに至る。ついで会津藩・土佐藩の双方ともこれ以上の対立を望まなかったため、麻田の責任をとっての自死、ついで柴のやはり自死というかたちで決着がつけられた。

勤王党党員への究問

他方、土佐藩内に眼を転じると、七人の藩士の屋敷を取り上げて元治元年の五月に新築された散田邸に居を構えた容堂の主導の下、五月下旬に至って、土佐勤王党員への究(尋)問が開始されたことが注目される。すなわち、同月二十三日に島村衛吉《えきち》が、つづいて二十六日に武市瑞山が、それぞれ呼び出され、究問をうけた。そして、翌月(六月)の十四日には岡田以蔵が京都より移送され、獄中に収容される。究問を担当する監察に起用されたのは、小笠原唯八・後藤象二郎・高屋友右衛門・麻田楠馬《くすま》・間忠蔵・寺村勝之進・板垣退助らであった(平尾道雄『土佐藩』)。小笠原や板垣など土佐勤王党員と同じ攘夷主義者(ただし士分であったため、勤王党に感情的に不快感を抱いていた点で違った。さらに板垣の場合は、目に掛けてくれていた吉田の暗殺に反感を抱いていた)も含まれていたことに注目しておきたい。

ところで、土佐勤王党員への究問は、五月下旬になって開始されたが、これは、この時点で究問の対象となる人物に関わる容疑の内実が、かなり明らかになった結果であった。すなわち、これより前の元治元年二月段階で、土佐勤王党員が関係したとされる、京都での「天誅」と称した殺害事件等についての詮議《せんぎ》が、関係者に命じられた(『目録』)。したがって、三ヵ月ほどかけて、裏付けとなる材料を、ある程度入手したうえで、五月下旬に至って究問が開始されたと見てよい。いずれにせよ、この一連の動向は、元治元年に入ってからまもなくして、土佐勤王党に対する容堂（藩庁）の対応が変わったことを意味した。

「ただただあきれ候」——武市瑞山の容堂批判

ついで、こうした変化に敏感に反応したのが、当然のことながら、藩内の尊王攘夷派であった。すなわち、六月十三日（「本山只一郎日記」〔『山内』第三編下〕では六月十四日）、大石弥《や》太郎《たろう》以下三十名ほどの「軽格ども」が南会所に出頭し、建白書を提出する（「官事餘録」〔『山内』第三編下〕）。そこには、尊王攘夷が藩の方針であるはずなのに、いまだ実効をみていないことへの強烈な不満がまずは記されていた。そして、そのうえで島村や武市らへの究問開始を「瑣々《ささ》の罪科」を取り締まるものだと批判し、かつ吉田東洋の暗殺犯をあえて見逃すなど「御寛大の御所置」が求められていた。

さらに、この建白書において目を止めねばならないのは、山内容堂に対する露骨な批判が表明されたことである。すなわち、容堂の朝議参預辞退を「御国事」に「御関わり遊ばされ候義」を辞退した「実に驚愕《きょうがく》に堪え」ないものだと痛烈に批判したのである。建白書の筆頭に名を列ねた大石弥太郎は郷士であった。したがって、藩機構の末端に位置した

「軽格ども」から、このような批判がなされたのは、前代未聞のことに属した。

また、究問が開始された当初の段階で妻に宛てて発せられたと思われる書簡（『武市』二）では、「なにぶん御隠居様にも、我等《われら》を御憎みのよふに思われ候」といったレベルに止まっていた武市の対容堂評は、その後、急速に厳しいものとなる。とくに大石らが建白書を提出した翌月に当たる七月中旬段階になると、武市の容堂批判はピークに達する。この時点で妻に宛てて送られた武市書簡（同前）中には、「おもひにたへぬ事は、御隠居様の御行跡《ぎょうせき》」だとして、天皇も悩み、かつ藩主も今度の上洛で苦労している（元治元年七月に上洛）なか、ノンビリと鰹漁などを楽しんでいる容堂を厳しく批判した。「いかなる思し召しぞと、ただただあきれ候」との文言が武市の心情を表わしている。じつは、これより前、容堂が土佐に帰って来た三月段階から同様の批判は妻や姉を相手になされていたが、この段階でよりエスカレートしたのである。

なぜ究問が突如始まったか

そうしたことはともかく、ここでどうしても検討しておかねばならないのは、なぜ元治元年に入ってからまもない段階で、土佐勤王党に対する藩の姿勢が大きく変わり、五月下旬に至って、究問が突如開始されたのかという問題である。このあと発生した「禁門の変」後だったらきわめて理解しやすい。だが、その約二ヵ月ほど前に、勤王党員への究問という名での実質的な弾圧が開始された。では、どうして、このような事態に至ったか。

最も素直に首肯《うなず》ける理由は、長州藩内や各地で、長州藩の復権や三条実美など脱走公卿の京都政界への復帰をめざす動きが顕著となっていたこととの関連であろう。そして、これに伴って、一会桑勢力寄りと見られた人物への露骨な脅迫（テロ）も実行に移された。その最たる具体例が、元治元年の四月十八日夜におこなわれた尊攘激派による中川宮股肱《ここう》の臣（宮家諸太夫）武田信発《のぶあき》邸急襲であった。この時、信発本人は難を逃れたものの、彼の母と家僕が惨殺の憂き目にあう。そして、事件の発生によって、宮は国事扶助の辞表を提出し、引っ込んでしまった。事態は長州藩の復権に有利な方向に行きかけたのである。

時をほぼ同じくして、土佐勤王党員への脱藩挙兵の呼びかけが本格的に始まった。たとえば、五月十一日、中岡慎太郎は、京都から書簡を在国の同志に送り、彼らが藩主一門らと大挙して上洛し、長州藩の救済活動等に参加すべきことを要請した。中岡は、以前は、武市と同様、脱藩挙兵に反対していたが、この時点で方針を転換したのである。当然、こうした要請があったことは、容堂などの耳にも届いたことであろう。そこで、このような藩を苦境に追い込みかねない芽を事前に摘み取ろうとしたのが、究問の開始であったと解せる。また、四月時点で、容堂が開国論の立場にたつ後藤象二郎の意見（開成館の建設や長崎貿易の推進、それに洋式汽船の購入などを求めるものであった）を受け入れ、開国路線に舵を切ったことも、大いに関係したであろう。すなわち、開国路線を採用する以上、攘夷論者の存在は好ましくはなかったからである。

藩人事の大幅な刷新

なお、先ほどの「軽格ども」の声がどこまで容堂の許に届いたかは不明だが、島村や武市らへの究問の開始と裏表の関係にあったのが、藩人事の刷新であった。六月十八日に、それまで藩政を主導していた奉行職の山内主馬《しゅめ》や深尾弘人・五藤内蔵助の職が解かれ、桐間将監がこれに代わる（深尾は小笠原唯八や板垣退助らの、延いては土佐勤王党の尊王攘夷論に理解を示していた人物であった）。ついで、六月二十五日には仕置役の寺田左右馬や側用役の寺村左膳、あるいは大目付の小八木五兵衛らが免職となる。そして、こうした人物に代わって、七月九日に福岡孝弟が側用役に、後藤象二郎と森権次《ごんじ》の両名と野中助継《すけつぐ》（太内《たない》）が、それぞれ大監察と小監察に任命され、七月二十日には神山郡廉が容堂公側用役に起用される。容堂の帰国後、数ヵ月内に藩要路は大幅に交代し、それにつれて土佐勤王党に対する藩の対応が厳しいものとなっていく（勤王党員への取り調べが格段に強化される）。

こうしたなか、藩主山内豊範が用意ができ次第上洛する旨が藩内に達せられた後の七月十七日、豊範の「親書」が藩士に示され、彼らが時勢に激して軽はずみな行動にでないように自制することが求められた(「纂録飯沼記」〔『山内』第三編下〕)。それは、元和年間(一六一五~二四)以来、日本の国体が「封建の治(体)と定」まったことを強調するものであった。つまり「封建の治(体)」とは、「天朝(=朝廷)の命、幕府に下り、幕府天下の大小諸侯を率ひ、令を四方に伝ふ」ものだとする、文字どおり大政委任の原則に立脚する方針の表明であり、江戸期の封建的支配体制を擁護するものに他ならなかった。また併せて、藩内の階層秩序を維持する必要が訴えられた。いずれも、その点では、きわめて保守的な内実のものであった。そして、これは藩主名で出されたものだったが、むろん容堂の考えにもとづくものであった。

七月段階になって打ち出された土佐藩の新方針はきわめて大事なので、いま一度、簡単に重要な点を整理しておきたい。新方針の核をなしたのは二点であった。第一点は、「大政委任の原則」厳守にもとづく現状の維持をあくまでもめざすことであった。したがって、朝廷に政権を返すという「王政復古」は建前面でも否定された。

第二点は封建的身分秩序の遵守《じゅんしゅ》が藩内に呼びかけられたことである。すなわち、「一国中われら(=藩主)以下家老諸士軽格庶民に至るまで、それぞれ等級順序これ有り、あえて僭越《せんえつ》すべきにあらず」とされた。キー・ワードは「僭越」である。自分の身分や地位をこえて出過ぎたことをするのを意味する「僭越」こそ、山内容堂がなによりも嫌ったことであった。彼は、藩士層が「分」をわきまえずに「でしゃばる」ことを嫌悪した点で典型的な封建支配者の一員であった。そして、このことが土佐勤王党への弾圧につながった。さらに、このあと、まもなく明らかになるように、薩摩藩士のなかでも、大久保利通を、殊の外、忌み嫌うようになる「源」はこの点に存した。

2 長州藩の敗北

戦闘開始

いまだ幾分か遠慮気味だった土佐勤王党に対する藩の対応を露骨な弾圧レベルにまで一気に引き上げる契機となったのが、元治元年(一八六四)七月十九日に発生した「禁門の変」であった。この直前にあたる七月三日に、京都の緊迫した状況を告げる使者が高知に着いた。使者がもたらしたのは、長州藩サイドの「二千人計《ばか》り」が、伏見や八幡・山崎あたりに押しかけて、自分たちの要求を強引に通そうとしているとの情報だった(「本山只一郎日記」〔『山内』第三編下〕)。ついで、戦闘が始まり、長州側が敗北し、藩主父子が家老に授けた軍令状が発見されたことで、七月二十三日に長州藩主の追討を命じる勅諚が下る。そして、七月二十五日夜に、「禁門の変」に関する情報（「京報」）が容堂の許にもたらされる。それは、「長（州）藩の士および浪士と会（津）藩の戦也。彦（根）藩等会（津）の加勢をなす」というものであった（「遺倦録」）。

この短い文言は、「禁門の変」を在京の土佐藩首脳（ひいては諸藩一般）がどのように見ていたかを、簡潔に伝えるものであった。前年に発生した「文久政変」以前の体制に戻すべく、上洛してきた多数の長州藩士および浪士らが戦略として採ったのが、敵を会津藩に絞るというものであった。そして、これがものの見事に功を奏して、会津藩は次第に孤立的状況に追いこまれる。このような前提があって発生した戦争だったため、いま挙げたような文言となったのである。

一橋慶喜の奮闘

ところで、「禁門の変」において、獅子《しし》奮迅《ふんじん》とでもいってよい活躍をみせたのは、六月下旬時点の朝議で、対応を一手に任されたものの、ギリギリまで長州藩に対して温情的な態度を持していた一橋慶喜であった。が、いよいよ戦闘が始まると、彼は京都守護職の松平容保が体調不良で十分な指揮が執れないこともあって、ひときわ機敏な動きを見せた。

すなわち、ただちに参内して、天皇の無事を確認すると、同じく参内してきた松平容保と京都所司代の松平定敬の両人をその場に残し、自らは再び門外に出て指揮をとった。その一つが長州寄りの関白であった鷹司輔熙の邸に集合した長州藩士および浪士を会津藩大砲隊に命じて邸ごと焼き払う作戦の指揮であった。したがって、このあと京都市中の大半が焼亡するという大火の一因は、河原町に在った自藩邸に火を放った在京長州藩士らとともに、間違いなく、この慶喜の決断にあった。

とにかく、この日から数日間の、禁裏御守衛総督としての慶喜の活躍はめざましく、軍事指揮者としての能力の高さと冷静な判断力が際立っていることを、周りに見せつけることになった。そして、この後、慶喜は、江戸の幕府首脳からの指示を待つことなく、独自の判断で、諸藩に対し、長州征討のため、出兵の準備に取り掛かることを命じた。結果、その迅速な対応ぶりによって、孝明天皇以下、朝廷上層部の信頼をより深く勝ち取ることに成功する。また、それまで長州藩への対応の違いなどによって、ぎくしゃくとなりがちであった慶喜と容保（会津藩）の関係が急速に修復されることになる。

ついで、こうしたことを受けて、「禁門の変」後、顕著となるのが、慶喜のみならず、会桑両藩をもふくむ一会桑勢力への朝廷（天皇）のより一層の依存であった。反面、このことによって、文久期に入ってからめだつようになる、諸大名や藩士の臨機参内、宮中仮《かり》建《だて》での用談という新たに出現した現象は激減した（久住前掲書）。

他方、会津藩兵の守護する御所の門（蛤御門）に向かって発砲するかたちとなったため、「朝敵」の烙印を押された長州藩に対しては、七月晦日、朝廷から西海・南海・山陽・山陰の四道に属した二十数藩に対して、長州藩の征討が命じられる。ついで、これを受けて土佐藩をふくむ諸藩が征討の即時実行を強く主張することになる。すなわち、在京中の諸藩の代表は、将軍がただちに進発し、傷ついた天皇の心を慰めると同時に、明らかな「朝敵」行為を犯した長州藩内の攘夷即行派を処罰することで、朝幕間の融和関係の復活をはかるべきだと幕府サイドに訴えたのである。

土佐藩のずるい対応

じつは、土佐藩は、「禁門の変」において、ずるい対応を採った。土佐藩には前年の五月二十日に発生した姉小路公知の暗殺直後から御所諸門の内、清和院門の守衛が命じられていた（正式に命じられるのは、八月下旬）。そして、「禁門の変」が勃発する直前の七月十七日には、薩摩・久留米の両藩とともに、長州藩兵を京都から追放する必要性を朝廷に奏請した。だが、戦闘が発生しても敵（長州藩兵）と交戦することはなかった。禁裏御門を守衛しなければならないとの大義名分の下、戦闘には加わらなかった。それ故、八月三日になされた戦功をあげた藩を賞する対象とはならなかった。けだし、当然のことであった。しかし、長州藩サイドが明確なかたちで敗北し、征討を命じる朝命が出ると、再び強硬論に転じた。それが、こうした主張に連帯することにつながった。そして、他藩と声を合わせて征長総督に前尾張藩主の徳川慶勝が一日も早く就任することを求めた。すなわち、元治元年の十月七日、薩摩・肥後・土佐・久留米等の諸藩士が、会津藩の手代木《てしろぎ》直右衛門《すぐえもん》に集合した際、なかなか征長総督への就任を承諾しそうにはない慶勝の有様に対して苦情を同席の尾張藩士に告げることになる。

長州征討を急ぐことを訴える

では、次に、容堂が、遠く土佐の地にあって、新事態にどのように対処しようとしたのかという問題を取り上げることにしたい。「禁門の変」後の容堂に関して目につくのは、在京諸藩の代表と同じく、将軍の家茂が速やかに上洛し、そのあと先頭に立って長州藩の征討を急ぐことを幕府サイドに訴えたことである。これは、できるだけ早く行動を起こさねば、軍事行動にとって最大の障壁となる冬期に入り、また長州側の防備体制が築かれるとしたことによった。

だが、容堂や在京諸藩の代表たちの願いも虚しく、江戸の幕府首脳は状況判断を大きく見誤った。「禁門の変」に幕府がいっさい関わらなかったにもかかわらず、これで反幕府勢力の力が大きく削がれ、幕府サイドが政治の主導権を回復したとの誤った判断を下すことになる。そのため、幕府首脳は、朝廷ならびに有力藩の意見（要請）はたやすく受け入れないとの姿勢を示すべく、将軍の進発を見送った。そして、すったもんだした挙句《あげく》に、禁門の変後の八月に尾張藩の元藩主であった徳川慶勝に命じた征長総督を引き受けさせ、この人物に対応を全面的に任せることになる。ついで、広く知られているように、慶勝は参謀に起用した西郷隆盛の解決策を受け入れ、妥協的な措置をやがて講じた。つまり、長州側と一戦も交えることなく、三人の長州藩家老に自刃《じじん》というかたちで責任を取らせることで平和裡に事態を収束させた。そして、これに対し、容堂は、一戦もせずに事態を鎮静化しようとした征長総督の措置を理解しがたいとして反発を強めることになる。

なお、この点に関しては一橋慶喜も同様であった。彼もまた「総督の英気いたって薄く」云々と、元治元年十二月十二日付で親しい間柄であった熊本藩の長岡良之助（細川護《もり》美《よし》。藩主の弟）に宛てた書簡（『国事史料』巻五）中に記したように、露骨に徳川慶勝の措置を非難した。そして、どうやら慶喜は、このあと翌元治二年（一八六五、四月に慶応元年に改元）二月頃の時点で、京都守護職の松平容保が将軍の進発を促すべく江戸に向かおうとした際、容堂と長岡良之助の両名をもって、容保を助けるために、江戸へ行かせようと画策したようである（『朝彦親王日記』一）。慶喜にとって、容堂は、ほんとうに頼りがいのある人物となっていたのである。

究問に熱を入れ出した容堂

もっとも、対長州問題は、いわば藩外のことだったので、容堂にとっては、それほど身につまされることではなかった。国元に引っ込んだ彼にとって、やはりなんといっても重要だったのは、藩内問題であった。

そういう点でいえば、目をひくのは、土佐勤王党員に対する弾圧（投獄と究問を柱とする）により熱が入ることである。容堂はまず八月九日に南会所（政庁）に出向いたが、この直後の十一日に町奉行の板垣退助に大目付の兼任が命じられるとともに、森田金三郎・村田忠三郎《ちゅうざぶろう》・岡本次郎・久松喜代馬《きよま》が獄に投じられることになる。これには、もちろん朝廷（天皇）と幕府（将軍）の双方に対して、明らかに長州寄りの姿勢をとっていた土佐勤王党員をなんらかのかたちで罰しなければならないという、のっぴきならない事情が伏在していた。しかし、容堂が究問に熱を入れ出したのは、どうやら、それだけの理由ではなかったらしい。そして、このことは、やがて鮮明になってくる。

俊姫を離別

その話に移る前に、まず順序として触れておかねばならないのは、藩主豊範の妻だった毛利家出身の俊姫を元治元年の八月二十二日に離別したことである。すなわち土佐藩は、朝幕双方への配慮から、俊姫を離別し、彼女を城外に在った家老職五藤内蔵助の留守屋敷を借り上げて、ここに住まわせた。こうして、ひとまず「朝敵」となった長州藩との縁を断った山内家（容堂）であったが、ひきつづき、九月に入ると、これより先、藩庁に建白書を提出したあと脱藩し、京都へ向かったものの、阿波藩によって囚われ送りかえされていた者を、藩体制の秩序を事実上否定したとして、一斉に処刑する行為に出る。九月五日、安芸郡の郷士ら二十三名を奈半利《なはり》の河原で斬ったのである。

彼らは、いずれも攘夷を主張し、併せて武市らの赦免を藩庁に建白書でもって願い出たあと、安芸郡の野根山に立てこもった者たちであった。そして全員、勤王党員もしくはその同調者であった大庄屋代や庄屋代・地下《じげ》医師といった非士分格の者だった（なお、後日談となるが、俊姫を離別し毛利家と縁家の関係を断った土佐藩は、その後、思わぬかたちで恩恵に浴することになる。すなわち、慶応二年〔一八六六〕の三月、第二次長州戦争の勃発を見据え、広島の地で、きたるべき戦争に備え陣頭指揮を執っていた〔家茂将軍から防長処置に関する全権を委任された〕老中の小笠原長行《ながみち》から、「長州とは外ならざる御縁家」であることを理由に、幕府サイドが戦いに勝利した後の長州藩人心の

武市半平太の自画像（高知県立歴史民俗資料館蔵）

慰撫《いぶ》に協力するように求められた際、毛利家から嫁にきた俊姫を離縁したことを強調して、この申し出を断わることになる。ただし、豊範と俊姫の両人は、明治元年〔一八六八〕十二月に再婚し、縁戚関係が復活する）。

南会所に臨む日が多くなった容堂

さて、こうした経緯をへたうえで、このあと（非士分格への大量処刑がなされた九月五日以降）容堂が南会所に臨む日が多くなる。容堂が南会所にたびたび顔を覗《のぞ》かせるようになったのは、これからは藩士の声を聴きたいので、意見のある者は同所に罷《まか》り出るようにとの通達が出されたことによった。しかし、目的はそれに止まらず、容堂にとっては、自身が究問の場に立ち会うことで本格的な取り調べを促そうとした面があったと思われる。

容堂が主として一人でもって南会所に出向くようになったのは、藩主の豊範が高知不在となったことによった。そして、豊範の不在中に土佐勤王党員に対する究問が本格化したのには、彼らに対して温和な態度を示していた豊範がいなくなったことも、大いに関係したと思われる。さらに、武市の認識では、容堂がとくに関心を払ったのは、武市への究問であった。同人への究問がなされる日には、容堂が南会所入りしたという（『武市』一）。

拷問

それはそれとして、藩主父子（なかでも容堂）が臨席したことで、時に採用されることになった取り調べの手法があった。拷問である。

拷問そのものは、豊範がいまだ在国中の九月中旬段階から本格化したようである。むろん、これは、八月に獄中に投じた村田・岡本・久松らがあいついで自白するなど、その効果が絶大だったことによった。武市が、九月二十七日付で親類の島村寿之助《じゅのすけ》に宛てた書簡（同前）中には、こうあった。拷問にはなかなか人は耐えがたいとの思いを伝え、自決用の毒薬を求める直前に記された文章である。「ただただ手を折り足を折り、死なん位に致し候。苦しまして言はする訳につき、これはとかくに真の豪傑にあらずては堪え候事は六つかしく（＝難しく）」。昔の西洋の拷問には、水を用いたものがあったという。「シーンとした部屋に、ポタポタという音が五秒ごとに聞こえると、囚人は……何でも自白した」とされる（ドナルド・キーン前掲書）。

こうした洗練された（？）手法と較べると、土佐藩のそれは、随分と古典的といえる野《や》暮《ぼ》ったいものだった。拷問の酷さを伝える具体例を一つだけ挙げる。被疑者の一人であった檜垣清治が獄中仲間に宛てた書簡（『武市』二）中には、次のような文言が見られる。「一昨（十一月）七日引きおろされ、昨日甚敷拷《はなはだしき》（問）に遭ふたり。老公（＝山内容堂）（が南会所へ）御入り故にか、殊に甚敷、……あまり甚敷に付、面目なくもふさぎ（＝気絶）申し候」。これは、容堂が指示したというよりも、容堂が見ていた（監視していた）ため、治獄吏が張り切り過ぎて生じた面もあろう。あるいは吉田東洋門下の後藤や福岡・野中らの究問には、『維新土佐勤王史』が指摘する、復讐心が隠れていないとまでは断言しえない。「故吉田門下の後藤・福岡等専《もっぱ》ら容堂の旨を奉ずると称し、（勢い）自ら勤王党に対して復讐的傾向に陥るを免れざりし（下略）」。

しかし、そうした側面があったにしても、その一方で、容堂の土佐勤王党員に対する憎しみの深さも感じられる。容堂には、拷問を加えることを認めるほど彼らに対する憎しみの情が大きかったということである。そして、こうした容堂の気持ちをうけて、獄囚に対する監察陣の究問は残忍なものとなる。結果、毒を仰いで自害する者（武市の実弟だった田内衛吉など）や拷問死する者（島村衛吉など）も出てくる。また岡田以蔵などは拷問によって「（武市）の差図《さしず》」を受けて本間精一郎らの殺害に及んだといったことを白状するに至る。

武市らの罪とされたもの

究問の結果、武市らの罪とされたのは、大まかにまとめれば、①同志盟約を結んだこと、②吉田東洋の暗殺を筆頭とする藩内外でのテロ行為に土佐勤王党員が多く関わったこと、③中川宮や三条実美への立場をわきまえない進言（三条に対しては、とくに討幕論を申し出たことが罪案の一つとされた）、④山内容堂を不快にさせた「非礼」な発言の数々であった（「瑞山の罪案」〔『武市』二〕）。

①は、盟約を結んだこと自体が「お上《かみ》」に対する反抗だとみなされた。また、土佐勤王党員のなかに脱落して攘夷運動に関わる者が多く出たことも同様の志向性の顕われと見られた。容堂の心情との関わりで最も重視されたのは、やはりなんといっても、②の吉田殺害の一件だろう。吉田の殺害は、彼にとって、「愛臣」を喪っただけでなく、吉田を喪ったことで、彼の望む改革がストップさせられた苦い思いと密接に結びついていたからである。そのため、吉田を殺害した犯人の特定と逮捕・処罰がめざされた。

究問の中心が吉田の一件であったことは、図らずも、慶応元年三月上旬段階で武市瑞山と島村衛吉の両名が親族に宛てた書簡（『武市』二）中に、「御尋ね申せしことは、（吉田の暗殺一件）而已《のみ》にあらず」として、土佐勤王党員が関わったとされた暗殺事件両件（大河原《おおがわら》重蔵《じゅうぞう》および井上佐市郎《さいちろう》の暗殺）を挙げていることで明らかである。井上佐市郎は、自分を見出してくれた吉田東洋の暗殺犯を執拗に追っていて返り討ちにあった人物だった。したがって、容堂らは、土佐勤王党員が関わったとされる、他のどのテロ行為よりも、吉田の一件を特別視し、真相の解明（犯人の特定）に意を注いだのである。

　なお、武市はすこぶる頭の良い男であった。彼は、郷士クラスの者（すなわち土佐勤王党員）が吉田への悪口をさかんに言いふらし、そのうえで、「（吉田）を殺さねば国は治まらん云々」と口にした点を野中らから衝かれた際、次のように応じた。それは、「もっぱら政治を私（物化）し、自ら奢《おごり》を極め、御国の御勝手は空《から》になった」といった式の吉田への批判（悪口）は「俗説」「風説」なので、藩政府へ吉田の暗殺計画をわざわざ知らせるようなことはしなかったというものであった。野中らは、こういったこと（情報の隠匿《いんとく》など）を問題視して、武市らを追いつめようとしたのだが、武市は軽くかわしたのである。また武市は、岡田以蔵が武市の「差図」をうけて本間らを殺害したと自白したことで苦境に立たされたが、それは岡田の「虚言」だとして相手にしなかった。

第六章　土佐藩の路線転換

1 武市らを処罰

幕府政治と鎖国体制の終焉

さて、ここで山内容堂にとってのみならず、土佐藩にとっても大きな転換期となった慶応元年（一八六五）から翌二年にかけての特色について、一章をついやして説明することにしたい。

いうまでもなく、この間は広く知られているように、日本国にとっても大転換期となった。幕府政治と鎖国体制が終焉を迎えるうえで画期となったからである。前者について記すと、長州藩サイドの抵抗（幕府に対して恭順する姿勢は崩さないものの、攻撃を受ければ断乎戦うとの方針を確立）にあって、やむなく戦争（第二次長州戦争）を仕掛けたものの敗れた幕府サイドは、その権威を決定的に失墜した。また後者について記すと、慶応元年の十月に、イギリス以下四ヵ国公使団による開国圧力を受けて、条約が勅許となる。つまり、かたちのうえで、鎖国体制がこの段階で崩壊した。

「実にひどいぢゃないか」

このような激動期に土佐藩内においても大きな動きが見られた。その一は、容堂が慶応元年閏五月時点で藩内における最大の異分子ともいうべき土佐勤王党の排除を完遂し、藩権力の掌握にかなりの程度成功したことである。前章の終わりに、「禁門の変」後、武市瑞山を含む土佐勤王党員に対する弾圧が、容堂の監視下、激しくなったことを詳述した。そして、この藩庁（容堂）による武市ら土佐勤王党員に対する取り調べは、慶応元年も五月段階に入ると、武市らへの死罪通知というかたちで終息に向かう。そして、これには、この月の十一日に、佐佐木高行が「吾《わが》藩勤王家の先輩にて、吾吾《われわれ》信用する人物なり」と評した平井善之丞が亡くなったことも、多少は関係したかもしれない。

それはともかく、この段階で武市も容堂との全面対決を辞さなくなる。このことを物語ったのが、慶応元年の四月十四日と十九日に、それぞれ姉や妻に対して送られた武市の書簡（『武市』二）であった。そこには、「今日は御隠居様の御入りもあり、誠に騒がしき事にて候」「今日も御隠居様御入り遊ばされ、日暮れ頃、御帰座にあい成り候」とあった。

武市への究問は、容堂の監視下、俄然《がぜん》、総仕上げの段階に入ったのである（これより前の三月二十八日、後藤から武市に対し、取り調べはもはや終了した、あとは判決を申し渡すだけだとの宣告がなされていた）。そして、容堂が南会所に臨んだ五月二十八日に武市に対して、近い内の刑の執行が予告される。これは、武市にすればでっちあげによる処罰であった。すなわち武市は、自分が極刑に処されるであろう理由を、中川宮への斡旋工作や三条実美らへの討幕論の吹聴《ふいちょう》など容堂を不快にさせた自分の言動に因るとみたが、彼にすれば、これらはいずれも身に覚えのないことであった。とくに武市が問題にしたのは、容堂との問答の内容であった。武市は島村寿太郎らに宛てた書簡（同前）において、この間の内情を次のように洩らした。「初めて江戸にて（容堂に）御目通りせし時、君臣の間に隔《へだた》りがありてはならず、何事にても存じ付きし事ごとは、何時にても申し出でよとの御意《ぎょい》故に、愚存の腹臓、時々言上したこと也。是をもって罪せらるる子細なし」。

先述したように、容堂の演技に引っかかって、思いのたけをぶちまけた武市は、その時の発言内容を罪に問われたのである。そうした経緯があったため、武市は異議を唱えることになる。これに対し、取り調べにあたった大目付の後藤らは、すべて容堂様が「御聞きが有て居る」とはねつけた。ところが、明白な罪状がないとして、どうにもこうにも納得できなかった武市は、さらに次のように怒りをぶつけることになった。「御隠居様にも（自分との会談の内容などを）書き附けて御いでの無きこと故、それぞれ覚えて御いではない。様々のことを云て居るとの御意と云云。此の事、実にひどいぢゃないか」（同前）。

武市の怒りに対しては、「御もっともだ」としか応えようがない。こうして武市は、閏五月十一日に切腹を命じられ、この世を去る。そして、併せて同月中に岡田以蔵や久松喜代馬・村田忠三郎・岡本次郎が斬られ、小南や檜垣清治・河野万寿弥（のちの敏謙《とがま》）・森田金三郎らが厳科に処せられた。武市にのみ切腹という、名誉の伴う、いわば自殺行為が許されたのは、リーダーとしての武市に対する容堂なりの厚遇だったとみなせる。なお、武市以下の処罰に関しては、二点ほど重要だと思えるものを指摘しておきたい。

　第一点は、彼らの処罰は、容堂のなかで、もはや大きな苦しみを伴うものではなかったことである。このことは、慶応元年閏五月十三日付で伊達宗城に宛てて送られた書簡（『武市』二。「容堂公遺文」）中に、「（小南・武市）輩、一昨日所置仕候……区々たる小国の所置、三、四年計《ばかり》月日を経候事、不断（＝決断の鈍いこと）の至り、足下に対し、赤面の外これ無く候」とあることで判る。同じく、六月八日付で松平春嶽に宛てた書簡中には、「弊藩、長州へ荷担《かたん》の者、先日悉く所置候」とあった。武市や小南らに対する処罰は、容堂にとって長州藩に加担した者に対する「所（処）置」のレベルに止まったのである。

少なかった犠牲者

　第二点は、「勤王党の獄」は、他藩に比べて決して大規模な弾圧とはならなかったことである。水戸・長州・薩摩藩では、周知のように、多人数を対象とした弾圧がくりかえされたが、土佐藩では小規模なものに止まった。いま挙げた伊達宗城宛の書簡中に、「小南は名字帯刀取り上げ子弟へ生涯預け、武市は政府において切腹、このほか斬首四人、牢舎七、八人、まず是にてあい済み申し候」と容堂が記したように、犠牲者の数は少なくて終わったのである。このことは案外気づかれないが特筆されて然るべきであろう。

このように、慶応元年閏五月時点で藩内最大の異分子の排除に成功した容堂だったが、これは長州藩に対する彼の低評価と深く結びついていた。たとえば、このことは、武市らを処罰した翌月にあたる六月二十日、かねてから交流はあったものの、それほど親しくはなかった熊本藩の長岡良之助（西郷隆盛が「君子」だと絶賛した人物であった）が、容堂に宛てた書簡を持たせて派遣した使者が高知に着いた後の彼の反応一つとっても言えた。長岡が容堂に宛てた書簡（「藍山公記」〔『山内』第四編〕）には、長州征討に反対する意見が記されていたが、容堂はこれを愚論とみなし、長岡の派遣した使者を馬鹿にしたのである。「長岡の使者差したる用事にてもこれ無く、人物も才不才強いて論ずるに足らざる者に御座候」（七月十一日付で宗城に宛てた書簡中に見られる文言）というのが、それであった。

容堂の長州嫌いの原点にあったもの

とにかく容堂の長州藩への評価は、ほぼ一貫して低かった。そして、これには、容堂が文久期以来、長州藩の突出行動を策を弄《ろう》したもので、彼が最も忌み嫌う内乱状況の到来を招くものだと嫌悪しつづけたことが大きく関わった。慶応元年頃に、容堂が作った漢詩のなかに、「説を聞くに赤間関の賊兵尚横行す。攘夷はその実にあらず。勤王その名を窃《ぬす》み、朝廷を駕馭《がぎょ》するに在り」というのがある。これは、①長州藩内には、いまだ朝幕双方へ抵抗する勢力が根を張っている。勤王は名目のみを「窃」む、つまり「ぬすむ。こっそりとってわがものとする」ものだ、②長州藩は攘夷を唱えてはいるが、それは実体ではない。③長州藩の本音は、朝廷を「駕馭」する（自分たちの思うとおりに操《あやつ》る）ことにあるとするものであった。

これは、慶応二年（一八六六）十月の時点で、長州藩の桂小五郎が越前藩士に対し、攘夷ができないことを承知していながら、これまで「尊攘（の）二字を主張」してきたのは「民心」を味方につけて「幕府を討」つための「策略」だと告げた（奈良前掲書）ことでも明らかなように、長州側の本音をつく指摘であった。容堂は長州藩の本質をよく見抜いていたといえよう。彼は、かように鋭い眼力の持ち主であった。

そして、容堂の長州嫌いの原点には、このような長州藩の名を勤王に借りた「策略」によって、民間の攘夷熱があおられ、結果として日本国が危機的状況に追いやられていると の強い不満があった。さらに、長州藩が表向き攘夷を主張しながら、裏では外国側と仲直りの相談をし、下関を事実上開港して密貿易をおこなっているとの強い不信感もあった。

そして、容堂は、長州藩に対する、このような悪感情を引き摺りながら生き、それが第二次長州戦争が勃発した時点でも、いまだ清算されることはなかった。そのため、長州藩の実力（軍事力と戦意・意気の双方）を見誤ることにもなった。すなわち、慶応二年六月十日付で伊達宗城に宛てた返信（『山内』第四・五編）中に、「長藩一心決死とは彼ら唱え候えども、その実は烏合《うごう》同断の様子、意外らち明き候哉、いまだ量るべからざる也」と見当違いのことが記されることになる。そして、こうした長州藩士民の抗戦意欲の高まりなどを見抜けなかった容堂のありようが、幕末最終段階において、土佐藩および容堂が主役の座に就けなかった要因の一つともなった。

藩主留守中の全権を委譲される

それはおき、慶応元年六月段階の容堂にとって重要な意味をもったのは、藩主の山内豊範から権力を一時的にせよ公然と委譲されたことである。豊範は、慶応元年六月二日に土佐を出国するにあたって、藩内の諸士に対して、自分の留守中、「公儀の御法度《はっと》ならびに御国御代々の御法令の趣等いよいよ守り奉る」こと、および「御留守中、諸事御隠居様へ御依頼仰せ上げられ候間、（自分と）御同様あい心得」るようにと申し渡した（「前野家記録」

〔『山内』第四編〕)。ここに容堂の藩内における権力は、よりいっそう確固たるものとなった。そして、このありようは、豊範が七月半ばに高知に帰着した後も受け継がれた。

もっとも、この申し渡しがなされる直前に、容堂はすでに全藩を統御し、自分の思う方向に藩を引っ張っていくべく、自派政権を支えるスタッフをあいついで任命していた。閏五月十七日に大目付の真辺栄三郎を容堂公側用役としたのを皮切《かわき》りに、閏五月二十五日には、側用役福岡孝弟を大目付に、寺村左膳をその後任とし、閏五月二十八日には大目付後藤象二郎を仕置役に昇任させた。

2　富国強兵策の採用

幕政批判の言辞

さて、こうして人事を刷新して、望ましい人材を周りに置いたうえで、藩主が留守中の全権を委譲された容堂は、以前から決意していた土佐藩の一藩規模での富国強兵策を強力に推進していくことになる。そして、これには山内容堂の時勢認識が大きく関わった。慶応期に入って以降の容堂に関して目につくことの一つに、幕府の弱体化をリアルに認識したうえでなされた幕政批判の言辞がある。これは、別の言葉で言い換えると、容堂が幕府をかなりの程度見限るようになったということである。容堂に関しては、しばしば筋金入りの佐幕家だとのレッテルが貼られがちだが、慶応期に入ってからの容堂に関しては、これは次第に当てはまらなくなる。

参勤交代の復旧と長州問題

容堂が幕政批判を始める直接のきっかけとなったのは、幕府による参勤交代制度の復旧と長州問題（なかでも後者）であった。いずれも先述した「禁門の変」後の江戸幕府首脳の勘違いにもとづく施策であった。すなわち幕府は、元治元年（一八六四）の九月一日、突如、参勤交代制度と大名妻子の江戸居住を旧に復すことを布告したが、この情報が土佐にもたらされると、容堂はさっそくやんわりと批判することになる。

元治元年の十月四日付で伊達宗城に宛てて発せられた書簡において、幕府が参勤交代等の制を旧に復したことを非難した容堂は、同じく宗城に宛てた十一月二十二日付の書簡等において、諸侯の妻子を以前のように江戸へ人質にとるような通達が出され、そのあと実行をしきりに「催促」されており、「ほとんど閉口」だと愚痴をこぼした。ついで翌元治二年（一八六五。四月に慶応に改元）一月二十三日付の松平春嶽宛の書簡において、「幕府の大政ことごとく復旧、足下の新令は水泡に属し候」と、文久期に参勤制度の改革に大いに努めた春嶽の尽力がすっかり無駄になったことを労《いたわ》った。

つづいて、容堂をして幕府を見限る方向に導く誘因となったのが、長州問題であった。容堂は、これまた先述したように、「禁門の変」後、朝敵となった長州藩を「神速」に征討するために、将軍の徳川家茂がすみやかに「進発」することを求めた。こうした立場にたった容堂にとって理解に苦しむことになったのが、曖昧模糊《あいまいもこ》とした条件で妥協した征長総督の徳川慶勝（徳川斉昭の血縁者で、早くから攘夷論を主張した彼は、長州藩に同情的であった。そのため、長州藩主父子の蟄居《ちっきょ》謹慎や三家老の首級提出および三条実美をはじめとする五卿を山口から筑前に遷すことなどを条件に、元治元年十二月二十七日、征長軍に対し、撤兵を指令することになった）の対応であった。すなわち容堂は、慶応元年一月二十三日付で松平春嶽に宛てた書簡中に、「長賊いまだ結局に至らず、督府はじめ帰陣、さらに合点《がてん》ゆかぬこと也、（毛利）大膳父子伏罪明白といえども、三条（実美）輩はじめ京師脱走の徒、自若《じじゃく》と長州に滞留の由に御座候」と征長総督の採った措置に対して失望感をあらわにした。

そして、本書簡において容堂は、このような対応がなされたことで、天下の綱紀が弛《ゆる》み、近い将来における有力諸侯の自立化がいっそう促されるであろうとの自分の予想を春嶽に伝えた。ついで、同様の感想は、自分と同じく、征長総督の対応を「因循姑息」で不可解だとした伊達宗城に対しても伝えられる。二月八日付と二月二十四日付で、それぞれ宗城に向けて発せられた書簡には、「幕府の光景、風中の雲のごとし。これより外（様）諸侯は我《わ》が儘《まま》次第、天下のため嘆ずべし」「長の所置は十万石削られ、（長州藩主）父子蟄《ちっ》居《きょ》、その他、別条これ無く、大江家の祭は相続仕るべく、諸侯はこのあと何をもって駕《が》馭《ぎょ》成さらるや、板倉再勤いまだその功を聞かず」とあった。

薩摩藩への深甚な関心

なんのことはない、容堂にすれば「朝敵」そのものである長州藩に対し、寛大に過ぎる処分方針が下ったことで、大名に対する将軍の威光が薄れ、その結果、諸藩が幕府を馬鹿にし、群雄割拠という戦国時代的状況が近く到来すると警告をならしたのである（そして、このこととの関連で、長州藩へ強硬な姿勢を示すのを控えた一橋慶喜に対しても、不満が発せられることになる）。

なお、宗城宛の二つの書簡には、幕府を取り囲む現状をいかにも嘆くかのような表現が見られるが、これは額面どおりには受けとれない。この頃から、容堂自身に、新しく落成した別荘での詩会・茶会を柱とする隠居生活を楽しむ一方で、幕府衰亡の兆しを見てとって、幕府統制下からの自立をあたかもめざすかのような動きが見られはじめるからである。その最たるものが一藩規模での富国強兵策の推進であった。そして参考（目標。お手本）とされたのが、この方面の先進藩であった。

なかでも容堂が注目したのは、肥前藩と薩摩藩であった。だが、肥前藩は、藩の実権を握る鍋島直正の確固たる方針の下、他藩に対して門戸を固く閉ざしたため、いきおい容堂の関心は、元治期以降、イギリスから軍艦を購入するなど、実質的には開国路線に転じ、富国強兵策に真剣に取り組んでいた薩摩藩に向けられることになる（直正は、土佐藩や長州藩等からの技術提携の申し入れや援助を断わった〔杉谷前掲書〕）。

ところで、当時の薩摩藩に関しては、幕府が発した長州藩主父子の江戸への召致令および参勤交代復旧令の撤回に奔走したり、長州再討の動きに先頭に立って反対したこともあって、武力倒幕の方向に舵《かじ》を切ったと見る向きもあった。たとえば、関白の二条斉敬や参議の中御門経之《なかみかどつねゆき》あたりは、討幕の「心底」のある薩摩藩要路は、目的を達成するために長州藩を提灯持ちに用いようと考えているのではと疑っていた（慶応元年閏五月十七日付中御門経之宛岩倉具視書簡〔『岩倉具視関係文書』三〕）。

薩摩藩の最高権力者だった島津久光は、文久期以来、常に国内対立の回避を志向して生きた。つまり、幕末最終段階に至るまで、一貫して武力倒幕路線とは距離を置いたので、これは言いがかりに近い憶測であった。ただ、慶応元年に入って以降の薩摩藩が、対幕強硬路線に大きく傾斜したことは間違いない。そして、これには、長州藩を征討したあと、幕府の次の標的が薩摩になるのではとの同藩の不安が大きく関わった。すなわち、薩摩藩の富国強兵路線の推進と割拠体制の構築には、この不安からくる危機感が大きく関わった(市村哲二「幕末の政局における薩摩藩家老の動向について」)。

こうした薩摩藩に対する疑念が渦巻くなか、容堂はあえて朝幕双方や諸藩サイドの嫌疑を招きかねないことも意に介さず、薩摩藩への関心を隠そうとはしなかった。それだけ、容堂の心中における幕府離れが進んだといってよい。容堂が同藩に対して、深甚な関心を抱き出したことは、慶応元年閏五月十三日付で伊達宗城に宛てて送られた前掲書簡中に、「芋、此節別して航海と富国の秘策を施し居り候。(五代《ごだい》)才助《さいすけ》も書生数十輩、同行にてロンドン行、此節著(着)し候時分の由、夷人内々承知、これ秘すべく候。足下は御存じと察し候」とあることで判明する(五代友厚《ともあつ》が、薩摩藩留学生の引率者としてイギリスにわたり、紡績機械や武器を購入したのは慶応元年に入ってからのことだったが、五代の存在は、当時とかくめだったので、容堂らはすぐに察知しえたのであろう)。

ついで、同年の七月三十日付でやはり伊達宗城に宛てて発せられた書簡(『山内』第四編)において、宇和島藩と土佐藩間における藩際交易(宇和島産の蠟燭《ろうそく》と土佐藩の樟脳《しょうのう》や紙・銅の交易)が望まれることになる。前年の十一月十日付で勝海舟に宛てて送られた横井小楠の書簡（『横井小楠遺稿』）によると、宇和島藩は、小藩ながらも、宗紀・宗城両者の指導よろしく、「実封十八万石位にて産物輸出の高、米穀を除き、四十五万両内外に至り、余程富貴」な状況下にあったという。してみると、蠟燭・樟脳・銅は、いずれも輸出向けの産物だったので、容堂はおそらく近い将来における対外交易の開始を視野に入れて、このような希望を宗城に対して表明したのであろう。

一方、軍事面に関しては、同年の十一月に、家老の山内包五郎《かねごろう》（深尾茂延）を総管とする銃隊が特設されたことが目につく。これは、土佐藩においても洋式火器（鉄砲）の優越性がようやく全藩規模で認められるようになった結果であり、いうまでもなく、土佐藩の強兵策の一環としてなされたものであった。

改革の阻止要因

もっとも、ある種、当然といえば当然の成り行きだったが、富国強兵策が推進されるにあたっては、藩内に大きな異論が生じた。これは、一つには深刻な財政窮乏が莫大な財政支出を伴う改革の阻止要因とならざるをえなかったことによった。「福岡家記録」（『山内』第四編）によると、文久三年（一八六三）の豊範・容堂両名の上洛時以降、文久政変や禁門の変の勃発などもあって、「何によらず莫大の御物入、御費用ほとんど三年金、その余の御借財、いよいよ増長致し、当時何をもって御償（い）の御見付けも在らせられず」という状況下に陥ったという。つまり、数年分の金銭の支出を一気に求められ、ニッチもサッチもいかなくなったのである。そのため、土佐藩は、慶応元年（一八六五）から五年間にわたる「非常の御省略」の実施を藩内に対して告げることを余儀なくされた。このような財政状況だったので、ことさら反対意見が強まったのである。さらに、そのうえ、何事においても新規の事業を嫌う、度しがたい守旧主義者の数もすこぶる多かった。

　こうした藩内状況を強引にその強面《こわもて》の一面でもって押さえつけ、むりやり富国強兵路線の方向でまとめあげたのが容堂であった。そして、このことを雄弁に語ったのが、慶応元年の七月五日に伊達宗城の許に届けられた容堂書簡（『山内』第五編）中の次の文面だった。「（富国強兵路線の柱となる）航海の事、家臣の内、大同小異、やや異論を生じ候者御座候処、先日小子、例の大声を発し、ついに議論一定に至り、船局を開き、年内に手を下し候にあい決し候」。

　これは、改革の柱ともいうべき航海局の創立に関わるものだったが、容堂は、この他、長年にわたって植林されてきたものの、「宝山」として伐られることのなかった杉山の伐採も、自らの「決断」でやりはじめた。そして、これによって「五十万金は出来申し候」と宗城に報じている（慶応元年七月十一日付書簡）。かように、土佐藩における富国強兵路線は、容堂の強引な判断と手法の下、推進されることになったのである。

開成館の設立

容堂主導による富国強兵策が一段と熱をもって推進されるようになるのは、慶応二年（一八六六）に入ってからのことであった。まず二月五日に開成館の新築が成る。もともとは吉田東洋の遺策だった開成館の建設計画は、東洋の志を継ぐ後藤象二郎によって改めて容堂に建策され受け入れられたものであった。そして慶応元年から建設が始められ、高知城東の九反田に新築が成ったその日から、航海および勧業貨殖等に関わる事務がここに移管されることになる。

「開物成務」の意味をもつ、この藩営の商館は、そもそもは民衆に商品生産を奨励し、それによって得られた多様な国産品を藩営専売でもって売り捌くことで土佐藩の富国化を実現しようとして設立されたものであった。そして、どうやら開成館が設立された当初から、国産品の買い上げは藩札をもっておこなわれたようである。したがって、開成館は、商品生産を藩が掌握し、そのうえ流通機構をも藩が直接的に支配するための機関だったと総括しうる（池田前掲論考）。

もちろん、当初からうまくいくはずはなかったが、構想そのものはすこぶるスケールの大きなものだった。すなわち、「館内に軍艦・貨殖・勧業・捕鯨・税課・鉱山・火薬・鋳造および原泉の諸局をおき、このほかに医局や訳局をそなえて西洋医学や洋学の研究にあてた」。なかでも、「軍艦局は汽船や洋型帆船を収容して航海の近代化をはかったもので、局内には機関科・航海科などを設けて乗組員を教育した」。そして如上の経緯からも明らかなように、「後藤象二郎がもっぱらその局にあた」った（平尾道雄『山内容堂』『土佐藩』）。ついで、これに伴い、二月十一日には、仕置役より西洋医学を修業したい者が募《つの》られ、三月に入ると、やはり仕置役より航海術を学びたいものが募集された。そして、五月になると、書を家老職以下に下して、これからは西洋式銃砲に準拠すべきことが告げられる。文字どおり、猛烈なスピードで富国強兵をめざす改革を推進することが藩内に周知徹底されたのである。

容堂の富国策

ところで、この点に関連してまず押さえておかねばならないのは、容堂が、藩内の諸士に対して、富国策を推進する必要性を直々に訴えたことである。そして、これには、慶応二年上四半期の時点で、いまだ攘夷主義者が藩内に多くいたという事情が大いに関係した。また、同年の四月に、海外渡航の禁が解かれ、大手をふって海外に進出する条件が整ったことも関係したと思われる。それはともかく、四月二十一日、容堂は諸士に対して、自分の方針（富国策採用の目的とその具体策の説明）を示諭した。もっとも、これより一ヵ月余前の三月十四日に、奉行職を通して、諸士に対し、これから勧業策を採用する方針が示されたが、反応がいま一つだったために、容堂直々の説明となったのであろう。

四月二十一日に表明された容堂の富国策は、堂々たるものであった。そして、その中身がどのようなものであったかは、容堂の言葉に集約されている。「富国強兵の事に依《より》て、先達て以来、開成館造営、もっぱら貨殖の道主張致し候も、ただ利のみ見候訳にてこれ無く、富国の基を開き、強兵の実を得んと欲す」。ついで容堂は、「衆に望む」として、とくに捕鯨業の発展に力を入れたいと協力を求めた。「わが南海捕鯨最大の利有りといえども、いまだその術《すべ》を尽くさず、此度《このたび》その術を拡ろげんため、洋中へ出船致たさせ、南海諸島へもあい通い、島民を雇ひ、その術を施こさせ候。自然外境《がいきょう》開拓の道にも及ぶべく（下略）」。

容堂が捕鯨業の振興に熱をあげたのは、おそらく太平洋上にたくさんいたマッコウクジラから取れる鯨油が、多大な利益をアメリカやイギリスにもたらしていることを知ったからであろう。すなわち、鯨油は、前々から、わが国では田畑に害をおよぼす虫を駆除するために使われていた（『中村平左衛門日記』第六巻）。こうしたことに加え、工場の潤滑油《じゅんかつゆ》（工業用油脂）や灯油として使用するだけでなく、蠟燭や石鹼の原料となるなど、多様な用途が見込める有望な商品であった（後藤敦史「洋上はるか彼方のニッポンへ」）。そして、彼が薩摩藩への接近を図ったのも、はるか南方の海域にまでその勢力が及んでいたことが関係したかもしれない。鯨を求めて、捕鯨海域を土佐近海から遠く南方へ拡大すれば、同藩の手助けを必要とする局面が生じかねないからである。

それはそれとして、右のようなことを記したうえで、容堂は、さらに、この土佐藩の富国策が、「わが一家の富強を謀るにあらず、すなわち皇国を保護するの道也。よくよく了知すべし」と強調した。容堂の真に秀れたところは、こうした点にあった。つまり、土佐藩の富国強兵策は、日本の国力を高めることで自ずと外国勢力の侵入を防ぐのを目的とするものだ（尊王のための富国強兵策の推進だ）と強調することで、土佐勤王党が敗退した後も藩内に依然として根強く存在した尊王攘夷派の同意を獲得しようとしたのである。しかし、いうまでもなく、容堂の構想は、かつて長井雅楽が唱えた「航海遠略策」の土佐版に他ならなかった。完全な開国論だった。

そうしたこともあって、攘夷派の反発は容易に収まらなかった。たとえば、攘夷派の一人であった大目付（大監察）の佐佐木高行などは、その日記中に、いきなり一方的に上からの指令というかたちで無理やり事業を開始するやり方を採ったため、開成館は「頗る民力を費し、その功なく、世挙《あげ》て安房《あほう》館と唱え候」と批判する意見書を藩に提出して、免職となった（さらに佐佐木は、捕鯨業に関しても、「その功なく」「いわゆる騒ぎ損とあい成り候」と痛烈に批判した）。現に、容堂ら藩トップは、開成館の建設費用や運営資金を、領民に国役普請として課したものの、応じる者はほとんどいなかった。佐佐木の言うとおり、領民の反発をいたずらに招いただけの「騒ぎ損」となった面が確かに色濃くあった。

容堂の下した決断とその実行に対しては、このような反発が寄せられたが、とにかく藩内に向かって、これからは交易と捕鯨業を基本に据えた富国強兵策を採ると宣言した容堂は、七月に仕置役の後藤象二郎を長崎へ派遣し、交易と強兵に役立てるための蒸気船（軍艦・商船）および武器弾薬等の購入に当たらせる（ついで後藤や中浜万次郎あるいは小目付の谷守《もり》部《べ》・前野悦次郎《えつじろう》らがあいついで長崎を経由して上海に渡り、海外情勢の探索にあたるとともに、同地で新造蒸気船を手に入れることになる。そして、蒸気船等の購入にあたっては、外国商人や長崎商人から多額の借財がなされた）。

幕府の先行きを見限る？

慶応二年に突入してからの容堂に関して、さらに注目すべきは、幕府の先行きを見限ったかのような言がよりめだつようになったことである。その最初のものとして挙げられるのは、慶応二年一月十二日付で伊達宗城に対して発せられた書簡（『山内』第五編）中に見られる言である。これは、その日付からも明らかなように、新年の挨拶を兼ねたものだったが、目につくのは、「長の御所置如何。此末《このすえ》（宗城が）今一際、徳川氏のため御尽力成され候や否、伺い奉りたし」の箇所である。すなわち、これは、よくよく考えれば、同じ外様大名の宗城に対して、今年も、これまでのように佐幕路線でいくのかどうかを問い質したものだといえる。ついで、四月二十四日と七月二十日付でやはり宗城に宛てた書簡では、幕府を軽視したかのような容堂の言が見られる。

とくに七月二十日付のそれでは、「群雄割拠の形勢となったら、貴方はどこから手をつける」かとの「いささか物騒」な問いかけがなされているのが目に留まる（山内豊秋「参考」〔『山内』第五編〕）。いくら親しいとはいえ、この段階になると、親藩を代表する春嶽に対しては、「遠慮」もあって心底を見せられなくなっていたが、同じ外様の宗城に対しては限りなく本音が伝えられたのだろう。

そして、こうした本音が語られるに至った前提には、前年（慶応元年）段階で、事実上、国内が分裂状況に陥っていたことがあった。すなわち、京都の朝廷上層部は一会桑三者との結託を強める一方、幕府首脳と慶喜の確執は一段と酷い様相を呈するようになっていた。また長州再征に異を唱える有力諸侯の声も高まり、それにつれて薩摩藩が「討幕」をめざして長州藩と結びつくのではないかといった噂がもっぱらだった。こうしたことを受けて、二条関白などは、慶応二年一月末の時点で、鍋島直正と山内容堂を京都に呼びよせ、一会桑三者と協力させることで、「薩長の陰謀」を「圧服」しようとの考えを中川宮に伝えることになる（『国事史料』巻六）。

3　慶喜が熱望した山内容堂の上洛

再度の上洛が求められた背景

話が先に進み過ぎた。元のラインに戻ることにしたい。土佐藩内に閉じ籠《こ》もっていた容堂に対して、再上洛を求める動きが出てくるのは、慶応元年（一八六五）二月のことであった。それまで容堂は、先ほども記したように、日常生活においては、詩作・飲酒はもちろん、茶の湯や時に郊外に出かけての鮎漁などに楽しみを見出す隠居生活を送っていた。それが、中央政局が混迷の度を一段と深めるなか、朝幕関係を修復し、長州問題をはじめとする大問題を至急解決させるべく、容堂の上洛が再び強く求められるに至る。そして、このことに、とくに熱心となったのが一橋慶喜であった。彼は、二月時点で、中川宮や二条関白とも協力して、容堂および長岡監物《けんもつ》（慶喜の良き理解者だった）の二人を京都に呼び寄せようとした（『国事史料』巻五）。しかし、この件は、その後、進展せず、再び容堂の上洛を求める声があがり出すのは、同年の下四半期に入ってのこととなる。

既述したように、容堂が対長州強硬論者であった土佐藩は、幕府の指令に従って、慶応元年の六月、藩主の豊範が再度大坂警衛の任につくことになった。そして、九月八日には大目付より藩内の諸士に対して、「今後あるいは幕府の征長軍に参加」する可能性があることが伝えられた（『山内』第四編）。現に、『朝彦親王日記』の九月十九日条によると、この頃、土佐藩は、将軍が「播州（今の兵庫県南西部）辺」まで進出することを強く望んでいた。これは、慶応元年の二月以降、一会桑の三者が、尊王の姿勢を明らかにするためにも、また長州問題を評議するためにも、将軍の進発が必要だと江戸の幕府首脳に強く働きかけ、それを実現させた経緯を考えれば、一会桑寄りの路線だったと評することができる。

しかし、土佐藩は結果として自藩の役割を大坂警衛のための出兵にとどめ、征長戦へ参加することはなかった。すなわち、有り体に記せば、土佐藩は徐々に長州征討に反対はしないものの、積極的な協力もしない態度を持すこととなった。そして、これには、御所に向かって長州藩が発砲したことで朝廷から長州征討を命じられた幕府（つまり、名義上、幕府は朝命をうけて長州征討をしなければならなかった）に逆らえなかったことが、むろん大きく関係した。

だが、実際に、長州戦のために出兵するとなれば、膨大な戦費の調達や多大な人員の派遣が藩財政に重荷となることは目にみえていたので、大坂警衛のための出兵にとどめ、翌慶応二年（一八六六）の四月には、家老の福岡宮内を広島に派遣し、小笠原長行に対し、京都の警護のため、征長戦への従軍は辞退することを申し入れることになる（『稿本』）。

条約勅許

さらに、いま一つの要因が、容堂の上洛を促すことになった。慶応元年の九月中旬、英・米・仏・蘭の四ヵ国艦隊が大坂湾に来航し、兵庫沖に停泊する。そして、軍艦に搭乗していた各国公使もしくは代理の者が修好通商条約の天皇による承認（すなわち勅許）および兵庫の早期開港を幕府側に要請する。これを受けて十月四日から夜を徹して開催された朝議の席で対応策が話しあわれ、最終的には孝明天皇が叡断でもって通商条約を承認する（ただし、兵庫の開港は認可しない）ことになる。

ここに幕末史上最大の懸案事項であった開鎖（開国か鎖国か）をめぐる対立に、ひとまず終止符がうたれ、兵庫開港問題を除けば、あとに残された大問題は、長州処分問題一つとなったが、このような結果に落ち着いたのには、さまざまな理由（背景）があった。

そのまず第一は、事態が紛糾して話がまとまらなかった十月五日の朝議の席に、一橋慶喜の提言をうけて、諸藩の留守居役また周旋方が招かれ、彼らの意見が聴取されたことである。召集されたのは、薩摩・越前・鳥取藩など十六藩の三十数名であった。彼らは、いずれも御所内の虎之間と呼ばれる部屋に一人ずつ呼び出され、簾前《れんぜん》（御簾《みす》の内にいた天皇の前）でそれぞれ一人ずつ意見を開陳した（奈良前掲書）。この内、条約が勅許されるうえで最も大きな役割をはたしたのは、会津藩公用方の実力者で機智と聡明さを兼ね備えていたといわれる外島機兵衛《としまきへえ》と、いま一人土佐藩の津田斧太郎《つだおのたろう》だったとされる。

彼ら両名は、条約勅許のやむをえないことを力説したが、なかでも「最（も）進歩した開港論」を吐き、条約勅許への流れを一気に呼び寄せたのは津田であった。津田は、探索用として京都に派遣され、慶応元年の四月以来、中川宮の御用役をも兼務するようになった人物であった。津田のこの日の発言要旨は、「天下古今の道理を見るも、人間は同等一様のものにして、彼我《ひが》尊卑の階級あることなし。今日の場合、万国と交親を結ぶ、なんらの顧慮するなかるべし」というものであった（「南国遺事」〔『山内』第四編〕）。そして、こうした津田の発言などが強力な援護射撃となって条約勅許となる。

大久保利通の執着心

これより前、大久保利通は、九月二十一日に将軍の徳川家茂が参内し、長州再征の許可を求め、それが勅許を獲得する前、行動を起こした。朝、中川宮の許を訪れ、当時、朝廷をほぼ完全に掌握するに至っていた一会桑三者を批判する論を猛烈に展開したあと、長州再征に反対する考えを表明した。このあと、宮の紹介状を手にして二条関白の許を訪れ、やはり長州再征が「名義不分明の妄挙」であるので勅許しないようにとの意見を伝えた。そして、関白との面談の際、激昂した大久保は、「言語殊《こと》に激切に渉《わた》り、大久保市蔵の議なることを何方へなりとも仰せ出されよとまで申し立て、容易く退出」しなかった。

大久保のなによりも大久保たる特色は、その日本人離れしたありようだった。彼には、「若かりし時から、政治いな時代を動かしたいという野心があった」との評がある（笠原英彦『大久保利通』）。こうした野心に取りつかれていた大久保は、その分、人並み外れた執着心の持ち主となった。そして、このことが大きく関係して、あたかも自分が「基準」であるかのような振る舞いをどのような場でもとりえた。また、徹底的に対立し、闘うことを厭わなかった。この時が、まさにそうだった。自分の考えだけが「正義」「公議」であり「至当性」を持つとして、関白の前でも堂々と持論を展開した。そのため、二条関白も大久保の発言を制止して話を切り上げることができずに参内が遅れ、一橋慶喜が「大いに激怒」することになる。

一橋慶喜の奮闘

ちょうど、この日は先ほども記したように、将軍の参内が予定されていたので、慶喜のさらなる怒りをかりたてることになった。「匹夫の議を聞かるるため猥《みだ》りに時刻を移し、しかのみならず其議に劫《おびや》かされて軽々しく朝議を動かさるるごときは、実に天下の至変といふべし」というのが慶喜の弁であった(『続再夢』四)。

現今の政治体制がもはやなんら至当性を有さないとの判断の下、大久保がこれを強引に消滅させようとして動いた結果であった。さらに大久保は条約勅許問題が持ち上がった際には、薩摩藩が責任をもって解決に当たると申し出たとされる。この段階の大久保は、条約勅許が世界史の流れからいって当然だと心中では認めながら、あえて幕府主導による条約勅許方式に異を唱えるという、大久保ならではの嫌がらせ(妨害)行為に打って出たと評することができよう。換言すれば、大久保の主張は、幕府から外交権を一時的にせよ取り上げ、薩摩藩と朝廷に外交権を移管させようとする大胆きわまりないものだったが、慶喜サイドは辛うじてその目論見を阻止することに成功したのである。

公家の反発

さて、とにもかくにも、大久保は、九月下旬から十月上旬段階で明確なかたちで敗北を喫した。さらに、この間の活動によって、「爾後《じご》、大久保の評判はなはだ宜《よろ》しから」ざることともなった(『続再夢』四)。そして、このことは、むろん、その後の薩摩藩のいっそうの孤立を招くことにもなった。ついで、こうしたことをうけて、容堂の大久保利通批判の言辞が表明されることになる。慶応元年十月二十九日付で伊達宗城に宛てた書簡において、容堂は「(大久保)市蔵の議論、僕は十分と存じ申さず候」と批判した。もちろん、この短い文言だけからでは、容堂が大久保の「議論」の何をもって「十分」とみなさなかったのかは確定しえないが、容堂は、おそらく九月下旬から十月上旬にかけての時点の大久保の屁理屈の匂いもする一連の強引な活動全体を念頭において、批判したのであろう。

ここに注目すべきは、容堂が薩摩藩の議論ではなく大久保の議論を不十分だとして批判したことである。すなわち、容堂の認識においては(も)、大久保の議論イコール薩摩藩の議論では必ずしもなかったのである。このことは、案外見過ごされがちだが、大久保のありようとの関連で、ここに留意しておきたい。

そうしたことはさておき、条約勅許によって、幕府関係者をはじめとする封建支配者の苦悩が一気に取り払われた(問題が解決した)わけではなかった。とてつもない数がいた攘夷主義者の反発を押さえきることができなかったからである。なかでも、攘夷派の総本山

（聖地）であった朝廷内に巣くっていた公家の反発は激しかった。たとえば、その内の一人であった中山忠能は、自身の日記の十月九日の条に、一橋慶喜への恨みつらみをぶつけた。それは慶喜が「開港を強奏」したことを、父の故徳川「斉昭卿へなんと申し訳致すべく哉。国としては奸賊、父に対しては不孝、実に以って犬羊の同徒と存じ候」と誹謗《ひぼう》するものであった。また、忠能の怒りは、薩摩藩と土佐藩にも向けられた。「（薩摩藩は）割拠は致すべく候へども身を捨て忠を尽すまでには参りがたくと存じ候……。土州も色色《いろいろ》当時京詰輩などは奸賊にて、時勢に阿諛《あゆ》の奴ばかりに候」。

容堂に対して幕府から上洛が要請された直後の中央政局は、このような有様だったのである。そのため、幕府は容堂の上洛実現を一段と急ぐことになる。まず慶応元年十一月十二日、幕府は松平容保を通じて、土佐・肥後・久留米三藩士の国事に関わる尽力を賞し、褒美《ほうび》を与える意向を表明する（『京都守護職日誌』三）。そして、こうしたことの延長線上に、翌月、老中や京都守護職の松平容保らは中川宮を介して、将軍が進発した際には、容堂・豊範の内どちらか一方が上洛して、京都の守衛に当たることを求めた（『朝彦親王日記』二）。

さらに、若干加筆すると、このあと容堂の上洛を求める声は、二条関白からもあがった。熊本藩関係者が、慶応二年（一八六六）一月末の時点で、中川宮から聴かされた極秘情報（『国事史料』巻六）によると、関白は容堂と鍋島直正それに細川慶順《よしゆき》（熊本藩主）の上洛を願ったという。それは、幕府の長州処分案に反発した薩長両藩が結託して、藩兵の北上を開始するのではないかと怯《おび》えた関白が、この三人を京都に呼び寄せ、「橋桑会江心力を合せ、薩長の陰謀」を「圧服」しようと考えたためだった。容堂の上洛は、こうした面からも求められたのである。

会津・薩摩両藩の対立

では、なぜ慶応元年（一八六五）の下四半期になって、幕府サイドが右のような要請を土佐側に対してなすに至ったのか。そのヒントが米沢藩士の宮島誠一郎が収集した情報中にある。「禁門の変」後、ともに協力して急進的な攘夷主義者を京都から追放した会津藩と薩摩藩は、長州藩の処分をめぐって当時深刻な対立状況に陥っていた。あくまでも厳格な長州藩の処分を求める会津側（とくに家臣団にその傾向がめだった）に対して、薩摩側は温和な処分に止めることで内乱状況が発生するのを防ごうと考えた。この両者の意見の相違が深刻なものとなるなか、薩摩藩の動向が各方面から改めて注目されるに至る。なかでも会津藩関係者が最も注目したのは、ことの成り行き上、至極当然のことであった。

宮島が収集した情報によると、「会津藩が懇意にしているのは、九州では肥後・久留米、四国では土佐」であった（友田昌宏『東北の幕末維新』）。依然として、土佐国内はむろんのこと、在京藩士のなかにも親長州派（攘夷主義者）の勢力を抱えこみながらも、容堂以下、当時の土佐藩首脳は、会津藩（ひいては一会桑勢力および江戸幕府）と協調する姿勢を強めつつあったのである。そして、これには、情報網の偏《かたよ》り、あるいは情報分析能力の欠如といったことが大いに関係した。

戦況判断を誤った容堂

土佐藩は、西日本に位置した他の有力藩と同様に、幕長間の不和（対立）がめだつようになると、中国路辺に探索のために家臣を派遣した。ついで、第二次長州戦争が勃発すると、探索人を山口や大坂あるいは九州方面に派遣した。むろん、江戸や京都においても、藩邸にいた居住者などが、各種の情報の収集に鋭意努めた。決して手を抜いていたわけではなかった。だが、彼らがもたらす情報は、その置かれた立場によって大きく異なることになる。幕府サイドを支援する政治勢力からもたらされる情報は、概して長州側に対して低い評価を下しがちであった。反対に、長州藩に対して好意的な政治勢力からもたらされるそれは、高い評価のものとなりがちであった。

容堂が信を置いたのは、佐幕派からもたらされる情報であった。そのため、容堂の戦況認識は信じられないほど偏頗《へんぱ》なものとなった。たとえば、七月上旬から下旬にかけて、それぞれ伊達宗城に宛てて送られた書簡には、次のような文面が綴られた。「九州小倉の形勢如何、一説には官軍大利を得、賊軍艦二つ沈没の由、中国も東軍色を直し、防境まで攻め詰め候赴、いまだその確説を得ず、足下聞く所如何」「長州大利を得云々、これまったく虚説と存じ候」。

実際の戦況が、こうした容堂の認識とは大いに違っていたことは、史実がわれわれに教えるところだが、偏った情報にしか信を置いていなかったこと、容堂が各地に派遣した藩士の情報収集能力が必ずしも高くはなかったこと、長州藩に対する容堂の嫌悪感が抜きがたかった（これには、どうやら、容堂の眼に映った長州藩主父子が凡庸《ぼんよう》で、家臣の言うがままになっていたことへの反発も大きく関わったようである）こと等が容堂の判断を大きく誤らせる結果となったのである。佐佐木高行によれば、慶応二年後半の時点で、容堂が京都に派遣した使者が、まもなく国元にもたらした情報中には、「薩（摩）藩も決して長州を助ける論にはこれ無し。やはり佐幕なり」といった情報が含まれたという（『佐佐木』二）。

皮肉なことに、京都に住む一町人の日記に、「長州戦ひ大きに六か敷《しき》風聞」「長州戦、官軍大きに負（け）にあい成り候趣風聞」と、再征軍の劣勢を伝える情報が記されたのは、それぞれ六月二十四日と七月二日の条であった（『幕末維新京都町人日記』）。京都の町人が正確な情報をいち早くキャッチしえたのは、天保期の時点で、百二十八もの飛脚屋が同地にあり、全国各地に書状や荷物を発送し受け取るシステムが確立していたからであった（宮地前掲書）。つまり、こうしたルートなどを通じて、正確な情報が京都にもたらされた。

いずれにせよ、土佐藩の情報収集能力は、京都に住む一町人のそれよりも劣ったのである。容堂が対長州戦の実態（戦局が概して戦闘意欲の乏しい幕府側勢力にとってきわめて不利なものとなっている）を明確に認識しえたのは、戦闘が開始されてから二ヵ月半が経過した八月下旬時点のことであった。すなわち、八月二十二日付で春嶽に宛てて発せられた容堂の書簡中に「征長次第に形勢変動、攻守顚頭《てんとう》（倒）」と記された段階であった。そして、こうした容堂のありようが、第二次長州戦争が勃発した直後、幕府側に属した伊予松山藩から軍艦の借用を求められた際、それに応じるという致命的な判断ミスにつながった。

後藤らを薩摩藩に派遣した思惑

かように、情報の収集と分析においては大きなミスを犯した容堂（土佐藩）であったが、反面、反幕府側勢力の筆頭といってよい薩摩藩に対しては、ぬかりなく、然るべき手は打っていた。第二次長州戦争が勃発する前の慶応二年二月の時点で、容堂は、仕置役の後藤象二郎と大目付の小笠原唯八の両名を鹿児島に派遣した。それは、自分の考え（気持ち）を久光に伝える書簡を手渡させ、かつ詳細に説明するためであった。二月下旬、久光に対し、後藤と小笠原の両名から直接伝えられた容堂の考えは、次のような主旨のものであった。「天下已《すで》に紀綱なく、諸侯割拠の勢いを成し、外夷猖獗《しょうけつ》、皇威御衰弱に赴き候に付、諸侯戮力《りくりょく》協心、皇威御挽回の基本を御立て遊ばされたく思し召さる。依てさらに御親睦のため御使者を進ぜられ候」（「小笠原家文書」〔『山内』第五編〕）。

腹心の後藤らを鹿児島にわざわざ派遣した容堂の真の意図を汲み取ることは存外難しい。外国勢力の介入を防ぎ、「皇威」を回復するために、薩摩藩と協力したいとの意思表示そのものは、むろん嘘ではなかっただろう。反対に、この申し出に同意したらしい久光が、どのような思いを抱いて同意したのか、これまた探りがたい。普通に考えれば、容堂が使者を派遣したのは、政治的な連携を求めたものというよりも、土佐藩の富国強兵をいっそう進展させるための思惑にもとづくものであったと解せる。つまり群雄割拠的な状況の到来を見すえての使者の派遣だったとは思えない。

ただ、勝海舟の後年の回想（『増補海舟座談』）によると、慶応二年四月の時点で、大久保利通が老中の板倉勝静に拝謁を願い出て、長州への出兵を口頭でもって拒絶したのを、「薩州はなんだか山師《やまし》（＝他人をあざむいて利得をはかる人）のよう」だとみなし、「何処でも信じはしない」状況下に薩摩藩は置かれていたという。こうしたなか、容堂は、必要以上に、薩摩側の行動に神経を尖《とが》らすことに異を唱えた。

たとえば、慶応二年六月十日付で伊達宗城に宛てた書簡（『山内』第四・五編）には、こうあった。「芋（＝薩摩藩）動静云々、是はまず別事これ無し。京地へ大勢参り込み、世評に触れ候も従来の事、怪《あや》しむに足らず候。此頃はいよいよもって富強の二策、海外へも施し候様子也」。当時、多数の薩摩藩兵の上洛は、一会両者および二条関白らの排斥をめざす陰謀によるといった噂が飛び交ったが（『慶徳』三）、容堂は、薩摩藩の真の目的は、対外交易による自藩の富国強兵をめざすことに在り、討幕などではないと見抜いていたのである。もっとも、では、容堂のなかに戦国時代的状況の到来をひそかに期待する気持ちがあって、それが薩摩藩への接近となったことを完全に否定できるかといえば、百パーセントの確率で否定はしえない。が、これは、確率としては、それほど高くあるまい。

一方、久光サイドにしても、孤立気味のなか、四国有数の外様の大藩であった土佐藩を味方につけておくことは、これからのことを考えれば、決して悪いことではなかった。現に、こうした思いが、このあと触れることになる西郷隆盛の土佐への派遣につながったことは間違いない。

いずれにせよ、容堂は、当時、幕府の支配下から事実上脱し、イギリス側と密貿易を展開していた薩摩藩と同様の選択をすることが、土佐藩にとって最善だと判断して、世間的な疑惑を招きかねないことも厭わず、薩摩藩へ後藤らを派遣したと考えられる。このことは、慶応二年の七月二十日に容堂（ただし表向きはあくまでも藩主の豊範）がとった行動によって裏付けられよう。容堂は、この日、突如、藩内に対し、文書でもって開国論を表明した（「中老月番記録」〔『山内』第五編〕）。それは、鎖国は間違いだと明言したうえでなされた堂々たる宣言であった。

開国宣言

ここで、ほんの少し詳しく、宣言の内実をみておこう。まず宣言では、寛永期（一六二四〜四四）に鎖国体制になって以来、「士民」は「鎖国は皇和の国体と思」っているかもしれないが、これは「誤りなり」という。

そのうえで、「今（の）英・仏・米等は、古の元・明・朝鮮と同じく談ずべきにあらず」とする。なぜなら、これら欧米人は、「窮理（＝物事の道理・法則をきわめつくすことを）発明し、航海の術を開き、五大洲の遠隔なるも、猶《なお》隣りのごとく往来親睦し、あるいは長を取り、短を補ひ、あるいは有無貿易する等」、悉《ことごと》くその行為は「道理」にかなっていると強調する。

地球規模で物事を考える

したがって、「いま彼が好意を疑ひ、是非を論ぜず、妄《みだ》りに我より兵端を開くは道理を知らざる者なり」と藩士に覚醒を促した。そして、いかにも容堂らしい文言がこのあと示されることになる。「英仏米等も我《われ》と同じく、この地球を履《ふ》み、この天球を戴《いただ》くこととなれば、赤髪・紺瞳の貌《かお》、やや異なりといえども、その人性において、天豈《あに》これに信儀を賦与《ふよ》せざらんや」。すなわち、攘夷論の非を悟って以後の容堂は、自国中心主義的な世界観とは真反対の、地球規模で物事を考えるようになるが、まさにこの段階で「地球」「天球」という言葉がおどりでることになったのである（開国論に転じて以後の容堂は、おりおり「地球」という言葉を比喩的表現も含めて用いた。「地球」は彼の最も好む字句の一つとなったのである）。

なお、七月段階に入って、容堂が藩内に開国論を表明したのには、条約が前年の十月に勅許をみたにもかかわらず、依然として攘夷論者が藩内にはびこっていた現状をなんとか打破しなければならないと考えたことが大きく関わったと思われる。佐佐木高行によれば、土佐藩は、慶応二年六月段階でも、藩内の「士分」クラスの主流であった「佐幕家も、開港論は僅々」という状況下にあった（『佐佐木』二）。

いま一つ、これから群雄割拠の時代が到来するかもしれないと読んで、これに適切に対応しうる路線（すなわち富国強兵路線）を至急、より推進しようと決心したことも、要因としては大きかったと考えられる。そして、藩を挙げてこれから富国強兵策を推進するためには、当然のことながら、開国の必要性を藩内の者に周知徹底する必要があった。それがこうした異例の宣言となったと解せる。

「割拠英雄唾手の時」

とにかく、容堂は、第二次長州戦争における幕府側勢力の敗北が決定的になった時点で、これからは群雄割拠の時代が本格的に始まると読みきったようである。このことは、先述した七月二十日付で伊達宗城に宛てて発せられた書簡中に、「此後《このあと》、割拠英雄唾手《だしゅ》の時、足下（＝宗城）なんの処より手を下すや、卓見承り知りたきもの也」とあったことでハッキリする。「唾手」つまり手に唾すと容堂が書いていることに注目したい。この文面から推測すると、容堂は相変わらず体調不良状態にありながらも、「さあ自分の時代がようやく到来したぞ」と興奮を隠せないでいたのである。変わり身が早いといえばそれまでだが、ここにはもはや佐幕一辺倒の容堂の姿は微塵も垣間見られない。

現に容堂は、これより、ほんの少し前の七月五日に浦戸港の周辺に灯台を作るために、土佐側の同意を求めにやって来たイギリス測量船の申し出を、このあと受け入れる姿勢を示す。西洋列強にとって、日本近海は「ダーク・シー（暗い海）」もしくは「魔の海」と呼ぶ、海難事故が数多く発生していた地域だった。そのため、近代的な洋式灯台の設置が急がれた。そしてイギリス公使のパークスの強硬な主張によって、慶応二年の五月に江戸幕府と英仏米蘭四ヵ国との間で調印された「江戸協約」において、洋式灯台の建設が取り決められることになる（平良聡弘「紀州沖の灯火をもとめて」）。

したがって、イギリス測量船の来高は、真に素早い対応ぶりだったが、容堂は、後日、宗城に宛てた書簡で、「灯明台の事、……ひとり洋人の便のためならず、わが航海にも大便利ゆえ、おいおい建立の所存に御座候」と表明したように、近い将来に本格化するであろう欧米諸国との交易を見据えて、即受け入れたのである。そして、イギリス測量船来高二日後に当たる七月七日に仕置役の後藤が「商法」の用をもって長崎に派遣されたことは既述したところである。後藤は、長崎へ到着後、八月に入ると、中浜万次郎らを伴って上海に渡航し、船舶を購入することになる。容堂は前年来、考えていた自分の構想を全面的に展開できるとみて、この七月段階から断然たる行動を起こしたのである。

容易に受け入れられなかった開国論

さて、容堂は、このように、意気軒昂《けんこう》、開国論を高らかに藩内に向けて宣告したが、こうした主張が藩内にすっきりとしたかたちで受け入れられたわけではなかった。孝明天皇によって、前年の十月に条約が勅許をみたあと、兵庫の開港問題が大問題として残される。が、しかし、土佐藩内には、兵庫開港への反対はおろか、再び鎖国体制への復帰をしつこく求める守旧主義者があいかわらず多く、彼らは容堂の宣告を容易に受け入れようとはしなかった（そして、このことが翌慶応三年〔一八六七〕末にかけて、容堂の活動を抑止する足枷《あしかせ》となったことは、のちに改めて触れる）。

容堂が、国元にあって、高らかに開国論を宣告していた頃、中央政局は激動の渦中にあった。もしくは入ろうとする直前段階にあった。その最たるものの一つが、幕府側の第二次長州戦争における敗色が色濃くなるなか、家茂将軍が七月二十日に二十一歳の若さで大坂城で病死した（脚気衝心《かっけしょうしん》によるものであった）ことである。そのため、急遽後継将軍の擁立が図られ、一橋慶喜が最有力と目されたが、この問題はすぐには確定をみなかった。慶喜が家茂の病死後、徳川宗家は相続したものの、将軍職に就くことをかたくなに拒否しつづけたからである。そして、将軍の名代として、石州路や広島あたりまで進出していた長州藩兵を国元に追い返すため、出陣することを表明する。「禁門の変」時の実戦で、軍事指揮官としての自信を深めたであろう慶喜は、この時、みずから幕府の精鋭部隊を率いて広島に行き、劣勢の戦局を一挙に挽回しようとの構想を打ちたて、これを「大討込み」と称した（井上勲『王政復古』）。そして、八月四日の朝議で長州征討の続行が決定をみ、慶喜の出陣予定日が八月十日か十一日頃とされた。

慶喜の出陣阻止に向けて動く

現実に即対応する能力（柔軟性）のあった容堂が動きはじめたのはこの時であった。幕府そのものをもはやほぼ見限るに至っていた容堂だったが、春嶽を除けば、幕府サイドに属する人物では、ただひとり慶喜に対してのみ好意を抱いていたらしい彼は、慶喜によって自身の上洛が要請されると行動を開始する（慶喜は七月三十日付の容堂宛の書簡〔『徳川慶喜公伝（史料篇）』二〕でもって、名代出陣の決意を告げ、同時に自分の出陣によって京都の警衛が「御手薄」となることを理由に容堂の至急上洛を求めた）。慶喜の書簡を受け取った容堂は、すぐ名代出陣の阻止に向けて動いた。彼は八月二十二日付の松平春嶽宛の書簡（『山内』第五編）を家臣に持たせて福井に派遣した。それは慶喜進発の不可を論じ、併せて自身の病気による上洛不能を伝える内容のものであった。書簡中の重要な箇所を左に掲げる。

橋公（＝慶喜）御進発万然るべからず。もし強て御進発在らせられ候とも、唯今の形勢御成功覚束《おぼつか》なし。是は橋公の御人なり其の任に堪えずと云ふにはあらず。孔明（諸葛亮の字《あざな》。智謀の士とされた）といえども救う能わず。元来初め大失策無謀にて今日の勢とあい成り候也。此の一条は家臣へ申し含め置き候故、直直《じきじき》御聞取下だされたし。かつ兵庫の事も有り、征長は解兵にしかず。……僕此度上京仕り候様台命を蒙る。速に発足仕るべき処、持疾発動やむをえず養生を加え遅引に及び候。……虚病に非ず実也。

肝要な点は、①幕府サイドがこれまで適切な措置を講じることができずに今日の失態に至ったこと、②このような状況下では、たとえ徳川慶喜といえども態勢を挽回する（第二次長州戦争に勝利を収める）ことは望めないこと、③また当時大問題となっていた兵庫開港問題との関係からいっても、征長戦はただちに中止し、解兵すべきだと考えるというものであった。容堂は、戦争再開の余地がわずかながら残される停戦ではなく、百パーセントその可能性がない解兵宣言が必要だとしたのである。そして、これは、「征長軍の敗北の承認を意味」した（井上前掲書）。

慶喜の「変説」

さらに本書簡からは、容堂の言葉をそのまま信じれば、容堂の体調不良が、けっして仮病ではないらしいことも判明する。そして、これは、ごく常識的に考えれば、若い時分からほぼ毎日のように酒を（しかも大量に）飲み、かつ多大なストレスを抱えつづけていたら、至極当然のことであったと思われる。もっとも、容堂の慶喜の進発を阻止しようとする行動は、その後、状況が変わった（征長戦に加わっていた肥後熊本藩士らが、指揮にあたっていた老中の小笠原長行になんの断わりもなしに、戦線を離脱した）として、慶喜が、突如、自身の出陣を中止し、これからは有志諸侯を京都に召集し、彼らと話し合って、長州問題をふくむ重要な案件に対処するとの決意を表明したことで、新たな段階に移行する。

これより前、薩摩藩を筆頭に、備前岡山・安芸広島藩等から征長戦の中止を求める声があいつぐなか、慶喜は征長戦の続行を頑なに求める会・桑両藩サイドに立って事を進めていたが、状況が激変したとして、一転、方針を改めたのである。そして、ここに政治家としての慶喜の本領があった。

慶喜の突然の「変説」は、一会桑三者らの要求を受け入れて長州再征を許可した孝明天皇以下、中川宮や二条関白らの権威を、当然のことながら、大きく傷つけることになった（なかでも、天皇は、八月段階に至っても、「解兵はよろしくない。速やかに出陣して功を奏せよ」との考えを、直接、参内した慶喜に伝えていた。そして、こうした慶喜を断然支持する天皇の姿勢の前に、長州再征に反対する朝廷内の声は押さえこまれることになった。したがって、天皇にとって、出陣の中止はとうてい認められるものではなかった）。また、他ならぬ慶喜のプライドもズタズタにした。しかし、生粋《きっすい》の軍人（武士）ではなく、あくまでも本領は政治家だった慶喜には、自分の「面目」

にどこまでもこだわるのではなく、「時機」を重視して「恥」をしのんで、よりベターな選択を客観的になしうるだけの「柔軟さ」とある種の「勇気」があった。原理原則に固執するのではなく、時勢の変化に応じて主張を変えることができた。それが、「大局」から物事を判断して、このような決断をさせたのである。

容堂への上洛要請

そして、この段階で、改めて有志諸侯の一人として、今後の国政運営についての容堂の発言が、かつてない切迫さをもって求められるに至った。慶喜は、八月十六日に参内し、勅許を得たあと、十八日、腹心（一橋家附用人）の梅沢孫太郎《うめざわまごたろう》に直書を持たせ、有志諸侯（容堂および鍋島直正・長岡良之助・島津久光）の上洛を促すために西日本各地に派遣した（この四名の早期上洛を慶喜がとくに熱望したのは、諸藩主らが上洛してくれれば、ゆっくりと話し合えないと判断したためであった。梅沢は九月十日に高知に到着し、十二日に開成館で容堂に会見した）。

ついで、九月七日には、慶喜の奏請を納《い》れ、他の有力諸侯二十名余と同様、容堂に対し、至急上洛すべしとの朝命が下り、これは同月十五日に高知に帰着した藩士によって容堂に伝えられる。またこのあと容堂が京都に派遣した武市八十衛が十月七日付の徳川慶喜の書簡を携えて帰国する。その書には、慶喜が「長州一件」で大いに苦しめられ茫然としているとの率直な気持ちが綴られていた。「此の儀、如何の落著（着）を知らず、茫然当惑せしめ候次第」。

自身の再上洛を了承した容堂

こうしたことを受けて、春嶽からも、慶喜が大いなる反省をしている今、「天下の公議」にもとづく国是（国の方針）を確定する願ってもないチャンスなので、ぜひ上洛を求めるとの要請がなされるに至る（『続再夢』六）。かように、上洛要請があいつぐなか、自身の上洛に病気もあって消極的であった容堂が上洛を最終的に了承したのには、容堂が京都や九州に探索のために派遣した家臣からの情報が大きく関わったものと思われる。このことを窺わせるのが「大久保利通日記」の慶応二年十月二十日条である。この日、三条実美以下五卿の警護のため太宰府にいた薩摩藩士の大山格之助《かくのすけ》（綱良）から、土佐藩に関する情報が大久保の許に届いた。それは、土佐藩小目付の佐佐木高行や毛利恭助《きょうすけ》ら六名が「容堂公」の「御内命」を奉じ、太宰府へ探索のため差し出されたこと、その彼らの報告を容堂が聞いた結果、「大いに論を変じ、上京等にあい成り候由」というものであった。

容堂は、慶応二年九月十四日付で伊達宗城に宛てた書簡（『山内』第五編）中に、自身に対する上洛要請に「大閉口の至」だとしながらも、家臣を京都に派遣し情報を収集したうえで、上洛するかしないかを決断するとの方針を示していた。したがって、容堂は各種の情報を自分なりに総合的に分析して、最終的に上洛を決めたということになろう。

また、この段階では、すでに確固たる兵庫開港論者となっていた容堂は、自分たちに都合のいいかたちでの兵庫の開港にもっていこうとの意欲を有していた。すなわち、幕府のみが外国船からの税収入つまり関税収入を独占するといった、これまでの横浜開港方式（なんといっても、横浜は幕府の御膝元《おひざもと》である江戸に近かった）ではなく、土佐藩等も交易の御利益に十分与るかたちでの兵庫の開港であった。こうした容堂の思いは、同志中の同志ともいうべき伊達宗城に対して、十二月二十日付で送られた書簡に、次のように記されたことで明らかとなる。「兵庫明年は是非開き申すべく、何卒《なにとぞ》横浜の覆轍《ふくてつ》（＝失敗の前例）を改め、皇国の御武威海外に轟《とどろ》き候よう有りたき事に御座候」。

もっとも、では容堂が自身の上洛をほんとうに決断したのは何時の時点かといえば、案外、不確かである。そして、このことには自分に対する執拗な上洛要請を断わりづらかったために、その場逃れに近い生返事で承諾を与えねばならなかったことが大きく関わった。その類の最初のものとしては、九月十二日に梅沢を引見した際に、「ひと通り御請け」つまり、ひとまず上洛要請を受諾したことが挙げられる。ついで、九月二十日付の書簡（『続再夢』六）でもって、少しでも体調が快方にむかえば速やかに上洛すると春嶽に約束したことが目につく。しかし、容堂の上洛問題は、その後、なかなか進展しなかった。

薩摩藩への嫌疑

容堂の体調不良と、彼の上洛がただでさえ破局的状況下にあった藩財政にさらなる過重な負担を負わせるとの反発がそれを許さなかったことに加え、薩摩藩への嫌疑（疑心）が依然として藩内に根強く、それが容堂の上洛を阻止する要因の一つになった。すなわち、上洛した容堂が、薩摩藩関係者によって、自分たちに都合よく利用されることがなによりも恐れられたのである。なお、ほぼ一年後のことになるが、薩摩藩に対する嫌疑は本来、友好的な関係にあったはずの土佐藩内の対幕強硬派の間でも根強かった。

それはおき、この点と関わる情報に米沢藩士の宮島誠一郎が入手した情報がある。これは、薩摩藩の吉井幸輔が、慶応二年の十一月下旬に京都から江戸に下り、横浜の英国公使館を訪ねたとする、その薩摩藩の意図に関わる疑惑情報であった。宮島は、吉井の下向をこの年の十月二十七日に列参公卿に対する謹慎処分が下った（これより前の八月晦日、大原重徳らが、慶喜の突然の変説によって朝廷内が大混乱に陥っているなか、処罰を受け幽閉状況下にあった仲間などの解放を求めて、朝廷に押しかけた）ことと関係づけて理解した。つまり、列参公卿の背後に「薩人の助勢」があった（列参公卿の腰押しを薩摩藩がした）ことを備中松山藩周旋方の吉田謙蔵から知らされた宮島は、「(列参公卿の)処分に不満を抱いた薩摩藩が公武の離間《りかん》をはかり、天下の権を握らんと画策しているのだと推測」した。そして、吉井の江戸下向に警戒の念を抱いたのは土佐藩も同様であった。

土佐藩周旋方の谷口伝八《でんぱち》などは、「(列参公卿の)処分で朝廷とのパイプを失った薩摩藩が、今度はイギリスと結び、各国公使が大坂で慶喜に謁見するのを見計らって兵庫開港問題で幕府に難問を突きつけようとしているのだと睨《にら》み、吉井の英国公使館来訪をその一環として幕府に報告」した(友田前掲書)。そして、こうした薩摩への嫌疑ないしは不信感といったものは、同じく土佐藩士で対幕強硬派の一員でもあった佐佐木高行の日記などにも散見する。それ故、少々うがった見方をすれば、容堂がのちに自身の上洛を決断した一因には、薩摩藩の陰謀を未然に防止しようとの目論見が隠されていたかもしれない。現に、容堂は、慶応三年の五月二十日、京都において、春嶽に対し、自分が慶喜の上洛要請に「速かに同意」したのは、「薩の姦計」が「出来ぬやうに取り押へ候て、幕府に窃《ひそ》かに心を通はして応援をなさん」と考えたからだと語っている(「登京日記」)。

もっとも、そうした想いや諸々の動きとは距離をおいて、当時の容堂は、たびたびふれたように、詩作にふけったり、あるいは茶の湯を嗜《たしな》むなど、隠居生活にそれなりの楽しみを見出していた。

だが、その一方で、容堂は、近い内に京坂地域で大騒動が持ち上がるとみていた。たとえば、慶応二年の十月二十日付で宗城に宛てた書簡（『山内』第五編）において、①中川宮や二条関白が慶喜の「変説」に伴う朝政大混乱（その象徴が列参公卿の行動）の責任をとって引き籠もっていること、②会桑両藩への反発がいっそう高まっていること、③兵庫開港問題をめぐる論争などによって、いずれ遠からず京都において砲声を聞くことになるだろうとの、自分の予測を伝えていた。

そして、この段階の容堂には、自分が積極的に間に立って事態を解決に導こうなどといった熱意はまったく感じられない。ただそうはいっても、容堂のことだから、この段階では自分がいつ京都入りすれば効果的か、久光・宗城の動向をも見据えながら、出京の時期を見計らっていたのではなかろうか。それが容堂の上洛を遅らせる一因ともなったと想像できる。

在京薩摩藩要路の決断と活動

このようななか、徳川慶喜の将軍職への就任辞退ならびに関白二条斉敬と国事扶助（国事御用掛）中川宮の参内停止あるいは慶喜サイドの薩摩側への擦《す》り寄り（薩摩藩の意見を大いに尊重したい旨を薩摩側に伝えていた）を、形勢挽回の願ってもないチャンスの到来だと捉えた在京薩摩藩士による活動が始まる。在京薩摩藩の要路であった小松帯刀・西郷隆盛・大久保利通・吉井幸輔の四者が四侯（春嶽・久光・容堂・宗城）を京都に至急呼び集め、彼らの力でもって局面を打開しようと図ったのである。

さらに、この直後、慶喜の第十五代将軍職への就任と二条関白の復職がなされたものの、対幕強硬派の前に立ちふさがっていた孝明天皇が、痘瘡（天然痘）によって三十六歳の若さで急死を遂げる（十二月二十五日死去）という想定外の事態が発生した。また、慶喜の「変説」に猛反発した会津藩関係者と慶喜との間には深い溝ができた。こうしたことも在京薩摩藩要路にとって、状況を変えるには、またとないチャンスの到来と受け止められたと思われる。

この在京薩摩藩要路の決起（狙い）に関しては、「幕政に雄藩を参加させようとするものでも、又参預会議の如く朝廷を場として幕府と雄藩を会同させようとするものでもなくて、徳川を諸侯の列に引きおろしつつ、『宸断』を下す天皇を中心に『諸侯』の新たな連合政権を形成しようとする」ものであったとの評価が下されている（神谷正司「中岡慎太郎と三条・岩倉の通好に想う」〔『山内』第六編〕）。妥当な評価だとみなせる。そして、これに、いま一つ書き足すと、彼らの心中には、朝政のみならず国政の主導権を、この機会に薩摩藩が掌握しようとの魂胆《こんたん》が隠されていたと見てよかろう。

西郷隆盛（国立国会図書館蔵）

それはともかく、この画策を実現させるべく、四人は各人が手分けして、ターゲットに想定した人物の説得にあたることになった。そのうえで、西郷と吉井の両者は、孝明天皇の死去に伴う国喪を理由に、征長解兵令が発せられた（すなわち、第三次長州戦争の可能性が完全に消滅した）翌日に当たる慶応三年一月二十四日に京都を離れ、鹿児島に向かうことになる（大久保は京都から福井に向かった）。ついで、国元に帰った西郷は、藩要路の説得に成功し、そのあと久光の指令を受けて慶応三年の二月に土佐へ向かうことになる。

西郷と容堂の会見

二月十六日に高知に着いた西郷は、翌日、散田邸で容堂と会見した。この日、容堂と西郷両者の面接の場に陪席した福岡孝弟が、翌々日の十九日付で同僚の小笠原唯八に送った書簡（『山内』第五編）によると、会談の中身はおおよそ次のようなものであった。まず、皇国を包む現状は「傍観」しがたいので、容堂とともに「皇国の基本を立て」ることに尽力したいとの島津久光の希望を伝えた西郷に対し、容堂は即座に自身の上洛を承諾したという。そして、この席で容堂は、薩摩藩（島津家）とは違い、土佐藩（山内家）は、「徳川氏」と「格別」の間柄ではあるが、これからは尊幕論から離れた立場で、「（久光に）御同行致し尽力致すべし」と応えたとされる。そして、これを受けて、生半可《なまはんか》な決心では駄目ですぞと決心のほどを問われた容堂は、大丈夫だと大見得を切り、西郷を大いに安心させることになる。さらに、西郷との面談後、興奮したのか、福岡らに対して、容堂は、「此度は（京都）東山の土とあい成るつもりぞ」とも喋ったらしい（『山内』第五編）。

ここで余談に属すが、容堂と西郷の両者が互いに相手をどのように思っていたのかについては、じつのところ、まったく判らない。後述するように、容堂は久光側近の大久保に対しては、好ましからぬ人物として嫌悪感を隠せなくなるが、西郷に対しては、そのような悪感情らしきものを吐露した痕跡は認められない（もっとも、そうかといって、西郷に対して好意を示したとか高い評価を与えたといった痕跡も、同様に見られない）。

好き嫌いが激しく、自分と対面したり関わったりした人物の善し悪しをしばしば側近等に対して洩らした容堂だけに、この点は不思議ですらある。現に、薩摩藩士に対象を限っても、高崎猪太郎などを非常に高く評価した。西郷と同年生の歴史家で、若き日から西郷のことをよく知る重野安繹《しげのやすつぐ》の後年の証言（『鹿児島県史料　斉彬公史料』三）によると、「実に潔《いさぎよ》い」西郷は、「男伊達《おとこだて》・俠客《きょうかく》の類」が「好きであった」という。「男伊達」「俠客」とは、強きをくじき弱きを助けることを建前とする人物であった。そして、こうした類の人物を愛し、贔屓《ひいき》にした点では容堂も劣らなかった。つまり容堂は、本質的に肌合いが違った大久保とは異なる西郷とは、かなりの程度、気風を同じくした（本来的に波長が合った）。また西郷は、容堂が好んだ一見しただけで英雄だと解る人物であった。したがって、こうしたことが、自身の上洛を即座に西郷に対して承諾し、ついで西郷の退席後、周りの者に「東山」云々発言をなすことにつながったと思われる。

兵庫開港問題

閑話休題。とにかく容堂は西郷と会見した慶応三年二月の時点で自身の三月中の上洛を決断したようである。そのため、大急ぎで、「御隠居様」が上洛を決断した理由が文章化され、二月二十四日に藩内に「布告」された（平尾道雄『山内容堂』）。しかし、この「布告」に対しては、反対論が噴出することになる。いっそうの財政窮乏を招くことへの反発、薩摩藩の術中に陥って同藩に都合のよいかたちで駆使《くし》されかねないことへの不安と恐怖、容堂が上洛することによって兵庫開港が決定をみることへの反対、等々が主たる理由となった。いずれも、土佐藩ファーストの立場からの反対であった。

こうしたなか、容堂がいや応なしに上洛を決断せざるをえなくなる事態が新たに出現する。二月十九日、慶喜（幕府）は容堂（土佐側）に対し、きたる三月二十日頃までに兵庫開港問題について書面でもって意見を具申することと、併せて容堂の上洛を要請したのである（他に薩摩・宇和島・越前・尾張・紀州・因州・肥前・肥後の八藩に対しても、同様の要請がなされた）。兵庫の開港は、一度は文久二年（一八六二）に結ばれた「ロンドン覚書」によって延期されていたが、延期期間の終了が間近に迫っていた。そのため、イギリス公使のパークスなどからあらかじめ準備しておくようにとの要請をうけた。しかし、兵庫の開港は、同地が朝廷にとっての聖域である五畿内の一つ（摂津国。他は大和・山城・河内・和泉）にふくまれたこともあって、朝廷関係者が等しく忌み嫌いつづけてきたことであった。また、諸藩や民間の人士の間には、猛烈な反発心が渦巻いていた。

そこで、慶喜は、有力藩の力を借りて、兵庫開港を勅許にもっていこうとしたのである。すなわち、兵庫開港を支持する声が多い（したがって「公論」である）というかたちで、天皇および関白以下の朝廷上層部に圧力をかけ、兵庫開港を承認させようと図った。そして、このあと事態が慌《あわただ》しく動くことになる。有力藩に、いま先ほどのような要請をしながら、慶喜は三月五日に兵庫開港の勅許を幕府単独で求めた。兵庫開港はもはや避けがたいものの、諸藩の同意を得ないで開港を急げば、必ず「国内の沸騰」を「招」くとして、説得のために容堂が京都に派遣した家臣に対し、老中の板倉や監察の梅沢が語った慶喜の決断理由は次のようなものであった。かいつまんで述べれば、「天下有名の諸侯」の上洛を待って開港を実現しようとしたが、誰一人応じなかったので、やむなく「独断もって開港」を決意したというものであった（『国事史料』巻七）。

このあと、慶喜は、三月八日に、四月上旬に大坂で四ヵ国公使との謁見を挙行する旨を関係各国に通知することになる。

中央政局に乗り出す決意

が、幕府側の要請に対し、朝廷サイドは不許可の決定を下し、その後、三月二十二日、慶喜が再び勅許を要請することになる（この間、幕府サイドは、パークスに対し、兵庫は必ず予定された期日に開く旨回答した）。こうしたことを受けて、朝廷は、二十四の藩に対して、兵庫港を開くか否かについての意見を開陳させるため、急いで当主クラスの上洛を命じる。もちろん、その一人に容堂が含まれた。そして、容堂に上洛を命じる御沙汰書が、四月二日、高知に届く。ここに、藩庁も容堂も、ともに最終的な決意を固めざるをえなくなった。

ことここに至って、容堂は、自身の上洛に先立って、国是を全面的な開国に変えたいとの考えをまずは藩内に表明することになる。すなわち容堂は、慶応三年（一八六七）の四月段階で、先帝の意見（希望）よりも「諸侯会議」「公論」を上位に置くとの自分の考えを藩内に告げることになった。「容堂公、今度御上京は朝幕のため御尽力は勿論、兵庫開港に至っては、先帝の御遺志も鎖港を当然とせらると申せども、諸侯会議のうえ、公論にお従い遊ばされ、皇威を張り候よう御尽力の思し召し」だと藩内に触れられた（「下許武兵衛日記」〔『山内』第六編〕）。

兵庫開港の諾否は「公論」に従うとされてはいるものの、容堂の意思が開港の積極的な是認にあった以上、これは、土佐藩が交易の御利益《ごりやく》に与ることのできるかたちでの兵庫開港の実現をめざすことを暗に宣言したに他ならなかった。

ついで容堂は、事態を自分の理想とする方向にもっていく（国是を全面的な開国論に転換させる）ために、開国論者の寺村左膳と真辺栄三郎の両名に側用役を命じ、同行させることになる。寺村は、文久二年二月に中老職のポストにありながら、容堂公側用役近習目付等の兼帯を命じられた過去をもつ人物であった。が、その後、容堂とは性格が合わないと判断して容堂から離れていた（文久三年四月に辞職）が、再び容堂のたっての懇望によって側近中の側近として再び起用されたのである（四月十七日、寺村は、「当分御隠居様御側御用役兼帯取扱勤」と「御家老場御用取扱」を担うことを命じられた）。

容堂の上洛決定は、当然のことながら、その影響するところは大きかった。『丁卯雑拾録』一には、慶応三年四月六日京都発の情報が収録されている。「土州・薩州・阿州・伊予・因州右五大名近々参り候よしにて、所々下宿数多《あまた》これ有り候。土州大坂江四万人ほど参り居り候よし。尤《もっとも》十八才より四十才迄にて、願通り御聞き済みこれ無く候はば、戦争に及び候間、其節未練《みれん》なる働きこれ無き様（に）との申し聞（かせ？）の由」。内容の当否はひとまず置き、土佐藩が藩として中央政局に乗り出そうと壮絶な決意を固めたと受けとられた結果であった。

さらに、右の京都情報とも関係するが、四侯（なかでも久光と容堂）の上洛は、京都在住の諸藩士や庶民には、戦争の可能性が高まったと受けとられたようである。やはり『丁卯雑拾録』一所収の、四月二十一日、京都発の「書付」には、「島津も十四、五日比《ごろ》入京にあい成り、土州も今日入京と申す事にて、町々にては近日軍《いくさ》始り候とて、太切成《たいせつなる》道具は成《なる》だけ片付け候様子にて、至《いた》って謐《しず》まらざる事にて御座候。……右の様子にては来月はいづれ何事か差し起り候哉と存じ奉り候」とあった。

第七章　四侯会議と帰国

1　兵庫開港問題と長州藩処分問題

容堂の面目躍如

一月九日に新しい天皇が誕生（睦仁《むつひと》親王が践祚《せんそ》）するとともに始まった慶応三年（一八六七）は、幕府政治が終わりを告げる年となった。しかし、むろん大多数の者にとって、こうなるとは予知しえないなか、五月一日、容堂が上洛して来る（山内兵之助はそれより前の四月二十九日に上洛）。そして、この時、天衣無縫なパフォーマーとしての容堂の面目躍如たる行動が垣間見られることになる。乗馬が得意であった彼は、伏見から騎馬で京都市中に入ったのである。すなわち、伏見において「従者を退け、近臣わずかに六騎を率い」て京都入りした。いうまでもなく、これは警備面を考えれば、「英断」そのもの（ただし、無謀と置き換えられる）の行動であった（「下許武兵衛日記」〔『山内』第六編〕）。

そして、容堂が上洛したことで事態はどうなったか。不思議なことに京都市中は、大方の予想に反して、落ち着きを取り戻したとされる。このことを伝えるのが、五月十六日京都発（五月二十三日江戸着）の情報であった。ここには、いまにも戦争が始まるとの「風説」が街中に流れていたが、「昨夕は大いに静（鎮）まり、米相場も土州上京以来下落」に転じたとの情報が記されていた（『丁卯雑拾録』一）。高騰していた米穀の値段が、容堂の上洛後まもなく下落に転じ、それにつれて世情も落ち着きをみせたというのである。

兵庫開港問題をより重視

そうしたことはともかく、上洛当時の容堂の基本的な考え方は、何度も強調したように、兵庫開港許容論であった。そして、これは、当時、朝廷上層部と徳川慶喜の両者によって至急上洛することを求められたものの、病と称して京都にはやって来なかった大諸侯の大方《おおかた》が兵庫開港勅許論（数少ない例外は、岡山・鳥取両藩主の反対論）であったことを考慮すると、主流的な見解であった。

さらに加筆すると、当時、緊急に解決が求められていた、いま一つの大問題であった長州藩の処分問題よりも、容堂がこの問題をより重視していたことは間違いない。このことは、上洛前（国を出発する前）に春嶽に宛てた書簡（『続再夢』六）中に、「僕、宿疾いまだ快方を得ず候えども、此節兵庫等の大事件、実に切迫に付、勉強をもって来月中」出発すると記されていること一つとっても言えた。長州問題は、「兵庫等」の「等」のなかに含まれたのである。

容堂は、第二次長州戦争で長州側が事実上、勝利者の立場に立つに至った慶応二年（一八六六）八月段階になっても、いまだ同藩に対する嫌悪感を隠せない男であった。八月二十九日付で宗城に宛てた書簡（『山内』第五編）中に「長賊」と長州藩を罵る言葉を綴るような容堂にとって、まずなによりも関心があったのは、長州藩の復権ではなく、兵庫開港問題だったのである。

もっとも、上洛してからの容堂は、この後すぐに触れることになるが、長州問題を先に解決すべきだとする島津久光・伊達宗城両者の主張に接すると、理念的にはその方が望ましいとはしながらも、両問題の先後関係にはそれほど関心を払わなかった。そして、やがて両問題の同時解決を求めるようになる。

容堂がなによりも兵庫開港問題の解決に関心を抱いていたことは、京都入りした翌日（五月二日）、すでに京都入りしていた春嶽と宗城の両者が、容堂の許を訪れ、再会をはたした際に表明される。両名から兵庫開港の可否を問われた容堂は、「幕府において、すでに許容ありしうえは、朝廷においても勅許あらせられずては、局を結び難かるべし」と答えたのである（『続再夢』六）。ここには、かつて修好通商条約の調印問題が持ち上がった際、容堂が幕府限りの調印ではなく、天皇（朝廷）の承認をぜひとも必要とすると強く主張したのと同様の考えが示されていよう。容堂は、勅命でもって兵庫が開港されること

（すなわち朝廷主導による兵庫の開港）を求めたのである。

議奏の欠員補充問題

ところで、この日の三人の会合は、伊達宗城が、その日記に、「四年振、知己寄合大愉快（に）存候」と記したように、参預会議の解体以来、じつにひさしぶりの再会となった。そのためもあって、たいへん愉快な会合となったのである。

ついで五月四日、容堂・久光・宗城の三者は、福井藩邸に集合し、今後のことを話し合う。四侯が全員揃っての会合は、これまたひさしぶりであった。

彼らが、この日、じっくりと話し合ったのは、議奏を誰にするかという件であった。これより前、イギリス公使パークス一行の敦賀《つるが》行き（四月十五日に大坂を出発し、陸路、伏見・大津を経由して敦賀に向かった）を幕府の要請を受けて安易に許可したとして、政務担当の朝臣が攘夷派の浪士や公家から激しい攻撃をうけ、議奏三名と武家伝奏一名が関白によって罷免される事態が生じた。結果、関白の補佐役で、かつ天皇と日常的に接触する議奏に三名の欠員がでた（ただし、四月二十二日に柳原光愛《やなぎはらみつなる》が議奏に再任されたので欠員は二名となった）。議奏は、かつては幕府と朝廷との間にたって折衝役を果たす武家伝奏に比べて、著しくその地位は低かった。だが、天皇の政治的権威の急上昇を受けて、両者の関係は事実上逆転することになる。

そのため、自分たちの意見を朝政（延いては国政）に反映させるべく議奏欠員の至急補充が求められた。もっとも、この問題に関しては、容堂と春嶽の両名は、朝廷内の問題なので、自分たち武家が介入すべきではないと、どうやら考えたらしい。が、久光と宗城（なかでも久光）は、この問題に酷く執着《しゅうじゃく》した。朝廷内に在って、薩摩藩の意見を代弁させる廷臣の存在を必要としていたからである（そうしたこともあってか、パークスの敦賀行き問題は、薩摩側がイギリス側へ入説したことに因ったと、当時さかんに噂された。そして、この問題でとくに反発したのが会津藩関係者であった。四月十八日、会津藩の秋月悌次郎《あきづきていじろう》は、福井藩邸を訪れ、「夷人敦賀行は、まったく薩の作為と申し立て」た〔『越前藩幕末維新公用日記』〕。以下略して『公用日記』とする）。

久光と宗城の両者からは中御門経之と大原重徳（それに中山忠能）を推す意見が出されたなお、熊本藩士が収集した情報〔「一新録自筆状」『国事史料』巻七〕によると、容堂は、議奏職を至急補充する必要性は認めたものの、とくに誰をといった希望は言上しなかったらしい）。このあと、五月六日にも、四侯は摂政の二条斉敬（孝明天皇が前年末に没したあと即位した祐宮《さちのみや》〔のちの明治天皇〕の摂政に二条が就任した）と会い、欠員補充の要求を突きつけた。が、摂政は、優秀な人材を登用することは急務だと認めたものの、大原の登用に関しては過激すぎると拒否した。

2 薩摩藩と土佐藩の主導権争い

深刻となった容堂と久光（大久保）との対立

つづいて、このあと四侯間の話し合いは、新しく将軍職に就いた徳川慶喜と何時会うか（二条城へ何時登営するか）、当時の大問題であった兵庫開港と長州処分の両問題のどちらを優先して解決すべきかをめぐって、意見が交換されることになる。そして、この段階から、容堂と久光およびその側近であった大久保利通との対立が深刻なものとなってくる。

というのも、これが薩摩藩と土佐藩の中央政局における主導権争いに即つながったからである。当時、容堂側近の一人だった寺村左膳が残した「手記」によると、「長防御処置と兵庫開港の儀は、四藩真に同意、異論なし」であった。すなわち、いまとなっては長州藩への寛大な処分と兵庫開港はともに避けられないという点で四侯の認識は一致した。また同じく「手記」によると、容堂が「御著（着）京の節は薩論尤（最）盛んにて、伝議御欠職御人撰等の事に至っては、薩盟主の形有り、彼（＝薩摩藩）は先、吾（＝土佐藩）は後手也」であった。それが「御登営の一条」問題がでてから変わったと寺村は証言する。なぜか。

将軍への謁見問題は、久光（薩摩側）と容堂両者の政局に臨む根本的な姿勢の違いをもろに映しだすことになり、それが両者の主導権争いを招いたからである。薩摩側は寺村の「手記」中に、「薩登営を好まず、かつて云、此度の（久光の）上京、朝廷へ建言せんとす。幕（府）へ対し申すべき筋なし」と簡潔に記されたように、朝議のみを尊重しようとした。一方、容堂は、やはり「手記」中に、「吾が老公は朝幕よりの召《めし》に依りて来れり。ひとまず登営して、大樹公の意を聞き、のち朝幕へ建言せんのみ」とする立場に立った。久光（薩摩側）の立場は、いってみれば、同藩はもはや徳川将軍家との主従関係は認めないとの間接的な意思表示であった。薩摩藩にとって、主従関係にあるのは、天皇（朝廷）に対してのみだとの宣告であった。

これに対し、容堂の場合は、とりあえず、現時点では、これまでのありようを尊重して新しく将軍となった慶喜への代替わりの挨拶をしようとした。こうした両者の姿勢の違いが、登営問題をめぐる意見の相違となったが、結局は容堂（土佐側）の意見どおり、のちに四侯揃っての登営となった。つまり容堂（土佐側）の勝利で終わった（なお、この問題では、春嶽が容堂に、宗城が久光に同意した。そして、どうやら、この問題が引き金になったらしく、それまで良好であった容堂と宗城の関係がこのあとしばらく不良状態となる）。

くりかえされた過ち

さて、これから、慶喜（幕府側）と四侯側の動きを具体的に見ていく前に確認しておきたい点が、二つある。第一点は、容堂が前回の上洛時（すなわち参預会議時）の失敗を活かすことができなかったことである。参預会議時の容堂が、対立を深めた慶喜（幕府側）と久光（薩摩側）双方の間に立って、合意を形成する周旋役をまったく果たせなかったことで、幕末史の主役になりそこねたことについては既述した。だが、容堂は、今回も同様の過ちをくりかえすことになった。

要因は、いくつかある。一つは、徳川慶喜に対する容堂の評価がとにかく高く、それが慶喜との適度な距離を保たせなくさせたことである。反面、そのことが久光や宗城を必要以上に軽視することにつながった。このことは、五月二十日に春嶽に会った際の容堂の発言がすべてを語っている。容堂は春嶽に対し、①四月十六日になされたという慶喜の二条摂政への「無礼といへるは、芋の口実にして、決してあるべき理にあらず。虚唱悪《にく》むべき也」、②「大樹公（＝徳川慶喜）を薩・宇、嘲《あざけ》り候は天下の幸福ならずや。その意いかんといふに、英名なるを以って鬱陶《うっとう》しきゆへ嘲るなり」と告げた（「登京日記」）。ここに明らかとなるのは、慶喜の「英明」さに対する無条件の称賛と、容堂が久光・宗城の主張を慶喜に対する、いわば嫉妬心のレベルでしか捉えていない浅はかさである。これでは、とうてい周旋役をはたせるはずはなかった。

第二点は、右の第一点とも大いに関係するが、四侯の立場とその主張は、当初から、必ずしも同一ではなかったことである（この点については、のちに改めて取り上げることにしたい）。

四藩家臣の摂政邸への派遣問題

以上の二点をまず押さえたうえで、四侯が全員出揃った慶応三年（一八六七）五月以降の中央政局の動向をふりかえることにしたい。この段階に至って、はなはだ目につくのは、大久保利通が島津久光の背後にあって、政局を自らの都合のよい方向に誘導しようと画策しだすことである。いってみれば、それまで黒幕的存在に止まっていたのが、この段階で一気に白幕としての姿を顕わしはじめた。すなわち、五月四日に越前藩邸で開かれた四侯の会合時に久光に随行した大久保は、五月六日の夜に再び越前藩邸に詣でた。そして朝廷は「とかく御因循がちにあらせらる」ので、明日、四藩の家来を二条摂政の許に派遣して、議奏人事の速やかな決着を申し立てたいとの薩摩側のプランを毛受洪《めんじゅひろし》に伝えた（容堂の所へは西郷と吉井幸輔の両名が派遣され、薩摩側の考えを伝達した）。

プランの提示をうけた春嶽は、「四藩の家来」を摂政邸に派遣することには難色を示した。「朝廷いかに因循なればとて、家来を出し迫り奉るは不敬の恐れあり」というのが、その理由であった（『続再夢』六）。だが、これに対し、容堂は大久保（薩摩側）の提案に、この時点では理解を示した。それは、彼のなかに朝廷関係者（なかでも上層部）に対する極度の不信感が渦巻いていたからである。容堂は、薩摩側からの提案を受けると、さっそく動いた。五月七日の朝、西郷や大久保ともごく親しい関係にあった大目付の福岡孝弟を薩摩藩邸に向かわせ、自らの考えを伝えさせた。それは以下のようなものであった。「朝廷はかねて因循ゆえ、今日四藩家来を摂政殿へ差し出す事は至極同意なり。もっとも御迫り申す様子にては宜しからざれども、御急評を願ふまでの趣意なれば、随分厳しく申し立るかた、かえって朝廷御為《おんため》なるべし」。

この時点の容堂は、薩摩側の主張に至極同意したのである。それほど朝廷上層部が何事も決められず、無惨《むざん》な状況下にあったということであろう。ついで容堂の積極的な同意が得られたことで、五月七日と八日の両日、四藩の家臣が二条邸に至った。むろん、他三藩の家臣を取りしきったのは大久保であった。「殿下に拝謁、（大久保）市蔵より申し上げ置き候」こととなったのである（『宗城在京』）。しかし、朝廷上層部サイドの抵抗も強く、大久保らの要求は容易に受け入れられなかった（近衛忠熙は、これより前の五月三日夜、春嶽と宗城に対し、薩摩側が強く推す大原・中山・中御門の三名が議奏に登用されれば、「王政復古あるいは討幕等の説となるに相違なし」として拒絶する考えを表明した〔『公用日記』〕）。

そこで、五月十三日に、大久保をはじめとする四家の家臣が改めて二条摂政邸を訪問し、二条家の御用人と会って、「議奏御採用の事は、如何決せられしや」と尋ねることになる（『宗城在京』）。そして、この直後の十四日に長谷信篤《ながたにのぶあつ》が、同十六日に正親町《おおぎまち》三条実愛《さんじょうさねなる》が、それぞれ議奏職に任じられた。両人ともに、対幕強硬派ではなかったものの、それまでの幕府べったりの議奏とは明らかに違う姿勢の持ち主だったので、薩摩側の半ば思いどおりの結果になったといえる。そのため、この問題はひとまず一件落着となった。

ついで先ほど来《らい》の懸案事項であった登営問題でも大久保は口を出す。幕藩体制下にあっては、将軍の御膝元である江戸に諸侯がやって来れば、将軍に臣下として謁見するのが諸侯としての「礼」であった。したがって、四侯側としても将軍の慶喜に謁見すべく二条城に赴くことが、当時にあっては、至極当然のことであった。そして、四侯の内、宗城と春嶽の両名は、もはやすでに謁見の儀式を終えていた。残るは容堂と久光の両名であった。そして容堂は、早い段階での登営を希望し、久光は議奏人事が確定をみるまで登営を控えた（井上前掲書）。

こうしたなか、上洛してから一週間以上が経過した時点で、容堂が動く。五月九日に土佐藩邸にやって来た越前藩士の伊藤友四郎に対し、近習目付の神山郡廉を介して、「登営の件、徒《いたず》らに遅延しては不都合故、明日薩邸へ御集会の際、容堂より明後十一日は必ず登営ある様にと御相談に及ぶ」こと、および「その御相談に四家とも家来を加へては容易《たやす》く決せざるべければ、各《おのおの》主人のみの相談に止めたい」との、容堂の「内存」を伝えたのである。

大久保の大胆な発言

これは、むろん、「はやく御登営ある方然るべし」と考えての提案であった。だが、容堂の希望とは裏腹に、彼が脳と口のなかが痛いとの理由で十日の会合に出席しなかったこともあって、薩摩藩邸で開かれた三侯（春嶽・宗城・久光）の会合の席に、大久保らが陪席し、意見を言上することになった（家臣で陪席したのは、容堂の「名代」を命じられた神山郡廉や中根雪江《ゆきえ》らであった）。そして、この会合の席で容堂が案じたように、大久保から四侯の登営はぜひ見合わせるように願いたいとの発言が飛び出し、登営して将軍の「御趣意」を一応「伺」うべきだとする中根らと「互いに大論」に及ぶことになる（「大久保利通日記」）。

大久保の論は、「最早《もはや》（将軍の）御趣意（を）御伺いあい成らず候とも、（将軍の）御失体は顕然」なので、その必要はないというものだった。これは、大久保が、天下が混迷している現状は、ひとえに幕府の失政の結果だと見ていたことによった。すなわち、長州藩が「謝罪降伏」し、「討伐（追討）」の名目が消滅したにもかかわらず、再度征長戦を強行したのを失政の第一だとした。したがって、長州再征を幕府（将軍）が深く反省して、長州藩に対して下した処分（削地や藩主父子の官位取り上げなど）をただちに撤回すれば、それで事は済むとした。しかし、将軍の慶喜にそうする意思がない以上、久光が登営しても無駄だというのが大久保の考えであった。

そして、この日、大久保は、神山に対し、「容堂老公、御病気故、よんどころなく登営しがたき旨をもって幕府へ御断りあるべきか」と提案した。つまり、依然として体調不良状態にあった容堂のありようを口実にして、四侯サイドの登営を先延ばしにしようとの申し入れであった。

大久保利通（『京都維新史蹟』）

島津久光の承認を得たうえでのことであったにせよ、一介の藩士（しかも他藩の）としては、誠にありうべからざる大胆な提言であったと評せる。いや、有り体に記せば、これは調和優先の立場から、何事においても旧例・旧格や序列・順序が重視された当時にあっては、幕藩体制のありようを根本から否定する度し難い越権行為と受けとられても仕方のない提案であったとみなせる。現に、そのように受けとめる人物が現われた。その最たる一人が皮肉なことに、薩摩藩の縁家である近衛家の忠煕であった。

彼は、五月十二日、春嶽股肱の臣である中根雪江を招いて、ある依頼をした。それは、まず大久保の行動を厳しく批判することから始まった。「当節薩の大久保一蔵、全権にて頻《しき》りに諸方へ手を廻し、尽力周旋におよび、朝憲を立るを名として、却《かえ》って朝憲を乱す事少なからず」。このように語った忠熙は、つづいてきわめて率直に自分の感じている不安を中根に告げた。大久保の「手段」は、中御門と大原の両人を議奏に推挙し、そのあと、この両人を介して、万里小路博房《までのこうじひろふさ》・烏丸光徳《からすまるみつえ》の両者を武家伝奏に、正親町三条実愛・徳大寺実則の両者を議奏に、それぞれ就かせようとするものだが、「此等の人物、御登庸ありては忽《たちま》ち」朝廷内に「惑乱」が起こると、「はなはだ心痛」しているというのが不安の骨子であった。なかでも近衛がとくに案じたのは、「中御門・大原の党」が「朝廷に立つ事となれば、必定《ひつじょう》討幕論を発すべきか」という恐れであった（『続再夢』六）。

大久保のプランを断固拒絶

かように、大久保が「全権」つまり自分の一存で政局を思う方向に引っ張っていこうとしている状況を憂慮して、近衛忠熙は同じ藩士身分に属し、大久保とも行動をともにしている中根に、大久保の「説得」を依頼せざるをえなかった。こと、このような状況が到来するに至って、容堂は先ほど大久保からなされた提案を事実上大久保個人のそれだとして断固拒絶する行動に出る。大久保（薩摩側）のプランが提示された翌日（五月十一日）段階で、土佐藩の寺村左膳が松平春嶽に伝えた容堂の「存じ寄り（考え）」は、「容堂病気おおい軽快にもあり、かつ当上様（＝徳川慶喜）は一橋にあらせられし比《ころ》より格別に御懇命を蒙りし事故、一日も早く登営拝謁致したき存寄なり」というものであった（同前）。

そして、この考えに春嶽が同意し、このあと薩摩側には真辺栄三郎をもって容堂の考えが伝えられる（なお、容堂は、前々日にあたる五月九日に大目付の小笠原唯八に帰国を命じた。小笠原と福岡の両人はともに「討幕攘夷」派に属し、かねてから容堂の思し召しにかなわない人物だったが、「薩〔摩〕藩の模様」を「探索」するために京都に同行させた。しかし、薩摩側にすり寄り結託しようとする姿勢があまりにもめだつようになったため、こうした措置が講じられたのである）。この容堂の考えに対し、久光は「即答には及びがたし」と返答をひとまず保留した。ついで十二日、土佐藩邸で開かれた四侯会合の席で、四侯揃っての二条城登営の議が決定をみる（容堂は翌十三日の登営を主張したが、久光は二日続けての着座は辛《つら》いと訴えたため、十四日の登営となった）。

大久保と対立

こうしたことを念頭に置いて眺めると、真に興味深い史料に出くわす。「会津藩文書」中に「（五月六日に、四侯が二条摂政邸を訪問したあと、薩摩藩邸へ）御集会の節、大久保市蔵暴論申し募《つの》り、土州老侯御正義に御立ち居り」云々とあるのがそれである。すなわち、久光に随行した大久保が、四侯が出揃った席で、幕府権力を真向から否定するかのような「暴論」を吐いたのに対し、容堂がそれに反論をなしたという趣旨のものであった。そして、さらに、この日の衝突で、容堂と薩摩藩は「絶交」同様の状態にすらなったとされる。このことを伝えるのが『藤岡屋日記』である。左に該当箇所を挙げる。

（四侯）大同小異の御趣意これ有り。容堂には其中、大いに御論判と云、始終助幕の思し召し在らせられ候由。何日の御集会の節（に候哉）、薩の大久保市蔵稠人《ちゅうじん》（＝多くの人）中にて討幕論を公然とあい唱え候事これ有り。容堂侯御聞込にて、左様の説薩藩にてあい唱え候義に候はば、以来集会論議致しがたき旨、以後絶交同様の御口上振にて、御使者三藩へ遣わされ候哉の趣。右使者は五月十一日の事の由。

『藤岡屋日記』は、東京都公文書館に保存されている須藤《すどう》（藤岡屋）由蔵の手によって記録されたものである。同人は、外神田の御成道《おなりみち》で古本屋を営んでいたが、集めた情報を販売していたこともあってか、日記には結構、正確な史実が載っている。すくなくとも、事実無根とまではいえないものが多く含まれている。右の記述もその内の一つと考えられる。

そして、この記述と、前述の大久保の一連の行動とを絡《から》ませると、俄然《がぜん》、右の史料中の証言は一部分といえども真実味を帯びてくる。大久保がしゃしゃり出て、対幕強硬論を吐いたことを直接もしくは間接的に聞き、カチンときた容堂が、久光や大久保らと今後同席することを拒否する意思を表明した（すなわち、容堂と久光の関係が悪化した）ことは大いにありえたことである（より正確に記せば、もともと互いに親しみを感じあう関係にはなかった両者の関係が、はっきりと良くはなくなったということである）。

「一の密事」

なぜなら、容堂が大久保の陰険な裏面工作を嫌ったであろうことが窺える傍証（当時の史料）がやはり他にも存在するからである。五月十五日、議奏問題や登営問題と並んでいま一つの懸案事項であった兵庫開港問題に関して、容堂は春嶽を招き、「一の密事」を授けた。それは徳川慶喜が兵庫開港の「布告」を急ぐあまり、朝廷関係者が「十分」に「了解」しない内に（「勅許」を得ないまま）布告を出しかねないことを恐れた問題に関わった。

容堂の心配は、せっかちな慶喜が朝廷サイドの十分なる了解を得ないで布告を発せば、「姦人」の思う壺になるというものであった。容堂の言葉をそのまま借りれば、「幕府限り布告を発せらるる事あらんにはたちまち姦人の姦を成すものにて、実に一大事といふべきなり、勅許を降されて後、布告を発せらるるを肝要なりとす」（『続再夢』六）。このように語った容堂は、このあと、いかにも頭の良さを感じさせるプランを春嶽に対して示すことになる。

明日、中根雪江を在坂老中の板倉勝静（慶喜の数少ない信頼できる側近の一人であった）の許に至急派遣し、慶喜が自ら二条摂政邸に赴き、そこに「朝廷枢要の方々は伝議（武家伝奏と議奏）に至るまで召させられ、其《その》御席へ四人（＝四侯）も出、共に詮議する事となりなば、姦人姦を入るるの地なかるべし」というのが提案の骨子であった。そして、これに対し、春嶽が同意を表明したうえで、久光・宗城の両人にも相談すべきかと問うと、容堂は即座に「決して談ずべからず」と応じた。「もし、これを談ずる時は、姦人の耳に入るは必然なり」というのが、その理由であった。そして、さらに、そのうえで、「此事は、今後四人登営の際、大樹公唐突に発言せらるるを妙とすべきなり」と申し添えた。

「姦人は大久保一蔵」

ここで言われている「姦人」が具体的に誰を指すかといえば、いうまでもなく、大久保利通に他ならなかった。というのは、越前側の別の記録である「登京日記」には、このあと春嶽と容堂両者の「雑話」として、次のようなやりとりがなされたことが記されているからである。「方今小松帯刀は随分筋道も分り宜《よろし》く、姦人は大久保一蔵なり。此人ひとり全権に当り、天下を乱し、朝幕を紛乱せしむ。悪むべきの甚しきなり」。

とにかく、この時点の容堂は、他の誰よりも、大久保の権謀術数家としての存在と、自分一己の意見や判断を「正義」「公議」だとして相手に押しつけ、有無を言わせない、その強引なありよう（大久保自身も、こうした自らのありようを「私儀、逆上《ぎゃくじょう》の宿僻御座候」と認めていた）を極度に恐れていたのである。それがこのようなプランの提示となった。したがって、傍目《はため》には、自らの下級藩士としての身分など弁《わきま》えずに、傲慢・無礼な言動をなしているように見える大久保に対し、堪《こら》え性《しょう》がない容堂が大いに反発し、大久保と容堂の両人が会議の席で激しく渡り合ったとしても、いっこうに不思議ではなかったと思える。すくなくとも、そうしたことがあった可能性を一概に否定するわけにはいかない。

ちなみに、容堂と大久保両人の個人的な関係性について、ほんの少し詮索してみたい。容堂と西郷との個人的な関係性についてふれた箇所で、容堂には西郷への嫌悪感らしきものは窺えないのに、大久保に対しては嫌悪感丸出しのところがあったと書いた。これは、勝手な推量を下すと、西郷が秀れていたかどうかはひとまず置き、「戦略家」の域に止まったのに対し、大久保が策（謀）略家の域にまで踏み入ったことによろう。すなわち、西郷とは違って、軍人ではなく、徹頭徹尾、政治家であった大久保には、目的を達成するためには、策（謀）略をあえて講じる非情さがあった。

換言すれば、大久保には、政治は実権を取らなければ駄目だし、衆議を尊重してばかりいれば物事は先に進まないという思いがひと一倍あった。それが権謀術数をめぐらしてでも実権を握り、専断を厭わない行動につながった（なお、ここ二、三十年ほどの間の大久保研究では、トップリーダーとして望ましい資質を備え、「人望」のあった清潔な政治家だったとの高い評価が多く見られるが、それは巨大な敵が消滅し、格段に穏やかとなった明治期に入ってからの大久保の姿に対してのみ該当するものである）。しかし、その分、のびのびとした爽快《そうかい》さなどとは無縁の、押しの強い陰湿な印象を敵対勢力のみならず、身近な存在にまで与えることになる。

いささか話が脇道にそれたが、こうした大久保の確乎たるあり方が、とかく「愉快」な気分を重んじた容堂にとって、大久保特有の温かな言い回しのできない「やり切れない厭らしさ」と受けとられたのではなかろうか。そして、このような嫌な思いが、容堂の胸のなかに徐々に蓄積されていって、それが爆発して大久保との激論（対立）となったのではなかろうか。私には、その可能性が七〇パーセントくらいあるように思われる。

容堂の提案を即受け入れた慶喜

そうしたことはともかく、容堂のプランに賛同した春嶽は、さっそく翌五月十六日、中根を板倉の許に派遣して容堂の考えを説明し、「殊の外」の「満悦」を獲得し、併せて将軍への具申が約束される。そして、翌々日の十八日付で、板倉から春嶽に宛てて送られた書簡において、「容堂見込みの処」を慶喜に伝えたところ、「至極尤《もっとも》の見込み（と）思し召し候」との返辞がなされる（『続再夢』六）。これより少し前の五月六日、慶喜股肱の臣であった原市之進は、自分を訪ねてきた越前藩の中根雪江に対し、「大久保一蔵は頑然動かず、終《つい》には天下の害を惹き起すべし」と語り、中根の同意（「いかにも……姦雄なり」）を得ていた（同前）。したがって、側近中の側近に、こうした見方を抱く人物がいた以上、将軍の徳川慶喜が容堂の提案を即受け入れたのは、けだし当然のことであった。

慶喜と四侯の対立を強調する長年の枠組み

ここで長年の幕末政治史のいわば「常識」となっている基本的な見方（認識）に対して疑義を呈しておきたい。四侯があいついで上洛してきて、将軍の徳川慶喜と長州処分問題および兵庫開港問題について話し合った段階は、幕末政治史において最も重要な時期の一つだとされる。両問題のどちらを優先して解決すべきかをめぐる四侯側と慶喜側の対立、およびその後の慶喜による強引な勅許の獲得によって敗れた四侯サイドが、幕府との対決姿勢を強めたことが重視されてきた。とくに薩摩藩はこの段階を画期として、藩を挙げて武力倒幕路線に転じたことが強調されてきた。

その際、従来の研究史では、四侯と一括りにして、四者の差異にそれほど目を向けない傾向が強い。たとえば、井上前掲書には、「ながく行動をともにしてきただけに、四名の関係は親密であった」と四侯を「親密な集団」と規定した。つまり、常に協調・連携関係にあったかのようにみなした。そして、こうした理解の延長線上に、「天皇の簾前《れんぜん》で長州処分問題と兵庫開港問題について話し合ったこの会議は、両件いずれを先決事項とするかをめぐり将軍徳川慶喜と島津久光ら四侯が対立して決裂、国是の確定に至ることなく終わった」との評価が通説的位置を占めることになる（友田昌宏「明治政府草創期における国是・官制と福岡孝弟」）。

しかし、四侯といっても、その置かれた立場と彼らが採った対応策（考え方）には大きな違いがあった。前者に関していえば、四侯のなかで明らかに上席を占めた（身分階層秩序で上位に位置づけられた）のは松平春嶽だった。このことは、四侯揃っての二条城への登営を決めた五月十二日の会合での春嶽の発言が参考になる。春嶽は、五月十四日に登営したら、自分から「兵庫開港・長州御所置（両問題）の順序を（将軍がどう考えているかを）伺ひて然るべきか」と尋ね、久光以下の同意を得る。さらに春嶽は、当日、「拙者上席に着座すべければ、諸事拙者のする処に準ぜられなば、別にむずかしき事あらざるべし」とも告げた（『続再夢』六）。これは、徳川将軍家との由緒や親疎関係等の違いからくる上下関係を示すものだったが、むろんすべての大名にも適用しえた。やはり親藩（家門）の春嶽と外様藩の久光以下とでは身分的序列が違い、対等ではなかったのである（その他、幕議に堂々と参列しえた春嶽と相談に与る立場に止まった容堂以下とでは決定的な違いがあった）。

四侯間の意見の相違

他方、後者に関していえば、四侯間の対応策（考え方）にも大きな違いが見られた。なかでも、島津久光（薩摩藩）と山内容堂のそれには、かなりの隔《へだ》たりがあった。久光（薩摩側）には、徳川将軍家を自分たちと限りなく同格の大名家のレベルにまで引きずりおろそうとの野心が見え隠れしたが、この時点の容堂には、そうした野心はまったくなかった。したがって、四侯と一括りにはしえないのである。また、容堂は、春嶽の幕府の親族としての立場を尊重し、幕府サイドとの交渉にあたっては、春嶽を押し立てようとした。その方が、春嶽の顔も立つし、容堂にとっても自分の意見を幕（国）政に反映させやすいと考えてのことであった。しかし、久光（薩摩藩）は、そうではなかった。

こうした四侯の置かれた立場や主張の違いを考慮しない、徳川慶喜（幕府）と四侯の対立を強調する枠組みの設定は不完全だとの誹《そし》りを免れることはできまい。そして、四侯間の意見の相違は、如上の問題以外に兵庫開港と長州処分のどちらを優先して解決するかという問題をめぐっても生じた。さらに、この過程で軽視しえないのは、それまで容堂ときわめて親密な間柄であった伊達宗城が久光寄りの姿勢を強め、そのことで容堂との間に透《す》き間《ま》風が吹き出したことである。きっかけの一つとなったのが、この優先問題であった。

久光と宗城の両者は、よく知られているように、兵庫開港問題よりも長州処分問題の解決が急がれているとの立場を持した。なかでも、長州問題の解決を優先することを強く主張したのが伊達宗城であった。そして、この意見に、自分の考えと「符合」するとして、島津久光がただちに同意した。ついで、善は急げということで、久光から芸州広島藩を介して、長州藩に赦罪《しゃざい》を求める歎願書を提出させ、これを受けて長州問題の根本的な解決を図ろうとの意見が出されることになる（『宗城在京』）。

一方、春嶽と容堂の両者は、国内人心の安定を考えれば、長州処分問題の解決を優先するのが望ましいとはしたものの、それは建て前にとどまった。兵庫開港問題の緊急性も十分に理解していたからである。それと、容堂の場合、薩摩側がとくに強く主張した国内各層の分裂をそもそも招いた要因は幕府の無謀な長州征討に因るのだから、まずこの件から解決しなければならないとする、その主張に一定程度の正当さを認めながらも、いかがわしさをも感じる立場にあった。また長州への嫌悪感をいまだぬぐえないでいた。

いずれにせよ、容堂のより本音に近い気持ちを忖度《そんたく》すれば、薩摩側の主張は幕府側を困らせるための嫌がらせ行為に他ならないと見抜いていた。たとえば、薩摩側も内実は兵庫開港を望んでいたにもかかわらず、議奏人事において、猛烈な攘夷主義者だった大原重徳の起用に執拗にこだわった。これなど、嫌がらせ以外の何物でもなかったろう。そして、その黒幕が大久保であったことが、容堂の薩摩側（なかでも大久保）に対する厭な気分をいっそう駆り立てることになったのはほぼ間違いない。元来、容堂は、酒好きの気分の好い封建支配者であった。そうした容堂から見れば、大久保は先ほども触れたように、陰険そのものの策（謀）略家であった。そして、容堂にすれば、宗城は、こうした薩摩が「こわく」て、同調しているのだとした（五月十五日、春嶽に対して語った言葉〔「登京日記」〕）。

そして、このような認識は、慶喜サイドも共有していた。たとえば、このことは、五月十九日に中根雪江に対し、慶喜側近の原市之進が次のように語ったことでも明らかである。「薩は幕（府）の小なる非をも見出して大なる非に作り、あるいは無き事をあるやうに申しなし、悪口を朝より夕まで考へすまし候義悪むべし」「宇和島も大罪也、悪口をいひたく、畢竟芋へ阿諛曲従《あゆきょくじゅう》せり。容・越の眼識明なること日月のごとし」（同前）。ここには四侯が、久光・宗城と容堂・春嶽の二派に分かれるとの見識が示されている。

対応の仕方に問題があった慶喜

それはともかく、薩摩側および宗城と距離を置く容堂および春嶽の立場が、このあと優先問題における二件同時の勅許をめざすというプランの提示につながることになる。が、その話に入る前に、取り上げておく必要があるのは、四侯が二派に分かれたのには、将軍であった徳川慶喜の対応が多少もしくは大いに関係したかもしれないことである。というのは、ようやくのことで四侯全員が二条城への登営をはたした五月十四日の慶喜の対応に、少々問題があったらしいからである。この日は、四侯への饗応がなされた際、慶喜の強い希望で四侯全員の写真が撮られたことでも知られる。そして、外国側へ対し、兵庫開港の布告を急ぐ立場にあった慶喜は、この日の会合の席で、外国側に布告する前に、国内へは「すでに来月」をもって布告することを、自分は決心したと告げたらしい（「登京日記」）。つまり、なにがなんでも外国側への布告を急ぐとの決意表明であった。

また、熊本藩関係者が入手した情報（『国事史料』巻七）によると、慶喜は三家老の斬首等ですでに長州藩の処分は済んだとする宗城や久光の主張に対し、長州側にはいまだ「罪状」があるとして、「大赦」には同意しなかったという。これでは、はじめから相談にはならなかったであろう。容堂が心配したのも真に無理はなかったのである。そのうえ、この日、老中らを参列させず、たった一人でホスト役を務めた慶喜は、どうやら、飲酒の影響もあってか、四侯のなかでも、とくに久光と宗城の両者を馬鹿にするかのような口吻《こうふん》を時に洩らしたようである。

慶喜への諭告を依頼

このことを見逃さなかったのが容堂であった。彼は、後日（五月十八日）、越前藩重臣の中根雪江に対して、先日（五月十四日）、登営した際の将軍との話し合いで、自分と春嶽の両人は、「大樹公（＝徳川慶喜）の仰せられし趣は、御《ご》尤《もっとも》至極《しごく》」だと受けとめたが、久光と宗城の両者はそうではなかったようだと告げた。すなわち久光らは、慶喜に対して、自分らと相談してやっていく気持ちはなく、「やはり幕威を張らんとせらるやとの疑念あるに似たり」と伝えた。

そして、こう述べたうえで、容堂は、明日（五月十九日）に予定されている「（自分を除く三侯）登営の時、もし過日のごとき、御口気あらんには、いよいよ疑念を深むるに至るべければ、何事も協力同心の御趣意に出られん事を希望するなり」とさらに申し添えた。

これは、明らかに、五月十四日の会合で、慶喜が上から目（視）線に立って、一方的に自分の決心を告げたことに対する懸念の表明であった。と同時に、久光と宗城の両人を翻《ほん》弄《ろう》し、時に馬鹿にするかのような態度を取ったらしいことへの反省を促す発言でもあったろう。慶喜に好意的な見方をすれば、このような席では、あえてざっくばらんに振る舞おうとする慶喜に対し、はるか年長者の久光と宗城の両者が馴れ馴れしく無礼だと受けとめた可能性は否定しえないであろう。そして容堂が、このことに、いち早く気づいたのも、自らのなかに、自信家であるあまり、とかく他人を愚弄《ぐろう》する傾向があったからであろう。つまり、慶喜のなかに、おのれの不備を見出した。

それはおき、容堂は、慶喜がこれからは、一方的に自分の考えを言い張るのではなく、低姿勢で久光と宗城の両者に接するように、中根を介して老中の板倉に申し入れることを、春嶽に要請したのである。容堂が指摘したように、こうした点が徳川慶喜の至らない点であった。そして、慶喜と久光・宗城の両者が、これ以降、格段に対立を深めるようになった一因は、間違いなく、こうした慶喜のありようにあった。

話を若干元に戻そう。容堂の先ほどの提案は、さっそく、五月十九日、慶喜によって実行に移された。すなわち慶喜は、この日、登営した容堂を除く三侯との会議を終えたあと、彼らと連れ立って二条摂政邸へ出かけた。そして、「一時（に）御決評にあい成り候はば然るべき段（を）申し入」れた（『公用日記』）。しかし、朝廷要路の者を全員呼んで問題を一気に、この日、解決しようとした容堂・春嶽・慶喜ラインの試みは実現するまでには至らなかったようである。摂政の二条斉敬が恐れをなして実行に移そうとはしなかったのが事の真相だったと思われる。

帰国を決意

こうしたなか、二件同時勅許のプランが春嶽・容堂の両名から提出されると、幕府（慶喜）側には願ってもない状況打開策として積極的に受け入れられることになる。ごく普通に考えれば、春嶽および容堂のプランはすこぶる「正論」であったといえる。二件とも同時に勅許を獲得すれば、長年の懸案に一気にケリがつくからである。どちらかを先に解決しなければならないとする立場にたてば、その分、解決に要する時間は長引くことになる。だが、宗城や久光（薩摩）は、あくまでも長州問題の解決を優先すべきだとして二件同時勅許に反対した。もっとも、久光は当初、二件同時勅許にいったん同意したが、あとでおそらく大久保あたりが強硬に異論を唱えたため、反論に転じたのであろう。このことをもって、容堂は薩摩側に対する、さらなる嫌悪感を隠せなくなる。

ついで、こうした嫌悪感の増大と、五月九日以来、彼の体調が一段と悪化したこと、およびもはや主張すべきことは主張したとの思いが、容堂をして帰国を決意させることになった。

なお、この時点の容堂の立場（主張）を、ここでいま一度、総括すると、次のようにまとめることができる。それは、五月二十日に、彼が春嶽と宗城に対して改めて表明した言葉による。容堂は、まず①長州問題を解決したあと「開港布告」問題に取り組むのがベターだが、期限の問題があるので、二件同時に片付けるのが良い。②将軍と四侯が一緒に二条摂政の許に行き、問題を解決するのが「至極御尤」だ。③兵庫の開港は、幕府と諸藩が要請し、それを朝議にかけた後、天皇が許可する形式を採らねばならないというものであった。ついで、このあと、宗城が土佐藩邸を出るやいなや、容堂は春嶽に対し、「(宗城は)昨日市蔵に余程やられたと見へる」と笑ったという。さらに、そのうえで大久保のライヴァルであった原市之進の印象を、「まだ若きに、よく事の解る男じゃ。頼もしき若者じゃ」とも告げたという(以上、『公用日記』による)。

この一連の発言によって、四侯会議時の容堂の立場(主張)は読みとれるであろう。彼は、薩摩側(なかでも大久保利通)に極度の嫌悪感を抱いたまま帰国することになったのである。むろん、本来ならば、結末を見届けてから容堂は帰国を願い出ねばならなかったが、見通しが早いというか、粘《ねば》り気《け》に乏しいというか、何事においても忍耐力に欠けた容堂は、幕府に対しては五月二十日、朝廷に対しては翌二十一日に帰国の許可を願い出る。そして彼は、五月二十一日に春嶽を招いて帰国の斡旋を託したあと、二十三日に朝廷の許可がでると、二十七日に早々と帰国の途につく。容堂は、またしても、前回の失敗に学ぶことなく、幕末史の主役となれるチャンスを、みずから手離したのである。

二件同時勅許

それはおき、この間、五月二十三日に四侯連名の建白書が老中の板倉勝静に提出され、ついで将軍の徳川慶喜と松平春嶽（それに遅れて伊達宗城）が参内し、奏上がなされた結果、翌二十四日に長州藩の寛大な処分を命じ、かつ兵庫開港を認める旨の勅許が幕府に降る。ただ、この勅許には大きな問題点が残った。朝廷側は、「断然たる御英断」をもってこの二件を勅許したのではなく、「ただただ（四侯ら）他人の申すに随ひ、やむをえず」許したことを強調する趣旨の文面だったからである。これでは、徳川慶喜は別格として、責任が四侯および薩・土・宇・越の四藩にも転化され、彼らが矢面《やおもて》に立たされることになるのは目に見えた。そして、朝廷上層部の意図（狙い）もそこにあった。そのため、四侯の連名で抗議の書面（同書）が朝廷に対して二十六日に提出されることになる（書面を作成し提出したのは薩摩藩関係者で、かつ容堂の名は薩摩サイドが容堂に断わらずに勝手に付け足したものであった。が、容堂としても勅命による真の兵庫開港ではなかったことに加え、朝廷が具体的な長州処分案を提示しなかったことに失望した点では同様だったので、事後承諾を与えた）。

また、漠然と長州藩の処分は寛大なものにすると表明されただけだったので、このあと幕府サイドと薩摩藩サイドとの間に、具体策をめぐって対立が生じた。禁門の変時に、長州藩サイドが犯した過《あやま》ちを謝罪する藩主名の文書の提出を受けたうえで、長州藩主父子の官位を旧に復すなどの措置を講ずるのが手続き上、妥当だとする幕府サイドと、それはもはや不要だとする薩摩藩サイドの対立が再燃し、収拾がつかなくなる。こうしたなか、容堂はなんら発言することなく、京の地をあとにすることになったのである。

あまりの無常識さ

ところで、帰国前日から帰国当日の容堂に関しては、常識人ではおよそ考えられない彼の無常識さが、またもや垣間《かいま》見られることになった。

容堂帰国の前日（五月二十六日）、徳川慶喜は原市之進をもっていま一度相談したいことがあるとの理由の下、二条城への登営を容堂に求めた。これに対し、容堂側近の寺村左膳は、「大病を唱えて急速の暇を願」った経緯や他の三藩に対して申し開きができない（久光以下の三者は、いましばらく滞京して、事態の推移を見守ることにした）ことを理由に、この申し出は受けるべきではないと容堂に進言しようとした。だが、すでに決定をみているとして、容堂は、この常識人の進言を拒絶して出向くことになる（「寺村左膳手記」）。そのため、さっそく鳥取藩の在京家老が国元に報じた書簡（『慶徳』四）中に、「御病気の処、いかがと存じ奉り候」と記されることになる。また鳥取藩主の池田慶徳が弟に宛てた六月五日付の書簡（同前）でも、「登営は病中の（病気で引き籠もっているとの）申し立てに不似合」だと批判されることになる。

この段階で容堂の二条城への登営を求めた慶喜も慶喜だが、それに応じた容堂のあまりの無常識さには、とにかく心底驚かされる。文久三年（一八六三）十一月の時点で、中川宮が慶喜のことを「気質偏頗《へんぱ》なり」と評したことがある（『続再夢』二）。これは容堂にも当てはまった。彼ら両名にはバランスのとれない一面が確かに隠されていたのである。そして、これが二人しての無常識な行動につながった。

ついで容堂の無常識さは、翌日の帰国の際にも発揮されることになる。彼は、雨が降りしきるなか、「御馬にて御機嫌よく御発駕《はつが》遊ばされ」たのである。駕籠でなく乗馬だったことは、その姿が多くの人びとに見られたということであった。

彼は、病気を理由に退京を余儀なくされた（これは真実であった）にもかかわらず、「お忍《しの》び」ではなく、あたかも健康人であったかのように、堂々と京都の地をあとにしたのである。

3　土佐藩の建白路線

中央政局の泥沼化

さて、かように、容堂は、大久保が黒幕的役割を果たした久光・宗城ラインへの反感を抱いて帰国した（六月二日、高知着）。容堂の離京を促した最たる原因の一つが久光（薩摩藩）ならびに宗城との対立だったことは、帰国後まもない六月六日付で、盟友の松平春嶽に宛てた容堂の帰国挨拶文中に、「大芋（＝島津久光）・長面（＝伊達宗城）両兄、あい替（変）らず策略多端と想像」云々と記されていたことでも明らかである。

もっとも、薩摩側にも、当然のことながら、言い分はあった。来高した西郷に対し、「もちろん、此度に至っては、事を終えずして済むべき訳にはこれ無し。其儀は屹度《きっと》心得居る」と、大見得を切っていただけに（慶応三年〔一八六七〕二月十九日付で小笠原唯八に宛てた福岡孝弟の書簡中に見える容堂の言葉〔『山内』第五編〕）、容堂の想定外ともいえる短時日での帰国は、裏切り行為だと映ったのである。そのため、容堂の帰国途上を見届けた薩摩藩士のなかには、「ゆうべ見た見た四条の橋で、丸に柏葉（山内家の紋章は丸に三葉柏《みつばかしわ》であった）の尾が見へた」と、容堂を揶揄《やゆ》する文句をその後、囃《はや》し立てる者もでたという（『佐佐木』二）。

　現に京都から土佐の国元にもたらされた情報によると、容堂は大した病気でもない（「微恙《びよう》」）のに、「いまだ神算（＝霊妙なはかりごと）を審《つま》（び）らかに」せずして出京したと見る者が多かったようである（「下許武兵衛日記」〔『山内』第六編〕）。帰国直前に容堂が採った行動から、そのようにみなされ、非難されても、仕方がなかったといえよう。

　そして、当然といえば当然だが、容堂の突然の帰国は、その存在が巨大であっただけに、波紋を引き起こした。たとえば、一例を紹介すると、熊本藩関係者などは、「容堂侯の御帰国、実に不審千万」だとして、情報の収集に努めた。そして、六月三日の朝になって、ようやく真相が判ったとして国元に報告書を提出した（『国事史料』巻七）。それは、「容堂侯」は「薩（摩藩）の手先に使」われているとする「幕府の大奸計」にもとづく「離間《りかん》策」に、「御思慮薄く、殊《こと》に御短気の御方」である「容堂侯」が「欺かれたるに相違これ無し」というものであった。情報の出処《でどころ》および事の真相は確認しえないが、容堂の帰国理由はこのように解釈されたのである。

抜かりがなかった薩土双方

　そうしたことはともかく、薩摩側も容堂もともに、容堂退去後の手は抜かりなく打った。西郷らは、五月十八日に江戸から上洛してきた対幕強硬論者の板垣退助と二十一日に小松帯刀の寓居で会い、中岡慎太郎や谷干城（守部）の立ち合いの下、挙兵を誓い合うとともに、江戸の土佐藩邸に匿《かくま》っていた水戸浪士たちを江戸の薩摩藩邸に移すことで合意する。

板垣は、慶応元年（一八六五）の正月に大監察の役職を辞して江戸へ向かい、同地で西洋式の騎兵術を学んでいた。そして、事態が急迫し、同志から上洛を促されると、それに応じ京都入りを果たした。ついで、五月十九日に「諫死《かんし》」（容堂に自分の思いのたけをぶつけて、聞き容れられなかったら腹を切る）をするつもりで容堂に御目通《おめどお》りを願ったが許されなかった。おそらく、板垣が武力倒幕の決行を促すことを予想しての対応であったと思われる。もっとも、三日後の二十二日には、容堂は、やむなく板垣と会い、案の定、対幕強硬論を聞かされ、「退助また大言壮語するか」と、苦笑いしたとの逸話が残されている。

つづいて、このあと西郷は、五月二十二日に久光の使者として土佐藩邸を訪れ、容堂とは会えなかったため、寺村の「同役」に対し、容堂の実弟である山内兵之助（豊積《とよつむ》）を、容堂の代わりとして京都に残して欲しいと依頼し、これは実現をみる。なお兵之助の滞京は、宗城も希望した。さすが年長者の宗城は容堂がこのまま兵士を引き連れて土佐に帰れば、「土は三藩と議論合わず帰り候など、離間浮説もこれ有るべく、また兵まで帰られ候ては勢いも抜け宜しからず候」と心配し、五月二十二日、家臣の西園寺雪江を土佐藩邸に派遣し、兵之助の滞京とそれなりの数の兵士を京に残すことを進言した（『宗城在京』）。

だが、容堂も、この点に関しては抜かりがなかった。容堂は帰国にあたって兵之助を京都に残すことを了承したが、この人物には信を置いていなかった。吉田東洋が暗殺された際、武市瑞山の逮捕を止めさせ、反吉田派の政権を樹立する工作をおこなうなど、勤王党のシンパと考えられる人物だったからである（知野文哉『「坂本龍馬」の誕生』）。そうしたこともあって、容堂は兵之助を「殊に御浅慮」（『寺村日記』の五月二十九日条）と評していた。それ故、容堂は、兵之助に政治問題から遠ざかり、ひたすら京都の守衛に専念すること、何事かあれば国元に急報することを指令するとともに、福岡・寺村・真辺の三名に補佐（事実上は、兵之助の監視）を命じて京都を去ることになった。

帰国後の容堂は、中央政局が泥沼化の様相を帯び、薩摩藩内の対幕強硬派や武力倒幕を目論む浪士等による挙兵の動きが一段とめだつようになるなか、土佐藩の一藩規模での富国強兵路線の推進にいっそう力を注ぐことになった。これは、坂本龍馬も鋭く見抜いていたように、かつての佐幕一本やりの路線ではまったくなかった。すなわち龍馬は、この年二月十四日付の書簡（『木戸孝允関係文書』四）で、木戸孝允に対し、「此頃は土佐国は一新の起点あい見へ申し候。……。当時にても土佐国は幕（府）の役には立ち申さざる位の所はあい運び申し候。今年七、八月にもあい成り候得ば、事により昔の長薩土とあい成り申すべくと相楽しみ居り申し候」と報じていた。

後藤象二郎の上洛

龍馬は、容堂主導下の土佐藩の本質的なありようを鋭敏な感覚で把握していたのである。それはおき、容堂が帰国した翌月（七月）には、早くも画期的な兵制改革令が発表された。歩兵隊（銃隊）が組織されるとともに、西洋兵式が採用された（平尾道雄『山内容堂』）。

そして、土佐藩の富国強兵路線の延長線上に急浮上してきたのが仕置役後藤象二郎の存在であった。彼は、前年、蒸気船購入の藩命（後藤の進言を容堂が受け入れた結果でもあった）によって長崎に出向いたが、若干の蒸気船の購入に成功したあと、「時勢切迫」の情報（ごく近い内に薩長両藩が武力倒幕に立ち上がり、土佐藩の有志などがそれに加担するといったもの）を知って上洛してくる（後藤の後年の回想によれば、長崎にいる時分、容堂から書面が来て、自分〔容堂〕の今回の上洛について、何か意見があれば申し送るべし、また京都に来いと促されたという）。後藤の上洛は慶応三年六月中旬時点のことであった。

薩土盟約の成立

後藤は、この時、長崎で知り合った坂本龍馬（彼はすでに慶応二年〔一八六六〕八月段階で大

後藤象二郎（『京都維新史蹟』）

政奉還論を提起していた）とも合意した状況打開策として、将軍に政権の返上と将軍辞職を働きかけ、その建白を将軍が受理することで事態の根本的な打開を図る方策を、寺村・福岡・真辺といった在京土佐藩重役および上洛したばかりの土佐藩仕置役の由比猪内と大監察の佐佐木高行に提示し、同意を得る。すなわち、後藤の論は、政令二途気味である（朝廷と幕府から、しばしば別箇の指令が出された）現況を改め、天皇の下に一元的に国を支配する集権体制（中央集権国家）の確立を志向するものであった。

これは、明らかに、公武合体論的（つまり幕藩体制を擁護する）立場を乗り越えた次元での政治体制の確立をめざすものであった。

ついで後藤は、小松帯刀や西郷と初めて会い、長州処分問題や兵庫開港問題、あるいは三条実美らの帰洛問題などは「枝葉」の問題であること、これからは「大条理」に立って、将軍に政権の返上と将軍職の辞退を要請し、それが受け入れられたあと、京の地に日本全土にわたる問題を討議決定する議決機関を設立するとの雄大な公議政体構想（プラン）を提示し、西郷らの同意が得られたことで、在京薩土両藩首脳間に盟約が成立する（六月二十二日、「薩土盟約」の成立。ついで、このあと、薩摩・土佐両藩主の同意が得られたことで、薩摩藩と土佐藩の公式の盟約となる）。

西郷らが後藤（土佐側）の提案に「渡りに船」と飛びついたのは、自分たちの考える対幕強硬路線がいまだ薩摩藩内のみならず、有力藩内にも多くの同志を獲得するには至っていない状況下、後藤らから建白書を提出したうえで将軍が拒否すれば、それを口実にただちに挙兵の手段にでるとするシナリオを提示されたからであった。すなわち、万が一、将軍が政権を朝廷に返上して王政復古が成就すれば、それはそれでよい、反対に大政奉還運動が失敗すれば、武力倒幕に踏み切るうえで公然たる名目がたち、いずれにしても、西郷らにとっては好都合なプランの提示だったのである（なお、後藤は、西郷らの気を引くために、将軍はほぼ確実に土佐側の建白を受け入れないだろうと告げたようである）。

それと、西郷らが後藤の提案を受け入れたのには、この直前、芸州（広島）藩家老の辻将曹《まさとも》から、薩摩藩の家老であった小松帯刀に対し、将軍へ建白という手段によって、政権の返上を促すプランが提示され、小松が賛同したことが関係したであろう（青山忠正「慶応三年一二月九日の政変」）。すなわち、大政奉還の実現に向けて時勢が急速に進行しつつあった。もっとも、そうしたことよりも、やはりなんといっても、後藤の意見が対幕強硬派の中岡慎太郎ですら、「公平共和の論」「正々堂々の論」と認めたほどの「正論」であったことが大きく関係したといえよう。後藤は、幕府が単独で国政を担当するこれまでのありようは、幕府による「私政」であって条理上おかしいこと、これからは朝廷内に新たに設置される議事院（上・下の二院からなる議会）の手に国政の運営を任せねばならないと主張した。

これは後藤の後年の回想によると、長崎で福沢諭吉の著作である『西洋事情』など以外に、『英国議院政治論』といったイギリスの議会政治について記した書物を読んだ結果であった。あるいは、通説的には、坂本龍馬が横井小楠の政体構想を受け売りして二院制議会設置の必要を後藤に説いた影響にもよったとされる。それと、後藤が建白論に思いが至ったのには、いま一つ山内容堂という、存在感と力量をともに併せ持つ実力者が土佐藩内にいたことが要因としては大きかったと思われる。このことは、寺村左膳の日記の六月十七日条に、「方今天下の諸侯を見るに、吾《わが》容堂老公の外、かくのごときの大事件を為す者あるべからず」とあることでも裏づけられる。

後藤の帰国と容堂の同意

入洛した後藤は当初、京都で直接容堂に自分の考えを伝え、承諾を得るつもりであったが、生憎《あいにく》容堂が帰国していたため、一路土佐へと向かい、同人の意向を伺い、同意を得たうえで、建白路線を土佐藩の方針（藩論）として推進しようということになった。ついで後藤が、寺村・真辺の両人を伴って帰国の途についたのは七月三日であった。そして、七月七日に大坂から土佐藩船の空蟬丸に搭乗し、翌八日の朝、高知郊外の浦戸に到着する。そして、さっそく、この日の夜に、後藤と真辺の両人が容堂と会って、政権返上（大政奉還）策の内実を説明した。ついで翌九日には寺村が容堂に会って、京都情勢について詳細な説明をおこなった。三人に対する容堂の答えは、「尤《もっとも》の至り」というものであった（なお、この日、藩主山内豊範にも大政奉還論が言上され、同人の賛同を得た）。

容堂が後藤の提案の主旨（皇国の政体を大変革する）を理解し、ただちに同意できたのは、彼が三人の報告によって事態の深刻さを知りえたことに加え、後藤の提案が大名の個別領有権すなわち藩の存続自体を即否定する内実のものではなかったことによろう。また、世界史の流れをも薄々ながら理解できていた（すなわち、議会制の導入は、もはや避けられないと見通していた）ことが大きく関わったと思われる。

容堂はかねてから西欧的な骨格をもった国造りに深い関心を有していた。容堂側近の一人で、中浜万次郎に英語を学び、のち致道館と開成館で教授として洋学教育を担当した細川潤次郎《じゅんじろう》によると、容堂は、「漢書（＝中国の書物）」とともに、「西洋の事をも好まれて、砲術・医術等洋法を奨励し、海外の事に油断なく眼を着けて」いたという。そして、「英国などには議事の制度があって上院もあり下院もあり」といったことを知っていた容堂は、西洋の「議事の制度など（を）取捨折衷して、わが日本の事情に適するように致したならば、あるいは（当時はなはだめだつょうになっていた）紛乱（状況）を止むるの一助にもあいならうかと思はれた様子」に見えたという（「細川潤次郎君談話」）。

こうした容堂だったからこそ、幕末最終段階において、議会制度の導入をふくむ後藤の提案をすんなりと受け入れられたのである。そして、この点が島津久光・伊達宗城両者との決定的な相違点であり、反対に徳川慶喜との類似点であった。

板垣退助の異論

容堂および豊範の積極的な同意を得た後藤らは「夫《それ》より会所へ行、両役場連席にて、象二郎より演舌」することになる。その結果、「一同異論なし」のなか、一人反対したのが板垣退助であった。土佐藩の建白路線は、幕府のこれまでの失政はすべてチャラにして、つまり「既往の是非曲直を問わず」にやっていこうというものだったが、板垣は「既往の是非曲直を問わずと云ふも程のある事也」と反発したのである（『佐佐木』二）。だが、最終的に、板垣は不満ながらも同意に転じる。ついで容堂が後藤らを呼び、建白路線が藩の方針として確定するのは七月十三日のことであった。

しかし、これは、慶喜が自分たちの説得に応じなかった時は、容堂ひいては土佐藩そのものを、はなはだ好ましくはないが挙兵せざるをえない、きわめて危険な状況に追いやりかねない、諸刃《もろは》の剣であった。容堂にとっても、生涯最大のリスクを背負うことになったのである。

即時出兵を許さなかった容堂

ところで、ほぼ容堂の一存《いちぞん》で建白書を将軍に提出する方針が決定をみたわけだが、容堂は西郷や佐佐木が強く求め後藤も同意した二大隊の兵を伴っての後藤の再上洛は許さなかった。西郷らは、幕府側の防戦準備が十分に整わない内に、薩摩藩や土佐藩の軍事力をもって将軍に圧力をかけ、政権返上を願い出させようとしたが、容堂はそうした脅迫手段を執ることを許さなかった。その結果、土佐藩の建白路線は、軍事力ではなく、あくまで言論の力をもっておこなうことが、土佐の藩論として決定をみる（もっとも、そうはいいながら、容堂と豊範の両者が八月二十日、参政や大監察などの有司に伝えたのは、出兵の「暫時」見合わせで、「今後の模様」によっては出兵もあり得るので準備しておくようにと命じるものであった。そのため、藩内に根強くあった出兵意欲を押さえきれず、十月に入ると藩兵のあいつぐ出発を認めることになる）。

この点に関する容堂の姿勢は、感動的ですらある。容堂は兵力を伴っての建白論を次のような理由で拒否したという。「大政返上等の周旋（を致）し候に、後楯《うしろだて》に兵を用ひ候事は強迫手段にて不本意千万なり。天下の為に公平心をもって周旋するに、なんぞ兵を後楯とせんや。出兵無用」（『佐佐木』二）。ここには、正当な手段でもって正当な目的を達成しようと志す者にしか認めがたい、精神の気高さが溢れている。そして、これは、後世の人間にとって鑑《かがみ》とすべき姿勢でもあった。

とにもかくにも、容堂は、七月の時点で、もはや幕府が従来のような単独で政権を担当するようなありようは時代の趨勢《すうせい》に合わないとの「正論」でもって、慶喜に働きかける方途を選んだ。そして、これには、彼がかねてから、理念としては「王政復古」を正しいと受けとめていたことがもちろん大きく関わった。すなわち、朝廷（天皇）がかたちのうえで国の最上位に位置づけられ、幕府や全国諸藩（なかでも有力藩）がそうした体制を支える役目を果たすという、国家構造のありよう（これまでのような複雑な国家構造でなく、日本全体を単一の統一国家に変える）を望ましいと考えるようになっていたが故の同意であった。

建白論を受け入れないだろうと見られた容堂と慶喜

次に、ここで、興味をそそられるし、かつどうしても取り上げておかねばならないのは、容堂が土佐藩すなわち自分の建白がはたして徳川慶喜によって受理されるかどうか、どの程度の確率で予想していたかという問題である。

慶喜と容堂は、年齢にはかなりのひらき（先述したように、容堂が十歳年長であった）があるが、不思議なほど気があったようである。これは、両人ともいわゆる貴人タイプの人間（自分と対等かもしくは対等以上の人間をあまり必要としない孤高の人）で、決断力に富み、また馬術をはじめとする運動を好み、かつ寵臣《ちょうしん》をテロによって喪う（容堂の場合は吉田東洋、慶喜の場合は平岡円四郎《ひらおかえんしろう》や原市之進）という共通の体験を有したこと等によったと考えられる。また、両人ともに酒によってストレスを発散することが多く、そのうえ酒癖が必ずしもよろしくはなかった。二人が酒の席で悪態をついたエピソードは少なくはない。

さらに、いささかしつこくなるが、酒の問題から離れて、容堂と慶喜両人の共通点を探ると、両人とも頭が切れ過ぎたためか、いわゆる可愛気《かわいげ》に欠けるところがあった。谷沢永一著『人間通』（新潮選書）によると、可愛気というのは人間が持てるもののなかで最高のものだという。しかし、これは天与の才能であり、誰もが持てるわけではないともいう。したがって可愛気の乏しい人間は、一段下の長所である「律義《りちぎ》」をめざせばよいとされる。これは才能など不要で誰でも努力次第で手に入れられるからである（竹内前掲書）。可愛気に乏しく、律義さにも少々欠け気味であった両人が、大いに気があったというのには、それなりの理由（背景）があったのである。

後藤の宗城訪問

ちょっと脱線した。車輪をレールに戻すことにしよう。後藤は、帰国する直前に、容堂と親交のあった伊達宗城の許を訪れ、自分たちの考えを伝え、同意を得たうえで、容堂宛の伊達宗城と島津久光の書簡（「御添書」）を所望した（久光ではなく宗城を介して両人の書簡が所望されたことに注目したい。やはり、久光は、容堂側近の後藤にとっても、大の苦手だったのである）。

これには、どうやら後藤が建白論を容堂が受け入れてくれるかどうか、確信をもてないでいたことが関わったようである。すなわち、後藤は六月十七日に宗城に会った際、兵庫開港問題や長州問題などは誠に枝葉の問題で、大事なことは西洋諸国に対して恥ずかしくない皇国の政体を樹立することだと力説したあと、次のように「代議政体」（公家・大名からなる上院と諸藩士等からなる下院の二院によって構成される）を樹立する必要性を語ったという。「私の議論を人はこれを暴論と言って受け付けざれども、自分は遥《はるか》に時勢の未来を達観したる説なりと信じ居れり。去りながら、この説が土州へ帰って後うまく持ち込めるか否かは今日計り知る可らざるも、実はなかなかの至難事ならんと考へらる」（『鶴鳴余韻』）。

むろん、後藤は、自分と容堂の親密な関係からいって、他の誰よりも自分の構想が容堂によって受け入れられる可能性が高いと信じていただろう。すなわち、後年の回想中には、「予（＝後藤）これを（容堂に）説く時は、必ず許しを受くるの見込みあり」とあった。しかし、事柄が事柄なだけに確固たる自信はえられなかったのであろう。それが四侯中の二人の有力者の力を借りようとの発想につながったと想像される（宗城・久光両人の七月四日付の添書は、宇和島藩の西園寺雪江をもって後藤の許に届けられた）。

後藤が確固たる自信を抱けなかったのは真に無理のないことであった。後藤が建白論を掲げて動きまわるなか、容堂と慶喜の両名が建白論を受け入れる可能性がかなりあると見ていたらしい坂本龍馬（板垣退助の明治末年になされた前掲回想談によると、龍馬は「大政返上が自分の立案」であったため、「是は行はれると斯う見たものと見えます」とある）にしても、八月二十日に木戸孝允や佐佐木高行らと長崎で会った際には、「大政返上の事も六《む》づ（か）敷《しき》か、七、八歩まで運び候はば、その時の模様にて、十段目は砲撃芝居より致し方なし抔と色々相談」していた（『佐佐木』二）。また、同月の三十日には、同じ土佐藩の佐佐木高行に対し、大政奉還運動がうまくいかなければ、キリスト教をもって人心を扇動《せんどう》し、それを機に幕府を倒す計画を語ってもいた（同前）。これは、慶応元年に発見された彼杵《そのぎ》郡浦上《うらかみ》村（現長崎市）の隠れキリシタンが、慶応三年六月に長崎奉行の手によって、いっせいに捕縛された事件を受けての、龍馬の思いつきであった。

懐疑的であった三侯

そして容堂を除く他の三侯は、いずれも容堂が建白論を受け入れる可能性については懐疑的であった。後藤が六月十七日に宇和島藩邸を訪れた際の宗城の反応は、「(後藤の)説は、尤もと思はるれども、それには時期が少しく早過ぎはせずや」というものであった。そして、このあと、いくばくかして、宗城と久光の両者がこの問題について話し合った時、宗城は「(容堂が)とても承知せられまじ」と語り、これを聴いた久光は、「大方左様ならんと考ふ」と応じた。さらに、久光は、そのうえで後藤の説は「随分過激の論」で「ああいふ論を京都にて吐き散らされてはそれこそ大変なれば一度国へ帰りしうえは再び出京の成らぬような仕組みは如何」とすら、のたまわった(『鶴鳴余韻』)。

幕府の全国にまたがる統治力が明らかに低下し、有力藩の間に幕府支配からの自立をめざす動きが進んでいたとしても、いまだ藩体制そのものは、公然たるかたちでは解体を始めてはいなかった。そうした状況だったので、猛烈な封建体制維持論者であった久光にとっては、現今の藩体制を根本から否定することにつながりかねない、時代をはるかに先取りしたプランを打ち出した後藤の存在そのものが許しがたかったのである(それでも後藤の要請に応じたのは、容堂がとうてい受け入れないと踏んだからであろう)。

かように、後藤が国元に帰って建白論を容堂に言上しても許可されないと見る意見が有力であった。したがって、将軍の徳川慶喜が政権返上の要求を受け入れる可能性を想定しえた人物はまして少なかった。ほとんど皆無だったと断言しても差し支えなかろう。

たとえば、その内の一人に松平春嶽がいる。彼は、かつて文久二年（一八六二）の十月および翌文久三年の二月・三月時点で、将軍後見職の一橋慶喜や将軍の徳川家茂に対し政権返上の言葉を口にし、ついで文久三年半ばにも老中の板倉勝静に対し、家茂が将軍職を断然辞すことを進言した人物であった（『続再夢』一。『稿本』）。その春嶽にしても、いざ政権を朝廷に返上する段になると、「容堂の書面」は「御採用あい成り候ても然るべき儀とは申し上げ難く候」と答えざるをえなかった。「議論の正大」はいかにもその通りだが、実行できるとは思われないというのが、理由だった。これは、十月十三日、板倉老中に宛てた返書（『丁卯日記』）中に見られる春嶽の考えであった。春嶽にしてもこの有様だったのである。

以上のようなことを総合して考えれば、容堂と慶喜の両者は大方の予想を、よい意味で裏切ったのである。なお、久光と宗城の両者が、容堂の対応についての見通しを大きく見誤ったのは、彼らが建白論の骨子であった「議事の制度」について否定的だったのに対し、容堂がこれを認められた点にあった。

容堂は、先述したように、四侯のなかでも最も進歩的な考え方の持ち主であり、西洋文明の普遍性についてもかなりの程度理解しうる人物であった。そして、この点は徳川慶喜も同様であった。したがって、容堂は、他の封建支配者一般よりも、自分の建白が慶喜によって受け入れられる可能性をより信じられたかもしれない（もちろん、久光らと同様、できうれば、封建的世襲体制を存続させたかったたであろう。が、それがもはや不可能になりつつあることも十分認識できた封建支配者の一人であった）。しかし、これは、むろん推論の域をでない。この問題はこれで打ち止めにしたい。

サトウと憲法や議会について話しあう

容堂の前向きの承諾を得た後藤が、二人揃って「容堂公（の）名代」としての地位を与えられた寺村左膳とともに、大坂経由で再上洛をはたしたのは九月四日のことであった。後藤の上洛が当初の予定より大幅に遅れたのは、七月六日に長崎で発生した、イギリス軍艦イカルス号乗組水夫二名殺害事件の犯人に、土佐藩所属の海援隊士が擬せられ、「犯人は土佐の人間と頭から決めてしまっていた」（アーネスト・サトウ『一外交官の見た明治維新』下）イギリス全権公使兼総領事のハリー・パークスが八月六日、土佐にやって来て、藩主から談判委員を命じられた後藤が交渉に当たらざるをえなくなったためであった。

なお、容堂は、パークスが高知を去った直後の八月九日に通訳官であったアーネスト・

サトウを招いて開成館で会見した。サトウは、寺村左膳によれば「頗《すこぶ》る日本語に通じ、いかほど六ケ敷（＝難しき）用事もよく分」り、そのため、「いろいろ老公と御咄し」があったという（『寺村日記』）。すなわち容堂は、直接サトウから自分の知りたいことを聴き出したのである。また、これより前、後藤から、わが国でもイギリスを模範にして憲法を定め議事院を設置したいとの希望が表明されていたが、この日、容堂を交えての話し合いでは憲法や議会の権能、あるいは選挙制度に関する問題などが取り上げられた（サトウ『一外交官の見た明治維新』下。尾佐竹猛『維新前後に於ける立憲思想』）。

もっとも、中立の立場を維持しようと努めたパークス公使とは違って、徹底した徳川慶喜嫌いだったこともあって、薩長寄りの姿勢を明確にしていたサトウは、イギリス公使の来高は、若年寄並外国総奉行の平山敬忠《よしただ》が長崎の事件の犯人は土佐藩士に間違いないと発言したことを受けてのものだと告げ、容堂（土佐側）の怒りをかきたてることになった。そして、容堂から、これを公表してもいいかと告げられると、「少しも苦しからずと答」たという（「山崎直之進日記」〔『山内』第六編〕）。アーネスト・サトウは、外交官としては許されざる発言をあえておこなうことで、対幕強硬派（薩長両藩）に肩入れしたのである。

ところで、この間、容堂の「正論」家としての精神の格調の高さを窺わせるに足るエピソードが残されている。容堂は、事件が発生し、土佐側に疑いの眼が向けられたあと、イギリス側が激昂《げっこう》しているので妥協するように松平春嶽から手紙でもって勧められたが、それを断固断わったとの内幕話が後藤からアーネスト・サトウに対して告げられた。容堂がそうした行為に出た理由は、次のようなものであった。「土佐の人間が犯人ならばこれを処罰するし、そうせざるをえないが、土佐の人間が無実ならば、これを徹底的に明らかにするつもりである」（萩原延壽『遠い崖』5）。容堂は、このような人物だったのである。

それはおき、容堂の発言に正当性（道理）があったためか、あるいは後藤がパークスに対し、月に一回は手紙を書き、殺害事件についてなにか新しい進展があったかどうかを報告すると約束したこともあってか（同前）、イギリス側の土佐藩側に対する強硬姿勢は幾分か和らいだらしく、とりあえず同藩は当面は危機的な状況を脱することになった（明治元年〔一八六八〕八月に、長崎の事件は福岡藩士の犯行であったことが判明し、パークスから容堂に親書が送られ、将来の友好を約束した）。そして、このことを受けて、八月二十日、藩内に対して藩主の「親書」が下され、「藩治の方針」が示される。

藩の方針が藩内に告げられる

すなわち、これからは、「ますます海運を開き、大いに商法を盛んに」したいこと、そのために「外国人でも呼び寄せ候」こともあること、「此頃、猥《みだ》りに討幕などとあい唱える者もこれ有るやに、あい聞」くが、「もっての外」だとして、藩主父子の「下知（＝指示）」を待つようにと伝えられた。

そして、この日の夕方、藩主父子が容堂の住む散田邸に重役等を召し、大政奉還を実現すべく運動を本格的に開始することが宣告される。併せて容堂から後藤と寺村の両名に対し、建白書に盛りこむべき内容についての具体的な指示がなされ、そのうえでこの件に関わる全権を両名に「委任」する旨が告げられる（「御日記」〔『山内』第六編〕。『寺村日記』）。

建白書の提出と将軍による受理

こうして、藩の方針も藩主父子（なかでも容堂）主導の下、確立し、藩内に周知徹底されたはずだが、このあと、藩内に異論が生じ（この件に関しては後述する）、そのため後藤の出発はより遅れることになる。そして後藤は、先ほども記したように、ようやく九月初旬に京都入りをはたした。ところが、後藤が兵士を伴わないで出国したことを知った薩摩側が、状況が変わったとして建白書の提出に難色を示し、事態が膠着《こうちゃく》することになる。ついで、慶喜側近の若年寄格永井尚志《なおゆき》から九月二十日に後藤が招かれ（両人は旧知の間柄であった）、建白書の提出を促されたこと、および建白書の提出に薩摩側が十月二日に同意したことによって、後藤と福岡の両名が在坂老中の板倉勝静にようやく建白書および重臣の副書を提出するのは、十月三日になってのことであった（翌四日に、摂政の二条斉敬に建白書の写しが寺村と神山の両名によって提出される）。

そして、事態が大きく進展するのは十月九日であった。この日、永井より後藤に対して建白を採用するとの「内報」が発せられ、ようやく土佐側の運動は功を奏することになった。建白の採用は、後日、福岡孝弟が中根雪江に、「土州などにても意表に出で、愕然《がくぜん》致し候」と告げたように（『丁卯日記』）、土佐藩関係者ですら、大きな驚きをもって受け止められた。それはともかく、事柄がきわめて重大だった分、老中の板倉勝静あたりでも、ここの段階に至っても、いまだ未練たっぷりの状況下にあった。

このことがよく判るのが、翌十月十日、板倉が慶喜の内意を受けて春嶽に書簡を送り、政権返上についての意見を求め、かつ春嶽の至急上洛を求めたことである。春嶽宛の板倉書簡には次のような文面が認《したた》められていた（『公用日記』）。

容堂の論、至当にもこれ有るべく候。さりながら只々御実行の処如何候もの故、御国体一変とは重大事件、此上《このうえ》もなき儀、何分御実行の利害得失如何と、深く焦心苦慮の至りに御座候。……何分先の見据これ無く、容易に御決着遊ばされ兼候。衆議を尽くされ候思し召しに御座候。依て貴君の御見込も十分御承知遊ばされたく、……何れ容堂も上京仰せ付けられ候運びにもあい成るべく候（下略）。

徳川慶喜の苦悩

板倉老中および徳川慶喜の苦悩ぶりがよく解る書簡である。慶喜にしても、朝廷への政令一元化や議会制度の導入などを柱とする土佐側の主張が「正論」であることを重々承知して、前日に政権の返上をほぼ決めたものの、二百数十年におよんだ体制を自分一人の判断でひっくりかえすことには、いまだ大いに躊躇《ちゅうちょ》していたのである。そして、おそらく、これには政権を返上しても、朝廷上層部のあまりの力量不足を考えれば末恐ろしいとの危惧の念もおおいに関係したと思われる。

とにかく慶喜といえども、あまりにも大きすぎる「決断」を迫られる事態（対象）であった。それが春嶽の至急上洛を促すことにもつながった。と同時に、慶喜の心中に占める容堂の存在の大きさにも改めて気づかされる。

さらに、慶喜が政権を朝廷に返上した要因として軽視しえないのは、もし自分が「容堂の建言」を拒絶すれば、薩長両藩のみならず、土佐藩をも武力倒幕の方向に導くことになると恐れたことが挙げられよう（実際、そのような動きが見られた）。それはさておき、この直後、事態のさらなる切迫に、慶喜は政権の返上を最終的ににわかに「独断」で決定する。

いうまでもなく、内乱状況への移行（諸侯割拠状態の到来）を招きかねない武力倒幕の動きを深刻だと認識（状況を正視）しての決断であった（十月十二日の朝、後藤に対して、永井から「御建白筋いよいよ御採用に御決定」の旨が告げられた〔「土佐藩士神山郡廉日記」一。以下略して「神山日記」とする〕）。

そして、これにはやはり、建白の趣旨が自分の考えに符合したことに加え、そもそも容堂の勧告であったことが大きく関わったといえよう（慶喜が往年を語った文言を収録した『昔夢会筆記』中には、歴史家の質問に対して、「容堂の建白出ずるに及び、……これはいかにも良き考えなり」と受け止め、「これに勇気と自信とを得て、遂に……断行するに至りたり」とある）。容堂ではなく、別の人物だったら、こんなに素直に建白論が受け入れられたか、いささか疑問である。

永井尚志の後年（明治期に入ってからのもの）の談話（「故永井尚志君の談話」）によると、容堂の建白を板倉老中を介して慶喜の許に提出すると、「公（＝徳川慶喜）は一見して直ちに決心あらせたるものにて、さらに御勘考なく、怪しみたる有様もなか」ったという。そして、このことから永井は慶喜が以前から政権返上を「すでに御決意ありしやと思はる」と推量した。ここでのポイントは「直ちに」の箇所であろう。また政権返上（大政奉還）を表明したあとの十月十三日に、諸藩の重臣を二条城に召集し、拝謁を希望した者に対して、慶喜は、「此度容堂の建言を採用し、大政を返上せんとす」と語ったという（「故伯爵後藤象次郎君談話」)。ここでのポイントは「容堂の建言」の箇所である。

むろん、慶喜は、大政奉還論や公議政体論を、この建言によって知ったわけではない。前者はすでに文久年間に幕臣の大久保忠寛《ただひろ》によって唱えられていたし、後者はオランダに留学して万国公法などを学んだ西周《にしあまね》などによって日本に紹介され、西の書いた「議題草案」は慶喜の許に提出された。したがって、こうしたことを受けて、慶喜も、これ以前の段階で、すでに大政奉還の必要性や公議政体についても、頭に思い浮かべたことがあったろう。現に、前年（慶応二年）、徳川家を相続した時点で政権返上（大政奉還）を決意したとの証言（春嶽によるもの）もある。あるいは、熊本藩士が収集した情報のなかには、慶喜が側近の永井に「（政権を朝廷に返上しないといけないとは）昨年来考えおり候処、決行一箇年後（遅）れたるぞ」と語ったとするものもある（『国事史料』巻七）。

これらは、いずれも軽視しえない証言だが、それと同時に、自分にとって最も頼れる存在であった山内容堂の建言だったことが、他人の意見をたやすく聞き入れる人物ではなかった慶喜をして、直ちに建白を受け入れさせた要因の一つとなったであろうことは間違いあるまい（なお、広島藩主の浅野長訓《ながみち》からも、十月六日に老中の板倉に対し政権返上を勧説する独自の建白書が提出されたが、この時点では、彼の名前が慶喜の口から語られることはなかった）。いずれにせよ「容堂の建白と将軍の決意が動乱の危機を救った」（平尾道雄『山内容堂』）といってよい。

第八章　王政復古クーデター

1 政権返上に対する賛否両論

大英断

さて、山内容堂（土佐側）の建白を受け入れるかたちで慶喜によって政権返上（大政奉還）がなされたことは、むろん土佐側にとっても有り難く「名誉」なことであった。

土佐藩関係者は、「大英断」と受けとめ、容堂も「将軍政権を還す、未曾有《みぞう》の美挙たり」と讃《たた》えた（『佐佐木』二）。そして、これには、慶応三年（一八六七）十月十七日付で佐佐木高行に宛てて送られた後藤象二郎の書簡（同前）中に、「計らずも御国元御建策御採用にて」とあったことからも解るように、そもそもの立案者だった後藤にしても、これほどすんなりと事が運ぶとは予想しえていなかったことにもよった。そのため後藤は、同じく「上様（＝慶喜）の御反正に感（動）」した薩摩藩の小松帯刀と、「此君《このきみ》を助け奉るより外なしとの決心」をなし、協力をあおぐために、坂本龍馬らを越前に派遣することになる。すなわち、後藤や小松は、慶喜を関白にし、諸侯中の能力ある者を両役に任命することで、「上様を助け」るプランを、龍馬を介して越前側に提示したようである（『公用日記』）。それほどの感動を政権返上は周りに及ぼした。そして、これは、なにしろ圧倒的に多くの者にとって、将軍が実際に政権を返上するなどとは夢想すらしえなかっただけに、けだし当然のことであったといえよう。

そうしたなか、政権返上はまずは対幕強硬派に本来属する人物の間で歓迎された。一例を挙げれば、十一月二日付で谷守部に宛てて発せられた小笠原唯八の書簡（『谷干城遺稿』上）には、「大条理御建白も朝幕とも御採用にあい成り候趣、まずもって恐悦に存じ奉り候」とあった。そして、いうまでもなく、十月十七日付で松平春嶽に宛てて発せられた近衛忠煕書簡（同前）中に、「容堂よりの建白にて、……堂上の徒にては討幕調子抜けの様子」とあったように、大政奉還によって武力倒幕の動きに急ブレーキがかかることになる。

大いなる反発

だが、その一方で、旧幕サイドに属した諸藩のなかには、当然のことながら、大いなる反発が拡がった。その最たる存在として、当時さかんに人口に膾炙《かいしゃ》したのは、会津・桑名・津・紀州・大垣・彦根といった諸藩（なかでも会桑両藩）であった。現に、永井の後年の回想中にも、「就中《なかんずく》、会津人等は大不平を唱へたり、桑名はそれほどにも無かりし」とあった。そのため、政権返上ひいては王政復古に難色を示す会津藩などを、場合によっては、たたき潰す必要性が唱えられだす。他ならぬ土佐藩内でもこうした声があがった。たとえば、十二月二日付で板垣退助と小笠原唯八の両名に宛てた毛利恭助・谷守部連名の書簡には、「会（津）藩はますます僻し候て、なんとも致し方これ無く、終《つい》には会・紀等は撃滅致し申さずては足り申すまじくと存じ奉り候」とあった。

これより前、谷などは、紀州藩の三浦休太郎《きゅうたろう》に会い、政権返上を将軍に勧めた容堂の「主意」を説明したりしていた（『国事史料』巻七）。そうした努力が報《むく》われなかった結果が、こうした文言となったのであろう。いずれにせよ、彼らは十二月初めの時点で、「いずれ一、二藩を滅し候はば、余は刃《やいば》を迎《ママ》えて解け申すべしと存じ奉り候」と考えるに至った。そして、こうした見通しは彼らだけのものではなかった。西郷や大久保らにも共有されていた。

容堂の特別扱い

そうしたことはさておき、十月十四日に将軍から朝廷に対し政権返上の請願がなされ、ついで翌十五日に朝廷がこれを聴許すると、ただちに十万石以上の諸侯へ京都に来ることが命じられる。そのなかには、もちろん容堂の名前もふくまれた。

ここに特筆すべきは、これら十万石以上の諸侯のなかでも、ひとり容堂が朝廷によって特別扱いされたことである。すなわち、この時、徳川慶勝・松平春嶽・島津久光・鍋島直正・伊達宗城といった隠居クラスの大物にも上洛が命じられたが、彼らに対しては、「所労」であれば藩主が代わりを勤めてもよいとされた。これに対し、容堂には、「所労」つまり病床にあっても「押して」早々に上洛することが命じられたのである。十月十六日のことであった。

2　クーデターが挙行されたとき

クーデター計画が持ち上がる

容堂の特別扱いは、土佐の国元に伝えられた情報では、どうやら大政奉還が「わが容堂公の建言する所を採用に成（る）故」の結果であった（「下許武兵衛日記」の十月二十五日条）。

それはそれとして、このあと当面の急務はこれまで通り旧幕府に任すとされた慶喜が、諸藩の衆議によって決定したいと朝廷に請願したこともあって、容堂を中心とする諸侯の上洛を待って、彼らと朝廷上層部との話し合いがなされ、「王政復古」の名の下、新しい国家体制がスムーズに創設されるはずであった。しかし、大政奉還後、武力倒幕の動きには急ブレーキがかかったものの、ある種、無政府状態が到来することになる。これは、それまで政権を担当してきた幕府の閣老たちが、大政を奉還し、国政の場から離れた以上、表立って行動を起こせなくなったことにもよった。また、大政奉還によって、徳川将軍家と諸大名間の主従関係も解消され、それまで大名を縛《しば》っていた規律も外された。

こうして突如生じた過渡期特有の無政府状態のなか、クーデター計画が持ち上がり、実行に移されることになる。つづいて、この過程をできるだけ簡潔に論述したい。クーデター計画に関して見落とせないのは、次の三点である。

上洛してこなかった諸侯

第一点は、朝命に応じて十万石（すぐに一万石以上に拡大）以上の諸侯がただちに上洛していれば、おそらくクーデター計画が浮上しなかっただろうということである。

朝命が出たにもかかわらず、それまでの朝廷上層部のあり方への強い不信の念、あるいは政権返上を徳川家への再委任を求めての徳川慶喜のパフォーマンスだと見る評価の存在、それに諸藩の事実上の財政破綻や藩内の不統一等が加わって、諸侯はなかなか上洛してこなかった。

本来ならば京都に集合した有力諸侯等の合議（諸侯会議）によって、三条実美以下の五卿および長州藩主父子の処遇をどうするか、対外問題にどう対処するかといった問題が検討されたはずである。そして、これは、公議輿論《よろん》にもとづく政治をこれからはやっていくとした「王政復古の精神」にも合致した。

が、諸侯の大多数が傍観者的立場に踏みとどまり、病気等を理由に上洛してこなかったため、こうした流れにはならず、そこにクーデター方式という禁じ手が、ごく一部の者たちによって採用される隙《すき》が生じることになる。

計画の立案者

第二点は、クーデター計画を立案したのは、対幕強硬派に属する在京薩摩藩要路とごく少人数の公家だったことである。寺村左膳の「手記」中の言葉を借りれば、「薩ならびに四卿の御策略」によった。四人の公家とは、中山忠能・正親町三条実愛・中御門経之・岩倉具視であった。なかでも中心的な役割を担ったのは、岩倉具視と大久保利通・西郷隆盛・岩下方平《まさひら》の四者であった。またクーデター計画は、入念な準備を重ねたうえで決行されたものではなかった。慌ただしく立案され決行をみたものであった。すなわち、大久保が十一月十五日に高知から京都に戻り、翌日から岩倉ら同志の公家と話し合って具体化していったものだった。

そして、二十四日の晩に岩倉から大久保に対し王政復古に向けての自分の考えを記した草稿が提示されてから、クーデター決行に向けての動きは一段と本格化する（「大久保利通日記」）。ついで、このあと、綱渡りにも等しいクーデターの決行に際し、計画が洩れたのではないかと怯《おび》えだした公家を叱咤《しった》激励し、クーデターの決行を執拗に強要しつづけたのは大久保であった。このことは「大久保利通日記」の十二月一日の条に、クーデターの延期を主張した中山忠能に対し、大久保が「反復《はんぷく》御議論（を）申し上げ、数刻に及ぶ」とあったこと一つとっても明らかであった。

土佐側の協力を必要とした薩摩側

第三点は、薩摩側や一部の公家が仲間としてまず重要視したのが土佐藩だったことである。そして、これにはクーデターの決行にあたって土佐藩の軍事力に期待せざるをえなかったことが大いに関わった。

クーデターを成功に導くには、まず前段階として天皇を自己の掌中に握る必要があった。そして、そのためには、宮城を占拠して御所諸門を自派勢力で固めることが絶対に必要だった。当然、多くの将兵を必要とした。いまだ藩主父子の官位が停止され、京都では公然と活動できなかった長州藩に分担を求められない（ただし、数百名の長州藩兵が、十一月晦日に西宮に入った）以上、土佐藩に期待せざるをえなかったのである。現に、クーデターの決行にあたっては、当日、通用が予定された、京都御所の周りに設けられていた諸門の内でも最も重要な二門は、薩土両藩が警備を担当することになった。すなわち、御台所門は薩摩藩が、公家門は土佐藩が、警備にあたることになった。

なお、さらに付け加えると、薩摩側は、クーデターの決行にあたって容堂を排除しようとしたわけでは決してない。このことは、「ある日、西郷・大久保（の）両人」が後藤の許に「参り、第一に老公の御遅著（着）を責」めたことで明らかである（「寺村左膳手記」）。

これより前の十一月十二日、藩主父子から命じられて容堂の上洛を促すために高知にやって来た大久保に対し、後藤からきたる十一月二十三日までに容堂が高知を発船するとの「内定」をみたと告げられた（「大久保利通日記」）。これを受けて、十二月五日付で、蓑田伝兵衛《みのだでんべえ》に宛てた書簡（『西郷隆盛全集』第二巻）において、西郷が、「容堂侯の御着き、日々御待ち申し上げ居り候事に御座候」と、自分たちの気持ちが国元に伝えられることになる。それが、後述するように、諸々の事情によって、当初の予定より遅れに遅れた。その結果、容堂とも十分に話し合って事を進めようとした西郷や大久保の怒りを招いたのである。それだけ、土佐藩の積極的な協力を薩摩側は必要としたということであった。

クーデター挙行を決議

以上の三点が王政復古クーデターに関して、ぜひ押さえておかねばならない点であった。ひきつづき、これから最小限の史実をつなぎ合わせることで、クーデター決行に至るまでの経緯を説明することにしたい。大久保の奮闘によって、クーデターを挙行することがいよいよ最終的に決定をみたのは、十二月一日のことであった。この日、大久保・西郷ら薩摩藩グループと、岩倉具視ら公家グループの間でクーデターの挙行が決議され、翌二日午後に大久保と西郷の両名が後藤を訪ねて、このことを伝えた（「神山日記」一）。

では、なぜ突如、こうした事態に立ち至ったのか。これには、おそらく土佐藩や越前藩の動向が大きく関わったと思われる。政権返上劇で主役を務め、得意の絶頂にあった後藤象二郎は、慶喜が政権を返上するに至った経緯とその後の政治状況を報告するために、十一月六日に帰国し、すぐに容堂と会う。そして、容堂に対し、後藤は薩摩藩内において自分の同志ともいうべき温和路線の小松帯刀が排除されたらしいこと、そこで一日も早く容堂が上洛し、「天下の盟主」の座に就いて、「正」を助け、「邪」を討たねばならないことを建言する（後藤は、小松が再度上洛すれば武力蜂起が難しくなるとして、対幕強硬派によって国元に留められたと受け取った）。

この後藤の要請を容堂が受け入れ、容堂が上洛を決意する（『寺村日記』）。ついで、このあと後藤は同月十八日に浦戸を発って京都へと向かう（なお、この間、後藤は大政奉還を実現した功績によって、破格の抜擢を受けて十一月十三日には家老格となり、国政を事実上指導する立場となった）。また、後藤が高知を発つ三日前の十五日には、城内三の丸に家老以下の藩士が召集され、藩政の更始一新が宣告された。すなわち、容堂と豊範の両者は、この日、藩士に対し、「既往の是非曲直を問わず」と訓戒した（『佐佐木』二）。過去に起こった出来事の是非はいっさい問わずに、これからはやっていくとの方針の表明であった。

新しい政体の樹立に向けての動き

再上洛した後藤が手を組もうとした相手は越前藩であった。彼は、十一月二十五日、越前藩の中根雪江と初めて会い、即意気投合する間柄となる。そして、つづいて彼らは、福岡孝弟らとともに、新しい政治的枠組み造りに奔走し、新方針を決定する。それは、一日も早く、朝廷の呼びかけに応じて上洛してきた諸侯だけでも、とりあえず召集し、彼らの話し合いによって、公議輿論を構成原理とする政体を樹立しようとする（より具体的に記せば、議事院を設立したあと、両論がでて容易に決定しえない場合は、多数決でもって決定する、最終的には天皇の前で誓約する簾前《れんぜん》盟約の形式を採るといったことなど）ものであった。

そして、この線で合意をみた土佐・越前両藩の指導者は、越前藩から尾張・肥前藩へ、土佐藩から芸州・薩摩藩へ（さらに因幡〔鳥取〕・備前〔岡山〕両藩へは芸州藩より）働きかけることを決定する（『丁卯日記』）。十一月二十五日のことであった。

後藤象二郎が主導

ついで、これより前の十月下旬段階から接触を深めた薩摩藩の関山糺《せきやまただす》や芸州藩の辻将曹といった対幕強硬派とは距離を置く温和な人物が協議に加わり、新しい政体の樹立に向けての動きが本格化する。要するに、同志となりうる藩や有力な人物をできるだけ多く仲間に取り込み、一日でも早く新たな国家的枠組みを形づくろうとしたのである。

これは、如上の経緯からも、また中根雪江の手記である『丁卯日記』中に、「土藩見込みの趣」とあったことからも明らかなように、土佐藩（なかでも容堂から全権を委任された後藤）が主導したものであった。現に、土佐藩は、大政奉還直後といってもよい十月二十日に長岡謙吉と田中孝輔（のちの中井弘）を京都より横浜に派遣した（「神山日記」一）。

彼らの派遣は、アーネスト・サトウらに政権返上に至るまでの経緯《いきさつ》を報じ、「議事院立法等」の内実を「尋」ねるためであった。したがって、こうした越前藩ら有力藩をまきこんだ土佐藩の積極的な動きを考慮すれば、大久保や岩倉らが秘密裡にクーデター計画を立案し、実行に移そうとしたのには、土佐藩や越前藩などから政局の主導権を自分たちの手に取り戻そうとの企みが隠されていたことは否定しえないであろう。

それによくよく考えてみるまでもなく、大政奉還前後から、一貫して政局を主導したのは土佐藩であった。こうしたことに加えて、熊本藩関係者が「余りの御英断」とまで評した決断を下した徳川慶喜が新しく成立する政府に迎え入れられ、土佐藩や越前藩と協力するようになれば、政局の主導権をこれらの新興政治勢力に掌握されることは目にみえていた。また十一月段階の慶喜も、諸藩士中の「人傑」である小松と後藤を、近く設立されるであろう議事院（上下の両院からなる）に入れるべきだとの考えを春嶽に伝え、同意を得ていた（『公用日記』）。大久保をはじめとする薩摩藩関係者（対幕強硬派）にとって、事態は由々しき段階へと移りつつあったのである。

事態をこのまま放っておけば、政局の主導権が徳川慶喜―山内容堂（松平春嶽）―後藤象二郎（中根雪江）ラインに掌握される可能性は十分にあった。実際、十一月二十日、在日イギリス公使館二等書記官のミットフォードとサトウの両名が大坂長堀に在った土佐藩邸に後藤を訪ねた時（後藤は前夜大坂に着いたばかりであった）、話題にのぼったのは、「後藤の提案している新政府の体制と、そのさい設置される上院」についてであった。そして、近日中に、後藤が彼らから「イギリス流の政府の形態」について「詳細な説明」を聞くことで「同意」が成立した（『遠い崖』6）。

つづいて、十一月二十七日の朝、中根が後藤を介して入手した情報では、慶喜側近の永井尚志は、後藤に対して次のように語ったという。「日本終《つい》には、郡県にあい成るべくとの上様（＝徳川慶喜）御見込（の由）、是は英国往古封建なりしが、公議のうえ、郡県ならでは強国とはあい成り難きと決し、郡県とあい成り候事故、日本もそれに類し申すべく（との御説の由）」（『丁卯日記』の十一月二十七日条）。

やる気満々だった慶喜

この情報は正確であった。十一月二十三日に、慶喜の真意を聴くために一人で二条城にやって来た徳川慶勝に対し、王政復古についての自分たちの「見込書の草案」を示した慶喜は、慶勝からあまりにも細かな構想では、「自然異論も起り易」いので、大まかな建言に止めるべきだとの進言を受けているからである（『慶徳』四）。ついで、このあと、十二月五日に、板倉・永井と会ったサトウは、「イギリスの政治体制」について彼らから「多くの質問」をうけた（『遠い崖』6）。

してみると、慶喜らがこの時点で、もちろん、すぐに施行できるとは思ってはいなかったものの、容堂や後藤らと同じく、イギリス流の郡県制（公議制）の採用を視野に入れていたことは間違いない。また慶喜は、政権を朝廷に返上したあと、気持ちがスッキリして、晴れやかとなったこともあってか、朝廷に対し、すぐに自分の考え（なかでも中核を占めたのは外交問題）を述べ、かつ疑問に感じた点を具体的に挙げて、指示を積極的にあおぐなど、やる気満々だった。

そして、これには、新体制の発足にあたって、まったく頼りになりそうにない朝廷上層部（二条摂政以下の公家や宮は、上品だが、天下国家を引っ張っていくだけの器量は持ち合わせていなかった）をしっかり支えられるのは、諸侯の頭《かしら》で能力の傑出している自分だとの、自負の念が大いに関係したようである。事実、客観的に見て、彼に勝ると思われる封建支配者がいなかったことを考慮すると、当然、慶喜が新しくできる政府において要職（場合によっては、主宰者の座）に就くことが十分に予測しえた。また、このことを当然だとする声も強かった。そして、そのように考える一員であった後藤象二郎は、アーネスト・サトウが、賢い人物で、「西郷をのぞくと、これまで会ったどの日本人よりもすぐれている」と高い評価を下した男だった（『遠い崖』5）。

したがって、これらのことを総合して考えると、王政復古後に成立する新政府で

徳川慶喜（福井市立郷土歴史博物館蔵）

は、如上の政治勢力によって、イギリスを模範とする中央集権政府の樹立が推進されるかもしれなかった。とくに徳川慶喜の能力と実行力に対し、極度のおびえがあった大久保や岩倉らは、眼前に慶喜のやる気満々ぶりを見せつけられ、自分たちの手に、政局の主導権を確保するためにも、慶喜の排除を視野に入れたクーデター方式を採用せざるをえない面があったと考えられる。

もっとも、それ以上に重要視されたのは、やはりなんといっても、旧体制の一掃を大久保や岩倉らが急いだことであろう。旧体制とは、朝廷内にあっては、摂関家以下の有力公家が朝政を牛耳《ぎゅうじ》る体制であった。他方、武家側にあっては、将軍以下、徳川家とその親族が諸大名（なかでも外様大名）を統括する体制であった。こうしたごく一部の者が絶対的な権力を握り、組織を運営していくという不自然な旧体制に泥《なず》んだ人心を一気に粉砕《ふんさい》し、短時日の間に、王政復古の実を挙げようとしたのがクーデター計画であったと評せる。

むろん、これには、大政奉還がなされたとはいえ、あいもかわらず、旧来の体制の存続、もしくは旧体制のかなりの程度の存続を求める多くの関係者の馴れ合い精神に満ちた期待を払拭するには、クーデター方式という、いわばショック療法が効果的だと判断されたことが大きく関わったものと想像される。

在京土佐藩要路がクーデターに同意した理由

さて、ついで、ここで解答を求められる問題として取り上げねばならないのは、なぜ在京土佐藩要路がクーデター計画に同意したのか、その理由である。ごく常識的に考えれば、クーデター計画は、土佐藩が主導して、ものの見事に成功に導いた大政奉還（それは無血革命が成功したということでもあった）の内実を否定しかねないものだったので、彼らが同意するはずはなかった。それに、長期政権を自ら率先して捨て去り、王政復古への途を鮮烈に切り開いた最大の功労者だった徳川慶喜をも排除するかたちで挙行されたのがクーデターであった。さらにクーデターは後藤らが国元を発つ直前に藩内に向かって宣告された、これからは過去にとらわれず、真新《まあたら》しい精神の下、やっていくとの方針とも著しく齟齬《そご》するものであった。それ故、クーデターに参加すれば、正式な方針として決定をみた土佐藩論から逸脱するし、それに第一、容堂の厳しい譴責をうける可能性がきわめて大であった。いくら全権を与えられたといっても、ことは重大過ぎた。

だが、それにもかかわらず、後藤を筆頭とする在京土佐藩重役は、結果として、クーデターへの参加を決断した。つづいて、この点を、若干検討してみることにしたい。

後藤が西郷・大久保の両者から十二月二日午後に前日に決定をみたクーデター計画を伝えられたことはすでに触れた。大久保らが土佐藩にまずクーデター計画を告げたのは、同藩の軍事力を必要としたこと以外に、土佐藩を仲間に引《ひ》き摺《ず》りこまなければ、薩摩藩のみが強引にクーデターを強行したとの非難を免れないと判断したことにもよろう。実際、クーデターが決行されると、会津藩関係者はもちろんのこと、「徳川家譜代の諸侯」は「皆、薩藩の然らしむること」と受けとめ、薩摩藩との戦いに及ぼうとした（「宮崎筆記」〔『山内』第八編〕）。

それになにより、薩摩藩への嫌疑（疑心）は、これまでたびたび取り上げてきたように、きわめて大きなものがあった。そのため、大政奉還後、江戸に在った陸軍奉行の石川総管《ふさかね》は、新たに出現した事態に対応すべく、歩・騎・砲の三兵を率いて上京の途についた。したがって、これら諸々のことを考慮すると、大久保らがクーデター計画に土佐藩をいの一番に巻きこもうとしたのは十分理解しうることであった。

他方、声をかけられた後藤らの反応であったが、これが一見不可思議な受け答えとなった。長年にわたって受け継がれてきた見解の一つに、後藤ら土佐藩関係者は、薩摩の軍事クーデターへの決意を阻止することは困難だと判断し、それに加えて、薩摩側の要請を拒否すれば内乱状況になると恐れ、やむなく同意したといったものがある。つまり、薩摩藩の巨大な軍事力に事実上屈して、申し出を受け入れたとの見解である。

賛同した後藤

では後藤らが一方的に承諾させられたかといえば、これがまた不思議なことに、必ずしもそうでもないようである。大久保と西郷の両者からクーデター計画の詳細と十二月五日決行の予定を告げられた際の後藤の反応で最もよく知られているのは、「大久保利通日記」の十二月二日の条であろう。

大久保によれば、西郷と同道してクーデターの件を伝えると、後藤は「大いに雷同」したという。もっとも、後藤は、クーデター計画を十二月五日に松平春嶽に伝えたが、その際、「仰天」し、大久保と西郷の両名に、「議論いたしたく候得ども、まずまず胸をさすりこらへ」たと告げたという（十二月六日付茂昭宛春嶽書簡〔『松平春嶽未公刊書簡集』〕）。してみると、後藤は決してクーデター計画を好意的に受けとめなかったことは間違いない。

だが、そうかといって、まったく賛同しえなかったかといえば、そうでもなかったらしい。そこで併せて参照したいのが寺村左膳の「手記」である。ここには次のような記述がある。「（クーデター計画を告げられた後藤は）あい驚き、大義の処においては御同意に候えども左程《さほど》に事迫に御発しに成り候ては、はなはだもって安からざる次第、第一寡君《かくん》（＝容堂）近々上京の筈につき、なにとぞ、いま暫時（延期を願う）」。つまり後藤が異論を唱えたのは、あまりにも急にクーデターに踏み切ることであって、クーデターを決行すること自体の意義については賛同（同意）したというのである。

ところで、後藤がクーデター計画には大義名分があると西郷・大久保の両者に応えた理由であるが、これは両者が後藤に対し、「ただいまの二条摂政・尹宮（＝中川宮）等御政務にては、所詮《しょせん》大条理あい行はれまじきに付、此度（正親町三条実愛・中山忠能・岩倉具視・中御門経之）の四公卿方、御憤発御尽力」にてクーデターの決行に至ったと説明したことによろう（同前）。すなわち、王政復古となっても、朝政が二条摂政と中川宮中心で運営される事態（旧制度の存続）が続けば、自分たちの考える新しい政治体制の樹立（それは欧米列国に伍《ご》していける近代的な中央集権国家の創設をめざすものであった）に大いなる障害となると受けとめたことが、後藤の賛同につながったと考えられる。

後藤にとっても古いしきたりに縛られた旧秩序を一洗して、数百年来の弊俗を改め、公議機関の設立を図るためには、機密に事を進め、兵力でもって自分たちの考えを一気に実現するクーデター方式（つまり革命の決行）が効果的だと判断がついただろうということである（ただし無血革命を望んだ）。それと、そもそも後藤が中心となって提唱し推進された大政奉還路線は、幕藩体制を明確に否定したうえで、公議政体の創設をめざすものであり、この点で大久保や西郷らが推進した政治路線と本質的に同一であった。したがって、自らの政治的主張を貫くためにも、大久保らとの訣別は避けねばならなかった。こうしたことも後藤らの同意につながったといえよう。

なお、十二月二日の大久保・西郷両者と後藤との会談において、いま一つ注目すべきことは、後藤にクーデター計画を告げるにあたって、大久保と西郷の両者がクーデターは前日に開催された朝議での決定にもとづくものであると口にしたことである。つまり、朝命（「御内勅」）でクーデターの挙行が決まった以上、後藤らは逆らえないことになった。なにしろ、王政復古が確定したことによって、天皇（朝廷）の存在は前代より、いっそう絶対的なものとなり、拒絶することはできなくなったのである。

裏切り者として反発を受けた土佐藩

さらに、目をつけねばならないのは、当時の土佐藩の置かれた立場である。これは意外に気づかれないことだが、大政奉還は将軍が土佐藩に逼《せま》られて、やむなく決断したものと受けとめる向きが多かった。こうした見方に立つ者にとっては土佐藩は、親幕勢力から抜け出た「裏切り者」「敵対者」とみなされた。そのため、酷く憎まれることにもなる。

たとえば、慶喜が政権を朝廷に返上し、それが受諾された直後といってよい慶応三年十月十七日の夜に認《したた》められた「或探索家より借り候書面之写」（『幕末秘史　新聞薈叢』）中には、「此度《このたび》の事は名は王政なれども、実は薩政・土政または小松（帯刀）政・浪士政とも申すべきか」とあった。そして、このあと、「これまで同輩の薩士の号令を奉ずるよりは、やはり幕印の命を受け候方が少しはよろしく候」との反発の辞が綴られることになる。また、十月十八日に江戸に達した「京便」(同前)中に、今回のことは、「これ皆、薩士の奸謀に出ること、あえてまた疑ふ処なし、そもそも薩士の反覆《はんぷく》(=裏切り)は、天下苟《いやし》くも人心あらん人は必ず知るべきことにはあれども」云々との恨みつらみの辞がやはり記された。ここには、旧幕支持勢力にとって、薩摩藩だけでなく、土佐藩も同格の「裏切り者」「敵対者」に他ならなかったことが窺える。

そして、京都在住の熊本藩の重臣は、十月十七日付で国元に宛てた報告書(『国事史料』巻七)において、徳川家が「天下」を「主宰」する立場から離れたいま、頼りない朝廷の現状では、「強大の藩」が働きかければ、「いかようにも、あい成り申すべき勢い」だとして、自分たちの切実に感じている不安を伝えた。それは、ずばり書けば、「自然時体」が「変遷」すれば、「薩土などの大藩」が「国命を執り候よう成り行く」だろうことへの不安であった。薩摩と土佐の両藩は、これまで佐幕派とされていた政治勢力からは、このように「敵」の本丸と見られたのである。

こうしたことは、他ならぬ土佐藩関係者も等しく自覚するところであった。たとえば、「土佐藩士神山郡廉日記」一の十一月二十四日の条には、「大垣藩」などが、「土州(=土佐藩）を討ち候はば、外は論なし、仍《よ》って討つとの事、そのうえは 政《まつりごと》 を取り返すとの風説立ち候」とあった。したがって、後藤や神山など藩の命運をその手に預かっていた者にとっては、藩をこれからも存続させ、かつ国政の主導権をその手に握りつづけるためには、薩摩藩は切って捨てられる存在ではなく、大久保らが主導したクーデター計画に同意せざるをえない面があったのである。そして、これには、土佐藩が当時、薩摩藩とともに政局の中心に位置した勝者中の勝者の立場にあったこともむろん大いに関係した。

内緒でクーデター計画を漏らす

以上、後藤ら在京土佐藩要路がクーデター計画を受け入れた理由をいくつか忖度してみた。さらにいま一つ理由らしきものを付け加えると、後藤が容堂の上洛期日との関わりで決行日を遅らせることを大久保らに求めたことからは、強烈な発言力を有する容堂が上洛してくれれば形勢が変わり、クーデターの内実を穏やかなものにしうると考えたかもしれない。現に、なかなかの策師であった後藤は、大久保・西郷の両者からクーデター計画を告げられたあと、容堂が上洛してくるまでの間、裏面で活発に動いた。すなわち、十二月五日には、先述したように、薩摩側には内緒で春嶽にクーデター計画を洩らした。これは、春嶽から二条城にいる慶喜にクーデター計画のあることを知らせ、事前に心構えをしてもらうための密告であったと考えられる。そして、併せて尾張藩などにも春嶽から情報を伝えさせようとした（高橋前掲書）。

いうまでもなく、クーデターが決行された際に、激昂した旧幕臣や会・桑両藩兵が武力行動に出て、そのあと内乱状況に移行するのを、慶喜によって抑止してもらいたいとの目《もく》論《ろ》見《み》（それはクーデターの決行が暴力革命に進展するのを防止する目的を有するものであった）によったと考えられる。そして、このような準備をおこなったうえで、後藤は容堂の着京を待ち、あとは容堂の指示の下、同志の諸藩と協力して、新政体の平和的樹立をめざそうとした。

したがって、後藤にすれば、容堂の上洛前にクーデターが決行されることは、なんとしても避けねばならなかった。それが、容堂の上洛期日との関わりで決行日を遅らせることを執拗に求めることにつながった。そして、この後藤の要求に対し、大久保や岩倉は、理解を示し、このあと、十二月八日、ついで十二月九日と、順次決行日を先延ばしすることに同意した。そして、十二月九日をクーデター決行日とすることで最終的な合意をみる（ついで、十二月八日の夕刻、薩土両藩以外に、越前・尾張両藩の藩士も岩倉の屋敷に呼ばれ、クーデターへの参画を命じる御沙汰書を手交され、そのあとに加わった広島藩もふくめ五藩は応じることになる。なお、十二月七日に、後藤は尾越両藩への早い段階での通告を主張したが、大久保の反対にあい、この日夕刻の通告となった）。

第九章　小御所会議

議定職に就任

こうした経緯をへて王政復古クーデターは慶応三年（一八六七）十二月九日に決行されることになった。前日に開催された朝議の席には、諸藩の重臣らが召集され、長州処分問題等が話し合われた。そして、この席で長州藩主父子および三条実美らの官位復旧・上洛許可と文久二年（一八六二）以来勅勘を蒙り政治活動をなしえなかった公家全員の赦免が決定をみる。ついで摂政以下が徹夜の朝議を終えて退朝したあと、入れ違いに参内してきたクーデター派の公家・諸侯および御所内に留まった公家・諸侯によって会議（第一回小御所会議）が開催された。この会議のあと、旧来の朝幕双方の体制を廃止し、総裁・議定・参与の三職から成るメンバーが、これから新たに発足する新政府（王政復古政府）の構成員となることが宮・堂上らに対して宣言された。すなわち、摂政・関白職ならびに将軍職および京都守護職・京都所司代などを廃止することを謳《うた》った「王政復古の大号令」が勅諭というかたちで出される（これを受けて、容堂は春嶽らとともに議定職に就任する）。

そして、新政権が発足した、この日の夜、徳川慶喜の処遇ならびに新政府を支える財源をどこに求めるか、会・桑両藩主の退職と両藩兵の帰国をどう実現するかをめぐる話し合いが宮中の「小御所」で開催された。第二回目の「小御所会議」である（以下、「小御所会議」とは、すべてこの第二回目の会議を指す)。

1　小御所会議にまつわる謎

対立の図式

「小御所会議」に関しては、これまで明治期にできあがったイメージがずっとわれわれの頭を支配してきたと言ってよい。たとえば、尾崎三良《さぶろう》が明治期の終盤段階で語った回想(『尾崎三良君談話』)には、次のような対立の図式が描かれている。それは、会議の席で容堂および後藤らと岩倉および大久保・西郷らの間で「余程の激論であった様子」だとするものであった。そして、さらに「激論」の中心が岩倉と容堂の二人で、最終的には「岩倉の説が勝って山内などは席を蹴立てて帰った様子」だとする。

「小御所会議」に出席していなかったものの、のち明治政府の官僚となった尾崎は、大雑《おおざっ》把《ぱ》に記せば、会議で「討論」を展開した主たる関係者を二つのグループに分けて把えたのである。そして、このような理解の仕方は、ごく一般的なものであった(『島津久光公実紀』三などは、それぞれ、容堂・春嶽・徳川慶勝・後藤のグループと、岩倉・大原重徳・島津忠義・大久保のグループに分けている)。だが、実際のところ、西郷は会議に出席しておらず、また後藤と大久保の両者も、会議の席で発言しうる立場にはなかったとの福岡孝弟の証言(「大政奉還前後の事情」)も残されている。すなわち、これからおいおい検討を加えるが、幕末維新史上でもことさら重要な位置を占める「小御所会議」には、いまでも十分に解明しえない疑問点が残されているのである。

岩倉具視を相手に奮闘

そうしたなか、ほぼ確かな史実といえるのは、会議の主役が岩倉具視と山内容堂の両者であったことである。両者がこの日の会議で主要なテーマとなった辞官納地問題をめぐって激突したからである(会桑問題は、京都守護職と京都所司代の廃止を命じれば会桑両藩がどのような行動に出るかわからないとの不安があって重要な議案となった。しかし、この難題は、徳川慶喜が自主的に容保・定敬の両人に罷免を告げたとの情報が会議の席にもたらされたことで立ち消えとなった)。辞官納地問題とは、ひらたく書けば、勅命の降下でもって、慶応三年九月に朝廷から慶喜に与えられた位階(内大臣)の辞退を求め、併せて徳川家の領地を朝廷に返上させることを一方的に求めるものであった。

成立したばかりの王政復古政府にとって、緊急に解決しなければならない課題の最たるものは、後者であった。すなわち、樹立されたものの、財政的基盤をまったく欠いていた新政府の財源をどこに求めるかという問題であった。前者の辞官問題に関しては慶喜が政権を返上（大政奉還）した以上、早い段階での妥協が可能であった。武家の頭首として慶喜に対してのみ与えられた内大臣の官位を下し、他の大名並みの官位に引き下げることは、将軍職を去った以上、慶喜にも十分に納得しうる案件であった。

これに対し、はるかに難件だと受けとられたのが、納地問題であった。徳川家（旧幕府側）に対してのみ、新政府を支える財源に充てるため、領地の返上が一方的に求められたからである。徳川家の領地からあがる収入は常識からいって、同家の入費に充てるのが当然だったろう。現に、はるかに後年のことになるが、慶喜は、当時、新政府が必要とする経費は、「諸大名一般に、高に応じ割賦して献上せしむる方、可ならんと考えたり」と回想している（『昔夢会筆記』）。

岩倉具視（『京都維新史蹟』）

猛烈に嚙みつく

会議の場で、慶喜の辞官納地を強硬に要求したのが岩倉具視や中山忠能などの公家であった。これに対し、猛烈に反発したのが、山内容堂や松平春嶽らであった。なかでも、最も激しくぶつかりあったのが容堂と岩倉の両者であった。会議の冒頭、クーデターを陰険の所為だと指弾した容堂は、次のような論点に立って、猛虎一声とでも言える大声を発して、岩倉らに対し異議を唱えた。それは、①王政復古が実現した最大の立役者は徳川慶喜であるのに、クーデターでその慶喜を排除し、この会議の場に呼ばないのはおかしい。ただちに招致すべきだ。②慶喜（旧幕府）側にのみ辞官納地を一方的に求めるのは、これからは「更始御一新」つまり既往を咎《とが》めず（過去に生じたさまざまな不都合なことはすべて不問に付する）、言路を洞開し、人材の登用を積極的に進め、挙国一致してやっていくことを表明した王政復古の精神に反する、というものであった。

そして、この容堂の主張は道理がある「正論」そのものであったといってよい。なぜなら、「禁門の変」によって朝敵になった長州藩主父子や三条実美らの官位が剝奪《はくだつ》されたが、そうした処分はすべて前日およびこの日の朝議で解除となったからである。そして、過去の不祥事が不問とされた長州藩主父子や三条らには、即上洛が認められた。このようなことを念頭に泛《うか》べれば、政権の返上という「未曾有《みぞう》の美挙」をおこなった徳川慶喜を国政の場から排除したことは、理解に苦しむ偏頗《へんぱ》な措置だった。道理にあわない理不尽な要求だった。そのため、容堂が猛烈に噛《か》みついたという次第であった。

とにかく、会議の席で容堂が他を圧する「大論」を吐き、会議の場が一時《いっとき》容堂の独壇場《どくだんじょう》（ひとり舞台の場）となったのは事実だったらしい。そして、これに対し、慶喜がこれまでの幕府の罪をほんとうに反省しているかどうか、真偽は辞官納地を受け入れるか否かで確認できると反論したのが岩倉だったのも間違いなかったようである。たとえば、このことは、「大久保利通日記」の同日の条に、「越公（＝松平春嶽）・容堂公大論、公卿を挫《くじ》き、傍《ぼう》若無人《じゃくぶじん》也。岩倉堂々論破。感伏に堪えず。……容堂公云々御異論、止《とど》め得ず。予席を進み云々豪論に及び候。後藤中を取りて論ず」とあることで裏付けられる。『佐佐木高行日記』の明治二年（一八六九）七月八日の項に「老公は、華族中にては楯突く御方はこれ無し」とあった。つまり、旧大名や公家クラスでは、誰も容堂と論争では渡り合えなかったとの証言である。まさに、この時がそうなりかけた。だが、佐佐木が、このあと「独り岩公（＝岩倉具視）は十分御拮抗《きっこう》でき候の御力はこれ有り」と記したように、ひとり岩倉が踏ん張って「論敵」となった。かように、小御所会議の真の主役は、容堂と岩倉の両者であった。

なお、この日の会議に関連して、しばしば強調されるのが、容堂と岩倉の発言を、それぞれ後藤と大久保の両名が支持し、激論に華をそえた（？）というものである。現に、先ほど挙げた「大久保利通日記」には、そのように記されている。また、『佐佐木高行日記』の明治二年七月八日の条には、「十二月九日の御評議の節は、岩公・大久保と大いに御意見違ひ、老公は頗る公平を御主張ありたる由なれども」云々と、岩倉・大久保と容堂が論争の主役であったと書かれている。が、しかし、この点は、史実であったかどうかは確認しえない。当日、土佐藩関係者の一員として会議に列席していた福岡孝弟の前掲証言によれば、身分の差によって座る席が違っていた大久保や後藤らが発言（議論）したことはないという。そのうえ、なにしろ初めての会議だったので、みんな発言を控えていた（「慎んで居〔た〕」）ともいう。また、『丁卯日記』の十二月九日の条には、「諸藩臣は御三の間御敷居際《しきいぎわ》まであい詰めたり」と記されているものの、「公卿諸侯とりどり御評議これ有り」と、会議の席で藩士クラスの発言があったとは記されていない。したがって、容堂と岩倉の両者が激しくやりあい、容堂の発言を春嶽が強く支持したといったあたりまでが争えない史実であったと認められる（もっとも、いざとなれば、越権行為に出られた大久保のありようを考えれば、「大久保利通日記」中に記されたような発言がなされた可能性はある）。

2　なぜ再開後に沈黙したのか

容堂が奮闘せざるをえなかった理由

このように、小御所会議をめぐっては、決して軽視しえない点が、いまだに解明しえない謎（検討課題）として残されている。何度も強調することになるが、ただ容堂と岩倉両者の間で角突《つの》き合わせて激論が闘わされたという一点のみが確かな史実といえるのである。

そこで、つづいて取り上げたいのは、ではなぜ容堂がこれほどまで頑張ったのかという問題である。この点に関しては、ごく一般的には、土佐藩が徳川家から恩恵をうけた家柄であったこと、慶喜に政権の返上を勧め、それが受け入れられた以上、容堂側としても自身の政治生命をかけてでも慶喜のために尽力せざるを得なかったことが理由として挙げられることが多い。あるいは、その他の理由として、後藤らが慶喜サイドに対し新政府内での慶喜の有力ポストでの起用を請け負うことを明言して「納得させた」ことを重視する人物もいる（「尾崎三良君談話」）。おそらく、これらのすべてが、容堂が小御所会議で岩倉らを相手に奮闘せざるをえなかった理由となろう。

会議再開後沈黙を通す

そして、この点との関連で、改めて検討しなければならないのは、会議再開後の容堂の沈黙問題である。容堂は先頭に立って岩倉らの行動を陰険そのものだと厳しく批判し、その不当さを弾劾《だんがい》する発言力を弛《ゆる》めなかった。容堂がしゃしゃり出たのには、彼の性分以外に、春嶽や慶勝が徳川の親族であることを考慮した点が関係していよう。つまり、ここは、第三者の立場にある外様の自分が積極的に発言すべきだとの判断である。そして彼の「理」にかなった意見に賛同する者もでた。その結果、岩倉らは追い込まれ、ひとまず休憩を宣告する。ついで会議が再開されたが、不思議なことに容堂は休息前とは打って変わって、トーンダウンどころか、沈黙を通した。そして、辞官納地を二条城にいる徳川慶喜が受け入れるべく、尾張・越前の両藩が周旋に努めることで、会議はひとまず終了した（つまり、岩倉や大久保サイドが妥協に転じたことで、このような結論に至った）。

　この謎に対する解答として、昔から通説中の通説のように語られてきたエピソードがある。追いつめられた岩倉が休憩時に広島藩世子の浅野長勲《ながこと》を非蔵人口《ひくろうどぐち》に呼んで、いよいよとなれば容堂と刺しちがえるとの覚悟をまず伝えたとされる。そのため驚いた浅野が、家老の辻将曹を後藤の許に遣り、岩倉の覚悟のほどを知らせる。そして、この情報をうけとった後藤が主君の身のうえを心配して容堂に発言を控えさせたという一連のストーリーである。さらに申し添えると、岩倉が容堂の刺殺を決意するうえで、西郷の「短刀一本あれば片付く」発言が決定的ともいうべき示唆を与えたとする逸話が広く採用されている。すなわち、「西郷の一言と岩倉の決意で、クーデタは、紙一重の差で最初の関門を突破できた」（毛利敏彦『岩倉具視』）とされた。

私は、こうした史実が実在し、それが容堂の沈黙になんらかの影響をおよぼした可能性をはなから否定しない。現に、容堂の説に追随した春嶽などは、自身へのテロの可能性を想定したようである（十二月十三日付松平茂昭宛春嶽書簡〔『松平春嶽未公刊書簡集』〕）。だが、仮にもしそれが史実であったとしても、容堂が沈黙に転じた最たる理由とまでは考えない。春嶽はともかく、容堂のこれまでのありようから考えて、テロへの不安（恐怖）感は、相当程度、低かったと思われるからである。

それよりも、可能性がはるかに大であると考えるのは、これ以上岩倉らと論争すると、あまりにも慶喜（旧幕府）贔屓《びいき》だとみなされる（場合によっては王政復古に反対だと誤解される）との、忠告（もしくは自身の判断）にもとづくものであったろうということである。ことの性格上、直接証明するに足る史料はなかなか見出しえない。ただ、容堂が、このあと、自身の行動や主張が旧幕府を助けるものだと批判されるのを神経質なほど気にしていたことが、間接的ではあるが、このことを裏づける材料とはなりうるかと考える。たとえば、この年の末に、盟友の松平春嶽に宛てた書簡中には、「あまり徳川家に拠り、御助けのように、あい聞（こえ？）然るべからず」との文言が見受けられる。いうまでもなく、容堂が自分たちの行動や主張が扶幕的だと見られることを恐れていたがゆえの文言であった。

容堂の飲酒に絡まる説

なお、ここで従来あまり表立って大きく取り上げられることのない説（限りなく私説）を記すことにしたい。それは、容堂の飲酒に絡まる説である。

そして、これには彼が何時の時点で京都入りしたかが大きく関係した。容堂の上洛日と時間に関しては、二つの説がある。クーデター当日に上洛し、ただちに旅装のまま参内したとする説と、前日に京都入りしたとする説である。この点に関しては、研究者の間では圧倒的に後者の説が有力である。たとえば、容堂の生涯全般にわたって最も正確で含蓄のある理解を示した平尾道雄は、容堂が入洛したのは、「八日の七ツ時（午後四時）であった」とする。これは、容堂に同行した寺村左膳の「日記」や「手記」を根拠としたものである。もっとも、同じ八日の上洛でも神山郡廉の日記には、「（容堂が）今日御着京……暁大仏《だいぶつ》旅館へ出る」とある。これだと平尾説のように、「七ツ時」を午後四時ではなく午前四時と見た方がよさそうだが、本書ではとりあえず平尾説を採用することにしたい。

ところで、ようやく十二月八日の夕刻近くに京都にやって来た容堂は、『佐佐木高行日記』によれば、妙法院に入った。現在の東山区東大路通七条上ルに在る天台宗の名刹《めいさつ》である。だが、病を押して京都入りしたため参朝することができなかった容堂は、神山をして御所にいた春嶽に自分の考えを伝えることになった。それは、どうやらクーデターが決行されれば、「親藩・譜代の諸臣」の暴走が生じると憂えて、その対策を至急講じることを春嶽（朝議に列席中であった）に求めるものだったらしい。ところが多忙をきわめたことに加え、御所内で話を聴くのは不都合だと判断したのであろう、春嶽は二条城で話をしたいと答えたため、神山は同城へと向かうことになる。ついで、神山は二条城で春嶽や永井尚志らと会談することになった。また福岡孝弟は、別の場所で岩倉と会って、クーデター発令期日の延期を要求する容堂の進言をやはり伝えることになる。

容堂の激怒

寺村左膳の「手記」によると、福岡・神山の両名からクーデター計画を初めて知らされた容堂は激怒し、どうしても「幕（府）の採地を減ずるの事」と「会桑の退職」の両問題については納得しなかったという。容堂は、幕府サイドからのみ新政府を支える財源を求めることと、京都守護職と京都所司代をそれぞれ務める松平容保と松平定敬両者の退職を一方的に命じることに、合点《がてん》がいかなかったのである。

これは、そもそもは、容堂が、大政奉還をもって王政復古の実現だと受けとめ、クーデター挙行の必要性を認めなかったこと、これからの国家運営を「公明正大、広く天下の公議を尽し、諸侯上京のうえ、衆議をもって天下とともに是《これ》をなさん」との「大条理」にもとづく考え方に立っておこなうのを当然としていたことによった。

そのような容堂にすれば、幕府側にのみ新政府の財源を求めることや会桑両藩主の免職を急ぐことは、旧幕府や親藩等の関係者の、さらなる反発を招くだけの拙策であった。そして、なによりも、政権返上以降、これら旧勢力の鎮撫に悪戦苦闘していた徳川慶喜の努力に水をさす行為に他ならないと受けとめた。それゆえ、容堂は怒りを爆発させたのである。しかし、容堂の尽力もすでに時遅しで、彼の望みどおりとはならなかった。それに、当初の上洛予定を大幅に遅らせた責任の過半が容堂にあった以上、彼としても引き下がらざるをえない面があった。それはともかく、容堂には、翌日の参内が通告された。

ところで、平尾はクーデターが決行された九日の「朝から（容堂は）不機嫌で、酒盃を傾け」、その後、九ツ時（正午）に参内したとする。が、この参内時刻についても異説がある。当時、河原町にあった藩邸に詰めていた樋口真吉が記したもの（「樋口真吉筆記」『山内』第七編）によると、容堂は「七ツ時（に）御参内にあい成」ったという。いまの午後四時頃である。そして、これは、十二月十二日付で大久保が郷里の蓑田伝兵衛に宛てた書簡（『大久保利通文書』二）中に記された容堂の参内時刻と符合する。

かように、容堂が参内した時刻についても説が分かれる（その他、現在の午前十時頃あるいは午後五時頃だとする説もある）が、ここで新たに問題となるのが、前日京都入りした容堂が朝になって寝覚めたあと、酒を飲みはじめたとする先ほどの平尾説である。私は、この説には大いなる疑問を感じる。なぜなら、クーデター計画を突如《とつじょ》知らされ、極度の興奮状態にあったはずの容堂が、前夜すぐに床に入って就寝したとは思えないからである。平尾本には、京都入りした容堂が、自身、二条城に登って永井尚志に警戒をうながしたとあるが、仮にそうだとしても、帰邸後ただちに酒肴が用意され、その後、エンエン飲酒が続いたと考えた方がむしろ妥当ではなかろうか。これまでの容堂のありようから考えれば、それが一番想定されうるパターンであった。ついで、このあとアルコールが抜け切れないいま、御所からへだたった洛東の地に在った大仏の本陣を出て、順路荒神口から清和院をへて御所に到着し、参内したというのが実際のところではなかったろうか。そのため、前夜から飲みつづけた飲酒量に加え、参内の途上、馬上もしくは駕籠のなかで揺られつづけたことが重なって、参内時の容堂はすっかりできあがっていたと考えられる。

もし、そうだとすると、午後八時に始まったとされる小御所会議に臨んだ際の容堂は、酒の力もあって、普段よりもいっそう大言壮語を吐きやすかっただろうということになる。むろん、容堂は、これまで見てきたところからも明らかなように、若き時分から、酒の力を借りなければ自分の思いを相手に伝えられないタイプの人物ではなかった。素面《しらふ》でも面と向かって自分の意見を発することのできる数少ない人物の一人であった。そうした人物が酒の力をいわば援軍としたのだから、大久保らにすれば「傍若無人」の振る舞いとなっても、いっこう不思議ではない（それ故、少年とはいえ天皇が出御していた席で、容堂が不遜《ふそん》な発言をするはずはないと見て、小御所会議に明治天皇が臨席していなかったとする一部研究者の説があるが、私はこの説を必ずしも妥当だとはみなさない）。

右の私の推測を裏付けるのが容堂の側近だった福岡孝弟の証言である。福岡は、先述した後年の「談話」において、当日の「容堂の勢ひ」が「随分えらかった」のは、「御承知の酒がえらかったから」だと証言した。さらに「さう云ふ時などはスッカリ（酒を）引っ掛けて来る、それでなかなか勢ひが強い」が「少し酒が醒めて来ると、さうもなくな」ったとも証言した。したがって、休憩に入り、酔いから醒めて冷静になるにつれ、周りのアドバイスを受け入れて、再開後の会議では沈黙を守り通すことになったのではなかろうか。

早い段階で上洛していたら

つづいて、容堂の上洛が遅れたことの影響についても触れておかねばなるまい。というのも、もしクーデター計画が持ち上がった際に、容堂が在京しておれば、はたしてクーデターそのものが挙行されたかどうか疑わしいからである。なぜなら、容堂が早い段階から京都にいれば、容堂が忌み嫌っていた大久保ら薩摩藩関係者が中心になって立案されたクーデター計画が土佐側に伝えられた際、小御所会議でのような発言（やりとり）が、この時点でなされた可能性が十分にあったからである。ついで、クーデター計画を知ったあと、容堂にそれなりの時間があたえられていたならば、容堂がクーデターを阻止すべく有効な手立てを考え、それを実行に移した可能性もこれまた十分にある。そのなかで最も関心を惹く可能性は、容堂が徳川慶喜とも相談したかもしれないことである。

先ほども記したように、クーデター前日の十二月八日、在京中の諸藩の重臣らが禁裏御所の仮建所《かりだて》（参内者の控の間）に召集された。そして、この席で長州問題が話し合われた。すなわち、長州藩主父子の官位を復旧し、京都入りを認めるかどうかの問題が取り上げられた。そして、諸藩の見込みが尋ねられ、夜に官位復旧等が実現（勅許）をみる。

ところが、慶喜・容保・定敬の三名は病気と称して欠席した（慶喜の場合は風邪）。なかでも、慶喜は参内する予定だったのが、にわかに断ったので、諸侯会議の開催が遅れ、夜五ツ時（午後八時）頃になって、やっと開催されたという（青山忠正「王政復古前後の政局と公議」）。慶喜が参内しなかったのは、クーデター計画を知らされ、大いなる不満を抱いた自分が参内して、怒りのあまり暴言を吐くようなことがあれば、大政奉還をおこなった真意が疑われると判断した結果かもしれない。

それはともかく、もし容堂が、これより前に上洛して、慶喜と対応策を打ち合わせたうえで諸侯会議に臨み、長州藩主父子の官位復旧・上洛許可（つまり、長州藩の政治的復権の実現）に反対していたら、翌日、朝議が終了したあと、岩倉具視が参朝し、王政復古の大号令が発せられるといったことはなかっただろう。それほど容堂の上洛が遅れたことの影響には図りしれないほど大きなものがあったのである。もっとも、事態がそうなっていれば、容堂と慶喜の両者にとって、不本意ながらも、京の街中で武力衝突が発生した可能性も決して皆無とはいえなかっただろう。

さらに、同様のことを付け加えると、極度の体調不良によって上洛を阻まれた薩摩藩の島津久光と小松帯刀の両名が京都に滞在していたならば、まずクーデター方式が採用されることはなかったと言ってよかろう。なぜなら、両名とも、政権返上を決断した慶喜を高く評価し、慶喜をふくむ諸侯が天皇の下に参加する中央政府の樹立を望んだだろうことは、ほぼ間違いないからである（市村前掲論考）。

こうしたことを併せ考えると、歴史はほんのちょっとした偶然で、大きく様相を異なるものにすると教えられる。いずれにせよ、容堂がクーデター決行前に京都にいた時間が長ければ長いほど、クーデターそのものが阻止された可能性が高まったと考えられる。より具体的に記せば、容堂がクーデター阻止のために、行動を起こすことを親（心）友の春嶽に告げて協力を求め、そのような声が小御所会議で容堂や春嶽の意見に同意を表明したらしい尾張徳川家の前藩主であった徳川慶勝などにも伝わったであろう。さすれば、クーデター計画そのものが事前に消滅した可能性がやはり少なからずあったといえる。

それとも、土佐藩内の対幕強硬派（小目付の谷守部や毛利恭助ら）や薩摩藩の大久保らの間にも容堂の上洛を求める声があった（実際、大久保は十一月十二日、小松帯刀の代わりに土佐にやって来て、容堂の上洛を促した。ただし、容堂とは会えず、後藤と面会し、容堂がきたる二十三日までに土佐を出発すると伝えられたあと、即日京都に向かった）ので、容堂がもっと早い段階で上洛していれば、容堂の意見を取り入れるかたちで新しい政治体制の構築が図られた可能性もあったかもしれない。だが、容堂のあまりの上洛遅延によって、そうした可能性も無に帰した。

ところで、イギリス公使館のミットフォードとアーネスト・サトウの両名は、容堂の同意を獲得して大坂に帰り着いた後藤を、翌日、大坂の土佐藩邸に訪ねた。そして、彼らが後藤から聞き出した情報の内に、容堂が十一月二十三日に土佐藩船に乗って国元を発し、二十五日頃に大坂に着いたあと、ただちに京都に向かうとの情報があった（『遠い崖』6）。そして、この情報は、十一月十九日に土佐藩側用役の寺村左膳が松平春嶽に拝謁した際に伝えた容堂のスケジュールとほぼ一致していた（十一月二十三日に国元出帆、十一月二十六日頃上洛〔『丁卯日記』〕）。すなわち、土佐側の予定では、容堂は遅くとも十一月下旬には、京都入りしていたはずであった。だが、それが、さらに遅れることになった。どうしてか。藩内の守旧派から、十一月に入って、大政奉還と武力倒幕の双方に反対する立場から容堂の上洛を阻止しようとする意見書が出され、容堂が弾圧策に出ず、説得に努めた結果、上洛がさらに遅れることになったのである。

3　会議後の容堂

病気を理由に参内拒否

以上、小御所会議に関して留意しておかねばならない点をいくつか列挙した。なお、小御所会議での容堂の沈黙は、おうおうにして闘論の対手であった岩倉や薩摩藩内の対幕強硬派にその後の一方的な勝利をもたらしたと受けとられがちである。すなわち、この勝利の延長線上に、王政復古政府の成立をへて、やがて明治政府が誕生し、ついで近代天皇制が確立すると単線的に理解されている。が、実態はそうでもなかった。

さすがに容堂も、クーデター後の数日間は、消極的なかたちで抵抗する姿勢を示すにとどまった。クーデター翌日から病気を理由に参内を拒否したのである。ただし、容堂にすれば、無理がない面もあった。容堂は十二月十日の午前二時頃、会議の最中であったにもかかわらず、たまりかねて、他の誰よりも早く退去した。半日近く、宮中にいたことで、容堂の体力・気力が限界に達し、徹夜の朝議に耐えられなくなったためでもあった（もちろん、このことには、容堂の岩倉らに対する不平・不満も関係したことと思われる）。

そして、翌日から、病気を理由に数日間、参内しなかった。確かに長時間に及んだ会議が依然として体調不良状態にあった容堂の即座の反撃意欲を大きく削ぐことになったのは否めない。さらに、いま一つ、容堂の反撃意欲を一時的にせよ薄めることになったのが、容堂への嫌疑であった。すなわち、容堂の一連の言動が実態以上に佐幕的なものだと受けとられることを恐れて、それが反撃に水をさすことになった。このことは「小御所会議」から二日が経過した十二月十一日に、参内も越前邸への訪問もともに疑いを掛けられることを憚って控えたことでも判る（「神山日記」）。寺村左膳のこの日の日記に、「老公にも薩の奸曲、殊の外、御悪《にく》みなり」と書き綴られていたにもかかわらず、容堂はこのような対応を採ったのである。それほど容堂は自身への嫌疑（疑心）を恐れていた。ついで翌十二日、容堂は、このような対応を採ったため、家老の深尾鼎を参内させて、「かねての朝議のごとく、広く衆議を聞こし召され、然るうえ、御所（処）分これ有りたき段、御建白」に及ぶことになる（『寺村日記』）。

クーデターを批判する建議書

いま少し詳しく書けば、王政復古の大号令が発令されたあと、「ただ幕（府）・会（津）・桑（名）のみ」の動向を注視しているような「形勢」だが、これでは、「既往を忘れず、いささか更始一新の意を闕《か》き、此儘《このまま》」時日が経過すれば、「不測」の事態が生じかねないとまず指摘した。そして、そのうえで、根本的な解決策として、「早く議事の体を起し、……朝廷の意、実に公明正大にして、偏固ならざる所以を顕はす」べきことが提示された（『佐佐木』三）。事実、容堂と同様の不満は他にも存在した。たとえば、クーデターから三日が経過した十二月十二日、福岡・佐賀・熊本・久留米・盛岡・徳島等の有力藩を中心とする十藩の重臣がクーデターを批判する建議をおこなった。そして、彼らの批判の中核に置かれたのは、クーデター決行の中心藩だった薩摩藩であった。

また当時、熊本藩関係者が収集した情報によれば、クーデターに参加した五藩の内、薩摩藩を除く尾・越・土・芸の四藩は、薩摩藩への反発を強め、総裁職に就いた有栖川宮の前で、後藤と「薩人」が「大義論《ママ》」に及ぶことになる。そして、薩摩藩のみが「孤立」的状況に追いこまれたことを福井藩士の毛受洪《めんじゅひろし》らが大いに喜ぶ（「雀躍いたし候」）といった有様が呈されたという（『国事史料』巻七）。

チャンスを自ら放棄

そうしたことはさておき、かように、容堂は、自らは参内せずに、建白書でもって、自分の意のあるところを朝廷上層部に伝える作戦にでた。だが、こうした、いまいち積極的とは言い難い容堂の姿勢は、みすみす大勢を挽回するチャンスを放棄するに等しかったとみなせる。そして、これには、容堂の体調不良とならんで粘り気のない性質が大いに関係した。そして、このことを他の誰よりも嘆いたのが後藤・神山の両名であった。彼らは、「大議いまだ定まらず、実に重大肝要の時」だと寺村に告げたように、いま現在が自己の掌中に政権の主導権を握ることのできるチャンスだと気負っていたのに、肝腎要《かんじんかなめ》の容堂が前線から引き揚げてしまったのである。それゆえ、後藤と神山の両名は、容堂の選択（行動）を、「はなはだ残念なり」と寺村に告げざるをえなかった（『寺村日記』）。

慶喜一行の下坂

もっとも、容堂の参内拒否は長くは続かなかった。そして、これには徳川慶喜の決断と後藤らの勧告が大きく関わった。王政復古クーデター後、政権返上をおこなった徳川慶喜をすら新政権から排除したやり方（および十日に慶喜の将軍職辞退が聴許をみたこと）に対して、前掲の有力藩など以外にも、旧幕臣や会桑両藩士らの間で、当然のことながら、激しい反発が生じ、薩摩藩を討てとの声が高まる。そして、これに対し、事前に越前側からクーデター情報を知らされ対応策を考（苦）慮していた慶喜は、十二日の昼頃に至って、傍目には突然下坂を決意し、夜に敢行する。

会津の国元にもたらされた情報（『会津藩　幕末・維新史料集』。以下略して『会津藩史料集』とする）によると、慶喜は会津藩家老の田中土佐《とさ》を呼び、直接口頭でもって下坂理由を告げたという。それは、天皇の居住する京都で戦争が勃発すれば、叡慮を悩ますのみならず、内乱を引き起こし、ついで西洋諸国の干渉を招くことを恐れるがゆえの決定だとするものであった（現にクーデター後の十日夜に長州藩兵が京都入りしたことも併せ考えれば、いつ戦争状態となってもおかしくはなかった）。さらに慶喜は、不祥事が起これば、政権を朝廷に返上し、皇国の国威を万国に輝かそうと願った自分の素志が水泡に帰すと考え、幕臣の心を鎮めるため、ひとまず下坂するとも語ったという。これは虚言ではなく、慶喜の本心を伝えるものだと言えよう。

そして、このあと慶喜は、旧幕兵や会桑両藩士らを引き連れて下坂し、大坂城に立て籠もることになる（なお、鳥取藩の京都留守居が収集した情報〔『慶徳』四〕によると、慶喜は、前日の十一日に、容堂を二条城に呼び、さらなる尽力を依頼しようとしたが、朝廷との関係を考慮した容堂に断わられたという）。慶喜はやはり容堂を心底信頼していたのである。

慶喜の決断に対する評価は真に難しい。慶喜に対して好意的な立場にたてば、天下の台所といわれた大坂の地を押さえたことで、京都に住む人びとの生活物資をすべて自由に操れることになった。また、大坂湾に臨む一大軍事拠点であった大坂の地を押さえたことで、薩長両藩兵の京坂地域への集結も阻める立場となった。反面、慶喜サイドにとって大きなマイナス点となったのは、京都に住む同志との意思の疎通がきわめて難しくなったことである。もし、慶喜が京都に居住しつづけておれば、すぐに連絡しあえ、適切な対応もとらえたのに、それが容易にできなくなったのである。

再び攻勢に転じた容堂

とは言うものの、慶喜一行の下坂によって生まれた新しい政治状況の到来が、容堂に刺戟を与え、彼をして「やる気」にさせたことも間違いない。一方、刺戟を受けたという点では、容堂配下の後藤らにしても同様であった。後藤らは（後藤・福岡・神山の三者は、十二月十二日に大久保利通らとともに参与に任命された）、翌十三日、容堂と会い、「ただいま（容堂が）御引き入れにては、これまで御尽力の詮もこれ無く、殊《こと》にますます薩長に勢いを得られ候事故、急々御出頭然るべき段」を「申し上げ」、容堂も納得したのであろう、十二月十四日に参内する（『寺村日記』）。

なお、この日、在京中の十万石以上の諸藩の重臣に対して参内するように前日に通知がなされていたため、多くの関係者が御所にやって来ていた。そして彼らに対し、九日に宮・堂上に対して宣言された王政復古の大号令を記した書付（勅諭）が口頭でもって伝えられる。そのなかで注目すべきは、王政復古にあたっても、朝廷と徳川家の間柄は、これまでと少しも変わりがないという断わりがなされたこと、および諸藩の重臣に配布された書付中に、「不論既往、更始御一新」という文言が付け加えられていたことである（青山忠正「王政復古前後の政局と公議」）。これは、明らかに容堂らに対する配慮の結果だろう。つまり、岩倉や大久保らは妥協せざるをえなくなったのである。

容堂の注目すべき主張

こうしたこともあってか、この日、容堂は、同僚の春嶽らとともに参与の岩倉に会って、十二月十日に面談した幕臣の穂積亮之助《ほづみりょうのすけ》からなされた要請（慶喜を王政復古政府内の然るべきポストに就かせて欲しいというもの）を伝えることになる。また夜には、後藤を岩倉の許に遣わし、先ほどの要請の受け入れを促すことになる。さらに、容堂は、朝議で注目すべき主張をおこない、それを実現に導いた。彼は、武家出身の参与に四名の人物を推薦し、いずれも決定をみた。四名とは、熊本藩の溝口孤雲《こうん》と津田信弘《のぶひろ》、薩摩藩の高崎正風《まさかぜ》、宇都宮藩の戸田忠至《とだただゆき》であった。全員、出身藩の推薦によらない、対幕強硬派とは距離をおく公議政体派に属する人物であった。なかでも、高崎は薩摩藩士でありながら、大久保らとは対立する立場にあった。この人事は、かなり露骨に、容堂が大久保ら対幕強硬派の行動を抑えこむことを目的に提示し、実現をみた（ただし、戸田と高崎の両名は辞退）ものであった（このことは、やがて慶応四年正月三日付で、大久保が岩倉に宛てて発した書簡〔『大久保利通文書』二〕中に、「下参与職の者、具眼の士、一人もこれ無く」云々と怒りをぶちまけたことで鮮明になる）。

ついで、翌十二月十五日以降、容堂は、諸外国へ日本の国（政）体が大きく変わったことを布告する件でも、密かに主役としての役割を演じることになる。王政復古クーデター後、新しく成立した政府にとって、自己の正当性を示すために、外国へ日本の国（政）体が変革されたことを布告する件が「急務」であるとする意見が、十二月十五日に「薩摩藩より……申し立」てられる。中心となったのは、薩摩藩出身の大久保や岩下方平ら「下の参与」であった。つづいて、岩下とともに、後藤が「外国事務掛」に任命され、列国に通告する詔（布告）書案が作成される。そして議定に意見が求められることになる。ところが、容堂は、十九日から二十日にかけての段階で、詔書への副署と押印を拒否した。

その理由は、「外国へ御布告の御手段は弘《ひろ》く公議に取り候方、宜《よろ》しかるべく」というものであった。すなわち容堂は、この一件は大問題なので「思慮を尽さねばならない」こと、外国公使へ渡す「布告書」案には、「同盟列藩の会議をへて後、有司の奏する所をもって、朕これを決すべし」とあるが、いま京都にいるのは「わずかに五、六名のみ」で実態に合わないと疑義を呈した。そして、そのうえで、徳川慶喜や至急上洛すべしと命じた大名が京都に出揃った時点で、「天下諸侯の衆議」を「参考」にして「布告書」を作成すれば、実体の伴ったものになると朝廷に建白した（『佐佐木』二）。そして、十二月二十日付の届書（『岩倉具視関係文書』下）において、布告書に署名することを拒否した。

まことに条理にかなった意見（正論）であり、この問題を通して国政における主導権を奪おうとした、薩摩側のたくらみを打ちくだくには有効な反論だったといえよう。大久保らが画策した、ごく一部の者による独断専行方式での決定を拒否し、広く公議にもとづいて決定すべきだ（したがって外国への布告もこの線に則《のっと》るべきだ）とする、容堂の反論がなされた結果、この件は先送りとなり、のちに新政府（官軍）側が戊辰戦争を闘ううえで、大きな障害となる。

大久保に対し攻勢を強める

他方、これ以外の分野でも、容堂は春嶽らと協力して、大久保らに対し攻勢を強めることになる。その一つが、容堂（および春嶽）の意見にもとづいて、十二月十五日、参与が

「上の参与」と、「下の参与」に分けられたことである。すなわち、諸藩から徴集された者が「下の参与」とされ、参与会議の主導権が公家や諸侯からなる「上の参与」の手に握られることになる。そして、これには特権階層に属した者の藩士身分の者への嫌悪感が大きく関係した。むろん、その内の一人が容堂であった。

容堂は十二月十六日付で春嶽に宛てた書簡中に、「仁和寺宮の建白はなはだ御尤《ごもっとも》の事也」と記した。「仁和寺宮の建白」とは、十二月十四日付で出されたもので、宮（のちの嘉《よし》彰《あき》親王）が、王政復古クーデター後、「枢要の職」として、総裁・議定・参与から成る三職が置かれたが、実権が「諸藩布衣の士等」から任命された参与の手に移りつつあることが嘆かわしいので、なんとかせよというものであった。そして宮は、人材登用の必要性は認めたものの、「上等」にある者の手によって、「下等」の者が跋扈する現状を変え、本来の「礼義」正しいありようにする（封建的身分秩序の維持）ために、「即今仮りに議事所を設けられ候よう致したく候」と訴えたのである（『復古記』第一冊）。

仁和寺宮は、長岡護美が「堂上第一の温和柔順の人物にて、善を好まれ候事深く」云々と評した人物だった（『国事史料』巻八）。そのような人物をして嘆かしめたのだから、藩士クラスの台頭ぶりには甚だしいものがあったのである（なお、熊本藩関係者が当時入手した情報〔同前〕中には、仁和寺宮に限らず、有栖川宮〔のちの熾仁親王〕などにも大事な情報を伝えず、「下方にて決着いた」すので、「御不平」のあまり「遠からず、御引き入りにあい成り申すべし」とあった)。

それはともかく、仁和寺宮の嘆きは、クーデターに参加した薩土越尾芸の五藩に対し、参与職にふさわしい藩士の推薦が求められ、五藩が十二日までに計十五名の藩士を差し出したことを受けてのものであった。そのなかの一人が大久保だったので、おそらく大久保らの猛烈な活動ぶりを念頭においての宮の建白だったのであろう。このような反発が参与を上下に分けて、「上の参与」の優越的立場を確保しようとする決定につながった。換言すれば、「下の参与」を下位に位置づけることで、藩士クラスの発信力を封じ込めようとした。これに加えて、先述したような容堂の主張にもとづく、熊本藩の溝口孤雲らの新たな起用によって「下の参与」内での公議政体派の優位がめざされることになる。ついで、十八日には、福井藩の三岡八郎(のちの由利公正《きみまさ》)も参与に任命される。これらは、いずれも大久保ら対幕強硬派が王政復古政府内で次第に劣勢に立たされつつあったことを示すものであった。そして、この段階で事態を打開するうえでのキーパーソンとなったのが、岩倉具視であった。

岩倉の現実的な対応

岩倉は、王政復古クーデターによって、摂関家から強引に権力を奪い取ったごく少数の反幕派に属する中下級公家のなかでも、最重要人物であった。岩倉の最も秀れた能力は、目の前の現実に対（即）応できることであった。第二回の小御所会議では容堂や春嶽と鋭く対立しながらも、結局は公議政体派の要求を受け入れて、辞官納地問題については尾張・越前両藩の周旋に任せることで妥協した。ついで翌十一日、総裁に担いだ有栖川宮が新政のありように不満のあまり辞職を表明し、参朝しなくなるなど当初の目論見どおりに事が運ばないと見てとると、より現実的な対応を採ることになる。辞官納地問題において、慶喜サイドがいっそう受け入れやすい条件を提示することで公議政体派と手を打つことになったのである。政友である大久保の強い反対があったにもかかわらずにである。

以下、この間の経緯について、できるだけ簡潔に記したい。徳川慶喜（旧幕府側）が辞官納地（なかでも納地）を受け入れることを最も強硬に主張したのは、いうまでもなく大久保や西郷らであった。だが、この納地要求に対しては徳川慶喜（旧幕府側）の猛反発が寄せられることになる。新政府を支える費用が、広く諸藩一般に対してではなく、徳川家にだけ突きつけられたからである。すなわち、大久保や西郷らは、徳川家に「領地返上」を命じる朝命を下し、それによって新政府の財源を確保すると同時に、慶喜の真（深）意を測る試金石とすべきだと主張した。しかし、この薩摩側の要求は、土佐藩以下、徳川氏に同情的な政治勢力（公議政体派）から猛反発を受けることになる。

先頭に立ったのは、土佐藩の後藤であった。後藤は、容堂の表立った協力は得られなかったものの、クーデター後に成立した王政復古政府内で、大久保らと激しい主導権争いを演じることになる。この段階の後藤は、徳川慶喜を新政府に迎え入れ、一日も早く平穏なかたちでの公議政体の樹立（すなわち上・下議事院の設立）をめざした。そして、そのため辞官納地問題の早期解決を図った。彼は周旋を任された松平春嶽・徳川慶勝サイドと入念に打ち合わせたうえで、岩倉に対し、事態打開に向けての協力を執拗に求めることになる。ついで、広く知られているように、大久保や西郷は後藤ら公議政体派の攻勢の前に次第に追い詰められていくことになる。

大久保らが王政復古政府内で孤立

これには理由があった。それは、薩土盟約で決められた事項を纏めた「約定書」のなかに、「我が皇国の制度法則いっさいの万機、京師の議事堂より出るを要す。一、議事院を建立《こんりゅう》……、宜《よろ》しく諸藩より其の入費を貢献すべし」とあったからである（尚古集成館所蔵「島津久光公書翰」）。そして、この方針は、島津久光や山内容堂にも受け入れられた。つまり、薩土両藩首脳の間では、いったん新政権は広く諸藩すべてから経済的支援を受けることとで意見の一致をみていた。そして、これは、すでに指摘したように、「至当の公議」に基づく政治をこれからはおこなっていくと高らかに宣言した王政復古の精神とも合致した。その点で薩摩側の主張は、土佐藩関係者をはじめとするクーデター参加藩の支持を得られず、その結果、大久保や西郷らは王政復古政府内で孤立することになったのである。

いや、それどころか、後藤が摑《つか》み、越前側に十二月十二日に伝えた情報（『公用日記』）によると、彼らは、国元でも孤立しつつあった。「市（＝大久保）・吉（＝西郷）とも、此頃にては過激輩に責め立てられ候て大困窮」のあまり、慶喜が内大臣の官位を辞退し、幕府が「削封」に同意などすれば、両名とも「功なり名遂」げたということで、藩主の島津忠義ともども帰国するようにと国元からの伝達があったという。この情報がどこまで正確であったか否かはともかく、大久保と西郷の両名が、この時点で、政府の内外を問わず、酷く追いつめられたことは、まぎれもない事実であった。

この時、土佐側の働きかけを受けて、重要な役割を果たすことになったのが岩倉であった。彼は、どうやら東海・東山・北陸の三道からクーデターに反発した「軍兵」が京都をめざして「責め上る」とか、伏見へ幕府側の将兵が集結しているといった「風説」を聞いて、「はなはだ恐れ」、妥協路線に転じたらしい（同前）。辞官納地に関する修正案を飲めば、容堂ら公議政体派が主張する慶喜の議定としての起用を請け合うと答えたのである。

ここに、①慶喜が自分に与えられた内大臣の官位を辞退し、前内大臣と称することを奏聞し、これが直ちに勅許をみたあと、②慶喜の参内を命じる勅が出され、これを受けて、③慶喜が参内し、議定職に命ぜられることが約束される。ついで、この調停案を王政復古政府内で次第に孤立的状況に追いつめられつつあった大久保らがやむなく了承する。こうしたことを受けて『寺村日記』の十二月二十一日条に、「正義の諸侯方、御尽力にて、薩長の暴論を抑へ、漸《ようや》く此《この》儀（=慶喜の議定職就任）にまで運びたり」と記されることになる。

そして、二十四日に開催された三職会議で慶喜に官位一等を辞退して前内大臣と称することを許すとともに、徳川家にのみ経済的負担を強いることが取り止めとなる。すなわち、納地といっても、徳川家の領地を没収する（領地の「返上」を命じる）のではなく、政府の入費は、「天下の公議」をもって確定する（徳川家のみでなく、全国の諸侯が、その石高に応じて負担する）こととなった（「神山日記」二）。ついで、徳川家の親族であった名古屋・福井の両藩に慶喜へ手渡す御沙汰書が渡され、以後彼らの周旋に委ねることになる。そして、こういう結末にたどりつくうえで、山内容堂も大きな役割を果たした。すなわち彼は、十二月二十四日に自身が病気であったため参内を中止し、代わりに後藤を通じて、慶喜が修正案を飲めば、すぐに政府が必要とする経費を諸藩に広く課すべきだとする建議（『復古記』第一冊）をなし、援護射撃をおこなったのである。したがって、三職会議での決定に容堂は深く関与したことになる。

事態は容堂らの望む方向に向かって急速に動きはじめた。このあと松平春嶽と徳川慶勝の代理（名代）である成瀬正肥《なるせまさみつ》が大坂に下り、大坂城で右の主旨を記した御沙汰書が慶喜に渡され、二十八日に同人の同意を得る。ここに慶喜のごく近い内での上洛と議定職への就任（つまり京都政界への復帰）という、平穏なかたちでの事態収拾の見通しが立った。そこで春嶽は翌二十九日の夜に大坂を発ち、三十日に京都へ戻り、参内して復命した。これを受けて、十二月三十日、容堂は春嶽に労《ねぎら》いの言葉を盛りこんだ書簡を送ったが、そこには次のような言葉が綴られた。「今日は御尽力の御成功、天下のため賀すべし。賀すべし。芋（＝薩摩藩）落胆、此後の陰謀いよいよ拙に出で申すべく候」。

以上、王政復古政府内での公議政体派の攻勢の前に大久保ら対幕強硬派が次第に追いつめられていった過程を縷述《るじゅつ》した。そして、この間、対幕強硬派と公議政体派の双方にとって、互いに有利な状況も到来した。前者にとっては、十二月二十七日から翌二十八日にかけての三条実美と東久世通禧の入洛と三条の議定・東久世の上の参与就任がそれに該当した。また岩倉は、二十七日、議定職に就いた。後者にとっては、伊達宗城が十二月二十三日に上洛し、同月二十八日に議定職に就任したことが挙げられる。そして、この日、宗城は容堂を訪問し、西郷と大久保の両名が徳川を討とうと主張しているのを久光は知らないと思うので、春嶽が大坂から帰京すれば、三人で申し合わせて、使者を鹿児島に派遣し、このことを久光に教えようと提案し、容堂の同意を得る（『宗城在京』）。

最終的な勝利が目前に

叙上の史実がわれわれに教えてくれるのは、容堂にとって最終的な勝利を収めうる直前の段階にもはや達しつつあったということである。それは、自分と考えも境遇も同じ公議政体派に属する封建領主クラスが、ようやく国政の場で主導権を相当程度掌握しうる中央集権国家が樹立される可能性が高まったということであった。

なお、この点とも関係する興味深いエピソードが『昔夢会筆記』中に載せられている。慶喜の下坂後、後藤から容堂に対し、慶喜が「単騎御軽装」で再度上洛するのが望ましいとの考えが伝えられた際のものである。容堂は、このプランを「大いに喜」び、「もし内府にして単騎御入京ということになったならば、自分は土州兵をもって死を決して護衛すると述べ、「自ら書面を認め」、大坂にいる慶喜に軽装での上洛を促そうとしたという。

歴史にもしもはないが、彼がいま一度しゃしゃり出て、リーダー・シップを発揮し、慶喜の軽装での上洛を実現していたならば、当然、鳥羽伏見戦争も発生しなかったであろう。土佐藩兵が護衛に当たれば、いくらなんでも薩摩側は手出しができなかっただろうからである。そして、こうしたことによって、あるいは王政復古政府内で「盟主」に近い座に容堂は就けたかもしれない。だが、彼は、自身の体調不良に加え、土佐藩は旧幕府側を援けようとしているといった公家サイドの評判を耳にして、そうした行動にでることは遠慮した。その結果、このあと運命のすさまじい変転（時勢の大転換）に見舞われることになる。

江戸薩摩藩邸焼き討ち事件

さて、かように酷く苦しい立場に追い込まれた大久保や西郷だったが、彼らを劇的に救うことになったのが、慶応四年（一八六八）正月三日に発生した鳥羽伏見の戦いであった。そして、この戦争が勃発するのには、契機（大きなきっかけ）があった。江戸における薩摩藩邸の焼き討ち事件である。

本事件は、もともとはいざという時に備えて、板垣が集めた浪士たちが、江戸の土佐藩邸が閉鎖されることになったため、その新たな居住先を確保しなければならなくなったことに発した。そして、先述したように、板垣から西郷に対し、彼らの受け入れが要請され、西郷が承諾した結果、浪士たちは江戸は三田に在った薩摩藩の上屋敷へ移った。そして、この屋敷内に巣くっていた浪士たちが、十月下旬頃から江戸市中や野州《やしゅう》（いまの栃木県）あたりで強盗行為や金銭強借行為にでていたのを、問い質すために押しかけた庄内藩兵と庄内支藩の松山藩兵（幕府に命じられて、江戸市中の取り締まりに当たっていた）らとの間に武力衝突が十二月二十五日に勃発する（なお、事件が十二月二十五日に勃発したのには、庄内藩の屯所に鉄砲が撃ち込まれたこと以外に、二日前の二十三日暁天に、天璋院〔もと篤姫〕が居住する江戸城の二の丸が炎上し灰燼《かいじん》に帰したことが大きく関わったと思われる。なぜなら、これは、天璋院付の女中が、薩摩藩邸内に匿《かくま》われていた浪士と打ち合わせたうえでの放火だと噂されたからである）。

西郷と大久保の両人がこの情報を入手したのは、十二月三十日夜のことであった。秋田藩の脱藩者から伝えられたのである。そして、ここに注目しなければならないのは、この事件によって江戸で旧幕府と薩摩藩との戦争が勃発し、薩摩側が敗北したと広く受けとめられたことである。たとえば、このことは、元日の夜に春嶽に宛てて発せられた容堂の書簡中に、「芋（＝薩摩藩）敗られ候赴《おもむき》」とあることでも判明する。なお、容堂は、本書簡で、次のように、この不幸な事件を薩摩側をたたく絶好のチャンスだと春嶽に伝え、至急対策を樹立しようじゃないかと奮起を促した。「これ已（以）後の所置如何、禍を転じて福と為すの策これ有る哉、如何、当旅宿へ御光駕いつにても宜しく候也」。

チャンスをみすみす失った容堂

が、容堂のまずかったのは、この後、せっかく伊達宗城から勧められたにもかかわらず、翌日の参内を「幕を援《たす》（く）とて満朝（自分への）嫌疑これ有り」との理由の下、断わったことである（『宗城在京』）。もし仮に、容堂が、翌正月二日に参内し、江戸の事件について、公平な審議と裁きをおこなう必要性をともに強く主張し、それが実現をみていたら、このあとの状況は大きく変わったかもしれない。なぜなら、江戸の事件は明らかに薩摩側に非の過半があったからである（過半と記したのは、江戸市中で盗賊や追剝《おいはぎ》行為に及んだ者のなかには、少なからざる数の御家人が含まれていた可能性があるからである。すなわち、物価高に加え、兵制改革の実施にともなう幕府財政の極度の悪化をうけて、御扶持米の支給などが滞りがちとなった。そのため御家人〔なかでも使用人〕たちのなかに、困窮のあまり追剝などをおこなう者が出たようである。しかし、事件の発生以後、江戸市中では盗賊行為が発生せず、静まったとの証言〔『幕末風聞集』第五番〕があるので、責任の過半が薩摩側にあったことは間違いない）。

とくに、この日は、朝議のため、「総参内」が命じられた日だったので、多くの公家や大名が集まった。したがって、自分の要求をアピールする場として、この上なく好都合だった。しかも、この日、大久保は徳川慶喜の上洛前に会桑両藩兵を藩主ともども帰国させるべきだと強く主張したものの、受け入れられなかった。大久保は手酷い敗北を喫したのである（なお、容堂は不安を感じたのか、翌三日、会桑の帰国問題などは、「全く〔の〕小事」だと強調し、慶喜の召集を早く決定して欲しいとの建言〔『岩倉具視関係史料』上〕をおこなった）。

それ故、こうしたことを考えると、容堂が参内し、大久保らを徹底してやりこめなかったことで、機を逸した、つまり大きなチャンスをみすみす失ったと言えるだろう。それはともかく、このあと事態は容堂らの思う（希望した）方角には向かわなかった。理由は二つ存した。一つは、江戸の情報（そのなかには、江戸での浪人らの犯罪行為が、薩摩藩の使嗾《しそう》に出たことを裏づける書簡を押収したといったことが含まれたようである）を十二月三十日、大坂に軍艦でもって到着した大目付の滝川具挙《ともたか》から知らされた大坂城内の旧幕兵や会桑両藩士らの間に、打倒薩摩の意欲がもはや押さえきれないほど高まったことである。ついで、彼らは徳川慶喜に請い、同意を得たあと（慶喜にしても、それまでの大久保らの陰湿な行為に対して、怒りを押さえきれなくなっていたことが大いに関わったと思われる）、「討薩の表」を掲げて慶応四年の正月二日に京都へ向かうことになる（時あたかも、慶喜の議定としての上洛が朝廷によって命じられようとする直前の段階であった）。

対徳川戦を決意した大久保

いま一つは、江戸からの情報を知らされた大久保が対徳川戦を決意し、西郷の協力を得て実行に移したことである。大久保が対徳川戦を決意したのは、江戸の薩摩藩邸焼き討ち事件の背景が朝議で審議されれば、言い逃れができないことを百も承知していたからである。なお、大久保がすでに小御所会議の時点で討幕戦を決意したとみなす研究者もいるが、これは事実ではない。大久保が旧幕府方との戦争を最終的に決意したのは、慶応四年(一八六八)正月二日から三日にかけての時点だった。このことは、「大久保利通日記」の三日の条に次のようにあることで判明する。「昨日来の次第熟慮候所、関東変事一条もこれ有り、必ず徳川慶喜趣意これ有り、上京相違無し、かつ土(佐)はじめの形体はなはだ不審、今日に決せずんば大事差し迫るは案中と存じ、戦に決する紙面あい認《したた》め(下略)」。

すなわち大久保は、「関東変事一条」つまり江戸の薩摩藩邸焼き討ち事件をもって、慶喜が薩摩藩の罪を問い質すために上洛し、王政復古政府内の宮・公家・諸藩主らの判断(公議・輿論)にゆだねる行動に出ることは間違いないと見て、それを阻止するためには、いまが最後のチャンスだと戦いを決意したのである。ここに、自分たちの立場を守るためには、公論(公議・輿論)をあえて否定しても構わないとする、大久保がもともと有していた専制的性格(自分の「決断」だけに信をおく)が浮き彫りになった。そして、こうした大久保の英断果決の背後には、どうやら、そうなれば、土佐藩関係者が徳川慶喜に同調して、薩摩藩の罪を問い質すことになるだろうとの彼の憶測(限りなく確信に近い)が存在したようである(ついで、広く知られているように、対幕・会・桑戦を決意した大久保は、正月三日に岩倉に対し、開戦でもって機先を制することを強く進言し、岩倉の決意を促した)。

この大久保の憶測と決断は、策謀家であれば、誰しもが思いつくレベルのものであった。たとえば米沢藩士の宮島誠一郎などは、鳥羽伏見戦争が始まったとの情報に接した時点で、「薩邸焼討事件の報に接した慶喜が薩摩藩に報復に出たのだと推測した」（友田前掲書）。つまり事件発生後、慶喜が薩摩藩への報復という行為にでるであろうことは、ごく自然に予想しえたことだったのである。現に、このあと怒りをどうにもこうにも押さえられなくなったのであろう、慶喜が朝廷に奏聞するために作らせた、薩摩藩内の「奸党」を糾弾《きゅうだん》する書付（『会津藩史料集』）中には、罪状の一つとして、この江戸での事件が含まれた。したがって、大久保が江戸の事件をキャッチした時点で薩摩藩の軍事面の最高指揮者であった西郷と相談して、対幕、対会・桑戦を決意したのは、策謀家としてはけだし当然のことだったといえる。いずれにせよ、大久保が腹をくくったことによって、京都に向かって鳥羽街道の隘路《あいろ》を行軍していた旧幕兵や会桑両藩士らの北上を、警備に当たっていた薩摩兵が阻止し、正月三日夕刻に薩摩側から銃砲が不意に打ちかけられたことで戦闘が始まったのは、至極自然なことであった。

鳥羽伏見戦争と容堂

なお、伏見方面で戦闘が始まったのは、同地が当時、天皇の住む輦轂《れんこく》（＝天子の御膝元）だとみなされていなかったことによった。すなわち、伏見から南で戦争が始まっても、それは京都での戦闘ではなく、天皇の心を酷く悩ますまでには至らないと判断されたことが大きく関わった。もっとも、それはそれとして、西郷にまつわる摩訶《まか》不思議な話がある。土佐側の史料中に、伏見にやって来た旧幕府側将兵に対して「なるだけ穏やかに取り計らい、兵端開き候事はあい成らず」と西郷が京都方の兵士に指示したとするものである（「谷兎毛談話聞書」〔『山内』第八編〕）。もし、そうだとすると、西郷は相手が先に手を出すのを待つ作戦だったのかもしれない（この点の解明は今後の研究に俟《ま》ちたい）。

さらに加筆すると、いまとなっては信じがたいことだが、禁闕《きんけつ》（皇居）に向けての発砲を禁じた徳川慶喜の指示もあってか、それとも行軍中ということもあってか、旧幕府側将兵の多くは、携帯した銃砲に弾薬を装塡《そうてん》していなかったという。そのため不意を突かれて大混乱に陥り、結果として大坂城にいた慶喜らは江戸へ蒸気船でもって逃げ帰るという、いわば敵前逃亡をその後、演じることになる。

闇に葬られた焼き討ち事件

ところで、ここで絶対に触れておかねばならないのは、このあと山内容堂らにはいっさい相談がなされずに、一部の公家らの専断で旧幕府側が朝敵の烙印を押され、徳川慶喜以下の追討令が発せられたことである。すなわち慶喜は、帰国を命じられた会・桑両藩兵らを先鋒として、京都を制圧するために進発し、自ら兵端を開いた憎むべき朝敵だとされた。それは、大きく言えば、公議政治が早くもこの段階で否定されたことを意味した。また、それとともに、鳥羽伏見戦争のきっかけとなった江戸薩摩藩邸焼き討ち事件の真相解明がまったくなされずに、闇に葬り去られることになった。もし、事態が事件の真相解明、およびその後の責任問題に波及していれば、薩摩側（大久保や西郷ら）はさぞかし苦境にたたされたことだろうが、そうはならなかったのである。

江戸で発生した事件は、先ほども少しふれたように、当初から旧幕府側と薩摩藩がこれでもって「戦争」状態に突入したとみなされた。それゆえ、鳥羽伏見戦争も、同様のものとみなされた。すなわち「関東勢と薩との戦争」「目下会桑と薩藩と衝突」「薩州会桑と砲戦」といった文面が土佐側の史料（いずれも『山内』第八編所収）中に散見される。旧幕府側といっても、とくに会桑両藩と薩摩勢との戦争が核をなすとみなされたのである。

ついで、情報を知らされた伊達宗城は、この衝突は徳川方および会桑両藩と薩長両藩間の「まったく無益の私闘」なので、「止戦」を命じ、「是非曲直（を）御糺《ただ》しあい成りたし」と提言した（『宗城在京』）。物事の筋道からいって、王政復古政府を支える立場にある宮以下の朝廷関係者および諸藩主・藩士が旧幕府（プラス会・桑両藩）側と薩摩（プラス長州藩）側の双方から事情を聴取して、最終的な判断を下すのが当然だとしたのである。

伊達宗城は、さらに、伏見に乗り込んできた旧幕府側将兵や会桑両藩士に薩摩藩士が「勅命」が出ているので、京都に入らせないと通告したのは、「あまり早過ぎ、解すべからざる也」と疑問の声をあげた。現に旧幕府側将兵や会桑両藩兵らの上洛を差し止める御沙汰は、事前に出されてはいなかった。しかし、正月三日に戦争が始まってしまったので、宗城としても「是非の論決もこれ無く、暴挙云々にて朝敵とは公平の義にこれ無く」と嘆き、最終的に「これまったく薩長の陰謀奸策と存じ候」と総括するだけで終わらざるをえなかったのである。

もっとも、宗城もめげずに、このあと旧幕府側と薩摩（プラス長州）側の双方に対して、すぐに止戦を命じ、そのあと双方から話を聞いて、是非曲直を問い質して判断すべきだと改めて主張した（同前）。そして、もちろん、これは山内容堂のそれでもあった。だが、こうした主張も中山忠能らによって阻止されることになる。忠能らごく一部の公家が薩長側の主張を受け入れて、議定にはいっさい相談をなさず、伏見・鳥羽の両街道から北上してきた旧幕府側将兵や会桑両藩士らに引き払いを命じ、それに応じなければ撃退することを一方的に決め、夜に入り仁和寺宮（嘉彰親王）を軍事総裁に任命することになる（容堂には軍事参謀が命じられた）。

議定職を辞すことを申し出る

これに対し、容堂は正月三日に参内し、抗議の意をこめて議定職と軍事参謀の任を辞すことを申し出る。容堂が議定職の辞任を申し出た理由は、「厳重」に職務に「尽力」するつもりだったのに、これまで朝廷から出された指令に関して、「いっさい御相談」がなく、「重大の事件に至り候ても同様」なのをもって、自分が「まったく不肖」つまり愚かだとみなされているのだと思ってのことだというものであった（『公用日記』）。

そして、こうした行動を採った容堂は、そのうえで在京土佐藩兵に対しては、「（土佐藩に防禦が命じられた伏見の）固め場所は、あくまで固め、彼れより発砲なき限りは、此方《こなた》より戦闘すな」と命じた（「森復吉郎談話」『山内』第八編）。ついで、この直後、実際に戦闘が始まると、井上馨《かおる》の後年の回想（「鳥羽伏見役前後」）によると、容堂は、「開戦の評議」もなしに「伏見で戦争が起こるとはどういうわけかと言って怒りだした」という。そして、「土佐の兵はひとりもこの戦争にあずからせることはできぬ、その兵は自分が率いて国に帰るという意見」を吐いたともいう。そのため、政府内では、「薩長の兵でも十分でないところへ土佐が離れて敵となれば」一大事だと、「よほど心配」する状況となったらしい。

が、戦闘が短時日の間に薩長側の勝利となったので、容堂も土佐藩兵を率いて帰国する事態は生じなかった。そして、出先の土佐藩兵のなかには、戦闘が始まると、容堂の指令を無視して薩長軍側につく者も出た。いずれも板垣に近い連中だった。土佐藩内の意思統一がなされていなかったことの結果である。

島津忠義を苛める

つづいて、このあとも、容堂は戦争の勝敗がハッキリとするギリギリまで、初めから薩長側に肩入れしようとする傾向の大いにあった朝廷関係者（一部の反幕派公家）のありように公然と異を唱えることになる。そして、この過程で、印象的なエピソードが残されることになった。征討大将軍に新たに任じられ、かつ錦旗《きんき》・節刀を賜わった仁和寺宮が東寺に向かった一月四日の夜に、容堂が薩摩藩主の島津忠義（上洛するようにとの朝命をうけて十一月二十三日に京都入りしていた）を苛《いじ》めたのである。それは、容堂の指示によって、中立的な立場を持した土佐藩に対して怒り狂った薩摩藩兵が、容堂の住む大仏の旅館を攻めようとしているとの噂を前提にしたものであった。

この日、容堂は、春嶽・秋月種樹《あきづきたねたつ》らと禁中で休憩していた際、同席した忠義に対し、「突然」次のような言を投げつけたという。「聞く、貴藩士、吾藩に疑ひありて（自分の住む）大仏（の旅館）を襲はんと欲すと、いま外に事あるの際、内を擾《さわ》がす、はなはだ不可なり、かつ与《とも》に兵士を傷《そこな》ふべからず、請ふ、此の場に於て容堂の首を斬れ、然らば則ち一人を撓《たお》して事止まん」。いかにも容堂らしい直截《ちょくせつ》的な言であった。そして、これに対し、忠義は「黙然《もくねん》答ふる所を知らず」、このあと春嶽らが「他の談話を発して（忠義）の窘《きん》を救」ったという（「西野彦四郎筆記」〔『山内』第八編〕）。

強引な朝議の運営に対する反発

苛めの前提にあったのは、この日（一月四日）の朝、「議奏や参与等の詰め合い（が）これ無い」なか、「ただ薩長のみ、朝議を取り候勢い」となっていたことへの反発であった（「京都藩邸重役よりの報告書」〔『山内』第八編〕）。つまり、薩長両藩プラス一部の公家による強引な朝議の運営に対して、朝廷内や有力諸侯の間に猛反発が生じ、それが容堂の島津忠義苛めにつながっただろうということである。が、このような容堂の抵抗もここまでであった。仁和寺宮に征討大将軍が命じられ、錦に日月を描いた錦旗を翻《ひるがえ》した薩長土三藩の行軍が始まると、官軍対賊軍（朝敵）の図式が確立する。土佐藩士の日記に、淀にいた「敵兵、錦の御旗に驚き、兵を帰して八幡《やわた》に逃る」とあったように（「松井新助筆記」〔『山内』第八編〕）、勝敗の行方《ゆくえ》を最終的に決する要因となったのである。

なお、錦旗の官軍を示す旗印としての威力はものすごく、正月五日の戦いで、薩摩兵らとともに会津兵と闘った鳥取兵の記録（『皇国形勢聞書』）中には「錦の御旗輝き候得ば、会津勢即座に銃を伏せ、引く色に見へ候」とあった。それはともかく、五日に淀城が陥落し、六日には八幡に陣取った旧幕方将兵が敗走するなど、徳川方が総崩れしたあと、岩倉が土佐藩邸を訪れ、それまで佐幕的な発言がとかくめだった山内容堂と「大議論に及」び、「最早《もはや》、今日を手切れ（＝絶縁）と思し食し候。このうえ扶幕の御考」えであれば、早々と下坂して慶喜を助けよと冷たく言い放ったとされる。そして、これに対し、さすがの容堂も、「このうえは、朝廷御沙汰（の）次第（を）畏り奉るべ」しと応え、「家中一同えも布告等」がなされたという（慶応四年一月十日付蓑田伝兵衛宛大久保書簡〔『大久保利通文書』二〕）。

朝旨に従うことを誓約

　このことを伝え聴いた西郷の評が残されている。それは、「容堂公には岩倉卿より大議論を成され、夫《それ》より降伏の姿に御座候」というものであった（慶応四年一月十六日付蓑田宛西郷書簡〔『西郷隆盛全集』第二巻〕）。西郷がいみじくも「降伏」と評したように、徳川方のしくじりによって、容堂は生涯においてマックスといえる、精神的プライドを大きく傷つけられる恥辱の日を迎えることになった。そして鳥羽・伏見での敗戦によって徳川氏を救済するチャンスを完全に失った容堂は、一月八日、前日に出された慶喜らの追討を命じる御沙汰を受け入れ、請書《うけしょ》を提出した。ついで、一月九日には議定職に留まるようにとの朝命を伝えられ、これも受諾する。中二日を置いた同月十一日、土佐藩に対し、鳥羽伏見戦争で徳川方に協力した高松・松山両藩の征討を命じる勅命が下り、錦旗を賜わることになる。ここに土佐藩は官軍の一員に正式に組み込まれ、以後、戊辰戦争が本格的に始まると板垣退助（東山道先鋒総督兼鎮撫使岩倉具定《ともさだ》の参謀となった）率いる土佐藩兵が官軍に編入され、旧幕府側勢力との戦闘で重要な役割を薩長両藩兵とともに果たしていくことになる。

戦死者を出さなかった土佐藩

　鳥羽伏見戦争において、いかに土佐藩兵が薩長軍に対して協力的ではなかったかを証明するに足る印象的なエピソードが残されている。一月十二日、朝廷は土佐藩に対し、鳥羽・伏見で犠牲となった戦死者の魂を「慰むる弔料《とむらいりょう》として」三百両を下賜したが、この時点で土佐藩兵には戦死者が出ていなかったため、辞退する。ところが、新政府（薩長）側としても、土佐藩をつなぎとめる必要があったのであろう、のち二月八日に負傷者の「療養費用」として改めて三百両を下賜した（「土佐藩政録」『山内』第八編）。そして、下賜にあたっては、容堂も多少の意地をみせ、「薩長こそ御請も然るべけれ」と固辞したが、岩倉の勧めに従ってやむなく拝受することになったという（平尾道雄『容堂公記伝』）。

第一〇章　明治初年の山内容堂

勝者内の敗者

鳥羽伏見戦争の結果、容堂は勝者中の勝者の座からすべり落ち、勝者内の敗者としての立場に追いやられることになった。それは、大きく括れば、相当な不平を抱く失意の日々を、以後容堂に強いたということであった（これに伴い、隠居の容堂と藩主豊範の立場も逆転し、藩政は本来のあり方である豊範の手に握られることになる。そして豊範は国元にあって、藩政を一新するための改革に取り組むことになった）。だが、そうかといって、容堂の心が荒《すさ》んでいたとか、新しく成立した維新政府に対し激しく抵抗したかといえば、そうでもない。物事にそれほど固執しない容堂の性分もあって、怨念に類する「ドロドロしたわだかまり」を、競争に敗れた相手である岩倉具視や大久保利通らに対して強く抱きつづけたとまではみなせない。

体調の一段の悪化

容堂は、慶応四年（一八六八）二月三日におこなわれた明治天皇の二条城への行幸を「朝廷の盛事感激の至り」（二月五日付春嶽宛書簡中に見える言葉）と受けとめるだけの余裕は有した。そして、失意中だったものの、一月中旬から二月上旬にかけての時点で、思いついたことがあれば、その都度、建白をおこなった。決して膝を屈して黙っていたわけではない。ただ、自分の理想とは大きく異なった現実が、容堂の体調の一段の悪化を招くことになったのは否《いな》めない。一月二十三日に朝議に参加し、海軍興隆の必要や外国交際について意見を述べたあと、不参がちとなり、二十七日には発熱のため「終日絶食」を余儀なくされるまでになる。そして、神山郡廉の日記によると、容堂は一月末から二月にかけて「胸痛」に苦しめられた。ことに二月初旬からはそれが甚だしく、ほとんど危篤状態となった（「豊信公御遺事御履歴草稿」〔『山内』第八編〕）。そのため、二月二日に大仏の旅館から、ほんの直前まで松平容保が住んでいた旧京都守護職屋敷（下立売に在った）に移り、ここで静養に努めることになる。

そして英国公使館付の医官ウィリアム・ウィリスを招き、彼が滞在先の大坂から京都に到着した（これは、攘夷派がかたくなに拒んできた外国人が初めて京都入りしたという点で画期的なことだった）直後の二月十五日の夜に、その診断を仰いだ。ついで、十六日から二十日にかけて、ウィリスによる診察と治療をうけ、その結果、四月半ばから養生目的とウィリスによる治療をうけるため一ヵ月半ほど大坂の地で過ごすことになった（しかし、容堂の体調はこの後もなかなか回復せず、六月頃にいたって「小水不利」で腹部に腫物《はれもの》ができ、参朝を辞退することがしばしばとなる。なお、容堂を描いた肖像写真のなかに、歯肉炎・歯槽膿漏のために歯が著しく抜け落ち、年寄りにしか見えないものがあるが、おそらく、この頃のものだと思われる）。

堺事件

それはおき、この間、容堂にとってまたまた大きなストレス源となる不祥事が勃発した。二月十五日に発生した「堺事件」である。これは、堺を朝命によって警備していた土佐藩兵と上陸してきたフランス人士官および水兵との間にいさかいが生じ、土佐側の発砲によって十数名のフランス人水兵が死傷するという大惨事であった。

そのため、この事件は外国事務取調掛として外交の第一線に立つに至った東久世通禧をして、その日記の二月十七日条に、「土州暴挙、言語に絶す。過日来尽力、(パークス)上京拝謁の日限決定の処、今日に到り、総て水泡、残念千万也」と嘆かせる、土佐藩にとっての大失態となった。それのみならず、このあと土佐の国元においては、いまにもフランスの軍艦が報復目的で襲来するとの噂が流れ、上下とも動揺をきたすことになる。

ついで土佐側は、英国公使館書記官のミットフォードに、土佐側の責任を認めたうえで、仲介役をはたすことを依頼する。容堂にとっては、まさに「いかんともし難い」弱り目に祟《たた》り目状況となったのである。そして、このあと、容堂が「仏国公使と応接」して、翌三月にこの件は「まったく落著(着)」となる(『佐佐木』三)。すなわち、この間、土佐藩主が正式に謝罪し、賠償金として十五万ドルを支払い、かつ土佐藩士十一名を堺の妙国寺で二月二十三日に処刑したことで折り合いがついた。

新政府への猛反発

もっとも、容堂および土佐藩がそのような状況下に陥ったからといって、岩倉を含む政府首脳は、容堂を政府外に追放するようなことはしなかった。いやできなかった。自分たちに対する反発が、ことの外、巨大だったからである。

新政府には、江戸幕府とは違って、憎むべき「夷狄《いてき》」を制御《せいぎょ》（攘夷を実現）してくれるとの多くの人びとの期待が寄せられたが、実際はそれとは正反対の交際路線を採択した。西洋列強に伍するための国家づくりに励み出した結果、三月に天皇の名でもって開国の宣言をし、欧米文明の模倣にすぐに向かった。そのため猛反発が生じたのは、けだし当然の成り行きであった。そして現に、堺事件の他にも、神戸事件やパークス襲撃事件など、「夷狄」を憎むあまりに発生した事件が続出した。

翌明治二年（一八六九）に入ると、攘夷派による横井小楠や大村益次郎といった政府要人へのテロがあいつぎ、それに伴って攘夷論が全国的に勃興《ぼっこう》し、人心も動揺した。また、薩長（とくに薩摩）の存在が突出したため、政府内要路のなかにも反発心が高まった。

鳥羽伏見の戦いが勃発した翌日に当たる慶応四年一月四日、宗城は「征討の事、宜しく列藩の公議を尽すべき」と論じ、官軍が錦旗を押し立てて東寺へ進軍したことを薩長の専横だと反発して、自らは従わなかった（『伊達宗城公傳』）。また宗城は、同日に記した日記のなかで、「嗚呼《ああ》歎ずべし、惜しむべし、悲しむべし。内府侯（＝徳川慶喜）、恭順の儀は相違なく候処、終に冤罪《えんざい》を蒙られ候」と、慶喜擁護の言葉を綴った。ついで、翌五日には、いったん引き受けた軍事参謀職を辞退した。

すなわち、久光とタッグを組んで幕末最終段階時に慶喜と対峙《たいじ》したことすらあった伊達宗城あたりでも、奇跡としか言いようのない成果を得て驕《おご》りの様相を呈するようになった大久保ら薩摩藩関係者の横暴ぶりに反感を隠せなくなっていたのである。

薩摩討伐の計画

さらに、九州有数の有力外様藩（五十四万石）であった熊本藩などは、鳥羽伏見戦争が勃発すると、藩主の名代として上洛し、議定職に就くことになる細川護久《もりひさ》の近侍のなかに、この際、旧幕府方の将兵と結託して、京都の薩摩藩邸を急襲しようなどと画策し出す者も出てくる（「鳥羽伏見開戦当時肥後藩挙止」）。そして、こうした状況が存在したこともあって、遠く東北の米沢藩や仙台藩といった外様の名門もしくは大大名を巻き込むようなかたちで、薩摩討伐の計画が密《ひそ》かに樹てられるに至る。

米沢藩の宮島誠一郎は、慶応四年の三月四日、仙台藩の菅原龍吉を訪ねたが、その時、菅原から薩摩藩関係者が提唱した大坂親征の要求に対して、それが天皇を奪わんとする薩摩藩の姦謀だとする風説が京坂の地で、まことしやかに語られているとの情報を教えられた。そして、さらに、これを機に同藩に対する不満が爆発し、一波乱起こるだろうとの憶測が飛び交っていることも知らされる。

土佐藩への熱い期待

ついで、こうした状況下なので、この機会に乗ずれば、東北諸藩が大いに苦しめられていた新政府からの会津討伐の命令を蔑《ないがし》ろにしうるのではないかとの菅原の考えも伝えられた。すなわち、討薩の戦いが発生すれば、枝葉の問題である会津征討などは自《おの》ずと枯れ果てるだろうというのが菅原の見立てであった。そして、この時、宮島や菅原らが薩摩藩への批判勢力として有力視していたのは、土佐・肥後・肥前の三藩であった（友田前掲書）。肥後藩や土佐藩は、このように、反薩摩勢力から熱い期待を寄せられる立場にあったのである。そして、この年（一八六八）の五月に、会津・庄内両藩の救済を目的とした奥羽越列藩同盟が成立したのは周知の事実である。

それはおき、容堂の反薩摩感情は藩外にも伝わっていた。根拠とされたのが後藤象二郎の外国（事務）掛起用に反対したことと、薩摩サイドが主唱した王政復古を欧米諸国に通告する布告書への署名拒否であった。前者の反対は、一月十二日付で春嶽に送られた書簡中に、「（後藤の）外国掛りは……芋の奸計にて（後藤）を（外国側との）応接で兵庫へやり、その跡にて朝廷をわが物にするの姦計」だとの極秘情報が「芋の内より密に」自分に伝えられたとあることで、その理由が判明する（もっとも、容堂の反対は功を奏さなかったようである）。また後者の署名拒否の件について書き足すと、この問題は長引き、慶応四年一月半ば段階に至っても、容堂の同意が得られなかった。のみならず、伊達宗城や松平春嶽も、容堂と同一の行動を採った。やはり、彼らの眼にも「朝廷を吾が物にする（ための薩摩側の）姦計」と映ったがゆえの署名拒否であった（一月十二日付松平春嶽宛山内容堂書簡）。

さらに容堂は、薩摩藩の大久保ら参与一同が中心となって一月下旬段階で画策した大坂親征行幸（これはたんに大坂への親征行幸をめざすものでなく、近い将来、京都から大坂へ都を移すことを狙ったものであった）に反対し、三月八日、家臣を三条と岩倉の許に派遣して大坂への親征行幸の不可を陳情した。そして、このあと、いよいよ大坂への親征行幸が「確定」すると、「愕然」とする（三月十一日付春嶽宛ての書簡中に見られる言葉）。

いずれにせよ、こうしたことを根拠に、容堂が強烈な反薩摩感情の持ち主だと周辺に伝えられ、その分、土佐藩への大いなる期待がかけられたのである。時あたかも、大坂への親征行幸が確定すると、これは天皇（若き天皇は、大坂へ行くことを非常に嫌がった）を自分たちの手に奪おうとする薩摩藩の姦謀だとする風説が広まり、同藩に対する不満・反発がいっそう高まった。したがって、新政府としても、土佐藩の実力者で、大きな影響力を有する存在でもあった容堂に、然るべきポストを用意して抱き込まざるをえなかったといえる。

自身への嫌疑に敏感であった容堂

もっとも、容堂の心中に反薩摩感情が渦巻いていたことは事実だったが、同時に容堂が自身に向けられた期待を重荷に感じていたことも、これまた事実だったと思われる。すくなくとも、彼は反薩摩主義者としての自身に向けられる期待と嫌疑（とくに後者）に敏感であった。このことは、三月十三日に訪ねて来た越前藩の毛受に対して土佐藩の武市八十衛が「容堂様も先日来、御嫌疑はなはだしく御迷惑」云々と語った（『戊辰日記』）ことなどからも、間接的にいえるであろう。容堂は、打倒薩摩を考えているらしいとの嫌疑を、薩摩による独断専行を抑える役割をはたそうとする一方で、かなり気にしていたのである。

そして、こうした容堂が置かれた微妙な立場が、後藤象二郎と神山郡廉両人を筆頭とする藩士（それは、従来、容堂とは考え方を異にした福岡孝弟・佐佐木高行・谷守部・小笠原唯八などをも含むものであった）の中央政府入りを是認するとともに、戊辰戦争への協力ならびに扶幕派であった家臣の処罰を余儀なくさせていくことになる。

前者に関していえば、二月二十日に後藤が徴士参与職総裁局顧問に、神山が徴士参与職弁事に任命された際がこれに該当した。これより前の二月十一日、朝廷から任命されたら「即日より朝臣とあい心得」るようにとの令達があった（『国事史料』巻八）が、容堂はただちに、こうした任命に付随する趣旨を受け入れた。すなわち、この件で、後藤から容堂へ相談がなされると、後藤と神山は「格別の事」で「屋敷住居にも及ばず、いかようとも勝手に致し然るべしとの御意」が表明されることになる（「神山日記」一）。

また、後者に関していえば、上野戦争（上野の山内に屯《たむろ》していた旧幕兵を新政府軍が強引に撃破した）の直後に当たる明治元年の五月下旬段階で、家老職以下の諸士に対して、新政府支持の方針が「御隠居様」の「御趣意」として打ち出されたことが目につく。すなわち容堂は、五月二十四日、鳥羽伏見戦争が慶喜サイドの「妄挙」によって引き起こされたとして、戊辰戦争への出兵を改めて正当化した。そして、これに「異議」を唱える者があれば厳科に処すとも表明した。そして、これによって、「助幕党縮然、瓦解を為す」結果がもたらされることになる（「中老月番記録」〈『山内』第八編〉）。

ついで、五月二十七日には、かつて武市瑞山の究問にもあたった野中助継に対し、自刃が命じられる。野中は、これより前、大坂において容堂にお目通りを願い、その節「言うべからざるの妄言《ぼうげん》」を吐いたとされる(「明治元年記録」〔『山内』第八編〕)。それは、戊辰戦争に土佐藩兵が従軍することに強硬に反対するものだったが、硬骨漢であった彼は、この時、容堂に対し自決を勧めかねない勢いだったという。当然、二十四日の諭告にも服さず、その結果、「大不敬・不届の至り」だとして、この日、割腹を命ぜられたのである。つづいて、六月二十七日には寺村左膳や小八木五兵衛など、かつての佐幕派を、その職や禄を奪うというかたちで処罰した。鳥羽伏見戦争に、これらの人物が協力的でなかったことが処罰理由の一つとされた。さらに、戊辰戦争への協力は、一月二十一日に東山道鎮撫総督岩倉具定らが京都を出発する際に板垣率いる土佐藩兵が随行して以来、あいついで出兵した兵士を慰撫《いぶ》するための陣中見舞の使者の派遣や酒肴の賜与といったかたちで示されることになる。

容堂の冷静な状況判断

容堂は、このように、明治元年(一八六八)の半ば段階で、新政府支持の態度を明らかにしたが、これは彼の冷静な状況判断の結果であった。すなわち、このあと、松平春嶽が戊辰戦争を停止しえない自分の無力さに絶望して議定職を辞す動きをみせると、七月の時点でそれを阻止する動きを見せた。阻止理由は、自分も「なに一つ見込みと申すもなけれども」、「公卿や陪臣」が権力の中枢を占めている現状は、やがて行きづまるので、時を待とうというものであった。容堂の凄かったところは、「時を待つとも、輦轂《れんこく》（＝天子の御膝元）の下を離れては事なせぬ、此所を離れては叶わず」との認識を有していたことである（以上、『公用日記』による）。つまり、天皇（朝廷）に権力の中心が移った以上、これを抱きこむかたちでしか自分たちが直面している苦々しい状況は打開しえないとの考えを伝えたのである。かように、容堂は、明治元年の半ば段階で、きわめて客観的な判断を下し、冷静な対応を採れる状況下にあった（それ故、反政府的行動に出る可能性はなかった）が、容堂の存在の大きさが、新政府関係者による彼の取り込みを急がせることになった。

容堂は、これより前、二月中旬の時点で、病気を理由に、王政復古時に任命された議定職等の辞職を請願した。だが、政府関係者にとって会津戦争を決行するためには、板垣退助率いるところの土佐藩兵は不可欠の存在であった。さらに、容堂自身、自分への嫌疑を気にしながらも、六月に江戸で大総督府より奥州出兵の命令が出されたあと苦境に陥っていた東北諸藩を救済する活動に多少は協力するなど、政府関係者の神経に障《さわ》りかねない行動もとった。すなわち、米沢藩士の宮島が東北の地で戦争が長引けば、ロシアをはじめとする外国勢力の介入を招くとして戦闘行為の即時中止を求める奥羽越列藩の建白書を、八月十五日、間に人をはさんで土佐藩の留守居に手交すると、それを岩倉具視の手元に提出した。また九月に会津藩の降伏によって東北での戦争がほぼ平定をみると、十月二十八日には宮島と土佐藩邸で会い、斡旋を歎願されるなどした（友田昌宏「宮島誠一郎と戊辰戦争」）。

新しいポストへの就任

したがって、このような動きを時に見せる容堂に対し、政府関係者としても無視するわけにもいかず、岩倉らは容堂の政府外への追放がますますできなくなる。そのうえ、翌明治二年（一八六九）に入ると、土佐藩の提議によって、四国の十三藩が毎月会議日を設け、対応策を話し合うことになる（「宇野家文書」『国事史料』巻九）。また、土佐藩関係者のなかには薩長から新政府の主導権を奪おうと画策しだす者も出てくる。こうした連中は、自分たちの目的を達成するために、薩長間の不和対立を煽《あお》り、東北諸藩の不満や維新後に発生した朝鮮との紛争を利用して、挙兵の機会を窺った（三谷博『維新史再考』）。すなわち、薩長を支柱とする王政復古政府指導部にとって、土佐藩はますます厄介な存在となったのである。それだけに容堂の存在はいっそう軽視しえなかった。

しかし、その一方で、客観的に見て、新政府首脳にとって、容堂は相談相手ではなく、敬して遠ざけるのがベストな存在でもあった。このことが、よく解るのが、人事面での新政府の対応であった。容堂は、左のように、明治元（慶応四）年から翌二年にかけて、議定職はそのままで、次々と新しいポストを提示され、概して受け入れることになる。

①明治元年一月十七日　内国事務局総裁（二月二十一日に免職となる）
②明治元年閏四月二十一日　刑法官知事（三職八局が廃止され、新たな官制が制定されたのを受けて設置。辞退）
③明治元年九月十九日　議事体裁取調局（方）総裁
④明治元年十一月二十三日　学校取調用兼任
⑤明治元年十二月十三日　学校知事兼任
⑥明治二年四月十七日　制度寮総裁兼任（議事体裁取調局が廃止され、制度寮を置くことになったため）
⑦明治二年五月七日　上局議長（制度寮総裁解任）
⑧明治二年五月十五日　学校知事再任
⑨明治二年七月九日　麝香間祗《じゃこうのまし》候《こう》（学校知事解任）

公的人生がほぼ終了

真にめまぐるしく落ち着きのない発令であった。そして、これには容堂の体調不良に加え、封建支配者だったが故に実（事）務経験がなかったこと、容堂の性分が官僚機構（組織）の長に向いていなかったこと等が大いに関係した。しかし、それにしても、右のポストは、一部を除いて、いずれも重要だと言われれば重要だが、最重要ポストの一つとまではいえなかった。政府首脳の苦悩ぶりが伝わるような人事である。そして、やがて容堂を敬して遠ざけようとした政府首脳の思いが最終的に結実したのが麝香間祗候への任命であった。同職は、華族・親任官および維新に功があった者に対して与えられた資格で、天皇の相手を務める栄誉を与えられた。が、所詮、名誉職にとどまるものであった。

ということは、麝香間祗候に命じられた明治二年七月の時点で容堂の公的人生はほぼ終了したということである（なお、このあと、明治二年の九月二十六日に、容堂は、復古の功〔クーデターとその後の戊辰戦争での戦功〕を賞され、正二位の官位と終身禄五千石を賜わることになった）。

しかし、いまだ生命体としての容堂の人生が終了するまで数年が残されている。もう少し明治初年の容堂について語ることにしたい。容堂が与えられた右のポストのなかで、彼個人にとって多少の意義を有したのは議事体裁取調局の総裁ポストに就いたことであろう。議事体裁取調局は、明治元年閏四月二十一日に発布された「政体書」で設置された議政官（アメリカの三権分立主義にならって設置され、立法を担った）が廃止されることになったのを受けて誕生したものであった。そして、これは、「議事の制取り調べ候一局を開き、大いに右制御興立有るべくよう仰せ出だされ候事」とその職務が規定されていたように、容堂に相応しいポストであった。なぜなら、かねてからイギリスの議会制度について多大な関心を有していた容堂こそ、まさに打って付けの適任者といえたからである。

また、これより前の六月中旬段階で、容堂は春嶽や宗城らとともに、「天下の公議を尽」くすために、「上（は）公卿諸侯より、下（は）士農工商に至」る、すべての階層構成員（脱身分）から成る議院（下院）を設立する必要を訴えた意見書（『岩倉具視関係史料』上）を政府に提出していた。したがって、こうした諸々のことが総裁職への就任につながったと思われる。そして、現に容堂がこのポストに就いたことで、同年の十二月十五日に東京に公議所が開設され、来春より万機公論にもとづいて国是を定めるとの方針が打ち出されることになったと考えられる。それはともかく、この役所では、十名の議事体裁取調御用掛が任命されたが、そのなかに明治期の容堂にとって最も親しい遊び仲間となる下局議長の秋月種樹が含まれた（秋月との関係については後述する）。

賄賂を使って旧田安邸を手に入れる

さらに、ここで容堂が京都から東京に移り住むようになった経緯について、ごく簡単に記しておきたい。

容堂は、明治元年の七月二十三日、翌月の下旬に天皇が東京（この直前、江戸を東京と改称することが発令された）に向かって行幸するので、「御供」をするように内々で命じられる。そして、このあと、即位式がおこなわれた翌日の八月二十八日に、天皇一行が九月中旬に出発することが布達された際、改めて供奉を命じられたが、容堂の体調が陸路での「御供」を許さなかったこともあって、海路、東京へ先着することになった。ついで、九月二十日、天皇一行が京都を出発したあと下坂し、十月上旬に蒸気船でもって品川に到着した。そして、ただちに上陸して鍛冶橋内土佐藩上屋敷に入る。明治天皇の上京に先立つこと、ほんの数日前のことであった。

つづいて容堂は、この年の十二月下旬に、箱崎にあった旧田安邸を手に入れ、ここを新たな住まいの場とする。旧田安邸は、田安家出身の松平春嶽が誕生した邸で、東京でも指折りの庭園を持つ美邸であった。また、邸の周囲には海や墨田川があり、そのうえ松や桜も多く眺望すこぶる佳《よ》しの景勝の地でもあった。そのため、所望する者がはなはだ多かった。そこで、容堂は、役人に対し、いわゆる袖の下（賄賂）を使って入手したという（なお容堂は、一夕、酔いに乗じて、この秘密を漏らしたため、関係した役人はにわかに免職となったらしい。なんとも罪つくりな話である）。

美邸を民衆に開放

この美邸にまつわるエピソードで、いかにも容堂の性分を反映していると思われるものを一つだけ紹介しておきたい。容堂は、この美邸を手に入れると、まず厠《かわや》（＝便所）と湯殿を作り、次に茶室等の築造に取りかからせた。彼の潔癖症からくる清潔好きが、こうした順番となったのである。そして、これには、おそらく伝染病をもふくむ彼の感染症対策への関心が大きく関わったものと思われる。

ついで、茶室のあと中国風の新館が建てられると、自慢したい気分の高まりとともに、江戸期の大名のなかに、屋敷内の稲荷社などへの庶民の参詣を許可していた例を思い出したのであろう。諸人から「御庭拝見」の願いが出されると、「面白き事に思ひ、孟子も衆と共に楽しむと云」って、「三日間を限り、衆庶の縦覧を許した」とされる。その際、金をとらないどころか、「新に福草履五百足を用意」し、そのうえ「小供（に）投げ与へる為めとて、毎日干菓子《ほしがし》」までも五十両分買い揃えたという。さらには、薦樽《こもだる》を所々に置き、柄杓《ひしゃく》を添えて自由に飲ませたともいう。そのため、「タヤス（田安）くは見せぬ屋舗をたゞ見せたトサ（土佐）」との落首を邸内に残す酔狂な人物もでたらしい（『鯨海酔侯』）。

容堂の廃刀論

かように東京に移り住むようになった容堂は、新政府の高官に就任した一方で、それなりに趣味人として味わい深い私生活を送りはじめたようである。ここに、ほんの少々興味を惹かれるのは彼の廃刀論である。明治二年三月八日、容堂は気分転換をかねて外出した際、御用役両人（西野彦四郎・下村畦太郎）や佐佐木高行を相手に愚痴をもらした。それは、政府高官に転じた封建支配者が他行する際に多くの家来を引き連れるありようを批判するものだった。「二、三年も致し候はば、自分等にても一人往来致し候よう成るべく、また帯刀も無益なれども……時勢知らざる愚物多き世の中なり」というのが、その弁であった（『佐佐木』四）。

容堂の右の廃刀に関わる発言は、薩摩藩出身の森有礼《ありのり》が明治二年の五月中旬に廃刀案を公議所に提出するより前であったが、開明的な容堂だったからこそ吐けた周りの者の愚かさを嘲《わら》う弁であったといえる。この点に関わるなんとも可笑《おか》しいエピソードが残されている。容堂は、明治三年（一八七〇）三月十一日の夕方、秋月種樹を同伴して、土佐藩の駿河台邸へ入ったという。この時旧幕時の大監察で、かねてから懇意だった澤簡徳《かんとく》を召して、ただちに自分の帯びていた刀を与えたという。この刀は、「もはや供廻《ともまわ》（り）も召し連れに及ばず、廃刀にて可なり」との「持論」を実行に移して、無刀だった容堂に、藩中の批判が集まるのを「心配」した西野や下村らが、「極々少短なる御刀を拵《こしら》へ（て）差し上げ、今夕初めて」容堂が帯びたものであった。それを容堂は、いとも簡単に与え、このあと「無刀にて」「御帰り」になったという（同前）。供廻りの者からすれば、「あちゃー」と叫びたくなるような行為であった。

明治維新の本質は、人によってさまざまな見方があろうが、その最たるものの一つが、大名権力の解消だったことは誰もが否定しえないであろう。そういう点で、容堂は封建人でありながら、「時勢」の移り変わり（それは俗に「文明開化」といわれた）をじっと見つめて、己のありようを変えることのできた稀有な封建領主であったと評せる。明治維新にまつわる大きな謎《なぞ》の一つに、世襲的な特権を有した貴族や士族が、自らそれを放棄したことがあるが、容堂のような人物ならば、割合簡単に人類の歴史が文明に向かう方向性を察知して士族の特権廃止や廃藩そのものに同意できたであろう（現に、土佐藩では、明治三年の十二月に、士族の常識を解くなど、士農工商間の身分差別を解消しようとする人民平均の理が、政府の支持を得たあと、藩内に宣言されたが、これはむろん容堂の支持がえられるものであった）。

それはおき、前述したイギリス人外交官のミットフォードは、容堂のことを、「五十年ばかり前の英国の政治家に似て、放縦《ほうじゅう》な道楽者であった」が、島津久光や伊達宗城などと比べても「特に偉大」で、「高い知性を備えた先見の明のある人物で、他の大名よりはるかに物事の政治的判断に優れていた」とその書に記した（前掲書）。まさに、その通りの人物だったのである。

「官吏公選」に反対

そうしたことはさておき、京都時代から東京時代にかけて、官職にあった容堂は、明治二年五月の時点で、中央政府から事実上放逐される。契機となったのは、明治二年の五月に実施された「官吏公選」であった。この年の五月十一日、大久保が岩倉に対し、「政体書」の第九条にも謳《うた》われていた政府首脳を「公選入札」つまり関係者の選挙によって選ぶ必要を説いた。そして、この意見は翌十二日の朝議にかけられ可決される。これは輔相《ほしょう》は別として議定と参与の数がともに多く、そのため、ともすれば情実に流れて、有効な対策を打ち出すことのできなかった現状を見据えて、誰の眼にも明らかなかたちで輔相以下、真の実力者を公家・諸侯・藩士のなかから選び、そうした人物の手に一元的に権力を集中させることで国政をスムーズに運営しようと大久保が画策したものであった。

むろん、提案の前提には、自分が選ばれるという自信が大久保にはあった。現に、この時、大久保と三条実美の両名は、当初、提案に難色を示した岩倉を上まわる四九票の最高票を獲得した（岩倉はそれにつぐ四八票）。もっとも、容堂は、「官吏公選」実施を可決した五月十二日の朝議には居合わせなかったので、いまさらどうしようもなかったが、すぐに反対の意思を表明した。容堂は大臣以下の官吏（勅任官）の任命権は天皇にあると考えていたからである。しかし、そうした声は、当然のことながらいったん決定をみた事項をくつがえすまでには至らず、翌十三日、入札がおこなわれる（なお、容堂は、自分の意見が採用されないと判ると、「大不平にて、そのまま席を蹴立てて退出」したという〔『佐佐木』四〕）。

政府から事実上放逐される

そして、この時、議定と参与に初めて、それぞれ四名と六名という定員が設けられたため、容堂、長州藩主の毛利元徳《もとのり》（もと定広）や因州鳥取藩主の池田慶徳らが、議定や参与の職を退くことになった（十票を獲得した春嶽を除き、容堂は宗城・久光と同数の五票だったようである）。つまり晴れて「選抜」された大久保や岩倉が、自分たちの気にくわない異分子の排除に成功し、その権力基盤をより鞏固なものとしたのとは対照的に、選から洩れた容堂は、十四日の入札でもって、かたちのうえでは学校知事に再任されたが、実質的には、以後（七月に任命された麝香間祗候を除き）、公的な立場からほとんど退くことになる。

ついで翌六月には豊範と共に戊辰の戦功により終身禄四万石を賜り、九月には先述したように復古の功によって五千石を終身下賜されることになった。そして容堂は、この間、官職から事実上解き放たれたことをうけて、その後浅草区橋場町にあった別荘（綾瀬草堂と呼ばれた）に移った。そして橋場で隠居生活を始めることになる。

放逸な生活

政界を隠退してからの容堂に関しては、前時にも増して芳《かんば》しくない艶聞《えんぶん》や噂が残された。維新後の容堂は艶聞に事欠かなかったが、そうした相手の一人に、後に女流歌人として知られることになる深川芸者の松《まつ》の門三艸子《とみさこ》がいた。また容堂は、東京入りしてからもあいかわらず飲酒生活を続け、新橋や柳橋、あるいは両国あたりの料亭で豪遊したため、「放逸無頼《ぶらい》の酒徒《しゅと》」（平尾道雄『山内容堂』）と世間的に見られ、批判を浴びた。そして、容堂に対しては、中央政府入りして東京にいることの多かった後藤から苦言が時に呈された。

しかし、やはり遊び人の一人であった後藤の苦言は功を奏さず、国元から上京してきた板垣退助が説得に当たることになる。板垣は、戊辰戦争に従軍後、土佐藩内にあって、会津藩を降伏させたとして軍事英雄の座を確保し、藩政を家老格として主導する立場に就いた。その板垣は、明治二年の四月に新政府の参与に任命されたため上京してきた際、「我儘」な容堂がいては改革が進展しないと容堂に「直言」する（『鯨海酔侯』）。そして、この「直言」によって、さすがに容堂の放蕩《ほうとう》癖は少しは収まったらしいが、それも長くは続かなかったようである。事実、容堂が隠居時の明治三年に詠んだ漢詩には「快なる哉、痛飲・放恣《ほうし》を極《きわ》む。誰れか言う、君子は須《すべか》らく徳行を修むと」といったものがある。容堂は、半ば開き直り、放逸な生活を送っていることを認め、なにが悪いと詩中で反論したのである（そういえば、君子として知られた親族の三条実美が、「駕籠屋渡世」の娘を「愛妾」にしたとして、寓居に張紙をされたのは、この年四月のことであった〔『国事史料』巻十〕）。

憂さ晴らしの豪遊

まずその一は、読書と飲酒三昧《ざんまい》の日常に倦《う》むと、親しみをおぼえた一群の人びとと遊慰の地である柳橋（その他、新橋や両国・今戸）界隈《かいわい》に集い、憂さ晴らしをするのが多くなったことである。柳橋は、水運の要路として発達した地であった。多くの船宿、料理茶屋、あるいはそれらの機能を備えた貸席が集まり、文人墨客・武士・商人が、それぞれ交流する社交場として発達した（田中優子『芸者と遊び』）。容堂は、この遊里の地に明治期に入ってから、ごく親しい間柄となった秋月種樹などと、しばしば出かけ、その豪遊ぶりが明治二年五月二十二日に設置された弾正台関係者の目に留まり、糾弾されるまでになる。秋月は、高鍋藩（現宮崎県）の世子で当時参与の職にあった。それ故、いやでもめだつ存在であった彼らの憂さ晴らしの豪遊が、人の言《こと》の葉にのぼり、摘発の対象となったのである。

当時新興の遊所であった柳橋は、自由な空気が充満し、闊達《かったつ》自在な容堂には、向いていたとされる（吉村前掲書）。そして容堂は、この地で若い芸妓も手に入れることになる。多くいた若い芸妓のなかでも、とくに容堂に気に入られたのが、お愛（本名は川越カウ）であった。彼女が容堂と出会い見初められたのは、明治元年の十一月頃であったといわれる。そして、その際のエピソードがお愛の実家である川越家に伝わっている。

お愛との出会いと落籍

それは容堂が催した宴席に呼ばれた幇間《ほうかん》が、座敷の障子を開けて雪の残ったあたりに扇子を放り、足跡をつけずに扇子を取ってくれれば、殿様がご褒美《ほうび》を下さると芸者衆に語ったところ、お愛一人が応じたというものである。すなわち彼女は、容堂の前にもかかわらず、いきなり帯をするすると解き、それをサッと庭へ流し、帯の上を渡って行って扇子を持ちかえったとのエピソードであった（同前）。現存する彼女の写真からは、昔風のうりざね顔ではなく、現代風の丸顔の利発な女性だったことが知られるが、このエピソードは、そのことを裏付けている。とにかく、この一件も手伝ってか、容堂は自分よりもはるかに年下（ほぼ二十歳差）のこの芸妓にすっかり惚れ込むことになる。そして当時、土佐藩は他藩と同様、深刻な財政窮乏下にあったにもかかわらず、翌明治二年五月にお愛を落籍《らくせき》（身請《みう》け）する。ついで、彼女が容堂の身の周りの世話を主として担うことになる。

もっとも、秋月やお愛のことを取り上げたので、明治期の容堂の私生活が著しく乱れたように受けとめられるかもしれない。だが、明治初年の容堂のことをよく知る板垣退助の証言（「維新前後経歴談」）によると、実態はそれほど酷いものではなかったという。板垣は、後年次のように容堂を擁護している。

容堂は、……どうも閨房《けいぼう》（＝婦人の居室）が治まらないとか、何とか云ふやうなことを、人が言ひまするが、さうでない。洵《まこと》に其辺は慎みのあった人でありまして、……妾と名が附かぬ者に手を懸けたなどといふことは、決して無い人で、洵にそれも厳重な人でありました。唯御一新になってから、不平から酒を飲みまして、遂に芸者などを妾にして居ったこともあります（が、これは例外だった）。

木戸孝允との交遊

その他、明治期に入ってからの容堂の新たな交友関係の成立において注目すべき人物としては、木戸孝允（一八三三〜七七）の名前が挙げられる。木戸については、桂小五郎時代、江戸において面会を求められたものの断わったという経緯があった。しかし、明治元年の九月十六日、容堂が参朝し、小御所での会議終了後、天皇の面前で酒肴が供された際、両者はともに酒を酌みあった（木戸は、この時参与）。それも、木戸がその日記中に、「土州容堂公と大いに議論を起し、覚えず数十杯を傾く」、その後退出時に「御廊下に倒れ、二字（時）に至るを知らず」と記したように、非常なる大酒（「実に十四、五年〔来〕の大酔」となった）。察するに、木戸が容堂のペースにすっかり巻きこまれた結果であろう。

　ところが、大いなる議論の後味が良かったためか、それともいまだ語りつくせなかった（聞きたいことが十分に聞けなかった）ためか、あるいは、木戸が和漢の学に通じた文人で挙措《きょそ》が頗《すこぶ》る良かったためか、翌月（十月）の二十三日、木戸は容堂の招きで鍛冶橋内の土佐藩上屋敷に赴き、飲食をともにして語り合うことになる。岩倉使節団の副使として木戸が渡米・渡欧した際に、彼と心を許しあう間柄になった新島襄《にいじまじょう》が、アメリカの大恩人夫婦に宛てた一八七二年三月二十二日付の英文書簡（『新島襄全集』六）には、木戸の態度がとても紳士的で気持ちがよく、食卓で親しく話しこんでしまったとある。

木戸孝允（国立国会図書館蔵）

　してみると、容堂にとっても、木戸は好感のもてる良き話し相手となりうる人物だったことは間違いない。また、ともに骨董《こっとう》趣味の持ち主であった。十月二十三日の両者の団欒《だんらん》は、木戸の退朝後から深夜にまで及ぶものとなった。しかも夜に入って、木戸が「辞して去らんと欲す（れども）許されず」と日記中に記したように、容堂は強引に木戸を押し留めた。そして、この時、容堂から尋問のあった長州藩のここ「十五、六年間の事」について木戸から詳細な説明がなされ、容堂はこれに対し、「大いに善《よし》と云」ったとされる。とにかく、この日、じっくりと話し合い意気投合してからは、濃厚な交流を木戸が明治四年の十一月に、岩倉使節団の副使として日本を旅立つ直前まで両者は重ねることになる。そして、明治二年に入ると、木戸は一月段階でかねてからの持論であった版籍奉還（廃藩）の必要性を容堂や秋月らに説き、同意を得ることに成功する（『木戸孝允日記』一）。

ついで、心底親しくなるにつれ、木戸は容堂に対し、時に遠慮のない意見（感想）を吐くこともあったらしい。板垣退助の前掲回想談によると、ある時、木戸は吉田東洋について「非勤王非攘夷論の人であって、どうも奸物である」と口にしたという。すると、容堂は、「土佐の行政経済を改革したのは、全く彼の力である」と、木戸の発言をキッパリと否定したらしい。そのため、後日、木戸は板垣に向かって、「ああ云ふ（主）君に仕へて居れば、実に愉快である、……ああ云ふ情の厚い人に仕へて居れば、さぞ愉快であろう」といった感想を洩らしたという。

とにかく明治期に入って、容堂と木戸の関係は親密なものとなった。そして、こうしたことを受けて、明治四年（一八七一）に作られた容堂の漢詩（『遺稿』）中に、次のような字句が綴られるに至る。それは、やはり明治期に入って親しい間柄となった対馬藩の大島友《とも》之允《のじょう》（容堂より一歳年長であった）を招いて、酒を酌み交わした座敷の「柱上」に、木戸の詩を掛けたとまずは記したものであった。そして、つづいて容堂は、その漢詩中に大島と木戸の両名は「吾友《わがとも》」で自分を「罵《ののし》」る「親戚」よりも彼らの方が「吾（が）心」をよく知る「朋友」だとも綴った。明治期に入ると、山内一族との間には交流はほとんどなくなり、また容堂の方も親族を酷く嫌うようになる。こうしたことが、赤の他人ではあるが、心が通いあうようになった木戸らを「吾友」と讃《たた》える漢詩中の文言となったのである。

なお、容堂は、明治四年の八月末に木戸家に泊まり込むほどの親しい間柄になるが、彼が木戸に好感を抱くようになったそもそもの前提には、木戸が明治元年の三月時点で徳川慶喜の生命を救ったことがあるように思われる。

すなわち、駿府（現在の静岡市）で、三月九日、慶喜の直命を受けた精鋭隊頭の山岡鉄舟《てっしゅう》と談判し、江戸開城と引き換えに、慶喜追討の撤回と徳川家の救解に同意した（ただしいまだ個人レベルでの同意）大総督府下参謀の西郷は、その後、江戸で勝海舟とこの件で話しあった。ついで、同月の十九日、京都に戻った西郷は、慶喜の死一等減等の受け入れを政府関係者に求めた（これは、慶喜の追討を命じた朝命の撤回要請だったため、たいへんな反発を当然のことながら招いた）。この時、西郷を除く薩摩藩関係者が慶喜を死罪にしようと願っているのを「不当」だとして、慶喜の救済に大いに努め、実現に導いたのが木戸であった（大久保などは、これより後日のことになるが、海軍副総裁の榎本武揚《えのもとたけあき》が旧幕府軍艦を率いて品川沖を脱出し、その後、奥羽越列藩同盟軍と合流した後、十月に箱館の五稜郭に立て籠もったとの情報を得ると、「慶喜〔の〕謹慎〔を〕断然免」ぜられ、榎本軍との対応に当たらせる「活眼の御処置」が望ましいと議論におよび、三条実美の「異議」にあって阻止された〔「大久保利通日記」の明治元年十一月十二日条〕。この大久保の非情さと対比させると、木戸の温情は目をひく）。そのため、四月十二日に春嶽を訪ねた容堂は、春嶽に対し、「徳川公死を免れるの幸福は（木戸の功）多きに居る」と語ることになる（『戊辰日記』）。

長州藩関係者との交流がめだつ

つづいて、この点との関連で、ここに注目すべきは、明治期の容堂には薩摩藩関係者との交流はいっさいなかったにもかかわらず、木戸以外、参議に就任した広沢真臣《さねおみ》（一八三四〜七一）とも親しく交わるなど、長州藩関係者との交流がめだつことである。

これは、幕末期以来、容堂のなかにあった、いかんともしがたい反薩摩感情が、同じく反薩摩感情の持ち主であった木戸や広沢ら（彼らは、士族の救済に熱心な、時代にそぐわない薩摩藩の自藩ファースト的なあり方に反発を隠せず、同藩の権力を抑えることに躍起《やっき》になって取り組んでいた）との親密な関係を築くうえで大きく作用したということであろうか。あるいは、親族の三条実美が文久政変以来、長州藩と深く結びつき、「長（州）は条公方」などといわれたことも多少は関係したかもしれない。とにかく、明治期の容堂は、勝ち誇れる岩倉―大久保ラインを忌み嫌う一方で、彼が「誠忠憂国の人」とみた木戸や広沢らとは親しく接触するようになった。そして、これにつれてか、「後藤・板垣も木戸方」となり、「薩は厭ひ候て、大久保は別《わ》けて忌み候景況」を生じたという（『佐佐木』四。なお、伊藤博文の後年の「直話」によると、木戸は岩倉使節団に参加して帰朝したあと、「終始胃病で苦しんで」いたという。この木戸の「胃病」の重篤化には、容堂との過酒が伴う交遊が関わったかもしれない）。

天皇への進言

つづいて明治初年の容堂にまつわる印象深いエピソードを紹介しておきたい。容堂の親（心）友であった松平春嶽の後年の回顧談（『逸事史補』）中にあるものである。

（明治期に入って）容堂は、御所より毎度召させられ候（え）ども、参内は先ずこれ無し。薨去《こうきょ》二、三年前（＝明治二、三年）一度召させられ候て、参内御対面ありし事あり。其時麝香之間詰も召させられたり。余（＝松平春嶽）も参内（明治天皇と）御対面ありたり。此時容堂進（ん）で、突然天前に向ひ奉り、昔の天子様はどうでもよろしく候へ共、方今の天子様は何もかも御政事遊ばさる（こと脱か）御大事に候と申し上げらる。それのみにして跡も先もなし。僅々の数言実に深味有り、満座敬服す。

すなわち、明治二年以降の容堂は、麝香間祇候の資格を与えられたことで、参内する機会はたくさんあったにもかかわらず、参内しようとはしなかったようである。そして、これが板垣の言うように明治の新政に対する「不平」から生じたものかどうかは不明だが、春嶽によると、どうやら官を退いたあと、たった一回だけ参内したらしい。

　そして、この時の天皇へのごく短い進言がいま挙げたようなものだったのである。もっとも、この進言に籠められた容堂の意図がいかなるあたりにあったのか、私には判らない。ただ、それが従来のような他人（とくに一部の公家）の意見に唯々《いい》諾々《だくだく》と従うような他人任せの天皇ではなく、自らの考え（政治意思）を明確に持ち聖断を随時《ずいじ》下せる近代の政治的君主たれという進言だったろうとは容易に推察できる。つまり、明治維新の本質が王政の再生（復活）と強化にあった以上、いや応なしに天皇がはたさねばならない役割は大きかった。そのため、容堂は、国家の先頭に立ち、国内政治を主導するとともに、対外面においては国難に適切に対処しうる、王政にふさわしいリーダー（元首）となることを天皇に求めたと考えられる。そして、これは、おそらく、天皇を手中においた公家や薩長（とくに薩摩）への反発に起因した、天皇へ自省を促す提言でもあったと思われる。

容堂の死

明治天皇に関しては、西南戦争時までは自らの考えを表明するようなことはなく、戦後になって政治的発言をしだしたことが多くの研究者によって指摘されている。とすれば、容堂の進言も多少の関わりを有したかもしれない。容堂が死去したのは、明治四年（一八七二）の五月から七月にかけて、絵師二人とお愛を伴った七十日間におよぶ遊歴となった箱根への紀行（春嶽の勧めによって、同地での湯治を目的としたものであった）を終えて東京に戻った翌年のことであった。天皇が西国へ巡幸に旅立ち（五月二十三日出発）、多くの民衆の目にとまるようになった翌月にあたる明治五年六月二十一日（一八七二年七月二十六日）のことであった（享年四十六は、長年にわたる不摂生《ふせっせい》を考えれば、決して短命だったとはいえない）。

これより前の一月二十八日の夕刻、容堂は浴後倒れたものの、ドイツ人医師ホフマンら西洋人医師の診察と治療をうけて命をとりとめた。そして、三月に入って、両国の中村楼《ろう》に在京の知人・友人を集めて盛大な快気祝いをした（吉村前掲書）。ついで、亡くなった後、六月二十八日に武蔵国荏原郡大堰村（品川の大井村）に葬られたが、道中近衛兵が付き添い、かつ柳橋その他の芸妓や幇間・役者などが夥《おびただ》しく群集したという。そのため、当時の新聞に「実に近来盛大の葬式なるよし」と掲載されるに至った（「新聞雑誌」）。容堂は、これ以上ないほど華やかで、しかも彼らしいかたちで人生を終えたといえよう。

立憲制を切り拓いた一人

最後の最後に、改めて容堂の実質四十五年弱の人生を総括すると、彼は時代を超越する存在ではなかったものの、「はじめに」でもふれたように、時代を大きく動かしかねなかった人物の一人だったと評することができよう。もし、容堂が健康に恵まれ、戊辰戦争なども発生せずに、徳川慶喜を首班とする内閣の一員となっていたなら、その後の日本の進路はどうなっていただろうか。どうやら、将来における二院制議会の導入を、きわめて抽象的なレベルながら幕末段階ですでに視野に入れていたらしい、容堂の構想力と行動力をもってすれば、明治期における立憲制は、実際のそれよりも早く、しかも、われわれの知るそれとはかなり異なる内実のものとなった可能性はあろう。その点で、未完の部分もふくめ、容堂が立憲制への途を切り開いた功労者の一人に数えられてもいいかもしれない。現に、容堂の死後わずか三年後の明治八年（一八七五）に、政府が将来における立憲政体の導入を公約し、そのうえで、それぞれ上・下両院の母体となるべき元老院と地方官会議を設置したのには、議事体裁取調局総裁として容堂が尽力したこともそれなりの関わりを有したであろう。

さらに、この点と関連することを若干書き足すと、薩長土肥四藩の内、唯一、士族反乱が発生しなかったのが土佐藩であった。むろん、これには容堂の存在が大きく関わった。本書中にも、たびたび記したように、土佐藩内においても、他藩と同様に深刻な対立状況が生じたが、容堂はその無類の抑止力でもって、対立・抗争を封じ込めた。

もっとも佐佐木高行などは、後年、容堂が鍋島直正のように、狡《ずる》い対応策を講じておれば、土佐藩はより大きな存在になれたと、容堂に対する不満を隠し切れなかった。佐佐木のいう「閑叟公の智術」とは、明治期に入って、公然と長州藩に支援された三条実美とは違って、有力な後楯《うしろだて》のなかった岩倉具視の面倒を鍋島直正が心がけたことを指す。すなわち岩倉は、「肥前の援助を得て、遂に勝手向まで肥前より心配」してもらったと見る。そのため、岩倉はなにかにつけ、「(肥前)人に心(を)寄せ」、それが佐賀藩士の中央政界への進出につながったとして、佐佐木は羨《うらや》んだのである。反対に、佐佐木によれば、この鍋島直正と正反対の行動にでたのが容堂であった。「わが容堂は、岩公・大久保など大いに反対にて、いつも抵抗せる勢いなり」というのが佐佐木の見立てであった(『佐佐木』五)。

この見立ては、多分に佐佐木の誤解にもとづくものであった。佐賀藩士の久米邦武《くめくにたけ》が、明治四年に岩倉使節団に随行した際、岩倉が「春嶽・容堂等」ですら、「その言によく判らぬ処」があったのに比し、直正のそれは「懇到明白」で「敬服する事」が多かったと語ったように（『久米博士九十年回顧録』下巻）、岩倉が直正に惚れこんだあまりの接近だったと見た方がよい。だが、それはそれとして、私などの眼には「閑叟公の智術」が採れなかったところに、むしろ世渡りべたで権勢に媚びることのなかった容堂の人としての魅力があると映る。そして、半ば強引に、容堂が藩内の分裂状況を押さえこんだことで、土佐藩は致命的な分裂を免れたとあえて評したい。ついで、西南戦争の終結後、土佐藩出身者が日本における民主化運動の嚆矢《こうし》ともいうべき自由民権運動（いわゆる土佐派の自由民権運動）を担う最大の政治勢力となりえたのも容堂の功績であったと評価したい。

そうしたことはともかく、容堂は一段も二段も下に見ていた軽輩（その代表が大久保利通だった）が、ひょんなことがきっかけで、現実的にこの世を支配し、動かす力を身につけていった過程を、目の当たりにした人物だった。盤石《ばんじゃく》だと思われた体制が、ちょっとしたことで脆《もろ》くも崩れ落ちることを身をもって体験した人物の一人でもあった。彼の決して長いとはいえない生涯は、こうしたことをも、私たちに教えてくれる好個の事例となろう。

主要参考文献

山内容堂（原則として刊行年順）
「容堂公遺文（書翰集）」（平尾道雄収集。高知市立市民図書館所蔵）
細川潤次郎「山内豊信侯朝廷へ献金に及ばんとせし事実」（『史談会速記録』第十三輯、一八九三年）
依田百川「故山内容堂公の逸話」（同右、第四十四輯、一八九六年）
史談会「山内容堂公の逸事」（同右、第四十八輯、一八九六年）
史談会「政権返上事項故伯爵後藤象次郎君談話」（同右、第百七十輯、一九〇七年）
史談会「大政返上事項附故伯爵後藤象次郎君談話」（同右、第百七十一輯、一九〇七年）
史談会「故永井尚志君の談話」（同右、第百七十三輯、一九〇七年）
史談会「山内容堂公の話」（同右）
板垣退助「板垣伯爵（退助）維新前国事実歴談」（同右、第二百十三輯、一九一〇年）
板垣退助「山内容堂公行実幷板垣伯同公世評の弁明」（同右、第二百二十三輯、一九一一年）
岡谷繁実「山内容堂公逸事」（同右、第二百五十九輯、一九一四年）
田尻稲里「山内容堂公と藤田東湖氏とに関する談話」（同右、第三百二十六輯、一九二二年）
坂崎斌『鯨海酔侯』（高知堂、一九〇二年）
福島成行編『容堂公遺稿』（一九二七年）
平尾道雄『容堂公記伝』（峯文荘、一九四三年）
平尾道雄『山内容堂』（吉川弘文館〔人物叢書〕、一九六一年）
山本大「土佐藩」（児玉幸多・北島正元編『物語藩史』第七巻、人物往来社、一九六五年）
吉村淑甫『鯨海酔侯　山内容堂』（新潮社、一九九一年）
山本大編『山内容堂のすべて』（新人物往来社、一九九四年）
土佐山内家宝物資料館図録『山内容堂』（二〇一〇年）

渡部淳「容堂の言葉――書状にみる政治観・人生観」（令和元年度高知県立坂本龍馬記念館連続講演会「幕末キーパーソン――龍馬をめぐる人々」講演録所収、高知県立坂本龍馬記念館、二〇二〇年）

関連史料（原則として刊行年順）

東京大学史料編纂所所蔵『大日本維新史料　稿本』（マイクロ版集成）
「土佐藩士神山郡廉日記」一（東京大学史料編纂所所蔵『維新史料引継本』）
「浦日記」（山口県文書館所蔵毛利家文庫七一『藩臣日記』所収）
海江田信義述・西河称編述『維新前後　実歴史伝』巻之一（一八九二年）
菊池謙二郎編『東湖全集』（博文館、一九〇九年）
末松謙澄『修訂　防長回天史』上・下巻（一九一一年。のち柏書房によって一九六七年覆刻）
島内登志衛編『谷干城遺稿』上巻（靖献社、一九一二年）
『子爵福岡孝弟談話筆記』（維新史料編纂会、一九一二年）
兼重譲蔵「世子奉勅東下記」（『史籍雑纂』第一、国書刊行会、一九一二年所収）
伊達家家記編輯所『鶴鳴余韻（宗城公御事蹟）』下巻（秀英社、一九一四年）
佐佐木高行述・津田茂麿編『勤王秘史佐佐木老侯昔日談』（国晃館、一九一五年）
伊藤博文「直話」（小松緑編『伊藤公全集』第三巻、伊藤公全集刊行会、一九二七年）
太政官編『復古記』第一冊（一九三〇年。のち東京大学出版会によって二〇〇七年覆刻）
渡辺盛衛編『有馬新七先生伝記及遺稿』（海外社、一九三一年）
侯爵細川家編纂所編『改訂　肥後藩国事史料』全十巻（一九三二年）
『久米博士九十年回顧録』下巻（早稲田大学出版部、一九三四年）
「新聞雑誌」（中山泰昌編『新聞集成　明治編年史』第一巻、財政経済学会、一九三四年所収）
明治文化研究会編（編輯代表者尾佐竹猛）『幕末秘史　新聞薈叢』（岩波書店、一九三四年）
勝海舟述・巌本善治編『増補海舟座談』（岩波文庫、一九三七年）
景岳会編『橋本景岳全集』上・下巻（一九三九年）

維新史料編纂事務局『維新史』全五巻（一九三九～四一年）
藤田東湖「常陸帯」（菊池謙二郎編『新定　東湖全集』、博文館、一九四〇年所収）
山崎正董編『横井小楠遺稿』（日新書院、一九四二年。のちマツノ書店によって二〇〇六年覆刻）
『ペルリ提督　日本遠征記』第二巻（土屋喬雄・玉城肇訳、岩波文庫、一九四八年）
ハリス『日本滞在記』下巻（坂田精一訳、岩波文庫、一九五四年）
アーネスト・サトウ『一外交官の見た明治維新』上・下巻（坂田精一訳、岩波文庫、一九六〇年）
渋沢栄一編『昔夢会筆記――徳川慶喜公回想談』（大久保利謙校訂、平凡社〔東洋文庫〕、一九六六年）
『大日本維新史料　類纂之部　井伊家史料』第五巻（東京大学出版会、一九六七年）
井伊正弘編『井伊家史料　幕末風聞探索書』上・中・下巻（雄山閣出版、一九六七～六八年）
井上馨「鳥羽伏見役前後――維新風雲録」（奈良本辰也編『現代日本記録全集』2〔維新の風雲〕、筑摩書房、一九六八年所収）
松平慶永『逸事史補』（『幕末維新史料叢書』4、人物往来社、一九六八年）
岡本武夫・内藤耻叟『戊辰始末・安政紀事』（『幕末維新史料叢書』6、人物往来社、一九六八年）
宮内庁編『孝明天皇紀』第四・五巻（平安神宮、一九六八・一九六九年）
東久世通禧『竹亭回顧録　維新前後』（『幕末維新史料叢書』3、新人物往来社、一九六九年）
『水戸藩史料』上編乾・別記上・下巻（吉川弘文館、一九七〇年）
『保古飛呂比――佐佐木高行日記』第一～六巻（東京大学出版会、一九七〇～七五年）
高知県人名事典編集委員会編『高知県人名事典』（高知市立市民図書館、一九七一年）
『松平春嶽全集　復刻版』第一・二巻（原書房、一九七三年）
本多修理『越前藩幕末維新公用日記』（谷口初意校訂、福井県郷土誌懇談会、一九七四年）
「会津藩文書」（国書刊行会編『史籍雑纂』第五、続群書類従完成会、一九七四年）
『幕末政治論集』（吉田常吉・佐藤誠三郎校注『日本思想大系』五六、岩波書店、一九七六年）
玉虫左太夫『幕末確定史料大成――桜田騒動記・官武通紀』（日本シェル出版、一九七六年）
頼山陽『日本外史』上・中・下巻（頼成一・頼惟勤訳、岩波文庫、一九七六～八一年）

『西郷隆盛全集』第二巻（大和書房、一九七七年）
瑞山会編『維新土佐勤王史』（日本図書センター、一九七七年）
横田達雄編『寺村左膳道成日記』全三巻（県立青山文庫後援会、一九七八～八〇年）
鹿児島県維新史料編さん所編『鹿児島県史料　斉彬公史料』第三巻（鹿児島県、一九八三年）
山内家史料刊行委員会編『山内家史料　幕末維新』第一～十三編（山内神社宝物資料館、一九八三～二〇〇三年）
東京大学史料編纂所編『大日本古文書　幕末外国関係文書』第一・二・十八巻（東京大学出版会、復刻版、一九八四年他）
A・B・ミットフォード『英国外交官の見た幕末維新』（長岡祥三訳、新人物往来社、一九八五年）
『新島襄全集』第六巻（同朋舎出版、一九八五年）
鳥取県立博物館編『贈従一位池田慶徳公御伝記』第一～四巻（一九八七～八九年）
「大久保利通日記」（鹿児島県歴史資料センター黎明館編『鹿児島県史料　大久保利通史料』一、鹿児島県、一九八八年所収）
北九州市立歴史博物館編『中村平左衛門日記』第六巻（一九八八年）
内田九州男・島野三千穂編『幕末維新京都町人日記――高木在中日記』（清文堂出版、一九八九年）
「登京日記」（『福井市史』資料編5・近世三、一九九〇年所収）
伴五十嗣郎編『松平春嶽未公刊書簡集』（思文閣出版、一九九一年）
宮地佐一郎編『中岡慎太郎全集』（勁草書房、一九九一年）
『続徳川実紀』第二～五篇（黒板勝美編『新訂増補　国史大系』第49～52巻、吉川弘文館、一九九一年）
『東久世通禧日記』上・下巻（霞会館、一九九二年）
福本義亮編『久坂玄瑞全集』（マツノ書店、一九九二年）
鹿児島県歴史資料センター黎明館編『鹿児島県史料　玉里島津家史料』第一～五巻（鹿児島県、一九九二～九六年）
「久光公上京日録（島津久光の日記）」上・下（同右、第二巻所収）
梶田明宏監修・解題、柏村哲博・増田淑美校註『宮島家蔵版　皇国形勢聞書』（新人物往来社、一九九五年）
宮地正人編・解説『幕末京都の政局と朝廷――肥後藩京都留守居役の書状・日記から見た』（名著刊行会、二〇〇二年）

東京大学史料編纂所編『大日本古記録　斎藤月岑日記』第四巻（岩波書店、二〇〇三年）
彦根市史編集委員会編『新修彦根市史』第八巻、史料編近代1（彦根市、二〇〇三年）
竹内誠編『徳川幕府事典』（東京堂出版、二〇〇三年）
川口芳昭編『会津藩　幕末・維新史料集』（おもはん社、二〇〇五年）
佐々木克編『史料　公用方秘録』（彦根城博物館、二〇〇七年）
徳川恒孝監修、財団法人徳川記念財団編『徳川家茂とその時代――若き将軍の生涯』（徳川記念財団、二〇〇七年）
菊地明編『京都守護職日誌』全五巻（新人物往来社、二〇〇八年）
木戸孝允関係文書研究会編『木戸孝允関係文書』第四巻（東京大学出版会、二〇〇九年）
高知県立歴史民俗資料館・北川村立中岡慎太郎館共同企画展図録「土佐勤王党盟主　武市半平太の手紙――拝啓おとみ殿」（二〇一〇年）
馬場弘臣編集・監修『史料叢書「幕末風聞集」――東海大学付属図書館所蔵史料翻刻』（東海大学「風聞集」研究会、二〇一〇年）
宇和島伊達文化保存会監修、藤田正編集・校注『井伊直弼・伊達宗紀密談始末』（創泉堂出版、二〇一一年）
高知県立坂本龍馬記念館編『土佐藩京都藩邸史料目録』（二〇一二年）
佐々木克・藤井讓治・三澤純・谷川穣編『岩倉具視関係史料』上・下巻（思文閣出版、二〇一二年）
中岡慎太郎館開館二〇周年記念特別展パンフレット「禁門の変――中岡慎太郎と二十三士の明暗を分けた事件」（二〇一五年）
『朝彦親王日記』一・二（東京大学出版会〔日本史籍協会叢書〕、一九六九年）
『岩倉具視関係文書』三（同右、一九六八年）
『大久保利通文書』二（同右、一九六七年）
『甲子雑録』一～三（同右、一九七〇年）
『木戸孝允日記』一（同右、一九六七年）
『九条尚忠文書』一（同右、一九七一年）

『再夢紀事・丁卯日記』（同右、一九七四年）
『昨夢紀事』一～四（同右、一九六八年）
『三条実万手録』一・二（同右、一九七二年）
『続再夢紀事』一～六（同右、一九七四年）
『武市瑞山関係文書』一・二（同右、一九七二年）
『伊達宗城在京日記』（同右、一九七二年）
『丁卯雑拾録』一・二（同右、一九七二・一九七三年）
『中山忠能日記』一～四（同右、一九七三年）
『中山忠能履歴資料』四（同右、一九七三年）
『戊辰日記』（同右、一九七四年）
『吉田東洋遺稿』（同右、一九七四年）
「富田織部東行雑記」（前掲『三条実万手録』二所収）

『島津久光公実紀』一～三（東京大学出版会〔続日本史籍協会叢書〕、一九七七年）
『徳川慶喜公伝（史料篇）』一～三（同右、一九七五年）
「遺倦録（樋口真吉日記）」（『維新日乗纂輯』一、東京大学出版会〔日本史籍協会叢書〕、一九六九年所収）
「勤王事蹟　都日記」（『維新日乗纂輯』二、同右）
「中山忠能手記」（同右）
松平慶永「安政記事稿本」（『維新日乗纂輯』三、同右）
「寺村左膳手記」（同右）
酒井朝雄「桑名藩家老　酒井孫八郎日記」（『維新日乗纂輯』四、同右）
「維新前後経歴談（板垣退助）」（『維新史料編纂会講演速記録』一、東京大学出版会〔続日本史籍協会叢書〕、一九七七年所収）
「鳥羽伏見開戦当時肥後藩挙止（小橋元雄）」（『維新史料編纂会講演速記録』二、同右）

「橋本左内の事蹟（加藤斌）」（同右）
「長井雅楽の事蹟（中原邦平）」（同右）
「維新前実歴談（七卿落の事実談）（尾崎三良）」（『維新史料編纂会講演速記録』三、同右）

研究書・一般書・論考他

青山忠正「土佐山内家重臣・寺村左膳――薩土盟約と政権奉還建白」（佐々木克編『それぞれの明治維新――変革期の生き方』、吉川弘文館、二〇〇〇年所収）
青山忠正「慶応三年一二月九日の政変」（明治維新史学会編『講座明治維新2　幕末政治と社会変動』、有志舎、二〇一一年所収）
青山忠正『明治維新（日本近世の歴史6）』（吉川弘文館、二〇一二年）
青山忠正「『攘夷』とは何か――長州毛利家が意図したこと、実現したこと」（後掲上田純子・僧月性顕彰会編著所収）
青山忠正「王政復古前後の政局と公議――新発田藩を事例に」（『歴史学部論集』第一〇号、佛教大学、二〇二〇年）
秋月鏡川『後藤象次郎』（興雲閣、一八九八年）
飛鳥井雅道「皇族の政治的登場――青蓮院宮活躍の背景」（前掲佐々木克編著所収）
家近良樹『幕末の朝廷――若き孝明帝と鷹司関白』（中公叢書、二〇〇七年）
家近良樹『徳川慶喜』（吉川弘文館〔人物叢書〕、二〇一四年）
家近良樹『西郷隆盛――人を相手にせず、天を相手にせよ』（ミネルヴァ日本評伝選）』（ミネルヴァ書房、二〇一七年）
池田俊彦『島津斉彬公伝』（岩崎育英奨学会、一九五四年）
池田敬正「土佐藩における討幕運動の展開」（『史林』第四〇巻五号、一九五七年。のち『幕末維新論集』4〔吉川弘文館、二〇〇一年〕に所収）
磯田道史『歴史の愉しみ方――忍者・合戦・幕末史に学ぶ』（中公新書、二〇一二年）
一坂太郎『久坂玄瑞――志気凡ならず、何卒大成致せかし（ミネルヴァ日本評伝選）』（ミネルヴァ書房、二〇一九年）
市村哲二「幕末の政局における薩摩藩家老の動向について――慶応期の桂久武と島津広兼を中心に」（『黎明館調査研究報告』第三二集、鹿児島県歴史資料センター黎明館、二〇二〇年）

稲田正次『明治憲法成立史』上巻（有斐閣、一九六〇年）
井上勲『王政復古――慶応三年十二月九日の政変』（中公新書、一九九一年）
井上勝生『幕末維新政治史の研究――日本近代国家の生成について』（塙書房、一九九四年）
入交好脩『武市半平太――ある草莽の実像』（中公新書、一九八二年）
岩下哲典『江戸無血開城――本当の功労者は誰か？』（吉川弘文館、二〇一八年）
岩村麻里「明治初年の徴士制度と藩士登用――土佐藩を事例に」（『人民の歴史学』第二一四号、二〇一七年）
上田純子・僧月性顕彰会編『幕末維新のリアル――変革の時代を読み解く7章』（吉川弘文館、二〇一八年）
宇田友猪・公文豪校訂『板垣退助君伝記』第一～四巻（原書房、二〇〇九～一〇年）
大口勇次郎『徳川幕府財政史の研究』（研文出版、二〇二〇年）
尾佐竹猛『維新前後に於ける立憲思想』（文化生活研究会、一九二五年）
落合弘樹「武士は明治をどう生きたのか？」（山口輝臣編『はじめての明治史　東大駒場連続講義』、ちくまプリマー新書、二〇一八年所収）
小野寺龍太『岩瀬忠震――五州何ぞ遠しと謂わん（ミネルヴァ日本評伝選）』（ミネルヴァ書房、二〇一八年）
笠原英彦『大久保利通』（吉川弘文館、二〇〇五年）
笠谷和比古『近世武家社会の政治構造』（吉川弘文館、一九九三年）
加藤隆『幕藩体制期における大名家格制の研究』（近世日本城郭研究所、一九六九年）
加藤弘之「将軍後見職辞表にみる一橋慶喜の政治行動」（『明治維新史研究』第一八号、二〇二〇年）
神谷正司「中岡慎太郎と三条・岩倉の通好に想う――明治維新と朝廷」（『山内家史料　幕末維新』第六編所収）
苅部直「福澤諭吉――明治に学ぶ『文明』の共存」（『如水会会報』別冊、二〇一八年一〇月号）
久住真也『王政復古――天皇と将軍の明治維新』（講談社現代新書、二〇一八年）
熊澤一衛『青山余影――田中光顕伯小伝』（非売品、青山書院、一九二四年）
栗原伸一郎「戊辰戦争期の仙台藩と肥後藩」（『市史せんだい』第二〇号、二〇一〇年）
後藤敦史「洋上はるか彼方のニッポンへ――欧米列強は何を目ざし、どう動いたのか」（前掲上田純子・僧月性顕彰会編著所収）

小林哲也「文久～慶応期における土佐勤王党への弾圧とその壊滅――幕末維新期における『国事周旋』の一側面」（『東アジアの弾圧・抑圧を考える――19世紀から現代まで　日本・中国・台湾』、春風社、二〇一九年所収）
佐々木克『幕末政治と薩摩藩』（吉川弘文館、二〇〇四年）
佐々木克『岩倉具視』（吉川弘文館、二〇〇六年）
笹間良彦『江戸幕府役職集成（増補版）』（雄山閣出版、一九七〇年）
司馬遼太郎『「明治」という国家』（ＮＨＫブックス、一九九四年、二〇一八年新装版）
杉谷昭『鍋島直正』（佐賀県立佐賀城本丸歴史館、二〇一〇年）
平良聡弘「紀州沖の灯火をもとめて――幕末維新期の灯台をめぐる内外動向」（『和歌山県立文書館紀要』第二二号、二〇二〇年）
高木翔太「『人民平均の理』――形成過程と評価の再考」（『高知市立自由民権記念館紀要』第二四号、二〇一九年）
高木博志『近代天皇制と古都』（岩波書店、二〇〇六年）
高木博志「小波魚青《戊辰之役之図》とその時代」（星野画廊）
高木不二『研究生活回顧（研究者用自分史）』（私家版、二〇二一年）
高橋秀直『幕末維新の政治と天皇』（吉川弘文館、二〇〇七年）
竹内政明『名文どろぼう』（文春新書、二〇一〇年）
田中優子『芸者と遊び――日本的サロン文化の盛衰』（学研新書、二〇〇七年）
知野文哉『「坂本龍馬」の誕生――船中八策と坂崎紫瀾』（人文書院、二〇一三年）
寺石正路『土佐偉人伝』（富士越書店、一九二一年。のち歴史図書社によって一九七六年復刻）
ドナルド・キーン『二つの母国に生きて』（朝日文庫、二〇一五年）
友田昌宏「宮島誠一郎と戊辰戦争――国家意識変容の過程として」（由井正臣編『幕末維新期の情報活動と政治構想――宮島誠一郎研究』、梓出版社、二〇〇四年所収）
友田昌宏『東北の幕末維新――米沢藩士の情報・交流・思想』（吉川弘文館、二〇一八年）
友田昌宏「明治政府草創期における国是・官制と福岡孝弟」（明治維新史学会編『明治国家形成期の政と官』、有志舎、二〇二〇年）

内藤一成『三条実美――維新政権の「有徳の為政者」』(中公新書、二〇一九年)
中尾實信『小説木戸孝允――愛と憂国の生涯』上・下巻(鳥影社、二〇一八年)
中元崇智『板垣退助――自由民権指導者の実像』(中公新書、二〇二〇年)
長屋隆幸「土佐藩山内家の知行高についての一試論」(『十六世紀史論叢』一〇号、二〇一八年)
奈良勝司『明治維新をとらえ直す――非「国民」的アプローチから再考する変革の姿』(有志舎、二〇一八年)
羽賀祥二・名古屋市蓬左文庫編著『名古屋と明治維新』(風媒社、二〇一八年)
萩原延壽『外国交際　遠い崖――アーネスト・サトウ日記抄』5(朝日新聞社、一九九九年)
萩原延壽『大政奉還　遠い崖――アーネスト・サトウ日記抄』6(同右)
原口清「近代天皇制成立の政治的背景」(遠山茂樹編『近代天皇制の成立――近代天皇制の研究I』、岩波書店、一九八七年所収)
原口清「文久二、三年の朝廷改革」(『名城商学』第四一巻、一九九二年)
原口清「参預考」(『原口清著作集1　幕末中央政局の動向』、岩田書院、二〇〇七年所収)
平尾道雄『吉田東洋』(吉川弘文館〔人物叢書〕、一九五九年)
平尾道雄『土佐藩』(吉川弘文館、一九六五年)
平尾道雄「明治維新と福岡孝弟――小御所の会議と五箇条の誓文について」(『土佐史談』第一一八号、一九六七年)
平尾道雄『間崎滄浪――殉国の詩人』(保育社、一九七二年)
平尾道雄『中岡慎太郎　陸援隊始末記』(中公文庫、一九七七年)
藤田英昭「幕藩関係の変容と徳川慶勝の『公武合体』運動」(幕藩研究会編『論集近世国家と幕府・藩』、岩田書院、二〇一九年所収)
升味準之輔『日本政党史論』第一巻(東京大学出版会、一九六五年)
町田明広『島津久光＝幕末政治の焦点』(講談社選書メチエ、二〇〇九年)
町田明広『幕末文久期の国家政略と薩摩藩――島津久光と皇政回復』(岩田書院、二〇一〇年)
町田明広「慶応元年中央政局における薩摩藩の動向――将軍進発と条約勅許を中心に」(『神田外語大学日本研究所紀要』第一〇号、二〇一八年)

松尾正人『木戸孝允』（吉川弘文館、二〇〇七年）
松岡司『武市半平太伝――月と影と』（新人物往来社、一九九七年）
松岡司『正伝　岡田以蔵』（戎光祥出版、二〇一四年）
水野靖夫『定説の検証「江戸無血開城」の真実――西郷隆盛と幕末の三舟　山岡鉄舟・勝海舟・高橋泥舟』（ブイツーソリューション、二〇二一年）
三谷博『ペリー来航』（吉川弘文館、二〇〇三年）
三谷博『明治維新を考える』（有志舎、二〇〇六年）
三谷博『維新史再考――公議・王政から集権・脱身分化へ』（NHKブックス、二〇一七年）
三谷博『日本史からの問い――比較革命史への道』（白水社、二〇二〇年）
三宅紹宣『幕長戦争』（萩ものがたり、二〇一六年）
三宅紹宣『幕末維新の政治過程』（吉川弘文館、二〇二一年）
三宅紹宣「大村益次郎の政治思想」（『山口県地方史研究』第一二五号、二〇二一年）
宮地正人『幕末維新変革史』上・下巻（岩波書店、二〇一二年）
宮本仲『佐久間象山』（岩波書店、一九三二年）
毛利敏彦『岩倉具視』（PHP研究所、一九八九年）
母利美和『井伊直弼』（吉川弘文館、二〇〇六年）
母利美和「安政の大獄――間部詮勝と井伊直弼」（鯖江市教育委員会文化課編『安政の大獄の真実――幕末史における再評価』〈間部詮勝シンポジウム記録集〉、二〇一六年所収）
山本大『高知県の歴史』（県史シリーズ39）』（山川出版社、一九六九年）
横田達雄『武市半平太と土佐勤王党』（私家版、二〇〇七年）
吉原健一郎『江戸の情報屋――幕末庶民史の側面』（NHKブックス、一九七八年）

あとがき

本書は、私にとって、徳川慶喜と西郷隆盛の両人に続く、三人目の歴史上の人物を取り上げた評伝の仕事となった。そして、ほぼ間違いなく、最後の評伝の仕事となろう。じつは、かなり前から、評伝の仕事は、若い時分ではなく、中高年齢期に入ってからの、歴史研究者の仕事としては、打ってつけの分野ではないかと思うようになっていた。歴史上に残るような人物を、多面的にかつ深く捉えるためには、著者サイドとしても、それなりの人生経験の積み重ねが、やはり不可欠だと考えるに至ったからである。そのうえ、できれば深刻な失敗体験のいくつかや自身の死の問題が念頭によぎるぐらいの体調不良に苦しめられた経験を有していた方が、歴史を研究するうえでは、むしろ幸いかもしれないとも思うに至った。

それはおき、私と山内容堂の関係だが、これはまったくもって、ひょんな縁から生まれた。ここ数年、ともに九十代である老親の看護と介護にかなりの時間を割く生活をしている。一人息子である以上、避けて通れない宿命だとかねてから覚悟していたので、存外、心は平穏なつもりだった。だが、時間の経過とともに、そうもいかなくなった。率直に記すと、時に想定外の出来事が生じ、結果、酷く追いつめられることも生じた。私は、退職後、念願だった読書三昧の生活を送りたいと願い、現に、かなりの程度、実現しえていた。しかし、想定外の事態の出現に幾度も遭遇すると、喫緊《きっきん》の気分転換を迫られることになった。

そこで思いついたのが、誰か面白そうな歴史上の人物を見出し、じっくりと取り組めば、気晴らしになるかもしれないということであった。やはり物書きには、こうした打開策しか思いつかないものである。そして、対象に山内容堂を選んだのには、切羽詰《せっぱつま》った状況の到来以外に偶然が関わった。たまたま、自宅の書棚に鎮座していた、容堂が作った漢詩を集めた『容堂公遺稿』と目が合った。ついで、そのなかに収められている漢詩を一字一句、目と心でたどっている内に、容堂のユニークな個性が躍動していることが、だんだん解ってきた。

私には、漢詩に関わる素養と漢詩を読む際に必要な感性がともに乏しいが、それでも容堂が人格円満とはいえない放言居士で、欠点もそれなりにあるものの、育ちが良いため、根幹的な部分は下根でさもしくはないことが理解しえた。これが、私をして、容堂と思いの外、長く付き合うようになるきっかけとなった。もっとも、これ以前から容堂に関しては、なんとなく面白そうな人物だなとは感じていた。彼のことをよくは知らない時点でも、美人好きの大酒飲みの殿様だが、なにかそれにとどまらない内実を有する人物ではなかろうかと、薄々とだが感じていた。それが図らずも縁を得て、このような枚数の容堂の評伝となった。若い時分から、私を見守ってくれた歴史の女神に感謝したい。

さて、当初は、容堂の人生を詳細にたどったとて、どうせ大した学問的成果は得られない(期待しえない)だろうと見ていた。したがって、あくまで苦境を脱する対象でしかなかった。しかし、いまは容堂の生涯は十分語るに値するものだと、心底思えるに至った。また、容堂のように、勝者側と敗者側の双方の要素をともに含む人生を歩んだ人物を対象とすることで、バランスのとれた望ましい歴史認識が鍛えられるのではないかとも考える。それと、本書中にも記したごとく、容堂の人生を振り返ることで、歴史はほんのちょっとしたことで、個人の運命レベルのみならず、社会(地域)のありようや国家体制レベルでも、大きく、しかも徹底的に変わるという、人類の歴史にとって、ごく当たり前の普遍的な真理を学べるなと、本書を執筆することで改めて教えられた。とくに、このことは、コロナ禍によって、突如、平穏な日常を奪われた現代人には、実感をもって受け入れられるのではなかろうか。

最後に、『ある豪農一家の近代』以来、ひさしぶりに仕事を一緒にすることになった所澤淳さんに感謝したい。新書としてはとてつもない分量となった本書に大ナタを振るうという厄介な役割を見事に果たしてもらえた。その結果、当初のものより、はるかにスッキリとした拙著を刊行することができたかと思う。あとは、本書を世の多くの人たちに手にとってもらい、楽しんでもらえれば、筆者としてはこれ以上の喜びはない。

家近良樹

二〇二一年九月吉日

講談社現代新書　2639

酔鯨《すいげい》　山内容堂《やまうちようどう》の軌跡《きせき》　土佐《とさ》から見《み》た幕末史《ばくまつし》

二〇二一年一〇月二〇日第一刷発行

著　者　家近良樹《いえちかよしき》　©Yoshiki Iechika 2021

発行者　鈴木章一

発行所　株式会社講談社

東京都文京区音羽二丁目一二―二一　郵便番号一一二―八〇〇一

電　話　〇三―五三九五―三五二一　編集（現代新書）
〇三―五三九五―四四一五　販売
〇三―五三九五―三六一五　業務

装幀者　中島英樹

印刷所　豊国印刷株式会社

製本所　株式会社国宝社

本文データ制作　講談社デジタル製作

定価はカバーに表示してあります　Printed in Japan

本書のコピー、スキャン、デジタル化等の無断複製は著作権法上での例外を除き禁じられています。本書を代行業者等の第三者に依頼してスキャンやデジタル化することは、たとえ個人や家庭内の利用でも著作権法違反です。Ⓡ〈日本複製権センター委託出版物〉

複写を希望される場合は、日本複製権センター（電話〇三―六八〇九―一二八一）にご連絡ください。

落丁本・乱丁本は購入書店名を明記のうえ、小社業務あてにお送りください。

送料小社負担にてお取り替えいたします。

なお、この本についてのお問い合わせは、「現代新書」あてにお願いいたします。

N.D.C.210.58　505p　18cm
ISBN978-4-06-525910-8

「講談社現代新書」の刊行にあたって

教養は万人が身をもって養い創造すべきものであって、一部の専門家の占有物として、ただ一方的に人々の手もとに配布され伝達されうるものではありません。

しかし、不幸にしてわが国の現状では、教養の重要な養いとなるべき書物は、ほとんど講壇からの天下りや単なる解説に終始し、知識技術を真剣に希求する青少年・学生・一般民衆の根本的な疑問や興味は、けっして十分に答えられ、解きほぐされ、手引きされることがありません。万人の内奥から発した真正の教養への芽ばえが、こうして放置され、むなしく滅びさる運命にゆだねられているのです。

このことは、中・高校だけで教育をおわる人々の成長をはばんでいるだけでなく、大学に進んだり、インテリと目されたりする人々の精神力の健康さえもむしばみ、わが国の文化の実質をまことに脆弱なものにしています。単なる博識以上の根強い思索力・判断力、および確かな技術にささえられた教養を必要とする日本の将来にとって、これは真剣に憂慮されなければならない事態であるといわなければなりません。

わたしたちの「講談社現代新書」は、この事態の克服を意図して計画されたものです。これによってわたしたちは、講壇からの天下りでもなく、単なる解説書でもない、もっぱら万人の魂に生ずる初発的かつ根本的な問題をとらえ、掘り起こし、手引きし、しかも最新の知識への展望を万人に確立させる書物を、新しく世の中に送り出したいと念願しています。

わたしたちは、創業以来民衆を対象とする啓蒙の仕事に専心してきた講談社にとって、これこそもっともふさわしい課題であり、伝統ある出版社としての義務でもあると考えているのです。

一九六四年四月　野間省一

日本史Ⅰ

日本史Ⅱ

2319 昭和陸軍全史3——川田稔
2328 タモリと戦後ニッポン 近藤正高
2330 弥生時代の歴史——藤尾慎一郎
2343 天下統一——黒嶋敏
2351 戦国の陣形——乃至政彦
2376 昭和の戦争——井上寿一
2380 刀の日本史——加来耕三
2382 田中角栄——服部龍二
2394 井伊直虎——夏目琢史
2398 日米開戦と情報戦——森山優
2401 愛と狂瀾のメリークリスマス 堀井憲一郎
2402 ジャニーズと日本——矢野利裕
2405 織田信長の城——加藤理文
2414 海の向こうから見た倭国 高田貫太
2417 ビートたけしと北野武 近藤正高
2428 戦争の日本古代史——倉本一宏
2438 飛行機の戦争 1914-1945——一ノ瀬俊也
2449 天皇家のお葬式——大角修
2451 不死身の特攻兵——鴻上尚史
2453 戦争調査会——井上寿一
2454 縄文の思想——瀬川拓郎
2460 自民党秘史——岡崎守恭
2462 王政復古——久住真也

日本語・日本文化

世界史Ⅰ

834 ユダヤ人――上田和夫
930 フリーメイソン――吉村正和
934 大英帝国――長島伸一
968 ローマはなぜ滅んだか　弓削達
1017 ハプスブルク家――江村洋
1019 動物裁判――池上俊一
1076 デパートを発明した夫婦　鹿島茂
1080 ユダヤ人とドイツ――大澤武男
1088 ヨーロッパ「近代」の終焉――山本雅男
1097 オスマン帝国――鈴木董
1151 ハプスブルク家の女たち　江村洋
1249 ヒトラーとユダヤ人　大澤武男
1252 ロスチャイルド家　横山三四郎
1282 戦うハプスブルク家　菊池良生
1283 イギリス王室物語――小林章夫
1321 聖書vs.世界史――岡崎勝世
1442 メディチ家――森田義之
1470 中世シチリア王国――高山博
1486 エリザベスⅠ世――青木道彦
1572 ユダヤ人とローマ帝国　大澤武男
1587 傭兵の二千年史――菊池良生
1664 新書ヨーロッパ史 中世篇　堀越孝一 編
1673 神聖ローマ帝国――菊池良生
1687 世界史とヨーロッパ　岡崎勝世
1705 魔女とカルトのドイツ史――浜本隆志
1712 宗教改革の真実――永田諒一
2005 カペー朝――佐藤賢一
2070 イギリス近代史講義――川北稔
2096 モーツァルトを「造った」男――小宮正安
2281 ヴァロワ朝――佐藤賢一
2316 ナチスの財宝――篠田航一
2318 ヒトラーとナチ・ドイツ　石田勇治
2442 ハプスブルク帝国――岩崎周一